지방자치단체와 시민의식

center for Civil Society with Comparative Perspective
게이오대학 21COE-CCC 총서, 다문화세계의 시민의식의 동태

지방자치단체와 시민의식

한 · 일 비교 연구

고바야시 요시아키 편 / 나일경 옮김

지방자치단체와 시민의식
한·일 비교 연구

지은이 | 고바야시 요시아키 외
옮긴이 | 나일경

초판 1쇄 인쇄 | 2007년 6월 26일
초판 1쇄 발행 | 2007년 7월 5일

펴낸곳 | 논형
펴낸이 | 소재두
편집위원 | 이종욱
편집 | 최주연, 김현경
표지디자인 | 이순옥

등록번호 | 제2003-000019호
등록일자 | 2003년 3월 5일
주소 | 서울시 관악구 봉천2동 7-78 한립토이프라자 5층
전화 | 02-887-3561 **팩스** | 02-887-6690

ISBN 89-90618-72-6 94340
값 25,000원

'지방자치'는 Local Self-Government를 번역한 용어로, "지방자치단
체의 일은 각각의 지방자치단체에서 스스로 결정한다"는 의미다. 그러나
일본에서는 '지방분권일괄법'이 시행된 2000년 4월 1일 이전에는 지방자
치단체의 대부분의 사안이 '기관 위임사무' 차원에서 이루어지고 있었다.
그 결과, 지방자치단체가 중앙정부에 대해 책임을 지게 되어 주민의
의향을 수렴하는 일은 경시되어 왔다.

그리고 2000년 4월의 '지방분권일괄법' 시행 이후 중앙정부로부터
지방자치단체로의 분권이 이루어지기는 했으나, 그 과정에서 새로운
문제로 대두된 것이 2원 대표제다. 2원 대표제란, 의회가 조례를 발표하고
그것을 자치단체장이 집행할 때에 자신들이 발안한 대로 제대로 집행하고
있는지 감시하는 이념을 말한다. 그러나 '지방분권일괄법'이 발효된 뒤로
지방자치단체의 자치단체장들은 직접 주민과 소통할 수 있는 파이프
라인을 구축하기 위해 메일이나 팩스를 접수하거나 소규모의 주민집회를
열어 의회를 통하지 않고 직접 주민의 의사를 정책에 반영하게 되었다.
원칙적으로, 자치단체장에게는 행정집행권과 예산제안권은 있으나 입법
권은 없다. 그런데 '지방분권일괄법'이 시행된 이후에는 실질적으로 입법

기능까지도 담당하려는 시도를 내비치게 된 것이다.

또, 최근의 특징으로는 퍼블릭 코멘트, 예를 들어 시정촌(市町村)을 합병할 때, 자치단체의 행정파트에서 구역을 나누는 방식을 책정하고, 그것을 직접 홈페이지 등을 통해 제시함으로써 행정 감시기능을 주민에게 맡기게 되었다. 바로 이와 같은 시스템을 자치단체장이 자발적으로 실행하는 경우가 나타나고 있는 것이다. 그리하여 2원 대표제 하에서 본래 지방의회가 가지고 있어야 할 입법 기능과 감시 기능을, 실은 행정주도의 지방자치단체가 담당함으로써 의회를 통한 민의의 수렴이 소홀해지게 되었다.

현재 일본에는 약 3,000명의 도도부현(都道府県) 의회의원이 있는데, 매년 제출되는 의원 발안은 140건 정도로, 이는 1都1道2府43県으로 구성된 47개의 일본 자치단체의 평균 3건에 지나지 않는다. 이에 반해 도도부현의 단체장인 지사(知事)의 발안은 조례 3,000여건, 예산 등을 포함하면 9,000건에 가깝다. 이러한 현실은, 2원 대표제의 이념과는 매우 동떨어져 있는 것이 아닐 수 없다. 다시 말해 중앙정부로부터 지방자치단체장으로의 분권은 이루어졌지만, 지방의회에의 분권은 이루어지지 않은 것이 현재의 실태이다.

이 책은 2000년의 '지방분권일괄법' 시행 이후에 발생한 일본의 지방자치의 변화와 문제점을 밝히기 위해, 게이오 대학 21COE(한국의 BK21) '다문화 세계에서의 시민의식의 동태' 프로그램이 다양한 데이터와 조사로 실시한 실증분석을 정리한 것이다. 이 프로그램에서는 각 지방자치단체에서의 민의와 정치 엘리트의 의식을 비교, 분석하기 위하여 '국제 FAUI 프로젝트'를 진행하고 있다. '국제 FAUI 프로젝트'는 시카고대학의 테리 클라크(Terry N. Clark)가 주최하는 'Fiscal Austerity and Urban

Innovation Project(재정긴축과 도시혁신 프로젝트)'의 일환으로 진행 중인 연구이고, 지방자치의 국제비교를 목표로 삼고 있다. 이 FAUI는 1970년대에 미국에서 시작되어 현재는 세계 20개국 7,000여 도시가 참가하고 있고 자치단체를 대상으로 한 조사에서는 세계에서 규모가 가장 크다. 일본에서도 1995년, 1998년, 2001년에 시장, 시 의회, 시 공무원을 대상으로 조사가 이루어졌고, 그 결과는 『지방자치의 실증분석(地方自治の実証分析)[1]』(게이오대학 출판회, 1998), 『지방자치의 국제비교(地方自治の国際比較)』(게이오대학 출판회, 2001)라는 제목으로 간행되었다. 이 책은 그러한 연구 성과에 이어, 게이오 대학 21COE '다문화 세계에서의 시민의식의 동태' 프로그램이 2005년에 간행한 『지방자치단체를 둘러싼 시민의식의 동태(地方自治体をめぐる市民意識の動態)』의 한국어판이다.

민주주의는 정치가 앞에 있고 행정은 뒤에 오는 것이다. 결코 행정이 앞에 있음으로써 성립하는 것이 아니다. 지방자치단체는 어려운 재정상황 속에서 자립과 선택을 강제 받고 있다. 이를 극복하기 위해서는, 지방의회에서 조례를 제정하는 데 불가피한 구조례와의 마찰, 지방자치법, 지방재정법 등 기존 법률과의 마찰 문제에 대처할 수 있도록 '지방법제국' 설치와 같은 개혁을 강구해 나가야 할 것이다. 그러한 개혁을 통해서 본래의 2원 대표제의 이념과, 주민의 의향을 반영한 지방자치를 실현해야 할 것이다. 이 책은 그러한 바람을 바탕으로 간행하게 된 것이다.

이번 한국어판 간행에 즈음하여 논형의 소재두 대표에게 적잖은 폐를 끼쳤다. 이 자리를 빌려 심심한 감사의 말씀을 전한다. 또한 번역을

---

1) 고바야시 요시아키 외 저, 소순창 옮김, 『지방정부의 실증연구』, 한울아카데미, 2001

맡아준 나일경(주쿄대학 총합정책학부 전임강사) 씨의 진력에도 감사드린다. 그리고 한국어판 번역을 흔쾌히 허락해 준 게이오대학 출판회에도 감사 말씀을 드린다.

2007년 2월 16일
편자 고바야시 요시아키(小林良彰)

권두언

　이 총서는 일본 문부과학성이 '21세기 COE 프로그램'으로 선정한 '다문화·다세대·교차세계의 정치사회의 질서형성—다문화세계의 시민의식의 동태'(이하, 부제만을 표기)의 연구 성과의 일부를 정리한 것이다. '21세기 COE 프로그램'은 일본의 대학에 세계 수준의 연구와 교육의 거점을 형성하는 것과 연구 수준의 향상, 그리고 세계를 선도하는 창조적인 인재 형성을 도모하는 것을 목적으로 문부과학성이 중점적인 지원을 하기 위해 시작한 프로그램이다.

　20세기는 다양한 분야에 걸친 지혜의 축적으로 희망과 꿈을 실현하고, 불가능한 일들을 극복해 내는 일이 인간에게 가능하다는 것을 거듭 증명해 왔다. 한편 21세기를 맞이한 우리들에게는 20세기의 세계가 해결할 수 없었던 다양한 문제들—전쟁과 빈곤 등—이 남겨져 있다. 이들 문제는 글로벌한 사회로의 변화와 더불어 국가의 틀을 뛰어 넘는 다양한 요인들이 유발한 상이한 차원의 정치 문제들로 인해 더욱 복잡한 양상으로 나타나고 있으며, 우리들이 시급히 해결해야할 문제들이다.

　이와 같은 문제의 대부분은 기존의 '지식'으로는 처방을 할 수 없는 것들로 새로운 분석과 해결의 틀을 요구한다. 다문화 세계의 시민의식의 동태'에 관한 연구와 교육의 거점은 특정한 정치사회적 지도자층을 주요한 분석대상으로 삼아 왔던 종래 정치학의 지식뿐 아니라 다문화 세계의 시민의식에 빛을 비추어 복합적인 시점으로부터 문제의 해명을 시도한다. 본 거점은 세계적인 영향력을 가짐과 동시에 독창적인 연구와 교육의 거점으로서의 커다란 가능성을 미래를 향해서 개척하고 있다.

게이오대학이 '다문화 세계의 시민의식의 동태'에 관한 연구와 교육의 거점을 형성하는 것은 '사람을 성장시키고, 학문과 가치를 창조하며, 실제 세계에 공헌하는 것에 의해서 국제적으로 존경받는 대학으로서 사회를 선도한다'는 게이오 대학의 사명에 비춰볼 때, 매우 중요한 의미를 지닌다. 즉, 세계의 복잡화와 다양화가 진전되고, 다문화 간의 충돌이 현저하게 나타나고 있는 지금, 본 연구와 교육의 거점은 다문화 세계에서의 시민의식의 동태가 생성되고 변화하는 메커니즘을 해명하며, 사람들의 행복한 생활을 떠받치는 다문화 공생의 글로벌한 사회의 실현을 선도할 것이기 때문이다.

시민의식을 중심으로 연구와 교육의 거점을 형성하는 것은 게이오대학의 긴 전통과 긴밀하게 연관되어 있다. 게이오대학의 역사를 돌이켜 보면, 에도시대 말기의 1858년에, 후쿠자와 유키치(福沢諭吉) 선생이 게이오기주쿠(慶応義塾)를 창립한 계기가 되었던 것은 당시 '특권을 이용한 횡포'로 상징되는 사농공상의 신분제도 속에서 사무라이 집단들이 자신들의 이해관계에 입각해 정치를 하고, 특권을 행사하는 것에 관한 비판이었다. 후쿠자와 선생은 사람은 각자의 생명, 사유재산, 명예에 관해 평등한 권리를 가지고 있다는 점을 강조하여, 그 유명한 "하늘은 사람 위에 사람을 만들지 않으며, 사람 밑에 사람을 만들지 않는다고 전하고 있다"는 말을 남겼다. 한편 후쿠자와 선생은 일본에 신분계급이 존재하는 것의 책임은 특권을 행사하는 사무라이뿐 아니라 그것을 간과하는 시민에게도 있다는 점을 강조하였다. '인민의 무지로 인해 스스로가 초래한 재앙'을 경계했던 것이다. 신분에 상관없이 모든 사람에게 열려 있었던 게이오대학은 후쿠자와 선생의 저서의 제목이기도 한 '학문의 권장'을 실천하는 시민계몽의 장이었던 것이다.

따라서 시민을 위한 시민정치학을 축적하는 것은 게이오대학의 하나의 사명이라고 해도 과언이 아니다. 이러한 전통하에서 게이오대학의 정치학과는 100년 이상의 역사를 축적하였고, 현재 일본에서 전임교원의 수가 가장 많은 정치학 그룹을 형성하게 되었다. 또한 정치학을 둘러싼 법학, 사회학, 미디어 커뮤니케이션의 그룹들도 활발한 활동을 전개하고 있다. 그러한 의미에서 이들 그룹에 의한 '다문화 세계의 시민의식의 동태'에 관한 공동 연구와 교육의 거점이 앞으로 더욱 활발하게 세계적인 수준의 연구와 교육을 실시해 나가리라고 확신한다.

2005년 2월 10일

게이오대학 총장 야스니시 유이치로(安西祐一郎)

총서 '21세기 COE-CCC 다문화세계의 시민의식의 동태'
간행을 맞이하여

이 총서는 문부과학성에 의해 선정된 21세기 COE 프로그램 '다문화
· 다세대 · 교차세계의 정치사회의 질서형성—다문화세계의 시민의식의
동태'(이하, 21COE-CCC로 표기)의 사업 추진과 관련된 연구 성과의
일부다. 게이오대학은 2002년과 2003년 2년간에 걸쳐서 12개의 거점이
21세기 COE프로그램으로 선정되었다. 이 총서를 간행하게 된 21COE-
CCC는 2004년에 선정되어 동년 가을에 출발한 것으로 사회과학 분야에
서 게이오대학이 세 거점 중의 하나다. 이 세 거점 중에서 특히 21COE-
CCC는 게이오대학의 법학연구과 정치학전공을 중심으로 한 것이며,
이와 더불어 법학연구과의 민법전공, 사회학연구과 사회학 전공, 미디어
커뮤니케이션 연구소가 참여하고 있다. 이 프로그램의 커다란 특징은
종래의 정치적 지도자층에 관한 연구에 편향되었던 정치 분석에 시민의식
의 분석이라는 새로운 시점하에서 비교연구를 지향하고 있는 점에 있다.
이러한 목적을 달성하기 위해 게이오대학의 21COE-CCC에서는 다문화
시민의식에 관한 연구센터(the Center for Civil Society with Comparative
Perspective) 및 시민의식 데이터 아카이브(the Data Archive for Civil

Society)를 설립해 사업을 추진하고 있다.

21COE-CCC는 일본뿐 아니라 국제적으로도 도움이 되는 매우 중요한 연구와 교육의 거점이다. 왜냐하면 최근, 글로벌화의 진행과 더불어 많은 국가에서 다문화 간의 충돌이 현저하게 나타나고 있으며, 다문화 간의 공생이 현재 그리고 장래의 중요한 테마가 되고 있기 때문이다. 다문화 세계에서의 문제는 정치적인 지도자층 사이에서 해결될 수 있는 성질의 것이 아니다. 상이한 문화 속에서 생활하는 시민들 사이의 혹은 시민들과 정치적 지도자층 사이의 관계를 시야에 넣고 해결책을 꾀하지 않으면, 상이한 문화 간의 충돌이 수반하는 문제 혹은 다문화 간의 공생과 같은 문제를 해결할 수 없을 것이다. 바로 이 때문에 다문화 세계의 시민의식의 동태와 생성 및 변화의 메커니즘을 해명하고, 다문화 간의 공생을 위한 해결책을 고찰하는 연구와 교육의 거점이 일본뿐 아니라 국제적으로 매우 중요한 의미를 지닌다고 말할 수 있다.

지금까지의 정치학은 전통사회, 근대화, 글로벌화를 하나의 연장선상에서 포착하여, 사회의 근대화가 진행되면 전통적 가치가 약화되어 근대적 가치관을 국민들이 공유할 수 있게 된다는 사고방식에 젖어 있었다. 또한 글로벌화로의 이행을 낙관적으로 생각하여, 현 상황을 이행기로 간주하는 연구들이 적지 않았다. 그러나 세계적 규모로 전개되고 있는 종교 대립 및 민족 대립을 통해 알 수 있는 바와 같이 전통사회와 근대사회, 그리고 글로벌 사회가 동시에 존재하고, 각 사회의 상이한 가치관의 공존으로 인해 분쟁이 발생함으로써 그 해결이 종래의 사고방식으로는 힘들어지고 있다. 한편 그러한 상황 속에서 다문화 간의 공생을 추구하는 움직임이 서서히 나타나고 있다. 이러한 상황 속에서 전통사회, 근대사회, 그리고 글로벌 사회가 동시에 존재하는 사회의 주요한 행위자로서 시민이

다시 한 번 부각될 필요가 있다고 생각한다. '다문화 · 다세대 · 교차세계의 정치사회의 질서형성 - 다문화세계의 시민의식의 동태'를 연구의 테마로 삼고 있는 본 거점은 앞으로 세계적 수준의 연구와 교육을 전개해 나갈 것이라고 확신한다.

본 거점은 다음과 같은 형태로 구성되어 있다. 즉, 「Ⅰ. 시민의식 일본 분석」「Ⅱ. 시민의식의 비교 분석」「Ⅲ. 시민의식 미디어 분석」「Ⅳ. 시민의식 데이터 · 아카이브」라는 네 개의 연구 단위가 있으며, 나아가 그 산하에 「Ⅰ-1. 시민의식 일본 서베이」「Ⅰ-2. 전후 시민의식 연구」, 「Ⅰ-3. 전전 시민의식 연구」「Ⅱ-1. 시민의식 비교 서베이」「Ⅱ-2. 국제관계 시민의식 연구」「Ⅱ-3. NGO/NPO 연구」「Ⅲ-1. 미디어 내용 분석」「Ⅳ-1. XML화」라는 여덟 개의 서브 연구단위를 설치하여 상호 간에 밀접한 연계를 맺는 가운데 프로그램을 추진해 오고 있다.

이번 총서의 간행에서는 1권부터 6권까지가 「Ⅰ-1. 시민의식 일본 서베이」, 7권과 8권이 「Ⅰ-2. 전후 시민의식 연구」, 9권과 10권이 「Ⅰ-3. 전전 시민의식 연구」, 11권과 12권이 「Ⅱ-1. 시민의식 비교 서베이」, 13권이 「Ⅱ-2. 국제관계 시민의식 연구」, 14권과 15권이 「Ⅲ-1. 미디어 내용분석」의 현시점에서의 성과를 정리하였다. 한편, 「Ⅱ-3. NGO · NPO 연구」의 연구 성과는 이 총서와는 별도로 세 권의 보고서를 출간하였고, 「Ⅳ-1. XML화」의 연구 성과는 「아시아의 법과 정치의 다언어 데이터베이스 시스템」(『아시아 학술공동체의 구상과 구축』, NTT출판, 2005년)으로 간행하였다.

본 거점은 2008년도에 그 성과가 완성될 예정이다. 그러한 의미에서 이 총서는 현재까지의 중간 연구 성과를 정리한 것이며, 따라서 앞으로 해결해야 할 과제를 적지 않게 남겨두고 있다. 그럼에도 불구하고 현시점에서의 연구 성과를 간행하게 된 것은 앞으로의 연구를 위한 중요한 발판으로 삼음과 동시에 연구자들과 일반 시민들로부터 다양한 의견을 흡수하는 것을 통해 본 거점과 사회와의 연계를 심화시킴으로써 보다 바람직한 연구와 교육의 거점이 형성되기를 기대하고 있기 때문이다.

2005년 2월 10일

21COE-CCC 거점의 리더 고바야시 요시아키(小林良彰)

차 례

서장 일본의 지방자치 제도와 최근의 변화
_고바야시 요시아키(小林良彰)

4장 일본의 사회관계자본과 주민의식 _ 나일경(羅一慶)

11장 한일 양국의 시민의식의 비교_ 이치시마 무네노리(市島宗典)

일본의 지방자치 제도와 최근의 변화

고바야시 요시아키(小林良彰)

시작하며

현재 일본 정치가 직면한 가장 중요한 문제는 지방자치에 관한 문제이다. 그것은 현재 선택의 기로에 서 있는데 즉, 단지 중앙과 지방의 관계에 관한 문제에 그치지 않고 앞으로 지방자치에서 완전한 형태의 자유경쟁을 추진할 것인가, 그렇지 않으면 재분배에 의해서 자치단체를 보호할 것인가와 같은 선택을 하지 않을 수 없게 된 것이다. 이 두 가지 선택안은 개인 간의 문제로 치환하면 복지를 어느 정도까지 추진할 것인가의 문제가 되며, 자치단체 간의 문제로 치환하면 자치단체의 재정적인 격차를 어느 정도의 선에서 인정할 것인가의 문제가 된다. 예를 들어, 도쿄도(東京都)와 시코쿠(四国)의 세금은 100배나 차이가 난다. 이러한 상황에서 어떻게 재분배를 할 것인가는 정치적 문제가 되지 않을 수 없을 것이다.

중국과 일본, 그리고 한국의 지방자치를 비교해 보면, 개인 간의 재분배에서는 중국이, 지역 간의 재분배에서는 일본과 한국이 약간 진전되어 있는 편이라고 볼 수 있을 것이다. 여기서는 이러한 비교보다는 일본의 지방자치 제도와 최근의 변화에 관해서만 살펴보도록 할 것이다.

I 일본 지방자치의 역사

지방자치는 Local Self-Government를 번역한 용어다. 이 말은 자신들의 것은 자신들이 통치한다, 즉 자기 통치를 의미한다. 미국에서는 일본과 같은 지방교부세 제도(자치단체 간에 실시되는 재정조정 제도)가 존재하지 않으며, 의무교육을 포함한 다양한 행정서비스는 100% 지방자치단체가 부담한다. 반면 일본에서는 중앙정부가 지방세에 관해서 표준세율을 정하고 있으며, 자치단체에게는 세제에 관한 결정권이 거의 부여되어 있지 않다. 이 때문에 미국에서는 소비세율이 주마다 다르고 독자적으로 세금을 부과할 수 있다. 따라서 미국에서는 세의 부담이 큰 반면 행정서비스의 양과 질이 좋은 자치단체도 있는가 하면, 그와 반대되는 자치단체도 존재하는 것이다. 여기서 우리는 어떠한 자치단체로 만들 것인가를 자신들의 힘으로 결정한다는 자기통치의 본래의 의미를 읽어낼 수 있다.

지방자치단체란 공식적으로 '지방자치단체'를 의미한다. 이 단체는 다양한 수준에서 존재한다. 먼저 기초적인 지방자치단체로서는 시, 정, 촌(市町村)이 있다. 그것은 도도부현(都道府県)의 말단에 위치한 기초적인 행정단위다. 이와 같은 기초자치단체의 위에 존재하는 것이 시정촌을 포괄하는 광역자치단체로서 도, 도, 부, 현인 것이다. 그리고 이러한 시정촌과 도도부현을 합한 것을 일반적으로 '보통지방자치단체'(普通地

方公共団体)라고 부른다.

보통지방자치단체 외에도 '특별지방자치단체'라고 불리는 자치단체가 있다. 예를 들자면 도쿄도의 23구가 그것이다. 미나토구(港区)나 세타가야구(世田谷区)와 같은 행정구는 '특별구'로 불린다. 이 특별구에는 구장(区長)과 구의회가 설치되어 있으며, 정령지정도시(政令指定都市)에 설치되어 있는 구와 구별된다. 즉 도쿄도의 미나토구와 가나가와현(神奈川県)의 요코하마시(横浜市)의 고호쿠구(港北区)는 구라는 이름을 동시에 사용하지만 그 의미가 다른 것이다. 예컨대 고호쿠구의 구장은 선거에서 선출되지 않고 요코하마 시장이 임명한 직원이 담당하게 된다. 반면 도쿄도의 미나토구나 세타가야구 등 도쿄 23구의 구장은 선거를 통해서 선출되며, 구의회도 설치되어 운영된다.

고호쿠구와 호도가야구(保土ヶ谷区)와 같은 곳은 가나가와현과 요코하마시의 사이에 존재하고 있지만, 특별구의 경우에는 그 위에 도쿄도가 존재하고, 미나토구와 세타가야구 등의 특별구는 인구규모가 크기 때문에 이른바 시와 같이 독자적으로 결정한 정책을 실시하고 있다. 그러나 다른 도도부현이나 기초자치단체와의 관계와 비교하자면, 특별구에 대한 도쿄도의 권한은 매우 강한 편이다. 그것은 각 특별구가 자기 맘대로 행동할 경우 구를 횡단하는 정책(도로건설과 같은)에 커다란 지장이 생길 수 있기 때문이다.

한편 특별지방자치단체에는 특별구 외에도 조합이나 재산구, 지방개발사업단과 같은 조직이 존재한다. 조합은 지방자치단체 사이에 공동으로 사무를 처리하는 기관으로서 설치된 것이다. 예를 들자면 소방조합이나 청소조합을 그 예로 들 수 있다. 현재 일본에는 1,800개의 자치단체가 존재하며, 각 자치단체가 모두 청소공장을 가진다는 것은 현실적으로 불가능하기 때문에 근린 자치단체들이 연계해서 하나의 청소조합을 만들어 광역 수준에서 청소 사업을 운영하는 방식을 취하고 있다. 또한 재산구라고 하는 것은 재산 내지 공공시설의 관리나 처분, 폐지를 위해 만들어졌으며, 지방개발사업단은 지방자치단체들 사이의 공동개발사업의 실시주체로서 만들어진 것이다.

II 지방자치의 이념

지방자치의 이념은 두 가지 원칙에 의해 성립된다. 그러나 이 두 원칙은 상호간에 모순되는 측면도 지니고 있는데, 바로 이 점이 지방자치가 중요한 선택을 해야 하는 주요한 원인이 된다.

첫번째 원칙은 '자치의 원칙'이다. 이는 지방자치의 고유한 원리로서, 지역적인 서비스는 지역의 자기결정과 자기부담의 원칙에 기초해서 공급해야 한다는 것을 의미한다. 이 원칙이 일본에 소개된 것은 2차 대전후이며, 따라서 그 이전에는 자치의 원리에 입각한 지방자치라는 것은 없었다고 해도 과언이 아니다. 예를 들어 전쟁 전의 지사나 시장은 국가공무원이었으며, 그들은 민선이 아니라 관선에 의해 임명되었었다. 현재의 총무성이 만들어지기 전에 지방자치를 총괄하고 있었던 중앙성청은 자치성이었고, 2차 대전 이전에는 내무성이라 불리는 관청이 지방자치를 총괄하였다. 내무성이나 자치성에 입성했던 공무원이 과장, 국장으로 출세하고, 그들이 어느 정도의 지위가 되면 지사 혹은 시장으로서 전국에 전근하는 형태를 통해 자치단체장으로 임명되었던 것이다.

이러한 인사시스템 혹은 관습은 아직도 남아 있다. 전쟁 전에도 오늘날과 마찬가지로 지방의회는 주민의 대표로서 기능하고 있었다.

반면 지사를 포함한 자치단체장은 정부측 대표였다. 하지만 전쟁 전의 의회는 현재의 의회와는 그 양상이 전혀 달랐다. 즉 격렬하게 토론을 주고받았으며 의원이 정부를 탄핵하는 경우도 종종 있을 정도였다. 그래서 정부는 중지하는 권한을 경찰에게 부여함과 동시에 각 현의 경찰본부장을 의회에 출석시켰으며, 토론의 방향이 반정부적인 것으로 기울어질 경우에는 의사정지(議事停止)라는 명분하에 의회의 토의를 중지시키기도 했다. 현재의 경찰본부장에게는 의사를 중지시키는 권한이 없지만, 현의 경찰본부장이 의회에 출석하는 것이나 의회와 비교해서 자치단체장의 권한이 강한 것은 2차 대전의 지방행정 시스템의 잔존물이라고 볼 수 있다.

종전 후에 GHQ가 들어와서 각 도도부현에 지부를 설치하여 개혁을 실시하게 되는데 지방자치까지는 개혁의 손이 닿지 못했다. 그 결과 현재까지도 '자치의 원칙'이 지방자치 제도와 그 운영에 충분히 침투되어 있지 않다.

지방자치의 이념을 구성하는 다른 하나의 원칙은 '균형의 원칙'이다. 이 원칙은 국민이 어디에 살고 있어도 동일한 수준의 세부담으로 동일한 수준의 행정 서비스를 누릴 수 있도록 하는 것을 의미한다. 예를 들자면, 어떠한 자치단체에서도 공교육은 한 학급당 40명이라는 점이 균형의 원칙에 의해 오랜 기간 지켜져 왔다. 그러나 최근에 들어와서는 의무교육에 대한 국고부담의 삭감에 따라서 이전과 비교해서 자치단체는 자유롭게 학급 인원수를 설정할 수 있게 되었다. 그 결과 재정적으로 여유가 있는 자치단체에서는 한 학급당 24명으로 운영할 수 있게 되었지만, 재정적으로 궁핍한 자치단체에서는 40명보다도 많은 인원으로 한 학급을 운영해야 하는 상황도 생겨났다. 그러나 균형의 원칙이 중시되는 경우에는 설사한 학급당 40명으로 운영할 만큼 재정적인 여유가 없는 자치단체에게 중앙정부가 그 재원을 보장해줄 수 있다. 바로 이러한 보조금이 현재의 일본에서는 지방교부세 제도라고 불리는 것에 의해서 보장되고 있는데, 이 제도에 관한 자세한 설명은 뒤에서 다시 다루도록 하겠다.

이와 같이 자치의 원칙과 균형의 원칙은 양쪽 모두 바람직한 것이지만, 이념적으로 이 두 원칙은 근본적인 모순 관계에 있다. 자치의 원칙에 입각하게 되면 자치단체가 독자성을 발휘하는 것이 기대되지만, 균형의 원칙에 입각하게 되면 그러한 독자성은 부정되고 획일성, 혹은 균질성이 중시된다. 이와 같이 대립하는 두 가지 원칙 사이에서 일본의 지방자치 제도는 현재 운영되고 있다.

III 지방재정의 양적 측면

재정적인 측면에서 일본의 중앙과 지방 간의 관계의 특징을 한 마디로 표현한다면, 그것은 '집권적 분산시스템'이라고 말할 수 있다. 일본의 지방재정은 현재 국고에 크게 의존하고 있는 상태다. 즉 일본의 지방재정은 중앙정부에 의한 지방으로의 재정 이전에 크게 의존한다. 이는 한편으로는 중앙정부보다도 지방정부의 세출액이 압도적으로 큰 것에서, 다른 한편으로는 세입액이 지방정부보다도 중앙정부가 압도적으로 크다는 점에서 비롯된다.

미국의 경우, 연방정부는 자신의 확고한 세수입을 가지고 있으며, 주나 시, 그리고 군도 각각 자신들의 세수입에 의한 재원을 가지고 있다. 따라서 필요한 예산을 마련할 때는 상급의 행정부에 허가나 상담을 받지 않아도 세율을 자율적으로 변경할 수 있다. 이에 반해서 일본에서는 거의 모든 세수입에 입각한 재원에 관해서 중앙정부가 일괄적으로 세금을 모으는 시스템을 취하고 있다. 바꿔 말하자면, 중앙정부를 거치지 않고 지방정부가 직접적으로 거둬들일 수 있는 세금은 매우 적다.

이와 같이 중앙정부가 일단 세금을 거둬들인 뒤, 그것을 배분하는 시스템은 중앙집권적이라고 말할 수 있다. 일본에서는 중앙정부가 판단해서 결정하고 그 결정에 근거해서 지방교부세나 국고지출금이 균형의 원칙에 입각해서 전국의 지방자치단체에 배분된다. 이와 같이 일본의 지방자치시스템은 자기통치의 이념이라는 관점에서 보면 지방자치가 실시되고 있다고 말할 수 없다.

이하에서는 지방재정을 양과 질의 각 측면에서 좀 더 자세히 살펴보도록 하자. 먼저 양적 측면에서 살펴보면, 중앙정부와 지방정부의 지출의 경우, 전체적으로 중앙정부가 35.2%, 지방이 64.8%를 지출한다. 사회보장비, 교육비 등 세목별로 살펴보면, 교육비의 경우, 전체 지출액 중에서 차지하는 비율은 14.4%이며, 이 중 중앙정부의 세부담이 13%이고 지방의 세부담은 87%이다. 그 외의 세목(일반행정비, 국토개발비, 농림수산비, 사회보장비 등)에서도 지방의 세부담이 대체로 60~80%에 이르고 있다. 이와 같이 집행의 측면에서 본 경우에는 지방이 매우 다양한 업무를 실시하고 있음을 알 수 있다.

여기서 중앙정부와 지방정부 사이의 재정 관계가 논점으로 등장하는 까닭을 짐작할 수 있다. 이는 고이즈미 전수상의 일련의 개혁(小泉改革) 속에서 긴 기간 토의되었던 문제인데, 앞으로 그 관계 방식이 크게 변화될 것으로 예상된다. 중앙정부의 세입은 국채 발행분을 제외하는 경우 55조 엔이며, 그 대부분이 국세다. 이에 반해서 중앙정부의 세출액은 54조엔이다. 이러한 특성에만 주목할 경우, 중앙정부는 적자가 아니라 흑자인 셈이다. 만약 일본이 중앙정부밖에 존재하지 않는다면, 기초수지 (Primary Balance)의 균형은 이뤄지고 있는 것이다.

따라서 문제는 지방에서 찾아야 할 것이다. 지방의 세수입은 34조엔인 반면 97조엔의 지출이 이뤄지고 있기 때문에 63조엔의 차액이 적자다. 만약 중앙정부가 그 적자액을 보조하지 않는다면, 대부분 자치단체의 재정은 금새 파탄의 길에 들어서게 될 것이다. 이러한 상황을 두고 자치의 원칙이 충실히 지켜지고 있다고 말할 수도 있겠지만, 그러한 경우 재정이 풍요로운 자치단체는 낮은 세율로 높은 수준의 행정서비스를 제공할 수 있겠지만, 재정적으로 열악한 자치단체는 세율을 높이지 않을 수 없는 반면 제공되는 행정서비스의 양과 질은 모두 열악해질 가능성이 높다.

자치단체 간의 재정력과 행정서비스의 질적인 차이는 더 나아가 부동산 가격에도 반영될 가능성이 높다. 예를 들면, 좋은 질의 행정서비스를 제공하는 자치단체는 주민들이 선호할 것이므로 부동산 가격이 오를 것이다. 반면 행정서비스의 질이 나쁜 자치단체에서는 부동산 가격이 내려갈 것이다. 그렇게 되면 부동산 가격이 싼 자치단체에는 돈이 없는 사람들이 몰려들 것이고, 결국 이른바 부자가 사는 곳과 가난한 사람들이 사는 곳이 분리되는 상황도 배제하기 힘들다. 동일한 의무교육이 실시된다고 할지라도 지역에 따라서 차이가 크게 날 것이며, 치안면에서도 예산액이 적기 때문에 지역 간의 차이가 심해질 가능성이 더 높아질 것이다. 더 나아가 치안이 잘되고 교육의 질이 높은 자치단체와 그렇지 않은 자치단체가 전국 각지에 형성되어 지역 환경에 따라 연수입과 소득이 결정되는 현상도 벌어질 가능성도 있다.

이와 같은 자치단체 간의 격차문제의 해소를 중시하는 원칙이 바로 균형의 원칙이다. 지방자치가 이 원칙에 입각하는 경우에는 지방재정의 부족액인 63조엔을 중앙정부가 보장하게 된다. 즉, 중앙정부에 의한 지방정부로의 재정 이전이 이뤄지는 것이다. 재정 이전이 실시되는 경우, 즉 중앙정부가 지방정부의 재정 적자분을 보장하는 경우에는, 각 자치단체의 재정상황과는 관계가 없이 동일한 수준의 행정서비스가 모든 자치단체에 제공된다.

일본의 전체 도시 중에서 재정적으로 가장 풍요로운 곳은 도요다 자동차 공장이 입지해 있는 아이치현의 도요타시(愛知県豊田市)다. 이곳은 표준적인 행정서비스의 실시에 필요한 경비의 두 배 정도의 세수입이 있다. 또한 전국의 자치단체 중에서 재정적으로 가장 풍요로운 곳은 아이치현 도비시마무라(愛知県飛島村)다. 이 마을은 나고야 항구에 면하고 있으며 트럭 터미널이 존재하기 때문에 다액의 세수입이 거둬들여지는 곳이다. 반대로 재정적으로 가장 가난한 자치단체는 홋카이도의 유바리시(北海道夕張市), 우타시나이시(歌志内市), 아시베쓰시(芦別市), 아카비라시(赤平市), 후쿠오카현의 야마다시(福岡県山田市) 등이 있다. 이들 자치단체에서는 시에서 실시하는 행정서비스의 10분의 1에서 5분의 1 정도의 세수입밖에 거둬들여지고 있는 실정이다.

일본의 경우, 재정적으로 중앙정부의 도움이 필요없는 자치단체는 극히 적은 수에 지나지 않다. 한편 중앙정부는 균형의 원칙에 의해서 지방정부에게 재정적인 보조를 실시함으로써 재정적자의 상황에 처해 있다. 중앙정부의 경우, 재정 이전의 명목 하에 15조엔 정도의 지방교부세가 지출되고 있으며, 또한 13조엔 정도의 국고지출금이 지출되고 있다. 이 때문에 중앙정부는 55조엔의 세수입이 있어도 지방에 30조엔 정도를 배분하기에 재정적자에 직면하게 되어, 국채의 발행을 통해 그 적자분을 메우고 있다. 더욱이 지방정부 중에도 재정적자에 처해있는 곳이 적지 않기 때문에, 지방정부조차도 지방채를 발행하고 있는 실정이다. 그 결과, 일본은 중앙정부와 지방정부를 모두 합쳐서 800조엔이 넘는 채무를 짊어지고 있다.

IV 지방재정의 질적 측면

앞서 기술한 바와 같은 문제점을 지방재정의 질적 측면에 주목하는 가운데 몇 가지만을 지적해두도록 하자. 먼저 세수입의 자치라는 측면에서 자치단체가 많은 제약을 받고 있다는 점을 들 수 있다. 즉, 각 자치단체는 세입의 규모와 내용을 스스로 결정할 수 없는 상태다. 자치단체에는 과세자주권이 주어져 있지 않으며, 중앙의 재무성이 그와 관련된 권한을 손아귀에 쥐고 있다. 따라서 예를 들어 어떤 자치단체가 복지수준을 향상시키기 위해 세율을 올리고 싶어도, 혹은 재정적인 곤란함을 이유로 세율을 올리고자 하여도, 그것이 가능하지 않다. 더욱이 특별한 종류의 세금을 자치단체가 부과하려고 하여도 중앙정부의 허가가 없이는 가능하지 않다.

자치단체의 입장에서 보면, 세입은 '자주재원'과 '의존재원'의 두 가지로 나눠진다. 그 중 지방세는 자주재원, 지방교부세는 의존재원에 해당된다. 이들 재원은 지방자치단체의 일반회계에 들어가기 때문에 무엇에 얼마나 사용할 것인가는 자치단체가 결정할 수 있다. 그에 반해서 국고지출금이라는 명목하의 보조금이 존재하는데, 이는 중앙정부의 각 성청이 자치단체에 대해서 국가가 지정한 업무를 시행하도록 배분하는 예산이다. 한편 자체단체는 예산의 부족을 메우기 위해 지방채라는 채권을 발행하고 있다. 지방채는 최근까지 한 주당 1억엔이었으며, 따라서 상당한 부자가 아니면 개인이 구매하기 어려우므로, 대부분의 경우 금융기관이 구매하고 있는 실정이다.

위에서 검토한 바와 같이 지방자치단체는 극단적으로 말하면 젓가락을 올리고 내리는 행위까지도 중앙정부의 명령을 기다려야 하는 것이다.

V 지방분권일괄법의 제정 이전

1990년대 중반부터 이러한 재정 상황을 개선하기 위해 지방분권개혁이 본격화되었다. 1999년 '지방분권추진일괄법'이라는 법률이 제정되어, 그 다음해인 4월에 시행되었다. 이것은 균형의 원칙보다도 자치의 원칙을 보다 중시하는 개혁 내용으로 이뤄져 있다. 이 때 설치된 지식인 등으로 구성된 '지방분권추진위원회'는 보고서를 통해 중앙성청에 의한 '수직적인 획일적 행정시스템'을 개혁하고 주민 주도에 의한 '종합적이고 보충적인 행정시스템'을 실현한다는 결론을 도출했다. 예를 들면, 전국 각지에서 초등학교의 건물을 건설할 때 획일적인 건설 기준에 따르지 않고 재정적으로 여유가 있는 자치단체는 자신들의 실정에 맞게 건물을 건설할 수 있도록 해주는 것이다.

이하에서는 먼저 지방분권추진일괄법이 시행되기 전의 지방자치 제도에 관해서 살펴보도록 하자. 그 양상을 한 마디로 표현하자면, 자치단체 업무의 대부분은 국가의 업무를 대신하는 것이었다는 점이다. 당시의 자치단체 업무에는 공공사무, 단체위임사무, 행정사무, 기관위임사무가 있었다. '공공사무'란 주민표를 발행하는 등 자치단체가 본래 실시해야 할 사무이며, '단체위임사무'란 법령에 의해 자치단체가 실시하는 것이

의무로 규정된 사무를 말한다. 그리고 '행정사무'란 지방공공의 이익을 위한 규제나 감시와 관련된 사무다. 이 세 가지 사무는 자치단체가 당연히 실시해야 할 사무로서 자리매김되어져 있었다.

자치단체의 모든 사무 중에서 가장 많은 부분을 차지했던 것이 '기관위임사무'였다. 그것은 본래 중앙정부가 실시해야 할 사무지만, 중앙의 각 성청이 3,200개의 시구정촌(市区町村)에 출장기관을 만들어, 중앙정부가 국도나 도로의 관리를 직접 실시하는 것은 효율적이지 않기 때문에 중앙정부가 결정한 것을 지방자치단체가 대신 실시하는 사무를 말한다. 기관위임사무에서는 관할 장관이 지휘하고 감독하며, 지사가 집행하는 행위자가 된다. 그러나 지사는 단지 지휘감독을 할 뿐이며 실질적으로는 시정촌이 집행하는 형태로 기관위임사무가 집행되었다.

이 기관위임사무는 도도부현 업무의 80%, 시정촌 업무의 40%를 차지하고 있었다. 즉 선거에서 도도부현 지사나 의원이 선출되어도 실제로 그들은 주민을 대상으로 일을 하기보다는 중앙성청에 대한 책임을 짊어진 채 중앙성청으로부터 내려온 업무를 그대로 수행할 것인가 말 것인가를 결정할 뿐인 것이다. 중앙성청으로부터 받은 일을 그대로 할 경우에는 국고지출금을 받을 수 있고, 그 결과로서 지방자치단체의 재정도 보장받을 수 있다.

한편 지방의회는 법률이 정하는 범위 내에서가 아니면 조례를 만들 수 없다. 조례란 국회에 비유하자면 법률에 해당하는 것이다. 가나가와현의 의회와 요코하마시의 의회는 법률을 만들 수 없는 대신에 조례를 제정할 수 있다. 법률은 일본 전역에 적용될 수 있는 것이지만, 조례는 당해지역에만 적용된다. 따라서 가나가와현의 조례가 인근 지역인 도쿄도에 적용되는 일은 없다. 조례의 예로서는 맨션 등의 건축에 관한 규정을 들 수 있다. 높이는 몇 미터 이내로 한다, 계단은 몇 층까지 만들어야 한다 등 조례가 지방자치단체에 의해 만들어지는 것이다. 이 때문에 가마쿠라시(鎌倉市)나 교토시(京都市)에서는 고도로서의 경관을 지키기 위한 규제를 엄격하게 만들고 있으며, 그 결과 고층빌딩은 지어질 수 없게끔 되어있다.

이와 같이 자치단체에게 위임된 업무의 대부분은 중앙성청에 결정권이 주어지며, 자치단체로서의 업무와 국가의 하부기관으로서 실시하는 중앙성청의 업무가 융합되어 있다. 바로 이와 같은 시스템을 '집권융합형 시스템'이라고 부른다.

VI 기관위임사무의 폐지와 법정수탁업무 · 자치사무

기관위임사무를 폐지하려는 기운이 1990년대에 들어서 높아지기 시작해, 앞서 말한 바와 같이 지방분권추진일괄법이 제정되고 시행되면서 기관위임사무의 근본적이 개혁이 이루어 졌다.

구체적으로는 기관위임사무의 전 704항목 중에서 사무 자체가 폐지된 것은 11항목이며, 자치단체가 직접 실시하게끔 된 것이 20항목이다. 그리고 음식점의 영업허가 등 지금까지 국가의 사무였던 398항목이 자치사무로 변경되어 자치단체, 특히 도도부현 수준의 자치단체의 사무가 되었다. 또한 지금까지와 마찬가지로 국가가 책임을 짊어지지만 효율성과 편의성을 고려해서 도도부현으로 처리가 위임된 사무는 275항목이며, 이를 '법정수탁업무'로 부르게 되었다. 이 법정수탁업무는 이전의 기관위임사무와 비슷한 성격의 항목이라고 말할 수 있다.

그 결과 기관위임사무의 대부분은 자치사무와 법정수탁업무로 변경되었다. 중의원선거나 참의원선거와 같은 국정선거의 관리, 여권의 교부, 국도의 관리 방식이 도도부현에 의해서 다른 경우에는 다양한 문제가 발생할 것이다. 이와 같이 전국 수준에서 일률적인 절차, 기준으로 실시해야 한다고 간주되었던 사무는, 본래 국가의 사무지만 자치단체에게 위탁한다고 하는 법정수탁업무로서 변하게 된 것이다. 그리고 기관위임사무 중에서 법정수탁업무를 제외한 사무, 음식점 영업의 허가나 토지개량의 설립 허가 등은 자치단체의 재량에 맡겨지게 되었다. 그와 더불어 공공사무, 단체위임사무, 행정사무는 폐지되었고, 자치사무로 통합되었다.

기관위임사무와 법정수탁업무는 어떤 점이 다른 것일까. 구체적으로는 세 가지를 들 수 있다. 첫째 법정수탁업무의 경우, 자치단체가 조례를 만들 수 있게 되었다는 점을 들 수 있다. 국가의 책임하에서 실시되고 기존의 법체계에 저촉되지 말아야 한다는 제약이 존재하지만, 자치단체별로 처리의 내용에 자율성을 발휘할 수 있게 된 것이다. 둘째, 중앙정부와 지방 사이에 대립이 발생할 경우에 이전에는 항상 중앙정부의 주장이 우선되었지만 지방분권추진일괄법의 제정 이후에는 분쟁처리위원회가 설치되어서 적어도 형식적으로는 국가와 지방이 대등한 입장에서 논의를 할 수 있게 되었다. 셋째, 국가가 관여하는 재량 및 사무수가 감소하였다. 기관위임사무의 절반이 폐지되었고 그 외의 남은 사무에 관해서도 조례를 제정할 수 있게 되었기 때문에 자치단체의 재량이 그만큼 넓어진 것이다. 그러나 자치단체가 중앙정부의 의견을 무시할 경우 보조금의 지급 등에 부정적인 영향을 받을 수 있기 때문에, 실제로는 지방이 국가를 무시하는 태도를 보이기란 어려울 것이다.

Ⅶ 수평적 재정조정제도

지방교부세제도는 재정적으로 윤택한 자치단체로부터 그렇지 않은 자치단체로 중앙정부가 재분배하기 위해 만들어진 것이다. 이와 같이 자치단체 간에 이뤄지는 재정조정시스템을 '수평적 재정조정제도'라고 말한다. 이와 같은 재분배는 균형의 원칙에 기초해서 이루어지며, 1,800개의 시구정촌(市区町村)에서 평등한 행정서비스를 제공하려는 취지하에 만들어진 것이다. 그러나 이 제도가 존재하는 것으로 자치단체의 자조노력이 훼손되는 문제도 발생한다. 자치단체의 입장에서 보면 재원을 확보하기 위한 노력을 하지 않아도 교부금을 받을 수 있기 때문이다. 재정 상황을 개선하고 행정서비스의 질적 향상을 지향하는 자치단체는 기업을 유치해서 세수입을 늘리려는 노력을 하게 되지만, 다른 한편 자치단체장과 의회가 아무런 노력도 하지 않는 자치단체도 앞서의 자치단체와 동질의 행정서비스 공급을 국가에 의해서 보장받게 되는 것이다. 현재의 재정조정제도하에서는 자주재원, 즉 지방세가 늘어나면 오히려 그 몫만큼 지방교부세의 교부액이 줄어들게 되어 있다는 데서 문제점을 발견할 수 있다. 반대로 지방세가 들어오지 않으면 그 몫만큼 지방교부세의 교부액이 늘어나기 때문에 자치단체의 입장에서 보자면 자조적인 노력을 하지 않아도 다른 자치단체와 동일한 수준의 생활이 가능한 것이다.

이와 같이 자주재원을 늘리려는 노력을 하지 않는 자치단체가 늘어난 결과, 대부분의 자치단체는 재정적자에 직면하게 되었다. 47개의 도도부현 중에서 재정적자에 직면하지 않은 곳은 도쿄도(東京都)와 아이치현(愛知県)뿐이다. 기초자치단체의 경우, 현재 약 1,800개의 자치단체가 존재하는데, 관동지역에 한정해서 볼 경우 적자가 아닌 자치단체는 국제공항에 의해서 막대한 고정자산세가 들어오는 나리타시(成田市), 디즈니시와 디즈니랜드의 법인세가 들어노는 우라야스시(浦安市), 고소득자가 많이 거주하고 있어 주민세와 고정자산세가 풍부한 구니다치시(国立市)와 후츄시(府中市), 그리고 벤처기업의 육성에 성공한 미타카시(三鷹市) 정도이다.

Ⅷ 과도적 조치

이와 같이 자치단체의 자조노력이 촉진되지 않는 재정조정제도로 인하여 대규모의 재정 이전을 해야 하는 중앙정부도 열악한 재정상황에 직면하게 되었다. 그래서 중앙정부의 부담을 경감시킴과 동시에 자치의 원칙을 보다 중시하는 가운데 자치단체의 재정기반을 보다 강화시키기 위한 방책으로서 추진된 것이 자치단체들 사이의 합병정책이다. 즉, 합병정책은 재정규모가 커지게 되면 재정적인 안정성이 확보되고, 나아가 자치단체장과 의회도 하나로 통합되는 등 자치단체의 경영도 효율적인 것이 되리라는 발상에 의해 제시된 것이다.

국가는 합병한 지역에 권한을 이양한다는 인센티브를 제공하는 것을 통해 합병을 촉진하려고 했다. 예를 들면 인구가 50만 이상이 되면 정령지정도시가 될 수 있다는 정책을 제시한다. 예전에는 정령지정도시 의 경우 100만 명 전후로 기준이 정해져 있던 것이 50만 명 규모로도 정령지정도시로 인정받게 된 것이다(그러한 인센티브에 의해 촉발된 지역으로서 시즈오카시(静岡市)와 니이가타시(新潟市)를 들 수 있다). 또한 인구가 30만 명 이상으로 면적이 100평방킬로 이상의 자치단체가 되면 중핵도시가 될 수 있다는 정책을 제시하여, 아사히가와시(旭川市)나나가사키시(長崎市)가 중핵시로서 새롭게 인정받게 되었다. 나아가 인구 20만 명 이상의 자치단체는 특별시로 지정받을 수 있게 되었고, 그 결과로 하코다테시(函館市)와 오다와라시(小田原市)가 특별시로서 지정을 받았다.

그러나 실제로 이러한 정책의 효과는 한정적인 것에 머물고 있다. 왜냐하면 이러한 자치단체에게 위임한 권한의 내용을 둘러싸고 지방분권 추진위원회와 그것에 대항하는 관료들이 충돌을 거듭한 끝에 정령지정도 시와 중핵시, 혹은 특별시가 되어도 그렇게 큰 권한이 자치단체에 주어지지 않게 되었기 때문이다.

IX 삼위일체 개혁

지방분권일괄법이나 대도시에 권한을 위임하는 것과 같은 과도적 조치로는 한계가 있기 때문에 고이즈미 전내각에서는 삼위일체 개혁을 추구하게 된다. 이것은 국가로부터 지방정부로의 권한위임, 국가로부터 지방으로의 보조금 삭감, 국가로부터 지방으로의 재원이양의 세 가지를 한 번에 실시하려는 것이다. 구체적으로는 세수입원의 경우 국세에 포함 되어 있던 것을 부분적으로 지방세로 전환해서 지방세를 늘리는 대신 보조금을 줄이는 것으로 자치단체의 재정에서 차지하는 지방세의 비율을 높이며, 그 몫만큼 지방교부세의 교부액을 줄이는 것을 통해 지방교부세 를 받지 않아도 되는 자치단체를 늘리려는 것이다. 삼위일체 개혁은 이와 같은 방식으로 재원의 부족을 해소해서 지방재정의 기초수지를 확보하려는 데 목적이 있다. 즉 공채비율을 제외한 세입과 세출의 수지를 흑자로 만들어서 국가로부터 지방으로의 재정 이전을 줄이고자 하는 것이다.

이러한 개혁의 내용을 살펴보게 되면, 보조금 개혁으로는 2006년도까지 보조금의 대상이었던 '사무사업'을 개혁하는 것을 통해 4조엔을 한도로 보조금을 폐지 혹은 축소하는 결정을 들 수 있다.

또한 지방교부세의 개혁에서는 지방재정 계획의 세출을 개혁하여 지방교부세 총액을 약 6조원 규모로 억제하는 것이 검토되었다. 또한 이를 위해 행정개혁을 실시함으로써 4만 명 이상의 지방공무원을 경감하는 목표를 설정하였고, 그 외에도 지방 단독의 투자적 경비를 1990-1991년도의 수준으로 억제해서 지방 단독의 일반 행정 경비 등을 억제하는 것도 검토되고 있다. 이와 같은 일반 행정 경비의 경감의 예로서는 요코하마 시장 선거에서 당일 개표를 할 것인가, 아니면 그 다음날 개표를 할 것인가를 둘러싼 결정을 들 수 있다. 이 예에서는 당일 개표가 결정된 결과, 직원의 휴일 출근 수당 등의 경비가 3,200만엔이 삭감될 수 있었다고 한다.

나아가 재원 이양을 포함한 세수입원의 배분의 개혁과 관련해서는 보조금 삭감액인 4조엔의 8할, 즉 약 3.2조엔의 세수입을 국세로부터 지방세로 이양한다는 안이 제출되었다. 또한 의무적인 사업을 철저하게 효율화하는 것과 더불어서 소요되는 전액을 이양하고 그와 더불어 이들 사업에 관한 자치단체의 권한과 재량도 확대시키는 것이 검토되었다. 이것이 실현되면 8,000억엔이 매년 국가의 재정재건에 사용될 수 있기에 중앙정부도 찬성의 입장을 보였다. 한편 지방정부도 용도가 세세하게 규정되어 있는 보조금 4조엔보다는 3.2조엔이지만 자율적으로 사용할 수 있다는 점에서 세수입원의 배분과 관련된 개혁안에 찬성의 입장을 표명하였다.

또한 중앙정부는 보조금 등의 삭감에 의해서 행정서비스의 양과 질이 저하되는 자치단체가 생기는 것을 회피하기 위한 수단으로서 행재정 기반의 강화를 추진하게 되었고, 그 방책 중의 하나로서 2005년 3월을 기준으로 시정촌 합병을 강력하게 추진하게 되었다. 그 결과, 3,200개의 시정촌이 1,800개로 감소했다.

글을 마치며-삼위일체 개혁의 진척 상황

이와 같은 일련의 개혁에 의해서 그 성과가 기대되었지만, 실제로는 개혁이 생각한 만큼 진행되고 있지 않은 실정이다. 2004년 6월 18일, 삼위일체 개혁의 내용이 결정되었다. 그 결과 논쟁의 핵이었던, 즉 보조금 이 삭감된 몫의 80%를 이양하는 문제가 결착을 보았고, 결국 동년 8월에는 전국지사회(全国知事会)가 3.2조엔의 국고보조금의 삭감을 승인하게 되었다. 또한 2005년 11월 30일에는 자민당에서 삼위일체 개혁과 더불어 아동 수당과 공립초등학교의 교직원 급여 비용와 관련된 국가의 부담율을 인하시키는 것에 따른 6,540억엔의 보조금 삭감을 승인하였다. 그리고 12월 1일에는 3조엔의 세원 이양에 관해서 중앙정부와 지방정부가 정식 으로 합의했다.

그러나 이러한 개혁에는 문제점도 적지 않다. 예컨대 보조금 개혁의 경우, 보조금의 대상이 되는 사업항목도 삭감해서 그 권한을 자치단체에 위임할 예정이었지만, 현재 상태를 보면 보조 비율을 삭감하는 것에 그쳐 있다. 그리고 자치단체가 사업을 실시할 때에는 소관 성청에게 신청해서 심사를 받으며 나아가 회계감사원에서도 검사를 받는 절차를 거쳐야 한다는 문제점이 있다. 또한 보조금 비율의 삭감을 예로 보면, 국민건강보험(총액 6,862억엔)은 50%에서 43%로, 의무교육비(8,500억엔)은 2분의 1에서 3분의 1로, 아동수당(1,578억엔)은 3분의 2에서 3분의 1로, 아동부양수당(1,805억엔)은 4분이 3에서 3분의 1로, 시설개호급부비용(1,300억엔)은 25%에서 20%로 삭감된 상황이다.

이와 같이 보조금의 비율은 인하되고 재원 이양은 진행되었지만 권한 이양은 그다지 진행되지 않았기 때문에, 결과적으로 자치단체의 부담은 늘어나고 국가에 의한 간섭만 남게 된 것이다. 삼위일체 개혁의 현재의 상태로 볼 때, 애초에 상정했던 분권 효과는 보이지 않고 있는 셈이다. 바꿔 말하자면, 일본의 지방분권 개혁은 아직도 과도기의 상태에 있다고 말할 수 있다.

이 책은 이러한 상황 속에서 일본의 주민과 그 대표인 지방의회의원, 자치단체장, 자치단체 직원들이 어떠한 의식을 지니고 있는지를 중심으로 분석한 것이다. 이하의 각 장의 분석이 장래의 지방분권을 실현하는 데 조금이라도 도움이 될 수 있었으면 한다.

1장

지방분권시대의 지방자치단체의
현상과 과제*

고바야시 요시아키(小林良彰)

시작하며

정치학을 하는 목적 중의 하나는 유권자가 자신들의 대표인 의원을 통해서 민의를 정책에 반영시킬 수 있는가의 여부를 연구하는 것이다. 예를 들어 선거를 분석하여 당해 선거에서 어떠한 민의가 반영되었는가를 조사하는 것도 정치학의 중요한 역할이다. 미국에서는 정치학자 중에서 적지 않은 연구자들이 이러한 선거를 전문으로 하는 연구를 수행 중이며, 또한 대통령 선거뿐 아니라 각 주에서 그 지방의 주의회 선거나 의회활동에 관한 왕성한 연구 활동을 하고 있다. 그러나 일본에서는 중의원이나 참의원과 같은 양의회의 선거 연구는 활성화되어 있는 편이지만 지방의회의 선거나 의회 내부의 활동에 관한 연구자는 매우 부족한 편이다. 중의원

---

* 이 논문은 小林良彰·名取良太·金宗郁·中谷美穗「事業別自治体財政需要: 行政改革と市町村合併」『地方財務』第574号, 2002年 3月과 同「事業別自治体財政需要: 自治体の支出選好と高齢者福祉」『地方財務』第576号, 2002年 5月을 가필 수정한 것이다.

과 참의원 외에는 기껏해야 지사선거에 관심이 모이는 정도다.

헌법 93조에 "지방자치단체에는 법률이 정한 바에 의해 그 의사기관으로서 의회를 설치한다"고 쓰여 있듯이, 본래 지방자치의 근간을 이루는 것은 지방의회이다. 그러나 제1차 지방분권일괄법이 시행되기 시작한 2000년 이전까지는 지방자치단체가 중앙성청에 대해 책임을 지는 기관위임사무를 실행하는 데 중점을 두었기 때문에 주민의 의향을 반영하는 지방의회는 상대적으로 경시되어 왔다. 즉 지방자치단체는 뭐니뭐니 해도 '행정이 우선'이라는 발상이 지배적이었던 것이다.

그러한 가운데 2000년 4월에 지방분권일괄법이 시행됨으로써 기관위임사무가 없어지고, 모든 사무의 책임을 중앙성청이 아니라 주민에 대해서 짊어지게 됨으로써 '정치가 먼저이고 지방의회가 우선'이라는 풍토를 형성하기 위한 법적인 기반이 마련되었다. 이러한 변화에 주목한 지방의회 중에는 위기감을 가지고 새로운 시대에 걸맞는 의회 개혁을 추진하는 곳도 나오기 시작하였다.

예전과 비교하면 큰 권한과 책임이 지방의회에 주어짐으로써 지방의회는 이제 종래와 같이 행정에 의존한다든지 주민의 요구사항을 행정에 단지 전달하는 존재에 불과해서는 안 되게 된 것이다. 이원대표제가 드디어 실질적으로도 실행되는 것이다. 바꿔 말하자면, 지방의회가 본래 기능인 조례를 만들고, 그것을 자치단체장이 집행하며, 의회는 다시 집행이 본래대로 되고 있는지의 여부를 감시하는 것이 요구되고 있다. 그러나 지방분권일괄법의 정치적 의미를 파악하지 못한 지방의회도 없는 것이 아니어서 아직도 행정이 방침을 책정하고 그것에 영향을 미치는 것에 지나지 않는 기능을 수행하는 의회도 적지 않다. 그러한 지역에서는 자치단체장이 행정 권한뿐 아니라 입법 기능도 수행하고 있으며, 자치단체장이 메일이나 팩스, 그리고 소규모의 주민집회를 각지에서 개최하는 것을 통해 의회를 거치지 않고 직접 주민의 의사를 정책에 반영시키고 있다. 또한 최근에는 '퍼블릭 코멘트(Public Comment)'라는 정치참가제도를 통해 행정이 책정한 시책에 대해 주민이 감시하는 기능을 수행하는 곳도 늘어나고 있다. 즉 의회가 아니라 행정과 주민 사이에 직접 파이프를 설치하여 집행에 대한 감시 기능이 수행되는 것이다.

그러한 지역에서는 이원대표제 하의 지방의회가 본래 가져야 되는 입법기능이나 감시기능이 행정의 주도하에 이뤄짐으로써, 개혁파 지사 간의 경쟁이 연구자나 언론의 주목을 모으고 있다. 연구자나 언론도 지금 이상으로 지방의회에 주목해야 한다고 반성할 필요가 있겠지만 지방의회도 동시에 위기감을 가질 필요가 있다고 본다.

I 필요한 제도개혁 · 운영에 의한 개혁

현재의 지방자치법 등을 살펴보면, 이원대표제에 적합하지 않은 곳이 적지 않다. 예를 들어, 지방자치법 101조 1항의 전반부에는 "의회의 소집권은 지방자치단체의 장에게 전속"된다고 나와 있다. 지방의회의 소집권이 의회의 의장이 아니라 단체장에게 속한 것이다. 물론 현재 의장도 임시의회의 소집을 청구할 수 있지만, 부의사건의 범위가 제한되어 있다. 또한 소집일의 결정도 단체장이 결정하기 때문에 '의회를 소집할 여유가 없을 때라고 인정하는 시기'에 이뤄지는 전결처분이 매년 300건에 가깝게 발생한다. 그러나 오늘날과 같은 정보화 사회에서 의회를 소집할 여유가 없을 때가 과연 얼마나 존재하는지 의문이다.

또한 지방자치법 149조 2항에 의하면, 의회의 의장은 의회예산의 집행권을 행사할 수 없다. 설사 의장이 의원에게 출장을 명령할지라도 출장비의 집행을 단체장이 중지시킬 수 있는 것이다. 더욱이 지방자치법 149조 6항에 따르면, 의회에 의사당의 관할권이 부여되어 있지 않다. 의사당 내의 질서유지권은 의장에게 있지만, 위원회실이나 의사당의 복도 등에서 발생하는 방청자의 심의 방해에 대해서는 의장이 대처할 수 없다. 바꿔 말하자면, 이원대표제를 실시하는 데 필요한 권한이 지방의 회에 부여되어 있지 않은 것이다.

한편 지방의회 측의 개혁도 필요하다. 예를 들자면, 의회에 질문의 통고제도(회답, 재질문, 재회답에 이르기까지 사전에 준비되어 있는 경우도 있다. 돗토리현(鳥取県)의 지사 등 능력이 있는 지사들은 이러한 통고제고가 필요없다고 주장한다) 등은 재검토해야 될 것이다.

또한 의회에 의한 정책에 관한 조례도 필요하다. 그것은 지방의회가 변화했다고 주민과 매스미디어가 생각하도록 만드는 결정적인 요소이기 때문이다. 개혁파 지사 간의 경쟁이 아니라 개혁파 의회 간의 경쟁도 필요한 시대이다. 참고로 2003년의 통계를 보게 되면, 의원 발의에 의한 조례의 건수는 139건밖에 없으며, 47개의 도도부현(都道府県)으로 나누게 되면, 한 도도부현에 평균 3건밖에 의원 발의에 의한 조례가 없는 실정이다. 의원발의에 의한 조례 이외의 의견서 등을 포함해도 전국적으로 1,432건에 불과하며, 건수는 늘고 있다지만, 전국의 도도부현의 의원이 2,868명이 있는 것을 생각한다면 역시 적다는 느낌을 지울 수 없다. 이에 반해서 지사의 발의에 의한 조례안은 3,235건으로, 이것에 예산과 관련된 조례 등을 포함하면 8,096건이나 된다.

이 때문에 주민에게 지방자치단체에서 시책을 형성하는 것은 당연하다고 여겨진다. 의회는 지사에게 의향을 물으러 가는 파이프와 같은 존재에 지나지 않는 것이다. 따라서 지사가 주민과의 직접적인 파이프를 만들게 되는 경우에는 지사에게 직접 자신들의 의향을 전달하는 것이 빠르다고 생각하는 주민들이 늘어난다고 해도 이상할 게 없다. 중요한 것은 지방자치단체의 정책을 형성하는 주체는 다름 아닌 의회라는 점을 주민들이 느끼게 되는 것이며, 그것을 실현하려면 의원들은 많은 노력과 공부를 해야 할 것이다. 따라서 필요한 제도 개혁이나 운영상의 개선, 그리고 필요한 경비의 부담 등 의원들의 요망을 실현시켜 나가는 한편, 그 대신 실적을 만들어 나가는 것이 필요할 것이다.

여기서 현재 주민이 도도부현 의회의 의원을 어떻게 보고 있는지를 감정온도를 이용해서 조사한 결과를 살펴보자. 조사 결과에 따르면, 전수상이었던 고이즈미(小泉純一郎)가 50도, 자신이 살고 있는 선거구에서 선출된 국회의원이 평균 42도, 도도부현 지사가 평균 54도인 것에 반해 도도부현의 의원은 평균 50도로 지사보다도 약간 낮고 고이즈미 수상과 비슷한 정도로 평가되고 있다.

이어서 도도부현의 의원에 대한 감정온도를 피설명변수로 하는 공분산구 조분석을 실시한 결과, 의원이 제출하는 조례의 건수가 많은 지역일수록 도도부현의 의원이 호의적으로 평가되고 있음을 확인할 수 있었다. 또한 자신의 의견이 평등하게 반영된다고 생각한다든지, 신중하게 고려되고 있다고 느끼는 주민이 많은 지역일수록 지방의원이 호의적으로 평가되고 있다는 점도 확인되었다. 이러한 결과로부터 주민은 지사만을 평가하고 의회에 관해서는 무관심한 것이 아니라는 점을 알 수 있다. 이와 같은 관점에서 보자면, 주민들이 지사에게 직접 의견을 말하는 것을 선호하는 것은 결코 의회를 무시하는 데서 비롯된 것이 아님을 알 수 있다.

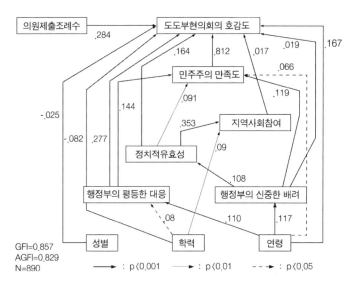

그림 1-1 도도부현 의회에 대한 호의도의 결정모델

민주주의는 본래 '정치가 먼저 있고, 행정이 그 뒤에 따라오는 것'을 기본으로 삼는다. 이러한 관점에서 보자면, 재정상황이 열악하고, 지방에 자립과 동시에 다양한 선택이 요구되는 상황을 두고 볼 때, 주민과 더불어 지방자치를 지키고, 혹은 보다 건실한 지방자치를 획득하는 역할이 지방 의회에 더욱 요청되고 있다고 볼 수 있다. 따라서 지방의회도 주민이나 언론과 대립하기보다는 주장할 것은 당당히 주장하고, 조례 발의 등 활용해야 할 제도는 더욱 활용하도록 노력하며, 개혁과 지사 간의 경쟁을 뛰어 넘는 개혁파들에 의한 의회 간 경쟁을 모색해야 할 것이다. 현재 상태에서는 이원대표제라고 하지만 대부분의 자치단체에서 형성되는 정책은 자치단체장이 주도하고 있는 것이 일반적이며, 현재의 재정건전화 문제나 시정촌 합병 등에 관해서도 자치단체장의 의도가 일방적으로 반영되는 경우가 적지 않다. 그래서 이 논문에서는 이러한 상황을 염두하

고 자치단체장이나 의회 의장을 포함한 일본의 모든 시 수준의 지방자치
단체 관계자들이 지방분권에 관해서 어떠한 의식을 지니고 있는지를
살펴보고자 한다.

II 지방자치단체의 현상과 과제

1. 재정건전화

2004년도는 삼위일체 개혁에 관해 결착을 본 해다. 이를 계기로
앞으로 지방자치단체의 자기책임이 더욱 심판받게 되었다. 이 때문에
각 자치단체가 재정건전화를 어떻게 이뤄낼 것인가, 또한 그러한 개혁
속에서 수요가 높아지고 있는 고령자 복지에 관해 어떠한 방침으로
임할 것인가, 나아가 규모의 경제효과를 요구하는 시정촌 합병의 문제
어떻게 대처할 것인지에 관해서 전국의 시 수준의 관계자(시장, 시의회
의장, 재정담당과장, 총무담당과장)에 대해서 실시한 의식조사를 기초로
살펴보자.

더 말할 나위도 없이 최근 각 자치단체의 재정은 매우 위태로운
상황에 처해 있다. 지방재정에서 재원 부족은 지방세수 등의 감소와
감세 등에 의해 헤이세이 6년도(1994년) 이후 급속히 확대되고 있다.
1994년도는 1991년에 이어서 13조엔을 넘는 커다란 폭의 재원 부족
현상이 발생했다.[1] 이러한 상황 속에서 시장은 어떠한 정책영역에서
예산을 삭감하고 혹은 증액하려는 것일까. 또한 시장은 유권자의 지출에
관한 선호를 어떻게 인식하고 있을까. 이번 조사에서는 자치단체가 제공

---

1) 総務省의 홈페이지의 '地方財政の現状'를 참조
(http:www.soumu.go.jp/czasei/index/html).

표 1-1 시장의 지출 선호

	상당히 삭감	약간 삭감	현재와 동액	약간 증액	상당히 증액	모른다·어느 쪽에도 해당하지 않음	계 (%)	N
① 모든 정책 영역	6.1	42.7	28.0	14.6	0.6	8.1	100	309
② 초등·중등 영역	0.0	10.0	44.0	38.1	6.7	1.6	100	312
③ 사회 복지	1.0	6.7	25.8	51.6	14.0	1.0	100	314
④ 도로 정책	3.5	28.0	42.7	18.8	5.4	1.6	100	314
⑤ 공영 교통	2.5	12.5	37.7	18.9	5.0	23.5	100	281
⑥ 보건·병원	1.0	9.1	44.5	34.7	9.4	1.3	100	308
⑦ 공원·레저	2.2	30.5	42.9	19.0	3.5	1.9	100	315
⑧ 공영주택	6.8	36.1	42.6	10.6	1.9	1.9	100	310
⑨ 소방	1.0	11.2	70.6	13.7	2.2	1.3	100	313
⑩ 도시 기반 정비	1.6	19.6	34.1	33.1	10.0	1.6	100	311
⑪ 지자체 직원수	17.2	66.6	12.7	1.9	0.3	1.3	100	314
⑫ 직원 급여	4.1	45.7	41.9	5.1	0.3	2.9	100	315

하는 서비스의 비용의 지출을 12개의 정책영역별로 '상당히 증액한다', '약간 증액한다', '현재와 동액', '약간 감액한다', '상당히 감액한다', '모른다 · 어느 쪽에도 해당하지 않는다'는 6단계 평가로 회답을 받았다. 각 정책분 야는 표 1-1과 같다.

먼저 현재보다 증액한다('상당히 증액한다', '약간 증액한다')고 응답 한 비율이 높았던 정책영역은 '사회복지', '초등 · 중등교육', '보건 · 병원' 의 사회서비스 분야이다. 특히 고령화 사회에 대응할 필요성이 촉구되고 있기 때문인지 사회복지에 관해서는 6할 이상의 응답자가 증액한다고 응답하였다. 또한 그 외의 '초등 · 중등교육', '보건 · 병원'의 영역에 관해 서도 4할 이상의 응답자가 증액한다고 회답하였다.

또한 사회복지 서비스 분야에 이어서 '도시화 기반'에 관해서도 현상유지가 3할, 증액의 의향이 4할 이상 된다.

한편 현재보다 삭감한다('약간 감액한다', '상당히 감액한다')고 응답한 비율이 높았던 정책영역은 '자치단체의 직원수', '자치단체 직원의 급여', '공영주택', '도로정책', '공원·레저'와 같은 영역이다. '자치단체의 직원수'는 8할 이상이 삭감한다고 답변하였으며, 또한 '자치단체 급여'에 관해서는 5할 이상의 답변자가 삭감한다고 하였다. 자치단체 직원의 수와 급여에서는 후자보다는 전자를 삭감한다고 응답한 비율이 높았는데, 이는 직원의 저항을 받지 않고 신규채용의 억제와 같은 수법으로 대응하는 것이 손쉽다고 판단했기 때문인 것으로 보인다. '공영주택'에 관해서는 현재와 동액이 4할, 삭감한다가 4할이었다. 저소득층을 대상으로 하는 공영주택은 복지적인 의미를 강하게 띄고 있음에도 불구하고, '사회복지', '보건·의료'와 같은 영역과 달리 시장이 삭감한다는 의향이 강한 편이었다. 이것은 '사회복지' 등의 영역이 주민 전체를 대상으로 하는 것에 반해 공영주책이 일부의 주민을 대상으로 하는 것에 기인하는 것으로 생각된다. '도로정책', '공원·레저'에 관해서는 현재와 동액으로 응답한 비율이 4할로 가장 많으며, 삭감한다고 응답한 사람도 4할 이상이었다.

또한 현재와 동액이라는 회답이 많았던 정책영역은 '소방'이며, 7할 이상의 응답자가 현재와 동액이라는 선택안을 선택하고 있다. '공영교통'에 관해서는 현상유지가 4할 약간이며, 2할의 응답자가 증액에 관한 선호를 지닌다. 이 정책영역에서는 사업을 실시하지 않는 자치단체도 많기 때문인지 '모른다 혹은 어느 쪽에도 해당하지 않는다'는 회답도 많았다.

개별적인 정책영역이 아니라 '전반적인 정책영역'에 관해서 물어

표 1-2 시장이 인식하고 있는 대부분의 유권자들의 지출에 관한 선호

	상당히 삭감	약간 삭감	현재와 동액	약간 증액	상당히 증액	모른다. 어느 쪽에도 해당하지 않음	계 (%)	N
① 모든 정책 영역	8.7	23.8	26.5	28.2	8.1	4.7	100	298
② 초등 · 중등 영역	1.0	2.6	31.8	46.7	15.9	2.0	100	302
③ 사회 복지	0.3	2.3	9.6	43.5	41.2	3.0	100	301
④ 도로 정책	3.6	11.1	30.2	38.7	13.4	3.0	100	305
⑤ 공영 교통	1.8	4.7	34.9	28.7	8.0	21.8	100	275
⑥ 보건 · 병원	0.7	3.3	28.0	41.3	23.0	3.7	100	300
⑦ 공원 · 레저	1.3	8.2	38.5	40.8	8.2	3.0	100	304
⑧ 공영주택	3.6	11.3	48.3	30.1	3.3	3.3	100	302
⑨ 소방	0.3	5.3	67.1	19.7	4.9	2.6	100	304
⑩ 도시 기반 정비	0.7	9.9	29.0	43.2	14.9	2.3	100	303
⑪ 지자체 직원수	41.0	46.2	9.5	1.0	0.7	1.6	100	305
⑫ 직원 급여	33.7	49.3	11.4	2.3	0.7	2.6	100	306

본 결과, 삭감한다고 응답한 비율이 5할을 조금 넘고 있으며, 이어서 현재와 동액으로 응답한 비율이 많았다.

다음으로 시장이 대부분의 유권자의 지출에 관한 사고방식을 어떻게 인식하고 있는지에 관해 살펴보자. 이번 조사에서는 앞서의 질문과 마찬가지로 '공공서비스에 걸리는 비용의 지출에 관해서 대부분의 유권자가 어떠한 생각을 지니고 있다고 생각하십니까'라는 질문항목을 시장에게 실시했다. 마찬가지로 12개의 정책영역별로 구분하고 6단계 평가의 선택안으로 답변 받았다(표 1-2).

먼저 대부분의 유권자가 증액을 바란다고 시장이 인식하고 있는 영역을 보게 되면, '사회복지', '보건·의료', '초등·중등교육'의 사회복지 서비스 영역이었다. 특히 '사회복지'는 8할 이상의 시장이 선택하였으며,

'보건 · 의료', '초등 · 중등교육'은 6할 이상의 응답자가 선택하였다. 이어서 유권자가 증액을 요구하고 있다고 시장이 인식하고 있는 다른 영역은 '도시기반 정비', '도로정책', '공원 · 레저'다. 이들 영역에서는 5할에서 6할을 약간 넘는 응답자가 증액을 선택하였다.

한편 대부분의 유권자가 감액을 바라고 있다고 시장이 인식한 영역은 '자치단체 직원수'와 '자치단체 급여'이다. 또한 유권자가 현재와 동액을 지향한다고 시장이 인식한 영역은 '소방'과 '도시기반 정비'였다. 나아가 전반적인 정책영역에 관해서는 대부분의 유권자가 삭감을 지향한다고 한 응답자가 3할, 증액을 지향한다고 한 응답자가 약 4할로 회답이 이분되는 결과를 보이고 있다.

지금까지 시장의 지출에 대한 사고방식과 시장이 인식하고 있는 유권자의 사고방식을 살펴보았다. 지금부터는 양쪽의 결과를 비교했을 때 시사되는 점에 관해서 살펴보자(표 1-3). 먼저, 시장 자신의 사고방식에서는 전반적인 정책영역에 관해서 삭감의 의향을 지니고 있는 비율이 높은 것에 반해 유권자는 증액의 지향을 지닌다고 인식한 응답자가 많다는 점을 지적할 수 있다. 이는 시장이 인식하는 유권자가, 12개의 개별적인 정책영역 중에서 7개 정책영역에서 증액을 지향한다고 응답한 것에서 알 수 있다. 즉, '유권자는 대부분의 정책영역에서 증액을 지향한다'고 간주하는 시장이 많다.

또한 시장이 유권자의 생각과 달라도 삭감하려고 하는 영역은 '도로정책', '공원 · 레저', '공영주택'이다. 이들 서비스와 관련해서 시장은 유권자가 증액 혹은 현재와 동액을 바라고 있다고 인식하고 있지만, 시장 자신은 현재와 동액 혹은 삭감한다는 의견이 많았다. 역으로 유권자는 삭감을 바라고 있다고 생각하고 있지만, 시장 자신이 삭감에 소극적인 영역은

표 1-3 시장과 유권자의 지출에 관한 선호의 비교(시장에 의한 인식)

	시장의 선호				대부분의 유권자의 선호			
	삭감	현재와 동액	증액	N	삭감	현재와 동액	증액	N
① 모든 정책 영역	48.9	27.8	15.2	309	32.6	26.5	36.2	298
② 초등·중등 영역	9.6	43.9	44.9	312	3.6	31.8	62.6	302
③ 사회 복지	7.6	25.8	65.6	314	2.7	9.6	84.7	301
④ 도로 정책	31.5	42.7	24.2	314	14.8	30.2	52.1	305
⑤ 공영 교통	14.9	37.7	23.8	281	6.5	34.9	36.7	275
⑥ 보건·병원	10.1	44.5	44.2	308	4.0	28.0	64.3	300
⑦ 공원·레저	32.7	42.9	22.5	315	9.5	38.5	49.0	304
⑧ 공영주택	42.9	42.6	12.6	310	14.9	48.3	33.4	302
⑨ 소방	12.1	70.6	16.0	313	5.6	67.1	24.7	304
⑩ 도시 기반 정비	21.2	34.1	43.1	311	10.6	29.0	58.1	303
⑪ 지자체 직원수	83.8	12.7	2.2	314	87.2	9.5	1.6	305
⑫ 직원 급여	49.8	41.9	5.4	315	83.0	11.4	2.9	306

'자치단체 직원의 급여'가 있다. 앞에서 기술한 바와 같이 이 영역은 직원의 수를 삭감하는 것과는 달리 직원으로부터의 저항이 클 것이라는 점이 바로 시장이 소극적인 태도를 취하게 하는 요인이 된 것으로 보인다.

지금까지 살펴본 결과는 전체적인 집계 결과에서 유추할 수 있는 점이지만, 개별적으로 살펴보면 전체의 경향과는 상이한 답변을 한 시장도 존재할 것이다. 예를 들면 복지서비스를 삭감한다고 응답한 시장은 7%, 또한 자치단체 직원의 급여를 증액한다고 응답한 시장은 5% 존재한다. 나아가 시민의 자치단체의 지출에 관한 선호와 일치하는 시장도 있는가 하면 시민이 바라는 방향과 전혀 다른 지출에 관한 선호를 보이는 시장도 있다. 이러한 시장의 선호는 실제의 예산에 어떠한 영향을 끼치는 것일까. 또한 시장의 선호를 규정하는 요인은 무엇일까. 이하에서는 이러한 점들에 관해서 살펴볼 것이다.

2. 고령자 복지

공적 개호보험이 지방자치단체에 위임된 것에서 보이는 바와 같이 일본에서는 현재 고령자 복지가 지방자치단체의 중요한 시책의 하나가 되고 있다. 더욱이 헤이세이 12년(2000년) 10월 1일 현재, 고령화 비율(총 인구에서 65세 이상의 인구가 차지하는 비율)은 17.3%이며, 1년 전의 10월 1일 과 비교해서 고령자 인구는 74만 명이 증가하여 고령화 비율은 0.6%가 상승하고 있다.[2] 또한 헤이세이 27년(2015년)에는 고령화비율이 25%를 넘어 국민의 약 4분의 1이 고령자라는, 고령화 사회가 도래할 것으로 추측된다.[3] 이러한 고령화 현상의 진행은 간호를 필요로 하는 사람의 증가와 간호자(특히 간호를 필요로 하는 사람의 가족)의 부담의 증가를 가져올 것이다. 이러한 간호 부담을 사회 전체적으로 짊어지기 위한 틀로서 개호보험제도(介護保險制度)가 2000년 4월 1일 도입되었다. 개호보험제도는 지금까지의 조치제도(措置制度)에 기초한 고령자 복지와는 달리 이용자 자신이 서비스를 선택하고 이용할 수 있는 제도이며, 40세 이상의 어른이 보험료를 지불함과 동시에 국가와 자치단체(도도부현과 시정촌)가 일정한 재정적 부담을 짊어지는 제도며, 간호가 필요하다고 인정된 고령자가 다양한 형태의 서비스를 받을 수 있는 제도적 틀을 말한다.

이러한 개호보험제도가 도입되는 것을 두고 자치단체 관계자는 자치

---

2) 內閣府編, 『高齡社会白書 平成13年版』, p.50
3) 위와 같음, p.51

표 1-4 개호보험이 기대한 변화가 고령자 서비스 영역에 반영되었는지의 인식

		시장	의장	재정과장	시장의장
① 자치단체의(재정적 관심뿐 아니라 종합적인) 부담의 삭감	변화됨	15.8	15.2	15.5	15.5
	변화하지 않음	56.5	60.1	47.6	54.7
	오히려 악화	27.6	24.8	36.9	29.8
	계(%)	100	100	100	100
	N	322	323	328	973
② 이용자의 (금전적인 관점 뿐 아니라 종합적인) 부담의 삭감	변화됨	26.6	19.0	20.4	22.0
	변화하지 않음	42.4	41.7	39.6	41.3
	오히려 악화	31.0	39.3	39.3	36.7
	계(%)	100	100	100	100
	N	323	321	318	962
③ 개호서비스 양의 증대	변화됨	74.8	52.7	64.1	63.9
	변화하지 않음	21.0	39.3	30.0	30.1
	오히려 악화	4.3	7.9	5.9	6.0
	계(%)	100	100	100	100
	N	329	328	323	980
④ 개호 서비스 질의 향상	변화됨	55.5	45.2	47.7	49.4
	변화하지 않음	41.1	49.1	48.0	46.1
	오히려 악화	3.4	5.7	4.4	4.5
	계(%)	100	100	100	100
	N	326	332	321	979

단체의 고령자 복지가 어떻게 변화했다고 인식하는 것일까. 또한 앞으로 자치단체는 어떠한 고령자 복지를 실시할 생각일까? 이번 조사에서는 시장, 의장, 재정과정을 대상으로 개호보험제도에 관한 다양한 질문을 실시했다.

먼저 개호보험의 실시로 개호보험을 두고 예상했던 변화가 자치단체

의 고령자 개호서비스 분야에서 실제로 일어나고 있는지에 관해서 네 가지 시점으로부터 질문해 보았다. 여기서 네 가지 시점이란, ① 자치단체의 재정적인 시점뿐 아니라 종합적인 차원에서의 부담의 삭감, ② 이용자의 금전적인 시점뿐 아니라 종합적인 차원에서의 부담의 삭감, ③ 개호서비스 양의 증대, ④ 개호서비스 질의 향상을 말하며, 각각 '실현했다', '변화하지 않았다', '오히려 악화했다'는 세 가지 선택안 중 하나를 선택하도록 했다(표 1-4)

먼저 ① 자치단체의 재정적인 시점뿐 아니라 종합적인 차원에서의 부담의 삭감에 관해서 살펴보면, 전체의 5할 이상의 응답자가 '변화하지 않았다'고 응답한 것 외에 약 3할의 응답자가 '오히려 악화했다'고 답변하였다. 이는 개호보험이 실시되어도 민간의 참여가 그다지 진행되지 않고 있으며, 자치단체가 직접 공급하는 서비스를 예전과 비교해 그다지 삭감할 수 없었음을 시사한다고 말할 수 있다. 또한 개호보험제도에 걸리는 사무의 양적 증가 등도 그 원인이 되는 것으로 보인다. 직책별로 보면, 가장 엄격한 답변을 한 것은 재정과장이며, 오히려 악화되었다고 응답한 비율이 4할을 조금 넘었다.

또한 ② 이용자의 금전적인 시점뿐 아니라 종합적인 차원에서의 부담의 삭감에 관해서 보면, 자치단체의 부담에 대한 답변과 마찬가지로 '변화하지 않았다'는 회답이 4할, '오히려 악화되었다'는 답변도 4할을 약간 넘고 있다. 이와 같이 긍정적인 답변이 적은 이유로서는 이용자의 1할 부담의 제도를 들 수 있다. 개호보험제도에서는 이용자가 서비스에 걸리는 비용의 1할을 부담하게 되어 있다. 지금까지의 복지제도하에서 무료나 정액으로 서비스를 이용할 수 있었던 저소득층에게는 1할 부담도

표 1-5 제1호 피보험자에 대한 보험료 감면 조치의 유무

	제1호 피보험자에 대한 보험료 징수 감면 조치
실시하지 않는다	71.5
실시한다	28.5
계(%)	100.0
N	326

큰 것이어서 이용량을 줄이는 고령자도 적지 않다고 한다. 그 때문에 독자적으로 경감조치를 취하고 있는 자치단체도 있다.

또한 지금까지의 고령자 서비스와는 달리 개호보험제도에서는 65세 이상의 고령자도 1호 피보험자로서 보험료를 지불하게끔 되어 있기 때문에 이러한 보험료도 고령자에게는 커다란 부담이 된다고 말해진다. 그 때문에 65세 이상의 개호보험료의 감면조치를 취하는 자치단체도 있다. 이 조사에서도 감면조치를 취하고 있는 자치단체는 전체의 약 3할이었다 (표 1-5).

이어서 ③ 개호서비스 양의 증대에 관해서 보면 '실현했다'는 응답자가 6할 이상이며, 특히 시장이 긍정적인 답변을 나타내고 있다. 개호보험제도의 도입을 맞이하여, 자치단체가 다양한 시책을 전개하고 있는 결과라고 볼 수 있다. 실제로 후생성의 노동백서에 따르면, 전국적으로 개호보험 시행 전의 헤이세이 11년(1999년)의 월평균과 개호보험 시행 후의 헤이세이 12년(2000년) 11월분의 재택 서비스의 이용량을 비교하면, 방문개호 서비스는 52%가 증가, 데이 서비스는 약 36%가 증가했다고 한다.[4] 그러나 서비스의 이용을 희망하는 사람들에게 서비스의 양을 충분히

---

4) 厚生労働省監修, 『厚生労働白書 平成13年版』, p.287

공급할 수 있는 건 아니다. 헤이세이 12년도(2000년)에 서비스 충족률(서비스 이용을 희망하는 피보험자에 대해서 필요로 하는 서비스의 양과 공급할 수 있다고 예측되는 서비스의 양의 비율)은 전국의 시정촌을 보면 방문개호가 84%, 방문간호가 65%, 데이 서비스가 72%, 단기입소가 76%로 모든 종류에서 부족한 상황이다.[5]

마지막으로 ④ 개호서비스 질의 향상에 관해서 살펴보면, '실현했다'는 회답과 '변화하지 않았다'는 답변이 각각 5할이며, 질의 향상에 관해서 개호 서비스의 양과는 달리 평가가 조금 낮다는 점을 알 수 있다. 또한 직책별로 보면, 시장의 경우 '실현했다'는 답변이 '변화하지 않았다'는 답변의 비율보다도 높지만, 재정과장과 의장은 '변화하지 않았다'는 회답의 비율이 더 높다. 서비스의 질의 향상에 관해서는 서비스를 제공하는 사업자에 대한 평가제도의 구축이 과제가 되고 있으며, 각 자치단체에서 서서히 그러한 시책이 시작되고 있는 단계이다.[6]

지금까지 살펴본 바와 같이 개호보험이 예정하고 있던 서비스의 변화가 서비스의 양의 증대에 관해서는 과반수의 응답자가 '실현했다'고 회답하고 있으며, 질의 향상에 관해서는 '실현했다'는 회답이 5할을 조금 넘으며, 자치단체의 부담이나 이용자 부담의 삭감에 관해서는 '오히려 악화했다'는 답변도 3할에서 4할 가깝게 존재한 다는 점이 확인되었다.

다음으로 현재의 개호보험제도에 관해서 생각되어지는 문제점을 9개를 제시한 후, 해당하는 항목에 관해서 모두 선택하게끔 했다(표 1-6).

응답자가 가장 많았던 문제점은 '이용자가 가진 정보가 적고, 자유로

---

5) 厚生省監修, 『厚生白書 平成12年度版』, p.169
6) 예를 들면, 京都市에서는 서비스 내용이나 만족도에 관한 이용자 설문조사와 사업자의 자기평가를 실은 안내서를 작성하여 시청이나 구청에 열람하고 있다(『朝日新聞』, 2001年 4月 24日).

표 1-6 현재 개호보험의 문제점

	시장	의장	재정과장	평균
① 각 개호수준의 이용 상한의 단위수가 적다	11.0	19.9	10.9	13.9
② 이용자의 자기 부담액이 높다	29.6	35.2	19.9	28.2
③ 시설서비스와 재택서비스의 상한 단위 정의 차이가 너무 크다	36.3	34.6	33.2	34.7
④ 이용자가 가진 정보가 적으며 자유로운 선택을 할 수 없게 되어 있다.	42.1	49.8	42.9	44.9
⑤ 사업에 대한 규제가 심하다	9.5	15.6	7.8	11.0
⑥ 홈헬퍼의 보수단가가 낮다	32.0	30.9	28.0	30.3
⑦ 케어매니저의 보수단가가 낮다	44.5	30.0	37.0	37.2
⑧ 민간사업자의 참여가 저조하다	32.6	37.3	37.6	35.8
⑨ 자지단체의 재정부담이 높다	36.6	26.6	39.8	34.3
N	328	327	322	977

운 선택이 가능하지 않다'이며, 45%의 응답자가 이를 지적한다. 개호보험제도는 서비스의 이용자가 희망하는 서비스나 제공 사업자를 선택할 수 있다는 점에서 종래의 서비스의 제공방법과 크게 다르다. 그러나 현실적으로는 사업자에 관한 정보 등이 이용자에게 충분히 제공되지 않는 것으로 판단되며, 이는 앞으로 커다란 과제다.

이어서 회답이 많았던 항목은 '케어매니저의 보수 단가가 너무 낮다'(37.2%)이었다. 케어매니저란 이용자의 심신 상태 등을 파악하여 적절한 개호서비스를 이용하는 것이 가능한 케어 플랜을 작성하는 간호지원 전문가를 가리킨다. 아사히 신문이 실시한 케어매니저에 대한 여론조사에 따르면, 응답한 케어매니저의 '5할 이상이 간호 보수와 연결되지 않는 업무가 많으며, 케어플랜의 작성료가 낮다'고 응답하고 있다.[7] 또한 응답자의 6할 이상이 케어매니저를 그만두고 싶다고 생각한 적이 있다고 응답하였다.

개호보험제도의 문제점으로서 '민간사업자의 참여가 정체해 있다' (38.5%)는 항목을 선택한 응답자도 많았다. 민간사업자가 참여하는 영역은 방문개호사업이 많지만, 방문개호와 관련해서 이용자의 신청이 많은 영역은 개호보험의 단가가 낮은 가사원조라는 점이 민간사업자의 참여율을 낮추는 요인의 하나가 되고 있다. 그 결과, 적지 않은 민간사업자가 사업의 규모를 축소하지 않을 수 없는 상황에 처해 있다. 그 대표적인 예가 바로 콤슨이라는 민간사업체다. 콤슨은 개호보험이 시작했던 시기에는 전국에 약 900개소의 사업소를 설정하여, 장래에는 1만개소의 사업소를 만들 예정이었다. 그러나 이용자가 예상보다 늘지 않고, 또한 이용자들의 서비스도 개호보험의 보수단가가 낮은 가사원조 등이 많았기 때문에 결국 수익이 늘지 않아 직원들의 대규모의 축소를 감행하지 않을 수 없었고 사업소의 수도 대폭으로 줄이게 되었다.[8]

또한 '시설서비스와 재택서비스의 상한단위 설정의 차이가 너무 크다'는 문제점도 3할 이상의 응답자가 선택하고 있다. 실제로 재택 서비스는 간호의 필요성이 가장 높은 '5단계'의 서비스로 이용한도의 액수를 모두 사용해도 24시간의 서비스밖에 받을 수 없는 것에 반해서 자기부담액이 그다지 다르지 않은 금액으로도 시설서비스를 받을 수 있다고 한다. 이러한 까닭으로 인해 재택서비스보다 시설서비스가 상대적으로 싸다는 느낌이 번지게 되어 시설 이용이 높아지고 있다.[9]

시장과 재정과장은 의장과 비교해서 '자치단체의 부담이 너무 많다'는

---

7) 『朝日新聞』, 2001年 4月 5日. 전국 2000명의 케어 매니저를 대상으로 한 설문조사 결과를 참조.
8) 『朝日新聞』, 2001年 3月 31日
9) 『朝日新聞』, 2001年 3月 4日

항목을 선택하는 비율이 높다. 한편 의장의 경우, '이용자의 자기부담액이 너무 높다'는 항목을 선택한 비율이 다른 직책과 비교해서 높았다. 특히 재정과장과의 차이는 15% 이상이었다. 주민을 대표하는 쪽과 자치단체를 운영하는 쪽의 입장이 드러난 결과라고 말할 수 있다.

지금까지 살펴본 바와 같이 9개의 개호보험과 관련된 문제점 중에서 3할 이상의 회답이 있었던 항목은 6개이며, 이로부터 개호보험제도가 적지 않은 문제점을 가진 제도로 인식되고 있음을 확인할 수 있었다.

개호보험제도는 본래 시정촌의 판단으로 제도의 운영체제를 그 지역의 특성에 맞게 설립하는 것을 가능하게 만드는 제도다. 개호의 필요성의 인정이나 지원의 필요성에 관한 인정은 전국을 통해서 공평하게 이뤄져야 하겠지만, 제공되는 서비스의 내용은 주민의 요망이나 지역의 서비스 자원 등 지역의 실정에 맞춰서 지역마다 독자적으로 결정할 수 있는 것이다. 그 때문에 개호보험법에 정해져 있는 서비스의 이용 회수나 시간을 늘린다든지 동법에 없는 서비스 항목을 추가하는 것이 가능하다. 이러한 독자적인 행동을 취하고 있는 자치단체는 얼마나 존재하는 것일

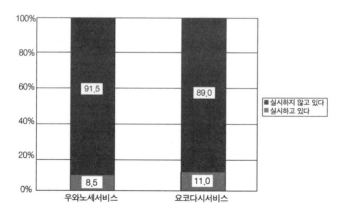

그림 1-2 우와노세 서비스, 요코다시 서비스의 실시유무

까. 개호보험과 관련해서 '우와노세' 서비스(서비스를 추가로 제공하는
것) 혹은 '요코다시' 서비스(새로운 종류의 서비스를 제공하는 것)를
실시하고 있는가에 관해서 조사한 결과가 그림 1-2이다. 그 결과, '우와노
세' 서비스를 제공하고 있는 자치단체가 약 9%, '요코다시' 서비스를
제공하고 있는 자치단체가 11%이며, 양쪽의 서비스를 모두 제공하고
있는 자치단체의 비율은 매우 낮았다. 이것은 '우와노세'나 '요코다시'를
실시하기 위한 재원으로서 65세 이상의 보험료(제1호 보험료)가 이용되
기 때문에 서비스를 늘릴수록 보험료가 높아진다는 점이 그 원인이라고
생각한다. 현재조차도 비싸다고 생각되어지는 보험료를 더 높게 설정하
는 것은 어려운 일이고, 그렇기에 추가 서비스의 제공과 같은 자치단체
고유의 서비스 제공도 이뤄지기 어려운 것이다. 지금까지 개호보험이
개호서비스에 영향을 미친 변화 등을 살펴보았다. 지금부터는 개호보험
제도 하에서 자치단체의 고령자 정책이나 자치단체와 NPO와의 관계가
어떠해야 하는가에 관한 인식을 살펴보도록 한다.

표 1-7 개호보험 제도하에서 자치단체는 고령자 개호 정책에 어떻게 관여해야 하는가

	시장	의장	재정과장	평균
① 일반재원에서 지출하는 서비스를 적극적으로 제공	12.3	17.3	10.4	13.4
② 일반재원에서 지출하는 서비스는 제한적이어야 함	56.7	51.9	52.1	53.6
③ 개호보험제도를 안정화시키기위해 서비스의 직접적 제공은 하지 않고 매니지먼트의 역할만을 수행	28.8	25.8	32.9	29.1
④ 개호보험의 시장원리에 맡기고 자치단체는 관여하지 않아야 함	2.1	5.0	4.6	3.9
계(%)	100	100	100	100
N	326	341	328	995

개호보험제도의 도입에 의해서 시정촌의 역할은 직접적인 서비스의 공급주체로부터 지역복지를 조정하는 주체로서 이행하는 것이 기대되었다.10) 제도가 실시된 현재, 자치단체 관계자는 고령자 개호정책에 대해서 어떻게 관여해야 한다고 생각하는 것일까. 이번 조사에서는 고령자 간호 정책에 대한 네 가지 방향성을 제시한 뒤, 가장 가까운 생각이 무엇인지를 선택하도록 했다. 네 가지 방향성은 다음과 같다. ① 일반 재원으로부터 지출해서 개호보험 서비스 외의 서비스도 적극적으로 제공해야 한다. ② 일반 재원으로부터 지출하지만 개호보험 외의 서비스는 한정적으로 이뤄져야 한다. ③ 개호보험제도의 안정화를 위해서 직접 서비스의 공급을 하는 대신 매니지먼트의 역할을 철저히 수행해야 한다. ④ 개호보험제도의 시장원리에 위임해서 자치단체는 관여해서는 안 된다.

표 1-8 개호보험 도입 후 고령자 복지비용의 지출방식은 어떠해야 하나

	시장	의장	재정과장	사대보험
① 개호서비스의 기반정비를 중심으로 간호가 필요한 고령자를 대상으로 한 지출 확대	4.9	14.5	4.8	8.2
② 건강한 고령자의 삶의 보람에 관한 대책을 중심으로 지출을 확대	25.9	23.8	18.0	22.6
③ 현상수준을 유지하며 간호가 필요한 고령자와 건강한 고령자의 균형유지	56.5	52.6	57.2	55.4
④ 간호가 필요한 고령자를 대상으로 한 지출을 중심으로 하지만 고령자 복지비는 삭감	4.9	4.9	9.6	6.5
⑤ 건강한 고령자의 삶의 보람에 관한 지출을 중심으로 하지만 고령자 복지비는 삭감	7.7	4.1	10.5	7.4
계(%)	100	100	100	100
N	324	344	334	1,002

10) (財団)東京市町村自治調査会, 第2次高齢者介護制度研究会, 『介護保険と市町村の役割』, 中央法規, 1998年, p.169

그 결과, 응답이 가장 많았던 선택안은 '일반 재원으로부터 지출하지만 개호보험 외의 서비스 공급은 한정적으로 이뤄져야 한다'며, 5할 이상의 응답자가 이를 선택하고 있다. 이어서 회답이 많았던 항목은 '개호보험 제도의 안정화를 위해서 직접 서비스의 공급은 하지 않고 매니지먼트의 역할을 철저히 수행해야 한다'며, 약 3할의 응답자가 이를 선택하고 있다. 직책별로 봐도 그다지 커다란 차이는 보이지 않고 있다. 직접적인 공급주체로부터 한보 물러서서 필요한 서비스에 한정해서 공급한다, 혹은 직접적인 공급은 하지 않고 매니지먼트의 역할을 담당해야 한다는 것에 모두 일치된 의견을 보이고 있다.

이어서 개호보험제도 이후의 고령자 복지지출의 방식에 관해서도 질문했다. 이번 조사에서는 고령자 복지정책의 지출 방식에 관해서 다섯 가지 방향성, 즉 ① 개호서비스의 기반정비를 중심으로 간호를 필요로 하는 고령자를 대상으로 한 지출을 확대한다, ② 건강한 고령자의 삶의 보람 대책을 중심으로 지출을 확대한다, ③ 현재 수준의 유지, 혹은 간호를 필요로 하는 사람과 건강한 고령자의 균형을 유지한다, ④ 간호를 필요로 하는 고령자를 대상으로 하는 지출을 중심으로 하지만, 고령자 복지비는 삭감한다, ⑤ 건강한 고령자의 삶의 보람 대책을 중심으로 하지만, 고령자 복지비는 삭감한다와 같은 의견을 제시한 뒤, 그 중 한 가지를 선택하게끔 했다(표 1-8).

선택안의 ①과 ②는 지출을 확대하는 방향성이며, ③은 현상유지, ④와 ⑤는 지출삭감의 방향성을 나타낸다. 답변 결과는 ③의 '현재 수준의 유지, 혹은 간호를 필요로 하는 사람과 건강한 고령자의 밸런스를 유지한다'는 회답이 가장 많으며, 5할 이상의 응답자가 선택하였다. 다음으로 지지된 방향성은 지출확대이며, 그 중에서도 특히 ②의 '건강한 고령자의 삶의 보람 대책을 중심으로 지출을 확대한다'(22.6%)이었다. 직책별로 보게 되면, 재정과장이 지출확대에 가장 소극적이며, 의장이 가장 적극적이었다. 1999년에 책정된 '앞으로 5년간의 고령자 보건복지대책의 방향성(골드 플랜 21)'에서는 개호서비스의 기반정비와 건강한 고령자 만들기 대책의 추진은 차의 양바퀴와 같다고 주창되고 있다.[11] 이 방침과 일치하는 형태가 이번 조사결과에서도 보인다. 즉 '간호를 필요로 하는 사람과 건강한 고령자의 밸런스를 유지한다'는 회답이 5할 이상이었다. 그러나 이러한 회답 외에도 건강한 고령자에 대한 지출확대를 생각하는 회답이 2할 이상 존재했다. 이들 회답은 개호보험의 준비상황과도 관계가 있는 것으로 보인다. 즉 개호보험제도의 정비가 순조로운 자치단체의 관계자는 앞으로의 지출방식으로서 건강한 고령자에 대한 지출이 바람직하다고 회답할 것이다. 이점에 관해서는 더 구체적인 분석이 필요하다.

마지막으로 고령자 간호의 담당자로서 주목을 받고 있는 볼런티어 및 NPO와 자치단체와의 관계에 관해서 질문했다(표 1-9). 질문에서는 비영리단체와 자치단체와의 관계에 관해서 네 가지 선택안을 제시하고, 가장 의견이 가까운 것을 선택하게끔 했다. 제시한 선택안은 다음과 같다. ① 재정적인 원조를 하고 적극적으로 자치단체와의 협조·협력체제를 정비해야 한다, ② 재정적인 원조는 하지만 자치단체와의 관계는 최소한도로 해서 비영리단체의 자유로운 활동을 보장해야 한다, ③ 재정적인 원조를 하지 않지만, 협조·협력체제는 추구해야 한다, ④ 비영리단체의 자립성을 존중하기 위해서 자치단체는 그 활동에 일체 관여해서는 안 된다.

---

11) 厚生省監修,前揭書, pp.170-171.

표 1-9 비영리단체와 자치단체의 관계는 어떠해야 하나

	시장	의장	재정과장	평균
① 재정적으로 원조를 하며 자치단체와의 협조·협력체계를 적극적으로 준비	13.4	20.4	10.4	14.8
② 재정적으로 원조를 하지만 비영리단체의 자유로운 활동은 보장	23.5	34.6	30.1	29.4
③ 재정원조는 하지만 협조·협력체제 추진	61.3	40.8	56.4	52.8
④ 비영리단체의 자립성을 존중하기 때문에 자치단체와의 관계는 일체 갖지 않음	1.8	4.1	3.0	3.0
계(%)	100	100	100	100
N	336	338	335	1,009

　　이들 선택안을 자치단체가 재정을 지출해야 될 것인가의 여부의
시점에서 보면, '지출을 한다'와 '지출을 하지 않는다'로 나눌 수가 있다.
'지출을 하지 않는다'는 응답이 많았던 것은 시장과 재정과장이며, 그
중에서도 ③ 재정적인 원조를 하지 않지만, 협조·협력체제는 추구해야
한다는 응답이 약 6할이었다. '자치단체는 일체 관여해서는 안된다'는
응답은 거의 보이지 않았다. 또한 지출을 한다는 응답이 많았던 것은
의장이며, 그 중에서도 ② 재정적인 원조는 하지만 자치단체와의 관계는
최소한도로 해서 비영리단체의 자유로운 활동을 보장해야 한다는 응답이
많았다. 이와 같이 직책별로 보면 재정적인 원조의 유무에 관한 의견이
상이하지만, 비영리단체와 협조·협력체제를 구축하는 것에서는 일치하
고 있다. 1998년 12월에 특정비영리활동촉진법이 시행된 이후 법인격이
부여된 NPO는, 2001년 12월 말까지 5,680에 이른다.[12] 또한 인증된

---

12) 内閣府,「特定非営利活動法人の活動分野について(平成13年2月末現在)」.
(http://www5.cao.go.jp/j-j/npo/011228bunya/html).

NPO 중에서 가장 많은 비율을 차지하는 분야가 '보건·의료 혹은 복지의 추진과 관련된 단체'이며 전체의 6할을 차지하고 있다. 이러한 NPO법인이 개호보험의 사업주체로서 급속히 참여하고 있는 중이다.[13] NPO는 지역에 가까운 단체기 때문에 매우 세세한 서비스를 제공할 수 있다는 강점이 있지만, 민간사업자와 비교해 경쟁력이 약하다는 문제점을 지닌다.[14] 이들 활동을 어떻게 지원할 것인가와 관련해서 자치단체의 수완이 요구된다고 말할 수 있다.

3. 행정개혁

최근 자치단체의 재정상황은 악화의 일로를 걷고 있다. 지방재정의 차입금의 잔고는, 지방세 등의 저하와 감세에 의한 세수의 감소를 대체하는 것, 그리고 경기에 관한 대책 등으로 인한 지방채의 증발 때문에 급증하고 있다. 헤이세이 12년(2000년)의 말에는 184조엔, 대 GDP비율은 37.0%가 되고 있다.[15] 이러한 재정상황에도 불구하고 고령화의 진전 등으로 인해 주민의 요구는 증가하고 있고, 그 결과 자치단체는 행정운영의 효율화를 포함한 행정개혁을 하지 않을 수 없는 처치에 있다.

이번 조사에서는 행정개혁에 대한 자치단체 관계자의 인식을 파악하기 위해 다양한 질문을 실시했다. 먼저 행정개혁 전반에 대한 인식을 살펴보기 위해 행정개혁에 관한 일곱 가지 의견을 제시해, 각 의견에 대한 생각을 '찬성', '어느 쪽인가 하면 찬성', '어느 쪽인가 하면 반대', '반대'의 4단계로 응답하게끔 했다(표 1-10).

---

13) 厚生省監修,前揭書, p.138

14) (財団) 東京市町村自治調査会, 第2次高齢者介護制度研究会, 前揭書, p.179

15) 総務省의 홈페이지의 '地方財政の現状'를 참조.

표 1-10 행정개혁

		시장	의장	재정과장	총무과장	평균
① 많은 시민이 요구할지라도 사무작업을 고려해서 정보공개를 해야 함	찬성	4.9	16.4	6.6	6.0	8.5
	어느 쪽인가 하면 찬성	25.6	38.3	28.5	18.5	27.8
	어느 쪽인가 하면 반대	49.4	34.9	54.5	57.4	49.0
	반대	20.1	10.4	10.4	18.2	14.7
	계(%)	100	100	100	100	100
	N	348	347	347	336	1,378
② 정책에 대한 책임의 소재는 민간 기업과 같이 명확히 해야함	찬성	37.1	43.5	30.9	38.0	37.4
	어느 쪽인가 하면 찬성	58.0	49.3	61.6	57.0	56.5
	어느 쪽인가 하면 반대	4.3	6.4	6.4	4.5	5.4
	반대	0.6	0.9	1.2	0.6	0.8
	계(%)	100	100	100	100	100
	N	348	345	346	337	1,376
③ 자치단체는 중앙에 의존하지 않은 재원을 확보해야 함	찬성	36.2	36.7	36.6	38.1	36.9
	어느 쪽인가 하면 찬성	53.3	49.3	54.0	51.7	52.1
	어느 쪽인가 하면 반대	9.4	10.3	8.9	7.9	9.1
	반대	1.1	3.7	0.6	2.4	2.0
	계(%)	100	100	100	100	100
	N	351	349	350	331	1,381
④ 공무원의 질적 향상을 위해 능력에 대응하는 급여체제로 전환해야 함	찬성	33.2	27.5	21.3	25.4	26.9
	어느 쪽인가 하면 찬성	62.2	60.7	68.7	68.1	64.9
	반대에 가까움	4.6	11.2	9.5	6.0	7.8
	반대	0.0	0.6	0.6	0.6	0.4
	계(%)	100	100	100	100	100
	N	349	349	348	335	1,381
⑤ 현재 이상의 수익자 부담을 추진할 필요가 있음	찬성	21.5	12.4	24.3	19.6	19.4
	어느 쪽인가 하면 찬성	64.8	60.9	64.9	65.9	64.1
	어느 쪽인가 하면 반대	13.2	22.7	10.9	14.2	15.2
	반대	0.6	4.0	0.0	0.3	1.2
	계(%)	100	100	100	100	100
	N	349	348	350	337	1,384
⑥ 서비스의 아웃소싱을 적극적으로 추진해야 함	찬성	36.4	20.4	28.9	33.4	29.9
	어느 쪽인가 하면 찬성	59.8	69.7	65.8	60.8	64.0
	어느 쪽인가 하면 반대	3.8	9.6	5.3	5.5	6.0
	반대	0.0	0.3	0.0	0.3	0.1
	계(%)	100	100	100	100	100
	N	346	333	342	329	1,350
⑦ 공무원에게 직무를 수행하는 데 필요한 재량권을 주어야 함	찬성	18.6	15.8	10.1	11.5	14.0
	어느 쪽인가 하면 찬성	68.1	69.9	73.9	71.6	70.9
	어느 쪽인가 하면 반대	13.3	13.2	15.7	14.8	14.2
	반대	0.0	1.2	0.3	2.1	0.9
	계(%)	100	100	100	100	100
	N	345	342	345	331	1,363

먼저 행정시스템의 투명화를 진전시키는 정보공개에 관해서 살펴보았다. ① '많은 시민들이 요구하고 있는 정보라고 해도 사무작업 등을 생각하면 청구가 이뤄졌을 때만 공개해야 한다'는 의견에 대해서는 6할 이상의 응답자가 반대('어느 쪽인가 하면 반대', '반대')의 의견을 표명하고 있다. 즉 정보는 주민이 요구하기 전에는 적극적으로 공개하는 편이 좋다고 생각하는 응답자가 6할 이상을 차지하였다. 그러나 이들의 응답을 직책별로 보게 되면, 반대를 표명하고 있는 비율이 가장 높은 것은 총무과장이며, 의장은 찬성의 비율 쪽이 높았다. 즉 직책별로 회답의 유형에 차이를 보이고 있다.

또한 행정 측의 책임소재를 명확히 하는 것이 종종 문제가 되는 것을 고려해, ② '정책 책임의 소재는 민간기업과 같이 명백히 해야 한다'는 의견에 대한 생각을 물었다. 그 결과 9할 이상의 응답자가 찬성('찬성', '어느 쪽인가 하면 찬성')을 표명하고 있으며, 직책별로 차이가 보이지 않았다. 즉, 정책 책임을 명확히 하는 것에 관해서는 지방자치단체 관계자들이 일치된 의견을 보이고 있다.

나아가 자주재원의 확대에 대한 생각도 물어보았다. ③ '자치단체는 중앙에 의존하지 않는 재원을 마련해야 한다'는 의견에 대해서 약 9할 이상의 응답자가 찬성을 표명하였다. 찬성의 비율이 가장 높은 응답자는 재정과장이었다. 2000년 4월에는 지방분권일괄법이 시행되고, '법정외 목적세'의 설치가 인정되는 것 외에도 '법정외 보통세'의 조건이 완화되는 등 자치단체의 과세자주권이 완화되었다. 이것을 기점으로 야마나시현 가와구치코 마을(山梨県河口湖町)이 '낚시세'의 설치를 결정하는 등 많은 자치단체들이 법정외 목적세나 법정외 보통세의 설치를 구상하고 있다. 이러한 제안의 배경에는 이번 조사결과를 통해서 확인된 바와 같이,

자치단체 관계자의 자립의식이 높아지고 있다는 점이 존재한다.

또한 공무원 개혁에 관해서도 살펴보았다. ④ '공무원의 질을 향상시키기 위해 능력에 대응한 급여체계로 전환할 필요가 있다'는 의견에 관해서 9할 이상의 응답자가 찬성을 표명하였다. 직책별로 보게 되면, 가장 찬성의 응답 비율이 높았던 것은 시장이었다. 또한 공무원이기도 한 재정과장과 총무과장 조차도 9할 이상이 찬성을 표명하였다.

나아가 ⑤ '현재 이상의 수익자 부담을 진전시킬 필요가 있다'는 의견에 관해서는 8할 이상의 응답자가 찬성을 표시하였다. 찬성의 비율이 가장 높았던 것은 재정과장이며, 가장 낮은 것은 의장이었다.

⑥ '서비스의 아웃소싱을 적극적으로 추진해야 한다'는 의견에 관해서는 9할 이상의 응답자가 찬성을 표명하였다.

또한 ⑦ '직원에게 직무수행의 재량권을 부여해야 한다'는 공무원의 재량권 확대에 관한 의견에 관해서는 8할 이상의 응답자가 찬성을 표명하고 있다. 찬성 비율은 시장, 의장, 재정과장, 총무과장의 순서대로 높았다.

지금까지의 조사결과로부터 행정개혁을 실시하는 것에 관해 전체적으로 긍정적인 태도를 취하고 있는 응답자가 많음을 알 수 있다. 또한 직책별로 보면, 각 직책의 입장을 반영하고 있기 때문인지 재정에 관한 항목에서는 재정과장의 찬성 비율이 높으며, 행정조직이나 체제에 관한 항목에서는 시장의 찬성비율이 높은 결과를 보이고 있다.

지금부터는 태도나 의견에서 한 발 더 나아가 자치단체에서 실제로 어떠한 개혁 수법이 채용되고 있는지에 관해서 살펴보겠다. 이번 조사에서는 표 1-11과 같이 10개의 정책을 제시한 뒤, 각 자치단체에서 채용하고 있는 정책을 선택하게끔 했다.

그 결과, 정보공개제도나 시민의식조사 등은 8할 이상의 자치단체가

표 1-11 당신의 자치단체에서 실시되고 있는 정책

채용 항목	전체	재정 환경			
		하위	중위	상위	(상위-중위)
정보공개제도	94.7	85.1	96.7	100.0	14.9
시와 시민을 육성하는 코디네이터의 육성	8.3	7.5	7.9	12.9	5.4
고객 지향 의식을 향상시키기 위한 직원 교육	44.5	40.3	44.8	51.6	11.3
부서별 제도의 폐지 (스텝제도, 반의 운영)	21.2	7.5	22.2	45.2	37.7
시민의식의 조사 및 각 분야별 설문 조사	81.7	68.7	84.1	90.3	21.6
능력에 맞는 급여 제도	3.5	3.0	2.9	9.7	6.7
자치단체 회계에 재무상태표의 채용	38.1	19.4	41.8	51.6	32.2
사무사업의 평가제도	22.7	11.9	23.8	38.7	26.8
PFI	4.4	0.0	5.0	9.7	9.7
보조금과 위탁금에 대한 내부경쟁제도	2.4	4.5	1.7	3.2	-1.3
N	337	67	239	31	

채용하고 있으며, 4할의 자치단체는 '고객지향의 의식을 향상시키기 위한 직원 교육'이나 '자치단체의 회계에 재무상태표의 채용'을 개혁수법으로 선택하고 있다는 점을 알게 되었다. 또한 약 2할의 자치단체가 '사무사업의 평가제도'나 '부서제의 폐지'를 채용하고 있음도 확인할 수 있었다. 한편 '보조금과 위탁금에 대한 내부 경쟁의 제도'나 '능력에 대응하는 급료제도', 'PFI'를 채용하고 있는 자치단체는 1할에도 미치지 못했다. 채용비율의 높은 개혁수법을 보게 되면, 직무교육이나 재무상태표의 채용 등 자치단체의 조직변경을 수반하지 않는 것이 많다는 점을 알 수 있다. 그러나 채용비율이 낮은 수법, 예를 들면 '능력에 대응하는 급여제도'는 인사·급여체계의 변경이 필요해지는 등 조직의 총체적인 변경이 불가피하다는 점에서 기피되는 것으로 보인다. 또한 PFI의 경우도

표 1-12 당신의 자치단체에서 실시하기 곤란한 정책

실시가 곤란한 제도	직책				재정 환경		
	시장	재정과장	총무과장	평균	하위	중위	상위
정보공개제도	2.8	1.5	0.0	1.5	1.9	1.2	4.3
시와 시민을 육성하는 코디네이터의 육성	7.6	11.9	8.9	9.5	8.3	10.0	8.5
고객 지향 의식을 향상시키기 위한 직원 교육	1.6	3.1	1.4	2.1	1.9	1.5	8.5
부서별 제도의 폐지 (스텝제도, 반의 운영)	24.7	27.6	31.3	27.7	44.9	21.9	31.9
시민의식의 조사 및 각 분야별 앙케이트 조사	3.2	0.8	0.9	1.7	1.9	1.5	2.1
능력에 맞는 급여 제도	62.9	69.3	67.8	66.7	64.1	67.3	66.0
자치단체 회계에 재무상태표 채용	6.4	8.0	7.0	7.2	6.4	7.3	8.5
사무사업의 평가제도	8.8	9.6	5.1	8.0	9.6	7.5	8.3
PFI	27.1	33.0	25.2	28.7	30.8	29.2	17.0
보조금과 위탁금에 대한 내부경쟁제도	49.4	44.4	38.8	44.5	38.5	47.9	25.5
N	251	261	214	726	156	523	47

자치단체가 실시하고 있는 업무를 민간에 위탁하기 위해서는 조직의 변경이 필요하다는 특성을 지니고 있다는 점으로 인해 PFI를 채용하는 자치단체의 비율을 낮춰지고 있는 것으로 보인다. 즉, 채용비율이 높은 수법은 많은 자치단체들이 채용하기 쉬운 것들이 많으며, 한편 채용비율이 낮은 수법은 많은 자치단체들이 채용하기 어려운 것들이 대부분이다. 이는 '당해 자치단체에서 실시하기 곤란한 제도는 무엇인가'라는 질문에 대한 자치단체 관계자들의 응답 유형을 통해서 확인할 수 있다. 표 1-12는 당해 자치단체에서 실시하기 곤란한 제도를 최대한 3개까지 선택할 수 있게 한 결과를 나타낸다. 전체적으로 보게 되면, 실시가 가장 곤란한

제도는 '능력에 대응하는 급여 제도'로서 약 6할 이상의 응답자가 선택하였다. 다음으로 '보조금 등의 내부경쟁제도'와 'PFI'가 이어지고 있다. 실제로 제도에 채용하는 것에 의해서 행정조직이나 업무에 커다란 변화를 불러일으키는 것일수록 실시하기가 곤란한 제도로서 인식되는 것이다.

한편 이들 제도의 채용은 당해 자치단체의 재정상황과 관계가 있을지도 모른다. 그래서 지금부터는 재정력 지수를 이용해서 재정력 지수 0.5 미만을 '재정 하위' 자치단체, 0.5 이상 1 미만의 자치단체를 '재정중위' 자치단체, 그리고 1 이상의 자치단체를 '재정상위' 자치단체로 분류하고, 제도의 채용 상황을 각 범주별로 정리했다. 그 결과(표 1-12), 보조금에 대한 내부 경쟁제도 이외의 모든 제도에 관해서 재정상황이 상위에 위치한 자치단체일수록 제도의 채용비율이 높다는 점을 알게 되었다. 또한 '재정 상위' 자치단체와 '재정 하위' 자치단체의 비교해보면, 채용 비율에 특히 차이가 큰 제도는 '부서제의 폐지'나 '재무상태표의 채용', '사무사업 평가제도'의 채용이었다. 이들 결과로부터 행정개혁에 관한 제도를 적극적으로 채용하고 있는 자치단체는 재정상위의 자치단체라는 점을 알 수 있다.

그런데 이러한 경향은 정책 결정자의 의식에서도 나타날까? 즉, 재정환경의 차이에 의해서 정책 결정자의 행정개혁에 대한 의식의 정도에도 차이가 생기는 것일까. 바로 이 점에 관해서 이어서 검토하기로 한다. 먼저 표 1-10에서 표시한 ①에서 ⑥까지의 항목 중에서 특히 구체적인 행정개혁에 관한 질문을 하고 있는 항목인 ④, ⑤, ⑥을 선택해서, 재정환경과의 관계를 검토해보자. 이들 세 가지 질문항목에 대한 회답을 재정환경별로 분류해서 표시하는 결과가 그림 1-3에서 그림 1-5까지다.

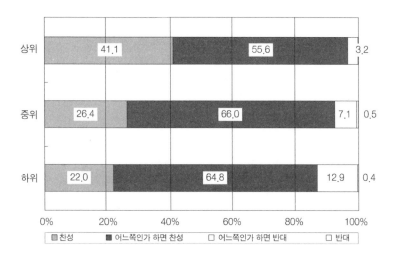

그림 1-3 공무원의 급여 체계를 능력에 대응하는 것으로 전환할 필요가 있다

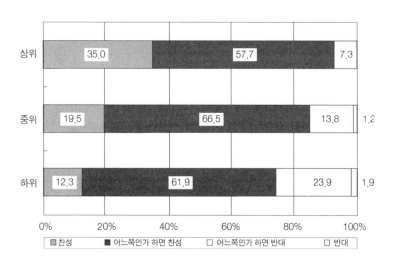

그림 1-4 현재 이상의 수익자 부담을 추진할 필요가 있다

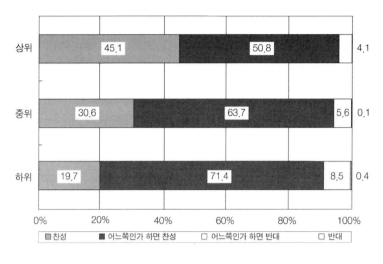

상위	45.1	50.8	4.1
중위	30.6	63.7	5.6	0.1
하위	19.7	71.4	8.5	0.4

0%　　20%　　40%　　60%　　80%　　100%

■ 찬성　　■ 어느쪽인가 하면 찬성　　□ 어느쪽인가 하면 반대　　□ 반대

그림 1-5 아웃소싱을 적극적으로 추진해야 한다

　④ '공무원의 질을 향상시키기 위해 능력에 대응한 급여체계로 전환할 필요가 있다'는 의견에 관해서는 '찬성', '어느 쪽인가 하면 찬성'이라고 응답한 비율이 상위와 하위에서 10% 이상의 차이를 보이며, '찬성'이라고 응답한 비율은 2배의 차이가 존재한다. 이로부터 상위자치단체의 관계자들의 개혁에 관한 적극성을 짐작할 수 있다. 또한 ⑤ '현재 이상의 수익자 부담을 진전시킬 필요가 있다'는 의견에 관해서는 '찬성', '어느 쪽인가 하면 찬성'이라고 응답한 비율이 재정상위와 재정하위의 자치단체에서 약 20%의 차이가 생기고 있다(그림 1-4). 나아가 ⑥ '서비스의 아웃소싱을 적극적으로 추진해야 한다'는 의견에 관해서는 '찬성', '어느 쪽인가 하면 찬성'의 합계 비율은 그다지 차이를 보이고 있지 않지만, 회답의 구체적인 내용을 보게 되면 상위와 하위의 자치단체에서는 '찬성'이라고 응답한 사람들의 비율에 2배 이상의 차이가 존재한다는 점을 알 수 있다(그림 1-5).

이러한 조사결과로부터 재정상위의 자치단체의 정책 결정자는 하위 자치단체보다도 행정개혁에 관해 적극적인 자세를 취하고 있다는 점을 예측할 수 있다. 그렇다면 이러한 인식의 차이는 어떠한 요인에 의해서 설명될 수 있을까. 생각되는 요인으로서 당해 자치단체의 중앙정부에 대한 재정 의존의 정도를 들 수 있다. 재정상위의 자치단체에서는 중앙정부로부터의 지방교부세를 받지 않으며, 중앙정부로부터 자립적인 환경에 있다. 이러한 자치단체에서는 자신들의 자치단체의 재정을 건전화시키지 않으면 안 된다는 의식을 가질 것으로 추측된다. 한편 하위 자치단체는 스스로의 세수입만으로 서비스를 제공하는 것이 가능하지 않기 때문에 중앙정부로터의 재정 이전(교부세나 보조금)에 크게 의존하는 실정이다. 이러한 자치단체는 의존적 환경에 익숙해진 결과, 개혁의 의욕도 낮아질 것으로 예측된다.

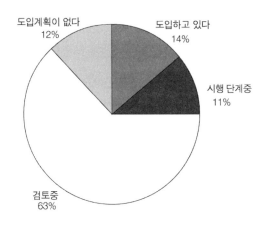

그림 1-6 행정평가제도(사무사업 평가시스템)의 도입 유무

표 1-13 행정평가제도의 특징

제도의 특징		%
평가 주체	① 당사자에 의한 자기 평가	73.8
	② 외부기관에 의한 평가(전문가에 의한 평가)	14.3
	③ 외부기관에 의한 평가(공모주민을 포함한 기관에 의한 평가)	2.4
	④ 재정관련부국이 담당	16.7
	⑤ 정책·기획 관련부국이 담당	63.1
평가 지표	⑥ 평가지표를 사용한 수치평가	58.3
	⑦ 정성평가(질적 평가)	15.5
	⑧ 성과 지표의 중시	50.5
평가 대상	⑨ 정책·시책 수준의 평가	31.0
	⑩ 사무사업 수준의 평가	89.3
결과의 취급	⑪ 평가 결과를 예산 편성 때 반영	58.3

이어서 행정개혁의 한 수법인 행정평가제도에 관해서 자세히 살펴보도록 하겠다. 행정평가제도는 행정 쪽의 설명책임을 수행하는 수단으로서 혹은 경영효율화의 수단으로서 현재 특히 주목을 끌고 있는 제도다. 이번 조사에서는 행정평가제도의 도입의 유무와 제도의 특징 등에 관해서 질문을 실시했다.

먼저 제도의 도입 유무에 관해서 살펴보도록 하자. '행정평가제도(사무사업 평가시스템)을 도입하고 있습니까'라는 질문에 대해 25%의 자치단체가 '도입하고 있다', 혹은 '시행단계 중'이며, 또한 63%의 자치단체에서는 '검토 중'이라고 회답하였다. '도입할 계획이 없다'고 응답한 자치단체는 1할에 미치지 않다는 점에서 행정평가에 대한 관심이 높다는 점을 알 수 있다.

다음으로 제도를 이미 도입하고 있다, 혹은 시행단계 중인 자치단체를 대상으로 해서 제도의 특징에 관한 질문을 실시했다. 제도의 특징에 관해서는 표 1-13에 표시한 바와 같이 평가의 주체, 평가의 지표, 평가의 대상, 평가 결과의 취급에 관한 항목을 제시한 뒤 해당되는 항목에 관해서는 모두 선택하게끔 했다.

먼저 평가의 주체에 관해서 살펴보도록 하자. 담당자에 의한 자기평가를 실시하고 있는 자치단체는 7할 이상이며, 외부기관에 의한 평가(전문가에 의한 평가)는 15% 정도, 공모한 주민을 포함한 외부기관에 의한 평가는 약 3%이었다. 대부분의 자치단체에서 담당자가 주요한 평가주체라는 점을 알 수 있다. 또한 평가를 실시하는 중심적인 부서는 재정과 관련된 부서보다도 정책·기획과 관련된 부서다. 이는 행정평가가 종래의 예산을 사정하기 위한 연장이 아니라 새로운 제도로서 설치된 것이라는 점을 시사한다.

또한 평가의 지표에 관해서 살펴보도록 하자. 평가지표를 사용한 수치평가는 6할 정도의 자치단체가 실시하고 있고, 아웃컴(성과)의 지표를 사용하고 있는 자치단체가 5할이다. 종래에는 행정이 실시하는 사무는

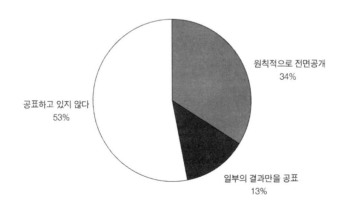

그림 1-7 행정평가제도에 의한 평과 결과를 일반 주민에게 공표하고 있는가

숫자로 평가하기 어렵다는 인식이 존재했지만 그러한 인식이 변화하고 있는 중이라는 점을 시사하는 것으로 보인다.

나아가 평가의 대상에 관해서 살펴보면, 정책·시책 수준의 평가를 실시하고 있는 자치단체가 3할인 것에 반해서 사무사업 수준의 평가는 9할에 이른다는 점을 알 수 있다. 담당자들이 평가의 주체라는 점에서 복수의 사업에 걸쳐 있는 정책·시책 수준의 평가보다도 개별적인 사업마다 평가가 이뤄지는 것이 일반적인 것으로 보인다. 마지막으로 평가결과의 취급에 있어서는, 평가의 결과를 예산에 반영하고 있는 자치단체는 약 6할에 가깝게 존재하고 있다는 점을 확인하였다.

지금까지의 조사결과로부터 현재 자치단체에 도입되고 있는 행정평가제도는 행정 쪽의 직원이 중심이 된 평가를 실시하는 제도가 주요한 것이 되고 있다는 점을 알 수 있다. 이는 평가의 객관성을 보증하기 위해서는 평가 결과의 공표함을 시사한다. 그러나 이들 평가 결과를 일반 주민에 공표하는 자치단체는 전면적으로 공표하는 자치단체가 3할, 일부의 결과만을 공표하는 자치단체가 1할, 그리고 공표하지 않은 자치단체가 5할 이상이었다(그림 1-7). 여기서 공표가 되지 않은 제도로 충분한 평가가 되고 있다고 말할 수 있는지에 관해서 의문을 갖지 않을 수 없다.

표 1-14 행정평가를 구축할 때, 주민의 의견을 반영하고 있는가

	%
① 주민 실문조사결과를 참고한다	15.0
② 시민 모니터 등 주민 대표의 의견을 반영한다	2.5
③ 평가제도 책정에 관한 위원회에 주민을 참가시킨다	8.8
④ 현 단계에서는 주민의 의견을 반영하지 않고 있다	76.3

행정평가제도의 도입의 최종적인 목적은 행정서비스의 질적인 향상일 것이다. 이러한 관점에서 보자면 서비스의 소비자인 주민들이 바라는 서비스를 행정 쪽이 제공할 수 있는가에 대한 평가가 필요할 것이다. 따라서 평가제도를 만들 때 주민의 의견을 반영시키는 것을 필수다. 그러나 '행정평가제도를 구축할 때 주민의 의견을 반영시키고 있는가'라는 질문에 관해서(표 1-14), 현 단계에서 실시하지 않고 있다는 자치단체가 약 8할이 존재하며, 실시하고 있다고 할지라도 '설문조사 결과를 참고'로 하는 자치단체가 15% 존재할 뿐으로 간접적인 참가수법이 중심이 되고 있다.

지금까지의 행정평가제도에 대한 회답결과를 정리하면 다음과 같다. 평가제도에 대한 관심은 높지만, 실제로 도입하고 있는 자치단체의 평가제도는 담당자에 의한 평가가 중심이 되고 있으며, 결과가 공표되지 않는 제도가 적지 않다는 점에서 제도의 객관성에 의문이 남는다. 또한 행정평가제도의 목적은 궁극적으로 주민에 대한 서비스의 질적인 향상이라는 관점에서 보자면, 주민의 의견을 반영하는 통로가 충분히 마련되어 있지 않다는 점이 확인되었다. 앞으로는 제도를 도입한 후의 효과 등에 관해서도 검증할 필요가 있을 것이다.

4. 시정촌 합병

현재 지방분권의 기초단위로서의 자치단체의 행재정 기반을 확충하고, 자립능력을 향상시키기 위한 목적하에 중앙정부가 주도하는 시정촌의 합병이 추진되고 있다. 여당의 행재정개혁추진협의회로부터 '시정촌 합병 후의 자치단체의 수는 1,000을 목표로 한다'는 방침이 제기되고 있는 것 외에도 정부는 자주적인 시정촌 합병을 전제로 하면서도 2005년

3월의 합병특례법의 기한까지 성과를 올릴 수 있도록 합병을 강력히 추진하기 위한 다양한 지원조치를 제시하고 있다.

2001년도에는 종래의 재정적 지원조치에서 한 발 더 나아가 시정촌 합병에 대한 새로운 특별교부세 조치(① 합병을 기점으로 실시하는 공동체 시설의 정비, 종합교통계획의 책정 등 새로운 마을만들기, ② 공공요금의 격차를 시정, ③ 공채비 부담의 격차 시정, ④ 토지개발공사의 경영 건전화 등 합병후의 수요를 포괄적으로 조치하기 위한 특별교수세)나 합병으로 이행하는 데 필요한 경비에 대한 재정조치가 설치되었다.[16]

이와 같이 중앙정부의 주도로 이뤄지는 시정촌 합병이지만, 이러한 흐름에 대해서 정책 결정자인 시장, 의장, 재정과장, 총무과장은 어떠한 인식을 하고 있을까. 이번 조사에서는 중앙정부가 주도해 실시하는 지원 조치를 포함한 합병의 흐름에 관해서 4개의 선택안을 제시한 뒤, 자신의 생각에 가장 가까운 것을 선택하게끔 했다(표 1-15).

선택안은 ① '행정서비스를 유지하기 위해서 적극적으로 추진해야 한다', ② '장래의 재원 확보에 불안감이 존재하기 때문에 어쩔 수 없다', ③ '각 자치단체의 판단에 위임해야 한다', ④ '중앙정부가 주도하는 것은 지방분권의 흐름에 역행하기 때문에 반대한다'의 4개이다. 먼저 가장 많았던 회답은 '각 자치단체의 판단에 위임해야 한다'이며, 이는 전체의 6할을 차지하고 있다. 또한 '행정서비스를 유지하기 위해서 적극적으로 추진해야 한다'는 회답과 '장래의 재원 확보에 불안감이 존재하기 때문에 어쩔 수 없다'는 회답이 2할을 약간 넘고 있는 정도이다.

---

16) 総務省, 「市町村合併支援プランの概要」

표 1-15 국가가 주도하여 실시하는 지원 조치를 포함한 합병의 흐름에 관해서

	직책별					재정환경		
	시장	의장	재정과장	총무과장	평균	하위	중위	상위
① 행정서비스를 유지하기 위해 적극적으로 추진해야 한다	17.5	21.7	14.7	16.5	17.6	15.4	18.4	14.4
② 장래 재원의 확보가 불안하기 때문에 어쩔 수 없다	14.6	18.2	18.5	18.6	17.5	25.4	16.4	8.5
③ 각 자치단체의 판단에 위임해야 한다	62.0	56.1	60.7	61.3	60.0	50.4	61.4	72.0
④ 국가가 주도하는 것은 지방분권의 흐름에 역행하기 때문에 반대한다	5.8	4.0	6.1	3.7	4.9	8.8	3.8	5.1
계(%)	100	100	100	100	100	100	100	100
N	342	346	346	328	1,362	272	972	118

이와 같은 회답을 재정환경별로 다시 살펴보도록 하자. 그 결과, 재정상태가 좋은 자치단체일수록 '각 자치단체의 판단에 위임해야 한다'는 회답의 비율이 높다는 점을 확인하였다. 이는 재정상태가 좋은 자치단체일수록 합병을 어쩔 수 없이 하는 것이 아니라 합병을 선택할 수 있는 여유가 존재하기 때문인 것으로 생각된다. 또한 '장래의 재원 확보에 불안감이 존재하기 때문에 어쩔 수 없다'는 회답은 재정상태가 나쁜 자치단체일수록 그 비율이 높은 경향을 보이고 있다. 고이즈미 내각(小泉內閣)에서 결정된 기본 방침에는 지방교부세의 개혁이 검토과제로 등장하는데,17) 바로 이와 같은 점이 재정 상태가 나쁜 자치단체에게 합병을

---

17) 2001년 6월 26일에 국무회의에 의해 결정된 「今後の経済財政運動及び経済社会の構造改革に関する基本方針(향후 경제재정의 운영 및 경제사회의 구조개혁에 관한 기본 방침)」 제4장, 3쪽을 참조(総務省의 홈페이지의 '市町村合併に関する最近の答申等'(http: www. soumu .go.jp.gapei.gapei6.html).

표 1-16 합병과 관련하여 필요하다고 생각하는 제도개혁에 관해서

	직책					재정환경		
	시장	의장	재정과장	총무과장	평균	하위	중위	상위
① 소규모 시정촌이 갖고 있는 권한의 일부를 도도부현에 이관하는 것을 검토해야 한다	3.6	4.2	4.1	4.6	4.1	8.5	3.0	3.3
② 교부세제도를 재검토해야 한다	47.6	49.9	41.4	44.0	45.6	39.4	45.6	59.2
③ 합병이 추진된 이후의 도도부현의 존재방식도 재검토해야 한다	48.8	46.0	54.8	51.4	50.3	52.1	51.4	37.5
계(%)	100	100	100	100	100	100	100	100
N	336	337	341	327	1,341	259	962	120

하지 않을 수 없게 만들도록 압박을 가한 것으로 예측된다. 또한 '행정서비스를 유지하기 위해서는 적극적으로 추진해야 한다'는 응답은 재정상태의 좋고 나쁨의 차이와는 아무런 관계를 보이지 않았다. 이어서 합병문제와 관련해서 생각되는 제도개혁에 관한 의견을 살펴보자. 여기서는 합병문제와 관련해서 예상되는 세 가지 제도개혁을 제시한 뒤, 그 중 필요하다고 생각되는 항목을 하나만 선택하게끔 했다(표 1-16). 제시된 항목은 다음과 같다. ① '소규모 시정촌의 권한의 일부를 도도부현에게 위임하는 것을 검토해야 한다', ② '교부세 제도의 방식을 재검토해야 한다', ③ '합병이 추진된 경우의 도도부현의 존재방식도 재검토해야 한다'의 세 가지다. 회답결과를 보게 되면, 이들 개혁 중에서 교부세제도의 방식을 재검토해야 한다는 항목과 합병이 추진된 경우의 도도부현의 존재방식도 재검토해야 한다는 항목이 길항하는 형태로 회답되고 있음을 알 수 있다. 직책별로 보면, 의장을 제외한 3자에게 합병이 추진된 경우의

표 1-17 합병 후에 예상되는 문제

	시장	의장	재정 과장	총무 과장	평균
① 각 시책의 방향성을 설정하기 어렵다	41.6	42.5	55.2	52.6	48.0
② 주민이 일체감을 갖기 힘들다	68.6	63.7	68.6	70.5	67.8
③ 직원 · 의원의 삭감 등 리스크가 발생한다	23.7	32.4	21.8	24.9	25.7
④ 규모가 커져서 친근한 행정 운영을 하기 힘들다	46.1	48.7	49.7	49.2	48.4
⑤ 충분한 예비조치가 있기 때문에 걱정하지 않는다	5.1	7.4	4.4	3.7	5.1
⑥ 정당한 절차를 거친 합병이어서 아무 문제가 없다	9.9	10.3	4.4	4.9	7.4
N	334	339	344	325	1,342

도도부현의 존재방식도 재검토해야 한다는 항목의 비율이 교부세 제도의 방식을 재검토해야 한다는 응답의 비율보다 높았다.

이와 같은 회답의 유형을 재정상활별로 재검토해보자(표 1-16). 재정 상태가 좋은 자치단체일수록 교부세제도의 방식을 재검토해야 한다는 비율이 높다. 그 배경에는 재정상태가 좋은 자치단체일수록 중앙정부에 대한 재정의존의 비율이 낮기 때문에 중앙정부에 의한 제정 조정의 제도보다도 자치단체에 재원을 이양하는 것을 요구하는 경향이 존재하는 것으로 생각된다. 한편 재정상태가 나쁜 자치단체일수록 합병이 추진된 경우의 도도부현의 존재방식도 재검토해야 한다는 항목의 비율이 높다. 그 이유로서는 재정상태가 나쁜 자치단체에서는 합병이 실시되었다고 해도 교부세 제도없이는 존속하기 힘들다는 점을 들 수 있다.

이어서 합병이 실시된 이후에 예상되는 문제점에 관해서 검토해보도록 하자. 이번 조사에서는 합병이 이뤄진 후에 예상되는 문제점으로서 여섯 가지의 의견을 제시한 뒤 해당하는 것에 관해서 모두 선택할 수 있게끔 했다(표 1-17). 전체적으로 회답의 비율이 가장 높았던 것은 '주민이 일체감을 갖기 어려워진다'였다. 이 항목은 전체의 7할에 가까운 응답자가 선택하고 있다. 또한 '규모가 커져서 주민에게 친밀한 행정을 운영할 수 없다', '각 시책의 방향성이 어려워진다'라는 문제점에 관해서 5할의 응답자가 동의하였다. '문제가 없다'는 회답은 1할 정도에 지나지 않았다. 한편 직책별로 보게 되면, 회답의 비율이 가장 높은 문제점은 그 어떤 직책에서도 동일했다. 그러나 두 번째로 회답비율이 높은 문제점은 직책에 따라서 다르다. 예를 들면, 시장과 의장은 '규모가 커져서 주민에게 친밀한 행정을 운영할 수 없다' 는 문제점을 강조하고 있는 반면, 재정과장과 총무과장은 '각 시책의 방향성이 어려워진다'는 항목을 강조하고 있다. 이는 주민을 대표하는 쪽과 공무원이라 는 입장의 차이를 반영하는 것이라고 말할 수 있다.

이와 같은 회답을 재정환경과 인구규모별로 분류한 결과가 표 1-18이다. 재정환경은 지금까지와 마찬가지로 '하위', '중위', '상위'의 3단계로, 또한 인구규모는 인구 5만 명 미만 '소', 5만 명 이상에서 20만 명 미만을 '중', 인구 20만 명 이상을 '대'의 3단계로 분류했다. 먼저 재정환경별로 보게 되면, '각 시책의 방향성이 어려워진다'는 문제점은 인구규모별로는 차이를 보이지 않지만, 재정 환경의 차이에 따라서 회답의 비율이 달라지고 있다. 즉, 재정 환경이 나쁜 자치단체일수록 시책의 방향성이 어려워진다는 문제점을 선택하는 경향이 강하다. 또한 주민이 일체감을 갖기 어려워진다는 회답은 인구규모가 작은 자치단체일수록 이러한 문제점을 선택하는 비율이 높아지고 있다. 이러한 결과로부터 주민 간의 관계의 밀도가 높다고 생각되는 소규모의 자치단체일수록 규모가 확대하는 것에 대한 불안감을 강하게 안고 있음이 시사된다.

표 1-18 합병 후 예상되는 문제점(재정 환경, 인구규모)

	재정환경			인구규모		
	하위	중위	상위	소	중	대
① 각 시책의 방향성을 설정하기 어렵다	51.7	48.2	38.5	49.1	47.1	48.6
② 주민이 일체감을 갖기 힘들다	70.7	66.5	72.6	70.3	66.7	66.1
③ 직원·의원의 삭감 등 리스크가 존재한다	33.1	24.2	22.2	27.7	24.7	24.9
④ 규모가 커져서 친근한 행정 운영을 하기 힘들다	57.8	46.2	46.2	55.8	47.7	32.8
⑤ 충분한 예비조치가 있기 때문에 걱정하지 않는다	4.2	5.5	3.4	6.5	4.5	4.5
⑥ 정당한 절차를 거친 합병이어서 아무 문제가 없다	5.7	7.7	7.7	6.5	7.7	8.5
N	263	962	117	448	717	177

　　나아가 규모가 커지게 됨으로써 주민에게 친밀한 행정을 운영할 수 없다는 회답도 인구규모의 차이에 의해서 크게 달라진다. 소규모 자치단체와 대규모 자치단체의 응답 비율의 차이를 구하게 되는 경우 20% 이상의 차이가 나타났으며, 규모가 작은 자치단체의 응답자일수록 이러한 문제점을 선택하는 경향이 있다는 점을 확인할 수 있다. 이는 규모의 확대에 의해서 주민에게 친근한 행정을 운영할 수 없다는 문제점이 본래 인구규모가 큰 자치단체가 안고 있는 문제점이기보다는 인구규모가 확대하는 것에 대한 불안감을 나타내고 있는 것으로 보인다.

　　지금까지 검토해왔던 응답 결과를 정리하면 다음과 같다. 시정촌 합병에 대한 인식은 직책의 차이보다도 자치단체가 처한 환경(재정환경과 인구규모)에 의해서 상이한 경향을 보인다. 특히 재정환경이 열악한 자치단체나 인구규모가 작은 자치단체의 정책 결정자는 합병은 어쩔 수 없이 해야 하는 것이라고 생각하는 경향이 있으며, 합병에 대한 문제점을 강하게 인식하는 경향이 보인다.

정부의 바람직한 자치단체상으로서는 중앙정부에 의존해도 '자립할 수 있는 자치단체'이며, 그 수단으로서 시정촌 합병이 말해진다.[18] 그러나 시정촌 합병에 의해서 정말로 자립할 수 있는 자치단체가 형성될 수 있을까. 또한 그러한 자치단체가 형성되는 것에 의해서 지금보다 무엇이 더 좋아지는 것일까. 지금의 과제는 합병의 효과를 검증하고, 그 결과를 이용해서 지방자치단체의 존재방식에 관해서 논의를 전개하는 것이 아닐까. 그러한 본질적인 논의를 빼놓은 채 단지 재정적인 지원만을 늘린다고 시정촌의 합병에 관한 기운이 높아지리라고는 생각되지 않는다.

글을 마치며

이 논문에서는 한·미·일 국제 FAUI조사에 의해서 이뤄진 자치단체 관계자에 대한 의식조사를 기초로 지방자치단체가 안고 있는 다양한 문제점에 관한 현상과 과제에 관해서 살펴보았다.

여기서 그 결과를 정리하면 다음과 같다. 자치단체의 세출에 관해서 시장의 대부분은 복지 등의 사회서비스를 증액해야 한다고 생각하는 경향이 있다. 반면 직원의 수나 직원의 급여 등의 행정 관리 비용이나 도로와 공원과 같은 정책 영역에서는 삭감을 꺼려하는 경향이 존재한다. 또한 고령자 복지에 관해서는 개호보험제도를 중심으로 질문을 실시한 결과, 개호의 사회화를 목적으로 제도화되었던 개호보험제도가 다양한 문제점을 안고 있다는 점을 확인할 수 있었다. 그리고 개호보험제도 하의 자치단체의 역할에 관해서는 공급의 주체가 아니라 매니지먼트의 역할을 수행해야 한다고 생각하는 경향이 있으며, NPO와의 협조·협력

---

18) 同上參照.

체제를 구축하는 것의 중요성에 관해 인식하는 자치단체 관계자들이 많다는 점을 확인할 수 있었다.

나아가 행정개혁에 관한 인식은 직책별로 보아도 대체로 일치된 의견을 보이고 있지만, 재정환경별로 보게 되면 재정적으로 자립하고 있는 자치단체일수록 행정개혁에 적극적이라는 점을 확인할 수 있었다. 또한 시정촌 합병에 관해서는 인구규모나 재정 환경에 따라서 회답의 유형이 상이하며, 특히 인구규모가 작은 자치단체에서 합병은 어쩔 수 없이 해야 하는 것으로 인식하는 경향이 강하고, 또한 합병에 대한 불안감도 크다는 점이 확인되었다.

앞으로 지방분권이 진행되는 가운데 자치단체는 점점 더 자기결정의 기회가 늘어갈 것이다. 그러한 상황 속에서 어떠한 자치단체가 형성될 것인가는 주민이 선출한 대표자와 행정조직, 그리고 주민자신에 의해서 결정될 것이다. 그러한 의미에서 앞으로의 자치단체 동향에 관해서는 눈을 뗄 수 없을 것이다. 이 논문에서 논의된 행정개혁과 시정촌 합병이란, 결국 목적을 달성하기 위한 수단에 지나지 않는다. 앞으로는 이들 수단의 유효성을 검증할 필요가 있을 것이다. 그것이 가능하기 위해서는 각 수단의 목적이 무엇인가를 자치단체, 혹은 중앙정부가 명백히 표명할 필요가 있다. 그리고 그러한 상황하에서 제시된 목적 자체의 타당성을 먼저 검토해야 하고, 목적을 달성하기 위한 수단의 타당성도 검토해야 할 것이다.

2장
주민의식의 기저 요인

나토리 료타(名取良太)

시작하며 - 지방정부의 존재이유

지방정부는 왜 존재하는 것일까. 우리는 그 존재를 당연하게 받아들인 다. 편지를 보낼 때는 주소를 쓰고, 전입신고서나 혼인신고서를 자치단체 에 제출한다. 주민세를 지불하고, 도서관이나 공민관 등의 시설을 이용한 다. 이와 같이 우리는 아무런 의문없이 지방정부와 관계를 맺는 가운데 일상생활을 보내고 있는 것이다. 지방정부와의 관계는 우리가 의식을 하고 있기 때문에 맺어지는 것이기 보다는 오히려 지방정부가 이미 존재하고 있기에 관계가 맺어지는 것인지도 모른다. 철이 들었을 때는 도쿄도(東京都)가 존재했고, 미나토구(港区)가 이미 있었기 때문에 '도쿄 도 미나토구 ○○번지'라고 하는 주소를 사용하게 된 것이다. 만약 도쿄도 와 미나토쿠가 존재하지 않는다면, 아무런 위화감도 없이 '日本国 ○○번 지'라는 주소를 사용하고 있을 것이다.

반면 주소를 쓰는 것에 불편을 느끼는 사람이 있을지도 모른다. 그러나 그것은 존재하던 것이 없어지기 때문에 그렇게 느끼는 것뿐이다.

본래 존재하지 않았다면 도도부현(都道府県)이나 시정촌(市町村)의 필요성을 전혀 느끼지 않았을지도 모른다. 우리는 적지 않은 경우 지방정부가 존재하기 때문에 비로소 필요성을 인식하고, 그것을 받아들이는 것이다.

그렇다면 지방정부의 근본적인 필요성은 어디에 있는 것일까. 이 질문에 대한 답은 일의적으로 도출될 성질의 것이 아니다.

지방정부의 필요성에 대한 고전적인 그러나 현재도 중요한 의의를 갖는 논의로는 존 스튜어트 밀(Mill, J. S.)에 의한 지방정부론이 존재한다. 밀은 민주주의와 효율성이라는 두 가지 점에서 지방정부의 필요성을 정당화했다. 그에 따르면 첫째, 지방정부는 시민참가의 기회를 제공하고, 시민들의 정치적 교육의 장이 되기 때문에 민주주의를 확립하기 위한 중요한 요소이다. 둘째, 지방정부를 통해 효과적이고 효율적인 서비스의 제공이 이뤄질 수 있다는 점에서 지방정부는 중요하다. 이와 같은 논의는 지방정부가 지역이익과 잠재능력을 포함해 정책을 결정하는 곳이라는 점에 주목해서 도출된 논의이다(Stoker 1996).

민주주의를 확립한다고 하는 점은 중앙정부와의 관계를 통해서만 보강된다는 논의가 있을 수 있다. 존즈와 스튜어트(Jones & Stewart 1985)는 권력의 집중은 자유로운 사회를 위험에 처하게 만들지만, 지방정부가 존재하면 권력이 분산되고 시민에게 자유롭고 평등한 정치적 행동을 보장할 수 있다고 주장한다. 지방정부를 중앙정부로부터의 압력에 대한 방파제로 간주하고, 시민의 자유로운 행동에 기초한 민주주의의 확립에 기여하는 것으로 생각한 것이다.

그러나 이러한 논의는 전면적으로 받아들여지지 않고 있다. 예를 들자면 스토커(Stoker, G.)는 지방정부도 중앙정부와 마찬가지로 시민의 자유를 제약하는 권력행사기관이라고 지적한다. 더 나아가 지방정부가 시민의 정치적 교육을 보장하진 않으며, 시민참가의 기회도 시민 자신이 아니라 지방정부가 규정하는 것이 통례라고 지적한다(Stoker 1996; 曾我 1999). 1인 1표의 원칙이 영국에서는 지방보다도 중앙정부에서 먼저 실시됐다고 하는 역사적 사실도 있다(曾我 1999). 즉, 지방정부의 존재가 시민의 자유롭고 평등한 정치적 활동을 촉진하고, 민주주의를 확립시킨다고만 이야기할 수 없다는 것이다.

그 밖에 비삼(Betham, D.)은 설명책임(accountability), 응답성, 대표성이라는 관점으로부터, 지방정부와 민주주의와의 관계에 관해서 검토한다. 그리고 지방정부는 중앙정부뿐만 아니라 시민과의 관계에서도 그러한 기능을 수행하는 데 한계가 있다는 점을 지적한다(Betham 1996).

효율성에 관해서도 다양한 논의가 이뤄지고 있다. 샤프(Sharpe, L.J.)는 지방정부를 정당화하는 근거로 가장 중요한 것이 효율성이라고 지적한다. 그는 지방정부가 스스로 다양한 서비스를 제공하는 기관이며, 대표기관으로서의 역할을 수행하는 것을 통해 지역의 이해를 조정할 수 있기 때문에, 효율적인 서비스를 제공하는 것이 가능하다고 본다(Sharpe, L. J.). 또한 월쉬(Walsh, K.)는 효율성을 기술적 효율, 배분 효율, 엑스(X) 효율의 세 가지 개념으로 분할한 뒤, 배분 효율과 엑스 효율에 관해서는 지방정부가 서비스 제공을 실시하는 편이 좋지만, 규모의 경제성을 고려할 경우 반드시 지방정부가 중앙정부보다 우위에 서는 것은 아니라는 점을 강조한다. 그리고 본래 효율성의 측면에서 보자면 민간에 서비스의 공급을 위탁하는 것이 바람직하다고도 지적한다(Walsh, K. 1996).

또한 공공선택론의 입장에서도 효율성이 논의되고 있다. 티보(Tibeau, C.)의 '발에 의한 투표'에 관한 논의는 지방정부 간의 경쟁이 최적의 서비스 제공을 이끌어 낼 것이라는 점을 논증하고 있다(Tiebeau 1970; 曾我 1996). 한편 피터슨(Peterson, P.)은 재분배 정책에 관한 경쟁이 '복지의 자석(磁石)' 현상을 이끌어 내어, 비최적 배분을 불러일으킨다는 점을 지적한다. 재배분 정책의 충실은 지역사회에 저소득자를 유입시키지만 저소득자에 의한 징세율의 증가는 미미한 것이기에 수입과 지출의 균형이 붕괴되기 때문이다. 이러한 균형을 유지하기 위해서는 고소득자의 세율을 올리는 수밖에 없지만, 그것을 실행하면 고소득자가 다른 자치단체로 이동하고 만다는 현상이 생길 수 있다. 그 때문에 모든 자치단체에서는 재배분 정책을 축소하는 인센티브가 작동한다는 것이 피터슨이 주장하는 논의의 핵심이다. 즉, 지방정부 간의 경쟁은 특정한 정책분야에서는 비최적 배분의 상황을 만들어낸다는 것이다(Peterson 1981; 1990).

나아가 최근의 영국 정치의 현상에 주목한 논자들에 의해 민주주의와 효율성과 지방정부에 관한 논의를 재구축할 필요성이 지적되고 있다. 영국에서는 80년대에 민영화의 물결이 지방정부에도 영향을 미치게 되어 서비스 제공의 주체가 서서히 민간기업이나 볼런터리 조직으로 이행하게 되었다. 그 결과, 서비스 제공에 관한 중요한 결정이 지방정부 외부에서 이뤄지게 되었고 지방에서의 통치와 지방정부의 활동을 동일한 것으로 취급할 수 없게 된다(Cocharne 1993; Pratchett and Wilson 1996). 이러한 사실은 지방정부에 의해서 이뤄지는 민주주의와 효율성이라는 가치에 관한 논의를 위축시켰다. 지방정부의 활동이 부분적으로밖에 이뤄지지 않기 때문에 지방정부에 의한 위 두 가지 가치(민주주의와 효율성)의 충족도에 관한 논의의 의의도 부분적인 것으로 머물게 된 것이다.

지방정부가 필요한 이유가 밀이 지적한 바와 같이 민주주의이든 효율성이든 간에 각 가치를 어느 정도 실현할 수 있는가에 관한 논의는 명확하지 않은 편이다. 민주주의라는 가치는 부분적으로 체현될 가능성이 높으며 효율성이라는 가치도 한정적으로 달성되는 데 지나지 않을지 모른다. 지방정부는 그 필요성이 명확히 정의되지 않은 채 존재하며 그럼에도 불구하고 우리들의 일상생활에 깊게 관여하고 있다.

이러한 불명확함을 초래하는 요인의 하나는 지방정부의 다양성일 것이다. 지금까지 소개한 것은 지방정부 일반에 관한 논의이다. 그러나 지방정부를 일원적으로 취급하는 것은 실제로는 곤란하다.

먼저 지방정부가 가지는 권한이나 통치범위는 나라마다 상이하다. 지방정부는 중앙정부에 의해서 권한이나 통치범위를 제약받기 때문이다. 따라서 지방정부의 권한이 강한 나라도 있는가 하면 약한 나라도 있다. 그리고 지방정부가 담당하는 정책의 범위가 상이하면 민주주의나 효율성의 달성도도 상이하다고 추정할 수 있다. 또한 같은 나라의 지방정부라고 할지라도 그 규모는 다양하며 이러한 규모의 차이는 민주주의와의 관계에서 중요한 의미를 지닌다. 달(Dahl, R.)은 대규모 정부일수록 결정하는 권한의 범위가 확대하지만 시민 한 사람 한 사람의 영향력은 저하되며, 한편 소규모인 경우에는 개인의 영향력은 확대되지만 지방정부가 결정할 수 있는 범위는 좁아진다고 본다. 즉 지방정부 규모의 차이가 그 지역의 민주주의의 존재방식과 밀접히 관련되어 있다고 지적한다. 지역 간의 차이는 퍼트남의 논의에서도 이뤄진다. 퍼트남(Putnam, R.)은 이탈리아의 사례를 통해 사회질서·통치가 지역 간의 사회관계자본의 차이에 의해서 규정된다는 점을 설명한다(Putnam 1993).

이러한 논의로부터 지방정부가 민주주의나 효율성에 공헌하다 할지라도 그 지방정부가 처한 환경에 따라서 그 달성도가 상이하다는 점을 알 수 있다.

이 점은 일본의 현실에 적용하면 더욱 잘 이해할 수 있을 것이다. 그리고 현실을 보면 그 성격(환경의 차이)은 보다 복잡하다는 점을 알게 될 것이다. 일본의 지방정부(시정촌) 중에서 최대 시의 인구는 300만 이상인 반면에 최소의 시는 5,000명 정도로 규모의 차이가 매우 크다. 일본에서는 인구규모 등에서 일정한 조건을 충족하면 정령지정도시(政令指定都市), 중핵시(中核市), 특례시(特例市)의 인정을 받기 때문에, 규모의 차이에 대응해서 권한도 상이해진다. 재정규모의 차이는 서비스의 양과 질을 상이하게 만들며, 시민의 일상생활에 대해 지방정부가 관여하는 정도도 규정한다. 대도시는 보다 많은 권한을 가지며, 시민생활에 대한 관여방식도 깊고 넓은 편이다. 단 정부활동이 지역경제에 미치는 영향은 소규모 도시가 오히려 큰 편이다. 본래 소규모의 도시는 경제규모가 작고, 민간에 의한 경제활동이 정체되어 있기 때문에 공공사업 등에 의한 투자가 중요한 영향을 끼치기 때문이다.

또한 공동체성의 정도라는 점에서도 상이함을 발견할 수 있다. 대도시에서는 주민의 유출입이 많고 주요한 경제활동이 다른 시와 구에서 이뤄지는 것이 일반적이다. 또한 일상적인 주민 간의 관계도 희박한 편이다. 단 도시부에서는 특수이익을 추구하는 행위에 대해서 동조자를 모으기 쉽기 때문에 특정 목적을 가진 공동체 조직을 형성하기 쉽다는 특징을 지닌다. 나아가 명확한 목적을 가진 위와 같은 조직은 정치적 행동을 통해서 이익을 획득한다. 한편 주민 간의 사회적 관계가 깊은 소규모의 정부에서는 투표율은 높지만, 정치활동은 대표자에게 위임되어서 시민들이 일상적으로 정치에 참가한다는 의식은 강하지 않은 편이다.

또한 장소와 기온과 같은 지리적 환경에 의해서도 지역사회가 가치를 달성하는 정도는 달라진다.

이와 같은 지방정부 간의 차이는 정책이 미치는 영향력에서도 차이를 만들어낸다. 예를 들어, 2000년에 도입된 개호보험제도(介護保險制度)는 도시규모의 차이에 따라 상이한 영향력을 끼친다. 개호보험제도는 지방분권의 시금석이라고 말해질 만큼 재원과 서비스 공급의 결정 권한을 시정촌 수준에 위임한 정책이다. 그러나 서비스의 공급기반이 준비된 대도시와 기반정비가 거의 이뤄지지 않은 소규모 도시에서는 그 대응에 커다란 차이가 난다. 대도시에서는 보다 효율적인 공급체제의 정비를 취한다든지, 볼런터리 조직에 의한 제3자 평가를 이용해서 공급자 간의 경쟁을 촉진하여 효율성을 달성하고 있다. 그러나 소규모 도시에서는 서비스 공급량의 확보를 제1의 목적으로 하는 데 급급해서 효율적 경영이나 시민참가에 신경을 쓸 여력이 없다. 이와 같이 지방정부에 대해 일률적으로 권한을 부여하고, 정책을 실시한다고 해도, 환경의 차이는 정책목적의 달성도를 좌우하는 중요한 변수이다(小林 · 名取 2004).

지방정부는 주민들에게 서비스나 가치를 제공해 주기에 필요하고 설치된다. 그러나 지금까지 본 바와 같이 어떠한 가치를 얼마나 달성했는가는 여전히 명확하지 않은 상태이다. 즉 우리는 지방정부가 그 무엇인가를 제공해주리라고 믿고 있지만, 그 무엇인가를 어느 정도 가져다줄지에 관해서는 모른 채 지방정부의 존재를 받아들이고 있는 것이다. 어쩌면 우리는 전혀 필요하지 않은 지방정부를 받아들이고 있는지도 모른다.

이 논문의 목적은 이러한 불명확함을 조금이라도 극복하는 데 있다. 어느 지방정부가 어떠한 가치를 얼마나 달성했는지를 명백히 함으로써 지방정부의 존재이유를 명확히 하고, 그 이유를 더욱 강고하게 하기 위해 필요한 것이 무엇인지를 생각해 보는 것이다. 구체적으로는 민주주의와 관련된 시민의 의식과 행동이 지방정부의 환경에 규정되는 정도를 명백히 할 것이다.

I 민주주의와 관련된 의식과 행동

민주주의라는 개념에 관한 정의는 다양하지만, 여기서는 먼저 달의 민주주의론을 논의의 출발점으로 삼겠다. 달(Dahl, R.)은 민주주의의 성립에는 세 가지 기회와 여덟 가지의 제도적 보장이 필요하다고 본다. 세 가지 기회로는 ① 선호를 형성한다, ② 선호를 표현한다, ③ 정부의 대응에 있어서 시민의 선호가 평등하게 취급된다는 것이다. 여덟 가지 제도적 보장으로는 ① 다양한 정보 자원, ② 표현의 자유, ③ 투표의 자유, ④ 자유롭고 공정한 선거, ⑤ 정치지도자가 민중의 지지를 구해서 경쟁하는 권리, ⑥ 공직의 피선거권, ⑦ 정당 등의 조직을 형성하고 참가하는 자유, ⑧ 정부의 정책을 투표 혹은 그 밖의 요구의 표현에 기초짓게 만드는 다양한 제도이다. 그리고 이들 요건을 공적인 항의의 자유와 정치참가의 포괄성이라는 두 가지 축으로 요약하고, 그 달성 정도에 대응하는 형태로 정치체제의 민주도를 측정한다. 그리고 세 가지 자유와 여덟 가지의 제도적 보장이 고도로 달성된 상태를 폴리아키라고 불렀다(Dahl 1960).

달의 논의에 따르자면, 일본의 경우, 민주주의의 형식적 요건에 관해서 더 논할 필요가 없을 것이다. 일본에서는 이러한 제도적 요건이 이미 갖춰져 있고, 그러한 민주주의가 실제로 작동되고 있기 때문이다. 따라서 우리는 지방정부와 민주주의의 관계에 관해서 검토하는 경우, 제도적 요건이 갖춰져 있는 것과 그것이 기능한 정도는 별도의 문제라는 점에 주목할 필요가 있다. 왜냐하면 민주주의와 관련된 기본적인 제도는 갖춰져 있지만, 실질적으로 그러한 제도가 유명무실한, 즉 민주주의의 기능마비 현상이 발생할 수 있기 때문이다.

이 장에서는 이러한 민주주의의 기능마비 현상이 이념적으로는 민주주의를 촉진할 것으로 기대되는 지방정부의 활동에 의해서 부분적으로 기인하고 있음을 검증할 것이다. 과연 지방정부는 실질적인 행동수준에서 민주주의를 촉진하고 있는 것일까. 어떠한 제도나 환경이 갖춰져 있으면 민주주의가 건전하게 기능하는 것일까. 주민의 의식과 행동에 관한 규정요인에 관한 분석을 통해서 이와 같은 문제들을 검토할 것이다.

일본이 달이 지적한 바와 같은 요인을 갖춘 사회라고 한다면, 우리는 자유롭게 의사를 표현하고, 정치에 참여하고, 선거를 중심으로 하는 정치적 경쟁을 통해서 그 의사를 정책에 반영시키고 있다고 볼 수 있다. 그러나 실제로는 표현이나 참가는 그다지 두드러지지 않으며, 유권자의 의사와 정책 사이에는 괴리가 존재한다. 즉, 제도가 예정하고 있는 현상은 일어나지 않고 있다. 즉 기능마비의 상태에 있는 것이다.

이 기능마비의 현상이 만약 사람들이 행동할 필요가 없다고 인식하는 것 때문에 생기는 것이라면 큰 문제가 아닐 수도 있을 것이다. 표현하지 않아도, 참가하지 않아도, 그리고 의사와 정책이 괴리해도 곤란하지 않기 때문에 민주주의적 제도가 기능하지 않은 것이라면 그 누구도 불행하지 않기 때문이다. 예를 들자면 니시자와(西澤)는 정치에 참가하지 않는 요인의 하나로서 '관여하고 싶지 않다'는 정치에 대한 거리감이나 자기소외감의 존재를 지적한다(西澤 2002; 2004). 이러한 요인에 기초해서 행동하지 않는 경우, 그것을 기능마비 현상이라고 부를 수 없을 것이다.

그러나 행동해봤자 소용없다는 이유로 민주주의적 제도가 기능하지 않는다면, 그것은 커다란 문제이다. 예를 들면, 표현하고 싶은 것이 있고 참가를 통해서 정책에 반영시키고 싶은 것이 있음에도 불구하고 잘 표현되지 않고 반영되지 않는다면, 어느새 체념이 생기고 그 결과 표현도 참가 자체도 하지 않게 될 것이다. 물론 이러한 상태에서 주민들이 행복할 리 없음은 당연하다. 그래서 이하에서는 먼저 주민이 지방정부에 대해 어떠한 인식을 가지고 있는가에 관해서 살펴보도록 하겠다. 그림 2-1는 지방정부가 주민들의 일상생활에 미치는 영향력에 관한 의식의 분포를 표시한 것이다.[1] 이것은 이른바 자신의 일상생활과 지방정부의 정책성 간의 거리감을 나타낸 것으로 볼 수 있다. 지방정부의 정책은 지역사회의 누군가에게 영향을 미치는 것이기에, 여기에서 일상생활에

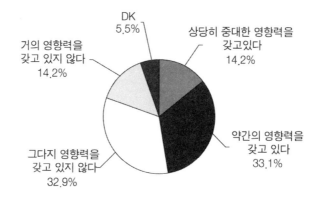

그림 2-1 지방자치단체의 일상생활에 대한 영향

---

1) 분석에 사용되는 데이터는 게이오대학 21COE-CCC(다문화세계의 시민의식의 동태) 시민의식 데이터 아카이브로부터 제공받은 것이다. 이 자리를 통해 감사의 뜻을 표시한다. 본 조사의 개요는 다음과 같다. 조사지역: 일본 전국, 조사대상: 20세 이상의 남녀 개인, 표본수: 3,000명, 응답자수: 1,968명(회답율: 65%), 추출방법: 층화 2단계 무작위 추출법, 조사방법: 개별면접 청취법, 조사시기: 2003년 10월 29일-11월 8일.

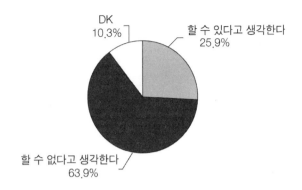

그림 2-2 불이익이 되는 지방의 결정에 대한 영향력

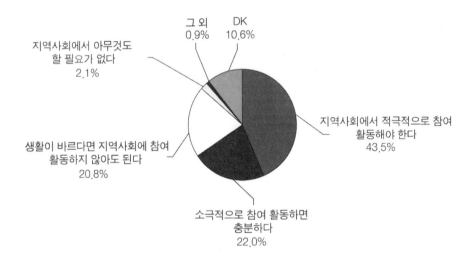

그림 2-3 지역 참여에 대한 의식

영향이 없다고 하는 것은 자신과 지방의 정책과의 관계의 희박함, 즉 정책의 출력(성과)에 대한 무력감을 표시한 것으로 생각할 수 있다. 이와 같은 관점에서 보자면, 그림 2-1에서, 전체의 47.1%가 지방정부의 성과와 관련해서 무력감을 느끼고 있다는 점을 알 수 있다.

다음으로 그림 2-2는 지방정부의 결정에 대해서 주민들 자신이 영향력을 행사할 수 있는지의 여부에 관한 의식을 보여준다.

이것은 지방정부에 대한 개인의 영향력에 관한 의식으로 그림 2-1에서 표시한 의식과는 역방향의 의미를 표시한 것이다. 즉 지방정부에 대한 입력과 관련된 의식을 나타낸다. 일본의 적지 않은 지방정부는 제도적으로 자치단체장·의회의원 선거, 다양한 형태의 시민참가제도, 볼런터리 조직, 퍼블릭 코멘트 제도 등 시민이 스스로의 의사를 표명하는 제도를 정비하고 있다. 그럼에도 불구하고, 그림 2-2를 통해서 알 수 있듯이 주민이 지방정부에 영향을 미칠 수 없다는 의식을 가진 사람이 60%를 넘는다는 것은 지방정부에 입력하는 것 자체에 대해 무력감을 느끼는 주민이 매우 많다는 점을 시사한다. 지방정부에 대한 의사를 표명할 수 있는 제도가 정비되었지만, 반수 이상의 주민은 의사를 표명해도 아무런 소용이 없다고 느끼는 것이다.

이러한 입출력에 대한 무력감은 그림 2-3과 표 2-1에 표시된 참가행동에 대한 의식과도 관련성이 있다.[2]

입출력에 대한 무력감은 참가해도 의미가 없다는 인식과 밀접히 관련되어 있을 것이다. 같은 참가라고 할지라도 투표 등의 난이도가 낮은 것으로부터 정당 활동에 참여하는 것과 같이 난이도가 높은 것에 이르기까지 다양한 형태가 있다. 이러한 난이도를 주민의 손득계산이라는 관점에서 보자면, 입출력 의식은 참가 형태의 선택에 영향을 끼친다고 생각할 수 있다. 이러한 관점에서 보자면, 주민은 참가에 걸리는 비용을 상회하는 이익을 지방정부의 출력으로부터 획득할 수 있다고 인지하는

---

2) 질문 내용을 보면, 이 설문은 행동이 아니라 의식을 묻는 것이라고 볼 수 있다. 바꿔 말하자면, 실제로 그러한 행동을 취했는가를 나타내는 변수가 아니다. 이하의 분석을 해석할 때는 이 점을 유의할 필요가 있다.

표 2-1 참여해야 할 활동 형태   (%)

	예	아니오
지방의 행정활동에 참여한다	15.8	84.2
정당활동에 참여한다	3.1	96.9
시민활동 및 지방문제와 관련된 조직에 참여한다	20.7	79.3
지역사회를 이해하려고 노력한다	41.5	58.5
선거에서 투표한다	56.3	43.7
지역사회의 행사에 관심을 갖는다	33.1	66.9

경우 참가하고, 그렇지 않으면 참가하지 않는다고 볼 수 있다. 입출력에 대한 무력감이 강할수록 참가에 걸리는 비용이 높은 형태의 참가에는 더 소극적이라고 생각할 수 있다.

그림 2-3과 표 2-1을 보면, 입력에 대한 무력감이 강한 것에 비해서 참가의식은 약간 높은 것처럼 느껴진다. 참가하지 않아도 좋다고 생각하는 것은 20% 이상을 보인다. 단 참가해야 할 활동의 형태에 관해 보면 '지역사회를 이해하려고 노력한다' 혹 '선거에서의 투표'라고 하는 비교적 적은 비용으로 실행할 수 있는 참가형태에 관해서는 찬성의 자세를 나타내고 있지만, 깊은 관여가 요구되는 형태에 대해서는 소극적인 태도를 표시하고 있다.

지금까지의 검토에서는 입출력의 무력감 및 그것과 관련된 참가의식의 정도에만 초점을 두어왔다. 그러나 주민의식의 분포로부터는 입출력에 의의를 느끼고, 참가의 필요성을 인식하는 사람도 존재한다. 주민들 중에는 실질적인 행동 수준에서 민주주의를 체현하고 있는 사람도 존재하는 것이다.

그렇다면 왜 이러한 의식과 행동의 차이가 생기는 것일까. 입출력에 대한 의식과 참가의식은 실제로 얼마나 상관관계가 있는 것일까. 이와 같은 점에 관해서 이하에서 분석하도록 하자. 그리고 의식의 차이를 만드는 요인을 지방정부가 놓여져 있는 환경요인으로부터 추구하기로 한다. 즉 지방정부는 민주주의를 촉진하는 것도 역으로 기능마비 현상을 불러일으킬 수도 있음을 살펴볼 것이다.

II 주민의식을 규정하는 요인들

이 절의 목적은 지방정부와 환경요인이 주민의식을 규정하고 있다는 점을 밝히는 것이다. 따라서 규정요인으로서 제시하는 것은 심리적 요인이 아니라 제도나 정책과 같은 환경요인이다. 단, 환경요인이라고 해도 사회학 모델과 같이 환경으로부터 의식을 직접 연결시키는 것과 같은 것이 아니라 일단 지방정부의 행동을 추정하고 그 행동에 반응하는 형태로 의식이 형성된다고 상정하는 것이다.

이하에서는 먼저 환경과 지방정부의 행동 및 의식과의 관계에 관해서 가설을 제시하기로 한다.

1. 정부 규모와 주민의식

지방정부는 중앙정부가 인정한 범위 내에서만 자율적인 결정이 가능하지만, 그 범위는 지방정부에 따라서 상당히 다르다. 인구규모 등의 요건을 만족시키는 경우 정령지정도시, 중핵시, 특례시의 지정을 받게 되며, 일정한 자율성을 확보할 수 있기 때문이다. 그리고 그 밖의 시정촌은 많은 경우 중앙정부나 도도부현의 결정에 따르게 된다. 따라서 특정도시의 주민은 그 밖의 지역주민보다도 지방정부의 영향력을 강하게 인식하고 출력에 대한 평가도 높고 긍정적일 가능성이 높다. 또한 앞서 논의한 바와 같이 인구규모가 큰 도시에서는 특정이익에 대한 동조자를 모으기 쉬울 것이다. 그 때문에 조직화를 하기 쉽고, 입력과 관련된 영향력이나 참가의식을 강하게 인식하고 있을지도 모른다.

인구규모의 크기는 주민과 지방정부의 거리를 확대시킬 것이다. 인구규모가 클수록 개개인의 영향력은 작아질 것이다. 예를 들면 자치단체장 선거에서 자신의 한 표가 결과에 영향을 미칠 것이라는 기대확률은 인구규모가 작을수록 커진다. 이러한 관점에서 보자면 인구규모가 작을수록 입력에 대한 영향력을 강하게 인식한다고 생각할 수 있다.

재정규모에 대해 두 가지를 지적할 수 있다. 먼저 재정규모의 크기는 서비스의 절대양과 종류의 확대와 플러스의 관련성을 지닌다고 생각할 수 있다. 서비스의 양과 종류의 확대는 지방정부 일상생활에 관여하는 범위를 확대시키기 때문에 주민들이 정책성과에 대한 영향력을 높게 평가하는 것과 상관관계를 맺기 쉬울 것이다. 또한 다양한 종류의 서비스를 빈번하게 이용하는 주민은 서비스 제공자인 지방정부와 접촉하는 기회가 많기 때문에 자신의 의견을 표명할 기회를 많이 가질 수 있을 것이다. 이러한 경험이 오히려 지방정부에 대한 무력감을 확대시킬지도 모르지만, 그러한 장을 가지지 않는 주민과 비교한다면 자신의 입력에 관한 영향력을 강하게 인식할 것으로 판단된다.

한편 재정에 관해서는 중앙정부와의 관계도 고려할 필요가 있다. 더 말할 나위도 없이, 지방정부의 세입은 중앙정부와 도도부현으로부터 이전되는 재원에 대한 의존도가 높다. 이중 지방교부세는 별도로 하더라도 국고·도도부현의 지출금은 그 용도가 명확하게 정해져 있다. 지방정부는 상위단체로부터의 보조금을 통해 실시되는 사업에 관해서 자율적인 결정권한이 거의 없다. 따라서 세입에서 차지하는 국고와 도도부현 지출금의 비율이 높은 지역일수록(실질적으로 그 서비스가 상위단체에 의해서 결정되기 때문에) 그러한 지역의 주민은, 지방정부 자신에 의한 출력이 일상생활에 미치는 영향력을 낮다고 인식할 것이며, 입력에 관해서도 지방정부에게 주장해도 제도적 제약이 적지 않다는 점을 인식하고 있기 때문에 지방정부의 입력에 관한 자신의 영향력이 높지 않다고 생각하게 될 것이다.

이와 같은 가설을 검증하기 위해 이하의 분석에서는 인구규모, 표준재정규모, 재정력지수, 의존재원의 비율과 같은 정부규모를 나타내는 변수를 사용한다.[3] 또한 정령지정도시 등 특정한 권한이 주어져 있는 도시의 경우에는 별도의 변수를 이용하여 분석하도록 한다.

2. 정책환경과 주민의식

지방정부가 실시하는 정책은 주민의식에 어떠한 영향을 미치고 있는 것일까. 여기서는 '좋은 정책'이라는 관점에서 생각해보도록 한다.

일본에서는 무라야마(村山)가 지적하는 바와 같이, 정치의 출력에 대한 반응은 크기 때문에, '어떠한 정책이 실시되고 있는가'에 따라서 주민의 의식이 좌우된다(村山 1998). 따라서 주민에게 '좋은 정책'의 실시는 입출력에 관한 의식을 높여 민주주의의 기능을 촉진한다고 판단할 수 있다. 그러나 무엇이 좋은 정책인가를 정의하는 것은 어려운 일이기에 변수를 선택하는 것은 신중할 필요가 있다.

그래서 이 분석에서는 변수의 조작작업을 다음과 같이 실시한다.

---

3) 이들 데이터는 『平成14年度 市町村決算調』(地方稅務協会 2002年)에 게재된 데이터를 사용하고 있다.

행재정 개혁은 현재 중앙정부와 지방정부를 불문하고 중요한 정책과제이다. 특히 재정 경직화의 진전은 행정투자액의 삭감, 채무의 증대, 적립금의 붕괴와 같은 문제를 불러일으켜, 최종적으로 주민의 부담 확대와 서비스의 축소를 초래시킬 것이다. 서비스의 양과 종류의 삭감은 지방정부의 활동범위를 축소시키기 때문에 일상생활에 관여하는 범위도 축소시킬 것이다. 따라서 개개의 주민의 생활과 지방정부의 출력(정책 성과) 사이의 거리는 멀어질 것이며 출력에 관한 평가도 저하될 것이다. 역으로 재정재건이 이뤄지면 지방정부의 활동범위가 확대되기 때문에 영향력은 높아질 것이다.

또한 재정재건의 진전은 구태의연한 정치·행정 시스템에서 탈피함으로써 가능할 수 있다. 따라서 재정재건이라는 좋은 정책은 입력에 대한 평가를 높일 것이다. 새로운 시스템이 특정 단체에 속하지 않는 주민의 의사를 받아들이는 것이 기대되기 때문이다.

이러한 가설을 검증하기 위해 분석에서는 재정운영의 변화를 나타내는 다음과 같은 변수를 사용한다. 경상수지 비율, 공채비의 비율, 단독사업비, 지방채무의 잔액, 적립금 총액에 관해 헤이세이 9년도(1997년)와 14년도(2002년) 사이의 변화율을 계산한 것을 정책 환경에 대한 변수로 사용한다.[4]

3. 정치적 환경

민주주의의 중요한 요소 중의 하나는 정치적 경쟁의 존재이다. 슘페터의 논의를 빌리자면, 정치적 경쟁의 존재는 정치가나 후보자의 주민에

---

4) 변수를 작성하기 위한 데이터는 『平成14年度 市町村決算状況調』(地方税務協会 2002年), 『平成9年度市町村決算状況調』(地方税務協会, 1997年).

대한 응답성을 보증한다(Shumpeter 1995). 슘페터에 따르면, 주민이 설사 일상적으로 정치행동을 하지 않아도, 혹은 정치에 관한 정보를 갖지 않고 정치적 관심을 갖지 않아도, 선거를 통한 경쟁이 존재하는 한, 재선을 지향하는 정치가는 주민의 의사를 알려고 노력하며, 주민이익을 확대하려는 정책을 실시하게 된다. 이를 주민의 입장에서 본다면, 정치적 경쟁의 존재로 인해 주민들은 입력과 출력에 대한 영향력을 높게 평가하게 되는 것이다. 반면 정치적 경쟁이 없는 결과 자신의 의사가 반영되는 제도적 통로가 없다고 생각한다면 입출력에 대한 영향력은 낮다고 주민들에게 인식될 것이다.

또한 경쟁의 부재는 주민들에게 지방정부의 활동이 주민전체가 아니라 일부의 유권자들을 대상으로 이뤄지고 있다는 점을 느끼게 할 것이다. 그 때문에 지방정부가 일상생활에 미치는 영향, 즉 자신의 생활과 출력과의 관계는 정치적 경쟁이 존재한다면 높게 느껴지고 부재하다면 낮다고 느껴질 것이다.

이 점에 관한 분석에서는 자치단체장 선거에서의 경쟁율, 당선회수, 그리고 자치단체장의 추천정당의 형태를 변수로 이용한다.[5] 경쟁율은 당선자와 차점 후보자의 득표수의 차이를 기초로 계산하며, 그 차이가 작을수록 경쟁이 치열하다고 간주할 수 있다. 한편 이 논문에서는 경쟁도를 (당선자 득표수 - 차점자 득표수)/유효투표총수로 산출하기 때문에 수치가 낮을수록 접전임을 의미한다는 점에 주의해야 한다. 그 때문에 분석 결과에서 부호의 해석에 주의를 필요로 한다는 점을 밝혀둔다.

---

5) 자치단체장 선거의 결과는 『每日新聞縮刷版』(每日新聞社, 各年度版)을 통해서 작성한 것이다.

당선회수와 정치적 경쟁관계에 관해서는 해석이 쉽지 않은 편이다. 당선회수가 적은 경우에는 자치단체장의 정치적 기반이 약하기 때문에 대항자의 출현이 용이할 것이다. 그러나 당선회수가 많다면 다선비판이라고 하는 형태로 대항자를 만들기 쉬울 것이다. 따라서 당선회수와 경쟁의 관계는 엄밀하게 말하자면 이차곡선으로 표시해야하지만, 본 논문에서는 우선 선형적, 즉 당선회수를 거듭할수록 정치적 경쟁이 약해진다고 가정할 것이다. 마지막으로 추천정당의 형태인데, 중앙정치의 수준에서는 대항하던 자민당과 민주당이 지방선거에서 같은 후보자를 추천하는 경우, 즉 여야당 합승형 후보자가 존재하게 되면 경쟁이 없다고 할 것이다.[6] 중앙정치에서의 정당간의 대립과 모순되는 지방정치의 상황은 주민에게 정치적 경쟁의 부재로 인식되고 쉽다고 생각하기 때문이다. 정치적 경쟁에 관해서는 이상의 세 가지 변수를 사용해서 분석한다. 한편 자치단체장 선거에 관한 정보는 시(市)에 한정해서 수집했기 때문에 정치적 환경을 포함하는 분석을 실시할 때는 샘플이 시에 한정된다는 점을 먼저 밝혀두도록 한다.

4. 그 밖의 요인

지금까지 살펴본 세 가지 요인은 본 논문의 분석 목적에 입각한 것이다. 즉 지방정부에 대한 주민의식이 거주하는 자치단체의 환경에 규정된다고 하는 관점하에서 사용된 변수들이다. 그러나 많은 정치참가의 연구에서 지적되는 바와 같이 참가행동과 의식은 자원, 동원, 사회관계자본 등의 요인에 의해서도 규정된다. 그래서 본 논문에서는 이들 요인

---

6) 여야당 합승형 후보자가 존재하면 1, 그렇지 않으면 0으로 코딩하고 있다.

중에서 몇 가지를 통제요인으로 간주해 분석틀에 포함시킨다. 구체적으로는 소득, 교육, 연령, 정치관심을 추가한다. 이들 요인은 정치에 관한 경험과 정보를 늘리고 정치적 지식과 정치 관심에 영향을 미치는 변수들이다. 정치적 지식이 많고 정치적 관심이 높은 것은 지방정부가 폭넓은 범위의 정책에 영향을 미치고 있는 것을 의미하며, 다양한 정치참가의 회로가 존재하는 것을 의미한다. 따라서 소득, 교육, 연령 및 그것과 관련된 지식이나 정치적 관심도 지방정부에 대한 인식을 규정하는 것으로 가정할 것이다.

또한 그 밖에 지역에 대한 애착도 또한 중요한 요인으로 들 수 있다. 지방정부의 환경이나 정치적 지식·관심과는 별도로 자신이 거주하는 지역에 애착심을 갖는 것은 그 자체가 지방정부로부터의 출력이나 입력에 관한 강한 신뢰에 영향을 미칠 수 있기 때문이다.

그리고 마지막으로 중앙정부를 대상으로 하는 입출력에 대한 의식이 모델에 포함된다. 그것은 주민이 중앙정부와 지방정부를 구분하지 않은 채 인식하는 경우가 있기 때문이다. 입출력에 관한 높은 신뢰도가 중앙인가 지방인가에 상관없이 정부라고 하는 틀로 포착되는 경우 지방정부의 필요성은 낮아질 것이다. 왜냐하면 지방정부의 존재이유는 중앙정부만 있을 때와 비교해서 그 어떤 가치를 가져다주는 것에 있기 때문이다. 그럼에도 불구하고 중앙과 지방의 정부가 같은 정부로서 포착되어 평가된다면, 그것은 지방정부가 주민에게 특별한 가치를 부여하지 않고 있음을 의미할 것이다. 따라서 중앙정부와 지방정부의 구분이라는 변수가 규정 요인으로서 유효할수록 지방정부가 민주주의의 기능에 관해서 그 어떤 효과도 가지지 않는 것으로 해석할 수 있다.

이상의 환경요인과 이로부터 도출된 가설에 관한 분석을 진행해

나가도록 하겠다.

III 지방정부에 대한 입력과 출력에 대한 평가

지방정부에 대한 입력, 그리고 지방정부로부터의 출력에 관한 의식은 거주하는 자치단체의 환경에 따라서 다른 것일까. 이 점을 검증하기 위해 먼저 단순한 인구규모 및 특별한 권한을 갖는 도시와 입출력에 관한 주민의 의식과의 관계를 살펴보았다. 표 2-2는 각각의 의식과 도시규모와의 관계를 표시한 것이다.

카이자승의 검정의 결과는 모두 5% 수준을 상회하고 있으며, 명확한 관계성을 추출할 수 없었다. 또한 실제의 숫자를 보아도 입력에 관한

표 2-2 정부규모와 입출력에 대한 평가

	지방자치 일상생활에 대한 영향(출력평가)				불이익이 되는 지방의 결정에 대한 영향(입력평가)	
	중대한 영향력이 있다	약간 영향력이 있다	별로 영향력이 없다	거의 영향력이 없다	할 수 있다고 생각	할 수 없다고 생각
지정도시·구	16.7	32.8	36.3	14.2	29.3	70.7
20만 이상 도시	15.1	36.6	35.1	13.2	28.6	71.4
10만 이상 도시	11.3	36.4	38.1	14.2	29.3	70.7
10만 이하 도시	12.2	38.3	35.0	14.5	26.1	73.9
정촌	18.1	31.9	30.9	19.1	30.6	69.4
특정도시	16.1	34.5	36.3	13.1	28.6	71.4
보통도시	14.3	35.4	33.7	16.5	29.0	70.1
	(좌측 상단) 카이자승=18.959 (우측상단) 카이자승=1.787 N=1860 N=1766 (좌측하단) 카이자승=5.552 (우측하단) 카이자승=0.021 N=1860 N=1766					

일정한 경향을 지적할 수 있다. 표 2-2의 좌측 상단의 수치를 보면, 의식과 도시규모의 관계는 거의 보이지 않는다. 단 출력에 관해서는 인구규모가 큰 도시와 정촌(町村)에서는 출력에 강한 영향을 미치고 있다고 인식하는 주민의 비율이 많고, 인구 10만 규모의 도시에서는 상대적으로 적다. 또한 정촌에서는 출력에 거의 영향이 없다고 회답하는 주민의 비율이 극단적으로 높아지고 있다. 이 결과는 앞서 지적한 바와 같이 권한, 서비스의 양과 종류, 그리고 인구수에 기초한 유효성 감각과 관련지어서 해석할 수 있을 것이다.

표 2-3 지방정부의 환경과 입출력에 대한 평가

		입력평가 상관관계	출력평가 상관관계
정부규모 (N=1817)	인구규모	0.002	-0.028
	인구 변화율	-0.005	-0.041*
	1차 산업	0.009	0.028
	표준재정규모	0.001	-0.028
	재정력 지수	0.013	-0.064***
	세입에서 차지하는 중앙정부에 대한 의존비율	0.009	0.003
정책환경 (N=1817)	공채비 비율	0.038	0.044*
	정상수지 비율	0.073***	0.047**
	단독 사업비	0.011	-0.007
	지방채 잔액	0.013	0.056**
	적립금 잔액	-0.040*	-0.064***
정치환경 (N=1282)	당선 회수	0.025	-0.015
	경쟁도	-0.024	-0.053**
	여야당의 비합승형 선거	0.003	0.005

***: $0 \leqq p \langle 0.001$ **: $0.001 \leqq p \langle 0.01$ *: $0.01 \leqq p \langle 0.1$

특정 도시는 자율적으로 결정할 수 있는 범위가 넓기 때문에 일상생활에 관한 정책에 관해서 보통도시와 비교해 제도적으로 보다 강한 영향력을 행사할 수 있다. 또한 인구규모와 재정규모는 상관관계가 높기 때문에 대규모의 도시일수록 서비스의 양과 종류를 늘릴 수 있을 것이다.

따라서 도시규모가 클수록 출력에 대한 평가가 높아지는 것이다. 단 소규모일수록 주민과 정부의 거리가 가깝기 때문에 주민들은 지방정부와 일상생활과의 관계를 강하게 인식할지도 모른다. 이러한 관점에서 보자면 대규모 도시뿐 아니라 소규모 정촌에서도 정책출력에 대한 높은 평가가 이뤄지는 것을 이해할 수 있을 것이다.

다음으로 도시 규모뿐 아니라 정책 환경 및 정치적 환경과 입출력에 관한 의식의 관계에 관해서 검토하도록 한다. 표 2-3은 상관분석의 결과이다. 입출력에 관한 질문의 회답은 어느 것도 값이 작을수록 높게 평가하는 것을 나타내기 때문에 다른 변수와의 관계에서는 플러스라면 저평가, 마이너스라면 고평가로 해석할 수 있다.

상관관계 분석의 결과를 보면, 지방정부의 환경은 입출력에 대한 평가를 규정하고 있다는 점을 알 수 있다. 입력에 대한 평가와 정부 규모 및 정치적 환경과의 관계성은 전혀 보이지 않는다. 단지 정책 환경과의 관계성이 약간 보일 정도이다. 이에 반해 출력에 대한 평가에 관해서는 재정규모가 크고, 인구증가율이 높은 도시일수록 높은 평가 경향이 보이며, 정책 환경의 경우에는 공채비 비율의 증가와 경상수지 비율의 악화, 나아가 적립금의 감소가 출력에 대한 낮은 평가와 관련성을 지닌다. 단 정치적 환경에서는 가설과는 역의 결과를 나타난다. 즉, 자치단체장 선거에서 접전일수록 출력에 대한 평가가 저하되는 관계가 보이고 있다. 이 점에 관한 해석은 다음 분석에서 다시 논의할 것이다.

표 2-4 입력평가에 대한 규정요인

		B	표준오차	Wald
도시규모와 정책환경	보통도시	0.016	0.065	0.057
	정책변수	0.065**	0.031	4.247
정치 환경	보통도시	0.060	0.074	0.655
	정책변수	0.058	0.038	2.271
	경쟁도	-0.174*	0.104	2.820
	당선회수	0.023	0.028	0.643
	여야당 비합승 선거	0.039	0.076	0.260

	상단	하단
Cox와 Snell	0.003	0.005
NagelKerke	0.004	0.007
McFadden	0.002	0.004
N	1619	1276

***: 0≦p⟨0.001 **-0.001≦p⟨0.01 *:0.01≦p⟨0.1

표 2-5 출력평가에 대한 규정요인

		B	표준오차	Wald
도시규모와 정책환경	보통도시	0.131**	0.054	5.921
	정책변수	0.085***	0.026	10.553
정치 환경	보통도시	0.161***	0.061	6.864
	정책변수	0.077**	0.032	5.762
	경쟁도	-0.213**	0.085	6.225
	당선회수	-0.007	0.023	0.084
	여야당 비합승 선거	0.003	0.063	0.003

	상단	하단
Cox와 Snell	0.008	0.012
NagelKerke	0.009	0.013
McFadden	0.009	0.005
N	1705	1329

***: 0≦p⟨0.001 **-0.001≦p⟨0.01 *:0.01≦p⟨0.1

지금까지는 개별적인 환경요인과 입출력에 관한 의식과의 관계에 관해서 검토해왔지만, 이들 요인들은 상호 간에 관련되어 있기 때문에 이하에서는 종합적인 모델을 통해 분석해보도록 하자. 여기서 의식을 종속변수로 하는 '순서 프로비트 분석' 및 '순서 로지트 분석'을 했다.[7] 독립변수로는 지금까지 사용된 변수들을 합성한 새로운 변수를 사용했다. 정부규모 및 정책환경에 관한 변수는 상호관련성이 강하기 때문이다. 구체적으로는 주성분분석을 하여, 제1주성분의 값을 각각 정부규모, 정책환경을 나타내는 변수로 삼았다.[8] 이 지표는 정부규모에 관해서는 값이 클수록 규모가 크고, 정책환경에 관해서는 값이 작을수록 재정재건이 이뤄지고 있는 것을 나타낸다는 점을 밝혀둔다. 단 정부규모 변수에 관해서는 특정도시인가 아닌가를 표시하는 변수[9]와의 상관관계가 높기 때문에 본 분석에서는 제외했다. 또한 표 2-3의 분석에서도 검토한 바와 같이 종속변수의 값은 작을수록 높은 평가를 나타내고 있다는 점을 밝혀둔다.

---

7) 분석에 사용된 항목의 질문내용은 다음과 같다.
[정부활동의 일상생활에 대한 영향](국가의 출력에 대한 평가)와 지방자치단체의 일상생활에 대한 영향(출력평가)는 1=상당히 중대한 영향력을 지니고 있다, 2=약간의 영향력을 지니고 있다, 3=그다지 영향력을 지니고 있지 않다, 4=전혀 영향력을 지니고 있지 않다로 코딩함. [불이익이 되는 지방의 결정에 대한 영향](입력에 대한 평가)과 [불이익이 되는 국가의 결정에 대한 영향](국가의 입력에 대한 평가)은 1=할 수 있다고 생각한다, 2=할 수 없다고 생각한다로 코딩함. [지역사회 활동](참가의식)은 1=지역사회에서 적극적으로 참가하고 활동해야 한다, 2=소극적으로 참가하고 활동해도 상관없다, 3=개인생활이 올바르다면 특별히 참가할 필요는 없다, 4=지역사회에서 할 것은 아무 것도 없다. [참가해야 할 지역사회의 활동]에 관해서는 [지방의 행정활동에 참가한다], [정당활동에 참가한다], [시민활동 및 지방문제에 관계가 있는 조직에 참가한다], [선거에 투표한다], [지역사회를 이해하려고 노력한다].
8) 정부규모에 관해서는 제2주성분의 값까지를 사용한다.
9) 특정도시를 0, 보통도시를 1로 코딩함.

표 2-6 입출력 평가의 규정요인(종합)

		B	표준오차	Wald
입력	보통도시	0.025	0.098	0.066
	정책변수	0.058	0.051	1.255
	경쟁도	-0.207	0.140	2.178
	당선회수	0.046	0.038	1.524
	여야당 비합승 선거	-0.036	0.102	0.122
	만년령	0.012***	0.004	8.907
	거주년수	0.020	0.046	0.192
	교육정도	-0.158***	0.057	7.593
	세대년수	-0.070	0.070	1.014
	정치관심	0.315***	0.062	25.851
	중앙정부에 대한 입력평가	0.120	0.118	1.042
출력	보통도시	0.131	0.079	2.766
	정책변수	0.011	0.041	0.069
	경쟁도	-0.224**	0.111	4.079
	당선회수	0.004	0.030	0.014
	여야당 비합승 선거	-0.020	0.081	0.060
	만년령	0.000	0.003	0.001
	거주년수	-0.032	0.036	0.794
	교육정도	-0.095**	0.045	4.466
	세대년수	-0.008	0.055	0.023
	정치관심	0.174***	0.051	11.486
	중앙정부에 대한 입력평가	0.751***	0.046	264.920

	상단	하단
Cox와 Snell	0.085	0.367
NagelKerke	0.122	0.397
McFadden	0.074	0.177
N	777	871

***: $0 \leqq p \langle 0.001$ **$0.001 \leqq p \langle 0.01$ *:$0.01 \leqq p \langle 0.1$

표 2-4와 2-5는 입출력에 관한 분석 결과이다. 먼저 입력에 대한 평가는 통계적으로 유의한 모델이 추출되지 않았다.

시정촌 전체를 대상으로 한 모델에서는 좋은 정책환경이 입력에 대한 평가에 긍정적인 영향을 미치고 있다는 점이 확인되었다. 그러나 정치적 변수를 투입한 분석에서는 그 효과가 없어지고 있다. 그리고 상관분석에서 얻어진 결과와 마찬가지로, 정치적 경쟁이 느슨할수록 입력에 대한 평가가 높아진다는 결과가 추출되었다.

다음으로 출력에 관한 평가에 관해서는 입력에 관한 평가와 비교해서 통계적으로 유의수준이 높은 모델이 추출되었다. 보통 도시일수록 출력에 대한 평가가 낮고, 재정재건이 이뤄지고 있을수록 평가가 높다는 경향이 추출되었다. 단 여기서도 정치적 경쟁은 가설과는 반대의 결과, 즉 경쟁이 느슨할수록 출력에 대한 평가가 높다는 결과를 보였다.

지금까지의 분석은 지방정부의 환경만을 규정요인으로서 가정한 모델에 기초한 것이었다. 이하에서는 통제변수로서 들고 있는 개인적 속성이나 중앙정부에 대한 의식을 포함한 분석의 결과를 살펴보도록 한다. 그 결과를 표시한 것이 표 2-6이다.

입력에 대한 평가에서는 정부환경의 영향을 확인할 수 없었다. 단지 교육정도가 높고 정치적 관심이 높다는 개인적 속성이 입력에 관한 평가에 영향을 미치고 있다는 점이 검증되는 데 그쳤다. 한편 출력에 대한 평가에서는 이들 통제변수를 포함시켜도 지방정부의 환경이 입력에 대한 평가에 영향을 미치고 있다는 점이 확인되었다.

한편 '보통 도시'의 주민은 비교적 출력에 대한 평가가 낮다는 점이 검증되었다. 이로부터 지방분권은 민주주의의 기능을 촉진시키는 데 일정한 효과를 가져다주고 있다는 점을 지적할 수 있을 것이다. 그리고 정치적 경쟁에 관해서는 역시 지금까지의 분석과 마찬가지로 정치적 경쟁이 느슨할수록 출력에 대한 평가가 높다는 결과가 추출되었다.

그 원인은 다음과 같이 생각할 수 있다. 당선자의 득표율이 높다는 점은 대항자가 존재하지 않고 있다는 점을 반영함과 동시에 유권자로부터 높은 지지를 받고 있음을 의미한다. 높은 지지를 얻고 있는 자치단체장의 정책이 높게 평가되는 것은 당연한 것이다. 여기서는 표시하고 있지 않지만, 당선회수를 카테고리 변수로 하는 분석을 해 본 결과, 당선회수 3회의 자치단체장이 있는 자치단체의 주민은 역시 출력에 대한 평가가 높다는 경향을 보이고 있다.[10] 가설에서 논의한 바와 같이 당선회수는 너무 적거나 혹은 너무 많아도 대항자를 만들어내기 쉽다. 2회, 3회 정도가 가장 정치적 안정도가 높은 한편 경쟁은 느슨한 것으로 보인다. 이러한 의미에서 접전일수록 건전한 정치적 경쟁이 발생한다고 해석할 수 있을 뿐 아니라 고득표율과 재선은 유권자로부터의 신뢰의 증좌라는 관점에서 검토할 필요가 있다고 본다.

한편 출력에 대한 규정요인에 관한 분석에서는 유념할 점이 한 가지 더 있다. 그것은 중앙정부의 출력에 대한 평가와 지방정부의 출력에 대한 평가가 높은 상관관계를 보인다는 점이다. 이것은 지방정부 고유의 가치가 주민들로부터 인식되고 있지 않다는 점을 나타내는 것으로 해석할 수 있다. 즉 지방정부의 출력이 평가의 대상으로서 의미를 지니고 있지 않은 것이다.

지방정부가 독자적인 가치를 가지고 있는 것이라면 중앙정부와는 상이한 것으로 인식될 것이다. 그러나 위 분석 결과는 주민이 반드시

---

10) 단 유의수준은 만족시키고 있지 않다.

중앙과 지방을 다른 것으로 간주하고 있지 않다는 점을 시사한다. 만약 중앙과 지방의 차이가 단지 물리적인 범위나 권한 및 재원의 크기를 나타내는 것에 지나지 않다면 지방정부의 필요성은 더욱 명확하지 않을지도 모른다. 따라서 이 변수가 규정요인으로서 통계적으로 유의하다는 점은 지방정부를 재검토할 때 중요한 의미를 지니게 된다.

이 절에서는 지방정부에 대한 입출력에 관한 주민의식이 개인적 속성을 기초로 하면서도 거주하는 자치단체의 규모와 권한, 그리고 정책환경 및 정치적 환경에 영향을 받는 형태로 형성된다는 것을 검증하려고 했다. 그 결과, 출력에 관한 평가에서는 이들 환경이 적지 않은 영향을 미치고 있는 반면, 입력에 관해서는 환경요인에 의한 의식의 차이를 추출할 수 없었다.

한편 1절에서 논의한 바와 같이 입력과 출력에 관한 의식의 높고 낮음은 실제의 참가의식에 영향을 미쳐 실질적인 민주주의의 양상을 좌우할 것으로 생각할 수 있다. 따라서 다음 절에서는 참가의식의 규정요인을 분석하고 지방정부와 민주주의와의 관계에 관해 검증해 본다.

IV 참가의식과 참가행동

지방정부에 대한 입력과 출력에 관한 의식은 민주주의의 존재방식을 좌우한다. 자신의 의견이나 선호에 지방정부가 반응하고, 지방정부의 활동이 자신의 생활에 깊게 관여하고 있다는 의식은 참가행위라는 선택에 영향을 미칠 가능성이 높을 것이다. 역으로 입출력에 관한 무력감은 참가행위라는 선택 그 자체가 무의미하다는 의식에 영향을 미침으로써 참가행위는 단지 비용만을 발생시키는 것에 지나지 않다는 인식에 영향을 미치게 될 것이다. 달리 말하자면 입출력에 관한 무력감은 참가능력은 있으면서도 참가하고 싶지 않은 주민들을 만들어 내는 것이다. 그리고 그 결과 민주주의는 실질적으로는 기능마비 현상에 처하게 될 것이다. 이러한 논리를 실증하기 위해 앞 절에서 종속변수로 삼았던 입출력에 관한 의식을 이번에는 독립변수로 취급하여 참가의식의 해 보았다. 표 2-7은 지역사회의 활동에 대한 참가의식을 종속변수로 한 '순서 프로비트 분석'의 결과이다. 이 결과로부터 먼저 입출력에 관한 의식 및 정치적 관심이 높을수록 참가의식도 높다는 점이 확인되었다.

표 2-7 참가의식의 규정요인

	B	표준오차	Wald
보통도시	-0.087	0.109	0.636
정책변수	-0.051	0.058	0.792
경쟁도	0.214	0.155	1.915
당선회수	0.077*	0.042	3.318
여야당의 비합승 선거	-0.119	0.111	1.151
만년령	0.005	0.004	1.184
거주년수	-0.113**	0.049	5.400
교육정도	-0.097	0.065	2.239
세대년수	-0.111	0.076	2.130
정치관심	0.327***	0.068	23.024
입력평가	0.334***	0.129	6.720
출력평가	0.254***	0.063	16.380

Cox와 Snell	0.118
NagelKerke	0.132
McFadden	0.056
N	767

***: $0 \leq p < 0.001$　**$0.001 \leq p < 0.01$　*:$0.01 \leq p < 0.1$

또한 거주 연수가 길수록 참가의식도 높아진다는 점이 확인되었다.

단 지역의 정치적 환경과 관련된 변수는 앞서 살펴본 입출력에 관한 의식의 규정요인과는 상이한 방향으로 영향을 끼치고 있다. 즉 당선횟수가 많을수록, 참가의식이 낮다는 점이 확인되었다. 또한 경쟁의 정도에 관한 변수도 유의수준을 만족시키지는 않지만, 참가의식을 낮추는 방향으로 영향을 미치고 있다. 이러한 결과로부터 단체장에 대한 높은 신뢰(지지)가 위임의식과 연결되어 있다는 논리가 상정될 수 있지만, 여기서는 검증하고 있지 않기 때문에 단언할 수는 없다. 정치적 경쟁과 민주주의의 관계에 관해서는 앞서의 분석 결과를 고려하는 가운데 보다 깊은 고찰과 실증적인 연구가 필요할 것이다.

마지막으로 참가의식도 독립변수에 추가해서 참가형태별로 참가의식을 규정하는 요인에 관해서 분석을 실시했다. 표 2-1에 있는 참가해야 할 행동 각각을 종속변수로 한 '순서 프로비트 분석'을 표 2-8에 표시했다. 이 분석에서 사용된 종속변수는 참가=2, 불참가=1로 코딩되었고, 독립변수인 참가의식과 입출력에 관한 의식은 1=높음, 4=낮음으로 코딩되었다. 따라서 독립변수의 영향력을 표시하는 계수에 마이너스 부호가 붙어 있으면 참가에 긍정적으로 영향을 미치고 있다고 해석할 수 있다. 분석 결과를 보게 되면, 전반적으로 개인적 속성과 더불어 참가의식 및 입출력에 관한 의식의 높이가 참가의식(참가행동)에 긍정적으로 영향을 미치고 있음을 알 수 있다.

그러나 참가 형태별로 보면 다음과 같은 중요한 특징을 발견할 수 있다. 먼저 행정이 관여하는 참가에 관해서 보게 되면, 참가의식과 입출력 의식이 영향을 끼치는 반면 정치적 활동(정당활동에 참가, 선거에 투표)에 관해서는 영향을 끼치지 않는다. 또한 행정활동에 관한 참가에서는 참가

표 2-8 참여행동의 규정요인

	지방의 행정활동에 참여			시민활동 등 지방조직에 참여		
	B	표준오차	Wald	B	표준오차	Wald
보통도시	0.285	0.183	2.424	0.255	0.155	2.697
정책변수	-0.046	0.097	0.227	0.039	0.080	0.234
경쟁도	-0.265	0.259	1.045	-0.225	0.224	1.007
당선횟수	-0.012	0.076	0.023	0.008	0.063	0.015
비합승 선거	-0.226	0.190	1.418	0.046	0.164	0.078
만년령	-0.015**	0.008	3.964	-0.011	0.007	2.718
거주년수	0.158	0.085	3.440	-0.101	0.068	2.191
교육정도	-0.133	0.105	1.167	0.003	0.089	0.001
세대년수	0.045	0.128	0.122	0.352***	0.109	10.469
정치관심	-0.171	0.126	1.825	-0.143	0.108	1.747
입력평가	-0.372	0.185	4.041	-0.223	0.160	1.938
출력평가	-0.227	0.108	4.411	-0.124	0.093	1.793
참여의식	-0.664***	0.140	22.436	-0.439	0.107	16.780
Cox와 Snell	0.083			0.088		
NagelKerke	0.173			0.131		
McFadden	0.093			0.083		
N	767			767		

	지역사회 내 행사에 관심갖음			지역사회를 이해하려고 노력		
	B	표준오차	Wald	B	표준오차	Wald
보통도시	0.016	0.126	0.016	-0.353	0.115	9.409
정책변수	0.011	0.067	0.027	0.062	0.059	1.098
경쟁도	-0.116	0.180	0.420	-0.047	0.167	0.079
당선횟수	0.006	0.050	0.016	0.016	0.045	0.132
비합승 선거	0.139	0.133	1.090	-0.012	0.120	0.010
만년령	0.006	0.005	1.120	-0.009*	0.005	3.435
거주년수	0.076	0.059	1.650	0.001	0.052	0.001
교육정도	0.044	0.072	0.382	0.116*	0.065	3.159
세대년수	0.183**	0.087	4.386	0.116	0.079	2.140
정치관심	-0.023	0.084	4.386	-0.219***	0.079	7.589
입력평가	0.012	0.136	0.007	-0.075	0.122	0.377
출력평가	-0.176**	0.074	5.662	-0.068	0.067	1.014
참여의식	-0.169**	0.077	4.774	-0.237***	0.071	11.039
Cox와 Snell	0.040			0.089		
NagelKerke	0.055			0.118		
McFadden	0.031			0.067		
N	767			767		

	선거에 투표			정당활동 참여		
	B	표준오차	Wald	B	표준오차	Wald
보통도시	-0.238*	0.124	3.719	-0.334	0.467	0.512
정책변수	0.072	0.068	1.143	-0.088	0.249	0.125
경쟁도	-0.102	0.172	0.351	-0.792	0.703	1.267
당선횟수	-0.057	0.048	1.445	-0.299	0.231	1.684
비합승 선거	-0.412***	0.132	9.799	-0.680	0.473	2.067
만년령	0.004	0.005	0.518	0.004	0.021	0.042
거주년수	0.020	0.055	0.127	-0.131	0.202	0.422
교육정도	0.038	0.073	0.276	-0.297	0.260	1.305
세대년수	0.009	0.085	0.010	0.334	0.318	1.104
정치관심	-0.297***	0.078	14.368	-1.421***	0.430	10.922
입력평가	-0.202	0.140	2.084	-0.233	0.456	0.260
출력평가	-0.104	0.071	2.132	-0.122	0.269	0.207
참여의식	0.092	0.072	1.646	-0.638*	0.386	2.738
Cox와 Snell	0.058			0.044		
NagelKerke	0.079			0.190		
McFadden	0.045			0.171		
N	767			767		

***: $0 \leq p < 0.001$ **-$0.001 \leq 0.01 < 0.01$ *: $0.01 \leq p < 0.1$

의식뿐 아니라 입출력 의식도 규정요인이 되고 있다.

나아가 출력에 대한 평가가 높을수록 지역사회에서 진행되는 것에 더 관심을 가지고 있는 경향이 확인되었다. 즉 지방정부의 활동에 대한 의식은 지방정부에의 참가에 관한 의식과 밀접한 관계를 맺고 있는 것이다. 이러한 결과로부터 주민은 지방 '정부'에의 참가와 지방 '정치'에 의 참가를 다른 것으로 간주하는 것인지도 모른다는 추론이 가능하다. 참가행동의 규정요인을 분석한 야마다(山田)는 정치참가의 각 형태에는 상이한 선택의 논리가 존재한다는 점을 지적하고 있다. 또한 분석 디자인 에서도 종속변수를 선거정치와 통치정치로 나눠서 검토하고 있다. 본 논문의 맥락에서 보자면, 야마다는 정치활동에의 참가와 행정활동에의 참가 사이에 일정한 구분이 필요하다고 상정하는 것이다(山田 2004). 본 논문의 분석 결과는 야마다의 논의와 정합적이다. 그렇다면 그러한 차이가 생기는 요인은 어디에서 구해야 하는 것일까. 지방정부에 대한 의식과 지방정치에 대한 의식은 완전히 다른 형태로 형성된다고 하는 점에서 구해야 하는 것인가, 아니면 현재의 지방정치가 지방정부로부터 괴리되어 있는 것에 대한 반응으로 보아야 하는 것일까. 이러한 점을 밝히는 것은 앞으로의 과제로 남겨두고자 한다.

이 논문은 참가의식이 입출력 의식에 의해 규정되고 있으며, 출력의식은 특히 지방정부가 처해 있는 환경에 규정되고 있다는 점을 확인할 수 있었다. 즉 지방정부의 다양한 환경은 실질적인 민주주의를 좌우하는 요인이 되는 것이다.

글을 마치며

지방정부는 왜 존재하는 것인가. 사회에 어떠한 가치를 제공하고 있는가. 지방정부는 민주주의의 확립을 최종적인 목적으로 삼고 있는 것일까. 그렇지 않으면 효율성을 향상시키는 것을 최종적인 목적으로 삼고 있는 것일까. 환경이 상이한 지방정부가 비슷한 종류의 가치를 동등한 정도로 제공할 수 있는 것일까. 본 논문에서는 민주주의에 관한 주민의 의식과 행동을 분석하여 이러한 질문에 대한 해답을 도출하려고 했다.

분석 결과, 지방정부의 출력에 대한 평가가 권한의 정도나 정치적 환경에 의해 규정되고 있음을 확인할 수 있었다. 또한 입출력 의식은 지방정부의 활동에 참가하고자 하는 의식에 영향을 미치고 있다는 점도 확인할 수 있었다. 나아가 그러한 의식이 특정한 정치참가의 형태에 대한 참가의식에 연결되고 있다는 점도 확인하였다. 즉 지방정부의 환경적 요인들이 적지 않게 민주주의를 촉진하거나 감퇴시킨다는 점을 검증할 수 있었다.

물론 위와 같은 해석에는 개별적인 분석 결과를 보게 되는 경우 일률적으로 말할 수 없는 부분도 존재한다. 예를 들자면, 정치적 경쟁은 가설과는 달리 입출력에 대한 낮은 평가에 영향을 미치고 있었다. 한편 정치적 활동에 참가하는 것은 참가의식에 의해 규정되지 않았다. 그러나 그러한 분석들은 이 논문의 다른 연구 성과들의 가치를 헛되게 만들었다고 생각하지 않는다. 전자의 분석은 가설이 반증되었을 뿐이지 지방정부의 임팩트를 부정하는 것은 아니다. 또한 후자의 분석은 일본의 지방정부가 채용하는 이원대표제가 민주주의에 어떠한 영향을 미치고 있는가의 문제를 다시 한 번 생각하게 만드는 기회를 제공해 준다.

또한 입력에 대한 평가와 관련해서는 지방정부의 환경의 차이가 영향을 미치지 않는다는 점이 확인되었다. 단 이것도 환경의 차이가 평가의 차이에 연결되지 않았을 뿐이라고 해석할 수도 있다. 단순분포를 보면 알 수 있는 바와 같이 본래 지방정부의 입력 기능에 대해 높은 평가를 내리고 있는 것은 25% 정도에 지나지 않다. 그러한 환경에도 불구하고 지방정부 전체는 입력에 대해 반응이 그렇게 좋다고 느끼지 않고 있는 것이다. 문제의 근본적인 소재는 바로 여기에 있다.

최근에는 설문조사에 기초한 정책 결정이나 100인 위원회 등 대규모의 참가시스템의 도입 등 주민의사의 입력방법에 관한 개혁이 몇 여러 지방자치단체에서 실시되고 있다. 그러나 이러한 제도정비와 더불어 대표기관인 의회가 주민들의 의견의 입력장치로서 충분한 기능을 수행해 나가는 것도 필요하다는 점을 잊어서는 안 될 것이다. 그러한 개혁은 주민의 입력에 대한 평가를 높이고, 행동 수준에서의 민주주의 달성에 기여하게 될 것이다.

지방정부는 반드시 민주주의의 확립에 공헌하는 것이 아닐 수도 있다. 그러나 그것은 민주주의의 기능에 영향을 미치는 중요한 존재이다. 권한의 질과 양, 정책의 질, 정치적 경쟁 등의 환경은 지방정부에 의한 민주주의의 확립을 개선하기도 하고 악화시키기도 하는 것이다.

　이러한 의미에서 지방분권은 지방정부의 필요성을 강화하는 하나의 요건에 지나지 않다고 볼 수 있을 것이다. 바꿔 말하면 그 밖에 다양한 환경이 정비되지 않는다면, 지방분권 그 자체는 그 어떠한 성과도 만들어 내지 못할 가능성이 있는 것이다. 따라서 우리들은 지방정부를 둘러싼 환경에 주목하고, 이들 환경을 정비하는 데 힘을 기울여야 할 것이며 동시에 어떻게 정비해야 하는가도 생각해야 할 것이다.

참고문헌

河野健二編(1975), 『地域社会の変貌と住民意識(産業構造と社会変動)』, 日本評論社.
小林良彰(1988), 『公共選択』, 東京大学出版会.
小林良彰・名取良太(2004), 『地方分権と高齢者福祉』, 慶応義塾大学出版会.
佐藤俊一(1988), 『現代都市政治理論：西欧から日本へのオデュッセア』, 三嶺書房.
シュンペーター, J.(1995), (中山伊知郎・東畑精一訳)『資本主義・社会主義・民主主義』, 東洋経済新報社.
曽我謙悟(1999), 「地方財政の政治学・行政学(一)~(七)」『自治研究』74券　6号~12号
ダール, ロバート A.(1981), (高畠通敏・前田脩訳)『ポリアーキー』, 三一書房.
ダール, ロバート A.(2000), (中村孝文訳)『デモクラシーとは何か』, 岩波書店.
ダール, ロバート A.・エドワード R.タフティ(内山秀夫訳)(1979), 『規模とデモクラシー』, 慶応義塾大学出版会.
中道実(1981), 「コミュニティ形成と住民一期」『調査と資料』第42号, 関西大学経済政治研究所.
西澤由隆(2000), 「政治参加と『世論』：Who said wanted to participate?」2000年度日本選挙学会報告論文.
西澤由隆(2004), 「政治参加の二重構造と『関割りたくない』意識—Who said I wanted to participate?—」『同志社法学』296号, 1~29項
村松岐夫(1975), 『地方政治と市民意識—京都市民意識調査から—』河野健二編『地域

社会の変貌住民意識(産業構造と社会変動)』, 日本評論社.

村山皓(1998), 『政治意識の調査と分析』, 晃洋書房.

山田真裕(2004), 「投票外参加の論理―資源, 志向, 動員, 党派性, 参加経験」『選挙研究』 19号, 85-100項

Beetham, D.(1996), "Theorising Democracy and Local Government," King & Stoker(eds.), *Rethinking Local Government*, Macmillan.

Cochrane, A.(1993), *whatever Happened to Local Government?*, Buckingham: Open University Press.

Gottdiener, M.(1987), The Decline of Urban Politics: Theory and the Crisis of the Local State, Sage Publications.

Hamption, William(1987), *Local Government and Urban politics*, Longman(君村昌監 訳 (1996) 『地方自治と都市政治』 敬文堂.

Hill, Dilys M.(2000), Urban Policy and Politics in Britain, Macmillan.

Jones, G. and J. Stewart(1985) T*he Case for Local Government*(2nd ed), London: Allen & Unwin.

John, Peter(1998) *Analysing Public Policy*, Printer.

King, Desmond and Gerry Stoker(1996), *Rethinking Local Government*, Macmillan.

Leach, Robert and Janie Percy-Smith(2001), *Local Governance in Britain*, Palgrave.

Miller, William L., Dickson, Malcolm and Gerry Stoker(2000), *Models of Local Governance: Public Option and Political Theory in Britain*, Palgrave.

Peterson, Paul E.(1981) *City Limits*, University of Chicago Press.

Peterson, Paul E. and Mark C. Rom(1990), *Welfare Magnets: A New Case for a National Standard*, Brookings Institution.

Pratchett, Lawrence and David Wilson(1996), *Local Democracy and Local Government*, Macmillan in association with CLD.

Putnam, R.D.(1993) *Making Democracy work; Civic Traditions in morden italy* Princeton University press (パットナム、ロバート・D, 著(河田潤一 訳)(2001) 『哲学する民主主義：伝統と改革の市民的構造』, NTT出版).

Stoker, G. (1996), "Introduction," King & Stoker (eds.) *Rethinking Local Government*, Macmillan.

Tibeau, C.(1970), "A Pure Theory of Local Expenditure," *Journal of Political Economy*, Vol.64.

Walsh, K.(1996), "Public Service, Efficiency and Local Democracy," King and Stoker(eds.), *Rethinking Local Government*, Macmillan.

Wolman, Harold and Michael Goldsmith(1992), *Urban Politics and Policy: A Comparative Approach*, Blackwell.

3장

일본의 사회참가와 주민의식

미후네 쓰요시(三船 毅)

시작하며

공동체 형성의 담당자는 지역사회의 주민[1]이며, 그들의 활동은 다양
한 형태로 존재한다. 일본의 지역사회는 고도경제성장을 거쳐 현재에
이르기까지 많은 문제점들에 직면해왔다. 그러한 문제의 해결은 바로
공동체의 형성과정이기도 했다. 공동체 형성에 관여하는 지역주민의
참가 방식에는 주로 정치참가와 사회참가라는 두 가지가 존재했다. 정치
참가로서는 시민·주민운동이 커다란 역할을 수행하였다.[2] 한편 사회참
가로서는 볼런티어와 NPO의 활동을 들 수 있다. 그러나 최근에 들어
이와 같은 활동에 변화의 징조가 보이는 듯하다.

일본에서는 1980년대 후반부터 볼런티어와 NPO의 수 그리고 이러한

---

1) 공동체 형성의 주체로서 주민을 정의하고 이론적 고찰을 하고 있는 연구로는 庄司(1980,
pp.3-7)를 참조하기 바람.
2) 似田貝(1976), 庄司(1986)은 공동체 연구의 선구자였던 奧田(1975; 1983)가 주민이 왜 운동을
전개하게 되었는가의 문제와 관련해서 주민의 개념적 정의가 불완전하다는 점을 비판하고
있다.

활동에 참가하는 사람들이 급속히 증대하고 있다. 구미의 규모와 비교하면 여전히 크지는 않지만, 볼런티어 조직의 경우 1980년 이후 20년간에 걸쳐서 6.4배, 참가자의 수는 4.6배로 증가하였고,[3] 그 내용은 복지, 환경, 인권 등 다양한 분야에 걸친 활동으로 성장해왔다. 볼런티어와 NPO 등의 〈볼런터리 섹터〉라고 일컬어지는 부문의 활동은 주로 기존의 중앙정부와 지방자치단체 등의 이른바 공적 섹터에 의해 공급되지 않았던 공공서비스의 공급이었다. 그러나 최근에 들어와 변화의 징조가 보이기 시작했다. 구미의 볼런티어 섹터의 조직활동의 대부분이 단지 공공서비스의 공급과 관련된 활동으로부터 정책의 형성과 결정과정에 참가하는 활동으로 변화하는 것은 수많은 연구를 통해 이미 검증되어 있다(長谷川 2003). 이러한 경향은 일본에서도 드러나기 시작하였으며, 이는 사례연구 등을 통해 검증되고 있다(Kasemir, Jager, Jjaeger & Gardner, eds. 2003). 즉 지역주민이 볼런터리 섹터에 참가하는 것은 사회참가로부터 정치참가로 변화하고 있다. 일본에서도 의료·노인간호의 볼런티어 그룹이 지역의 자치단체에 청원하는 활동이 적지 않게 보이고 있다. 리사이클의 볼런티어 그룹이 쓰레기 분별수집을 위해 자치단체와 협의하는 것도 일반적인 현상으로 자리매김되고 있다. 이들 조직활동은 매우 작고 눈에 띄지는 않지만 공동체의 형성에 관여하여 착실히 중앙정부·지방자치단체의 정책형성과 결정에 대한 영향력을 행사하고 있다.

이 논문의 과제는 일본에서 주민들이 볼런티어 활동이나 NPO에 참가하는 현상을 정치참가 연구의 문맥에서 어떻게 자리매김할 수 있는지

---

[3] 厚生勞働省監修, 『全国社会福祉協議会の調査』, 2002, p.449.

에 관해 검증하는 것이다. 볼런티어와 NPO에 참가하는 활동은 그 활동의 내용이나 성격으로 인해 종래에는 사회참가의 범주 속에서 고찰되는 것이 일반적이었다. 구미의 정치참가의 연구에서는 1990년대 후반부터 시빅 볼런터리즘(Civic Voluntarism)에 의해 추동되는 지역주민의 참가를 정치참가의 범주 속에서 포착하려는 연구가 활성화되고 있다(Verba, Schlozman & Brady 1995; Burns, Schlozman & Verba 2001). 일본에서도 볼런터리 섹터가 정책의 형성에 미치는 역할에 관해서 사회학·정책과학의 방면에서 검증되고 있으며, 이론적으로는 시민의 볼런티어와 NPO에의 참가는 정치참가와 사회참가의 중복적인 영역에 존재하는 것으로 간주된다(武川 1996). 그러나 이러한 논의가 미시적인 수준에서 충분히 검증되고 있다고는 말하기 어렵다.

공동체의 형성에 관여하는 주민의 볼런티어와 NPO에의 참가가 '단지 공공서비스의 공급을 위한 사회참가인가, 그렇지 않으면 정책형성과 결정에까지 영향을 미치려고 하는 정치참가인가'를 주민의식으로부터 검증하는 것은 현대 일본의 정치행동에서 필요하다고 말하지 않을 수 없다. 투표참가 이외의 정치참가로도 점차 확대하는 경향이 있고, 그 중심에 볼런티어와 NPO가 존재할 가능성이 높기 때문이다. 또한 볼런티어와 NPO에의 참가는 지금까지의 공동체 형성의 중심적인 담당자였던 시민·주민운동과는 이질적인 부분도 보인다. 그것은 중앙정부와 지방자치단체와의 협조관계 속에서 있으며 이러한 협조적 상호작용은 일본의 정치참가의 구조뿐 아니라 공동체의 형성, 더 나아가 정치문화까지도 변용시킬 가능성을 지니고 있다.

본 논문에서는 다음과 같은 순서로 논의를 전개한다. I 절에서는 주민의 볼런티어와 NPO에의 참가가 공동체를 형성하는 사회참가의

범주 속에 고찰되어 왔던 이유를 검토하고, 주민의 볼런티어와 NPO
에의 참가를 정치참가의 범주에 포함시키는 것의 이론적인 타당성을
논의한다. II절에서는 실증분석의 틀을 정리한다. III절에서는 주민의
볼런티어와 NPO에의 참가를 정치참가의 범주에 포함시키는 것의 타당성
및 현존의 정치참가의 형태와의 차이를 주민의 동기와 같은 심리적
요인의 관점에서 실증적으로 검토한다. 마지막으로 위와 같은 분석을
통해 시민의 볼런터리즘에 의해 추동되고 있는 활동이 기존의 정치참가를
변화시켜, 새로운 공동체를 형성하는 활동으로 전개될 가능성과 과제를
검토한다.

I 볼런터리 섹터의 두 가지 국면

1. 사회참가로서의 볼런티어와 NPO[4]

주민들이 볼런티어 · NPO에 참가하는 것은 두 가지 국면을 지닌다.
그 하나는 사회참가로서의 측면이며, 다른 하나는 최근에 두드러지고
있는 정치참가라고 하는 국면이다. 사회참가는 정치참가를 포섭하는
상위개념으로 '일반시민이 자주적 · 집단적으로 실시하고 있는, 정치참가
를 목적으로 하지 않는 행동'(武川 1986, p.233)이다. 볼런티어와 NPO
에 참가하는 것은 역사적으로 보자면 사회참가로부터 정치참가의 성격을
가진 것으로 그 성격이 변화하게 되었다고 말해진다. 이 절에서는 이러한
사회참가로서의 볼런티어와 NPO의 변천과 관련된 개념의 정의를 명확히

---

4) 似田貝(1976), 小林(1996), 長谷川(2003)는 볼런터리 섹터의 정책지향성, 공공성을 실증적으
로 분석하고 있다. 高野(1996)는 복지 볼런티어에 관한 서베이 데이터로부터 그 활동내용을
검증하고 있다.

하도록 한다.

볼런티어 · NPO의 활동에 관한 연구는 일본에서는 전통적으로 사회학, 특히 사회복지의 영역에서 축적되어 있다. 거기에서는 주로 사회참가의 범주로 포착되어 왔다. 일본에서 볼런티어가 적극적으로 논의되게 된 것은 1970년대 후반부터이다. 그 시점에서는 볼런티어 활동은 맹아적인 것이었으며, 일관성이 있는 개념의 정의도 이뤄지지 않았다. 많은 연구자들은 볼런티어를 시민자치 · 시민참가(협의의 사회참가) 형태의 하나로서 포착하여 자치단체와 더불어 공공서비를 공급하는 실무에 관여하는 것으로 인식하였다. 이와 같은 상황에서 1960년대 후반부터 공동체의 형성에 관한 논의가 활성화되기 시작했고, 이와 더불어 볼런티어의 다양성에 주목한 니시오 마사루(西尾勝)는 지방자치단체와의 관계 속에서 볼런티어를 몇 단계로 분류하여 논의해야 한다고 주장한다. 그는 '비영리성', '행정과의 관계'의 두 가지 점에서 광의에서 협의에 이르는 5단계로 볼런티어를 정의했으며, 행정과의 관계 속에서는 협의의 정의를 이용하는 편이 볼런티어 활동의 의의를 보다 잘 집약할 수 있다고 보았다. 그는 협의의 볼런티어 활동을 다음과 같이 정의한다. "시민이 가족 및 친척이나 직장의 동료, 그 밖에 자신이 소속한 각종의 임의단체의 회원이 아니라 일반 시민을 위해서 도움이 되는 비영리적인 노력을 제공할 때 그러한 활동에 대한 참가 및 활동내용에 걸맞는 보수를 얻지 않으며, 더욱이 그러한 활동이 특정한 공익시설의 관리자 혹은 특정한 대상자의 이해하에서 어느 정도 지속적으로 이뤄지는 것"(西尾勝 1977, p.25)이라고 정의하고 있다. 볼런티어 활동은 조직의 규모나 참가자도 다양하고, 활동내용도 다양한 형태로 존재한다. 그러나 그 근본에는 자발적이며 공공섹터로부터 제공되지 않는 서비스를 제공하고 싶은 욕구가 존재한다. 이 논문에서는 니시오 마사루의 정의에 의거해, 즉 자치단체와의 관계에 한정해서 볼런티어 활동이라는 개념을 사용하도록 한다.

볼런티어 활동을 좀 더 체계화 혹은 조직화시킨 것을 NPO라고 볼 수 있다. 샐러몬은 NPO를 다음과 같이 정의하고 있다(Salamon 1993= 1994). 즉 NPO를 '① 공식적으로 설립되어 있으며, 법인격을 지니고 있고, 법인으로서 계약당사자가 될 수 있다, ② 정부로부터 독립한 민간조직, ③ 수익을 목적으로 하지 않으며, 이익이 발생하는 경우에는 조직체의 공익을 위해 재투자된다, ④ 자발적인 참가에 기초한 자주관리, ⑤ 공공을 위해 봉사하고 기부하는 것을 목적으로 한다'고 정의하고 있다. NPO의 사회적 의의는 먼저 중앙정부나 지방자치단체, 그리고 기업의 역할을 보완하는 것이며, 민간기업 섹터나 정부 섹터가 충족할 수 있는 공공재를 공급하는 것이다. 이러한 의미에서 제3의 섹터로서 볼런터리 섹터라고 일컬어진다.5) 미국의 NPO는 많은 시민활동이나 볼런티어 활동의 모체이며, 사회의 다원화의 중요한 담당자로 간주되고 있으며, 지역사회에 그 기반을 구축하고 있기 때문에 지역자치와 공동체 형성의 담당자로서 기대되고 있으며, 또한 그와 같이 기능하고 있다 (長谷川 1997, p.101).

2. 시민권리옹호(advocacy) 집단으로서의 볼런터리 섹터

볼런티어 · NPO의 정의에 의하면 그 역할의 핵심은 공공섹터가 공급하지 않는 공공서비스를 공급하는 것이며, 그 실행과정에 참가자의

---

5) 볼런터리 섹터라는 용어는 민간비영리부문이라는 개념과 동의어이며, 사회적 고려가 경제적 논리를 초월하는 사회부문을 가리키는 용어이다. 구체적으로는 사회복지 · 의료 · 문화 · 에콜로지에 관한 일감을 수행하는 단체를 가리킨다(武智 1996, pp.180-181; Breton 1985, p.9).

대다수가 관여하는 것이다. 그러나 현실적으로 1960년대 이후 구미에서
는 볼런티어와 NPO는 조직적으로 국가·지방자치단체에 대해서 영향력
을 미치기 위해 정책형성과 결정과정에 관여하는 형태로 발전해왔다.
이와 같이 변용하게 된 까닭을 설명하는 데 열쇠가 되고 있는 것은
혼합형 복지의 등장과 지구적인 환경문제, 그리고 인권문제 등의 보편적
인 가치를 둘러싼 문제의 출현이다.

　지금까지 볼런티어·NPO가 관여하는 사회적 영역의 대부분은 복지와
관련된 곳이었다. 전통적인 복지국가론에서는 국가와 지방자치단체가
복지서비스를 공급하는 것을 전제로 해왔지만, 많은 국가에서는 1970년
대 중반 이후로 고령화 사회로 이행하는 것에 따른 수요의 증가와 경제의
저성장에 의해 국가와 지방자치단체는 자원공급능력의 한계를 노정하게
되었다. 이러한 배경하에서 서비스를 공급하는 담당자로서 볼런티어
·NPO가 등장하게 된 것이다.(Rose & Shiratori 1986: 武川 1996, P.31).
이것이 혼합형 복지의 기본적인 생각이며, 복지다원주의(Welfare
Pluralism)가 그 기초가 되고 있다. 복지다원주의란 지금까지의 공공섹터
에 의한 일원적인 서비스의 공급이 아니라 새로운 담당자로서 볼런티어나
NPO 등의 볼런티어 섹터로 서비스 공급의 주체를 다원화시키는 것을
가리킨다(Johnson 1987). 그러나 볼런티어·NPO도 서비스 공급에 관해
서 자원을 윤택하게 보유하고 있는 것은 아니기 때문에 공공섹터와
병행해서 서비스를 공급하지 않을 수 없으며, 따라서 공공섹터의 결정과
정에 대해서 영향력을 행사하는 것은 볼런티어 섹터의 입장에서 보자면
당연한 것으로 볼 수도 있으며, 그 결과 시민권리옹호 단체도 발전해왔다
고 볼 수 있을 것이다. 예를 들면, 미국의 환경정책에 관해서는 NGO를
중심으로 한 정책 네트워크가 기존의 이익단체와 더불어 행정에 영향력을

행사하는 주요한 행위자가 되고 있다.

샐러몬(1993=1994, pp.23-27)은 볼런티어 · NPO 등의 볼런터리 섹터가 사회에 필요한 이유를 ① 역사적 경위, ② 시장의 실패, ③ 정부의 실패, ④ 자유와 다원적 가치관의 출현, ⑤ 연대의 다섯 항목으로 정리하고 있다. 구미에서는 이러한 이유로 인해 볼런터리 섹터가 정부와의 관계를 심화시켜왔다고 말해지고 있다(武智 1996, p.181). 일본에서 샐러몬의 다섯 항목이 사회에 두드러진 현상으로 등장하기 시작한 것은 1980년대 이후이며, 이를 기점으로 볼런티어와 NPO는 사회참가로서의 역할뿐 아니라 정책지향성을 가지게 되고, 시민 · 사회운동을 제도화하고 사업체 화한 모습(長谷川 1996, p.246)으로서 포착되고 있다.

3. 정치참가의 정의

이하에서는 정치참가를 볼런티어 · NPO에의 참가를 대조하는 가운데 정의하기로 한다. 정치참가의 정의로서는 버바와 나이(Verba & Nie 1972)의 정의가 대표적이다. 그들은 '정치참가란 ① 정부관계자의 선정 및 그들의 행위에 영향을 미치기 위해 다소나마 직접적으로 의도된 개인적이고 합법적인 행위 모두를 가리키며, ② 의식적인 참가나 동원의 영향이 강하다고 생각되는 행위는 정치참가에 포함되지 않으며, ③ 시민 의 정치적 유효성 감각과 시민으로서의 정치적 규범 등 심리적인 것은 포함하지 않는다'고 정의하고 있다. 여기서는 실증분석을 위한 분석개념 으로서 버바 등에 의한 정의를 사용하기로 한다. 이러한 정의와 이 절의 주제와의 관계에서 중요한 논점은 주민의 볼런티어 · NPO에의 참가를 정책형성과 결정에 대해서 영향을 미치기 위해 다소라도 직접적으로 의도된 것인가 아닌가이다. 단 현실 속의 사회운동으로서의 시민 · 주민

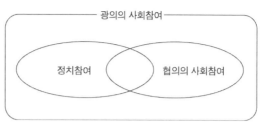

그림 3-1 사회참여 개념도

운동 등의 정치참가와 다른 형태의 사회참가를 엄밀히 구분하는 것은 쉽지 않다. 다케가와(武川)는 사회참가와 정치참가의 개념을 정리하기 위해 '광의의 사회참가', '협의의 사회참가', '정치참가'라는 개념을 사용한다.[6] 이러한 개념 간의 관계를 정리한 것이 그림 3-1이다.

그는 볼런티어·NPO를 협의의 사회참가의 한 형태로 간주하고, 구미에서는 1970년대 이후 정치참가와 협의의 사회참가의 중복부분이 확대해 왔다고 논의한다. 사실 이러한 중복부분은, 샐러몬이 언급하고 있는 바와 같이, 볼런티어·NPO가 등장하기 이전 혹은 근대국가의 성립할 때부터 이미 존재했었다(Salamon 1993=1994, p.23). 단 복지다원주의에 의한 혼합복지의 전개와 1990년대부터 새로운 지구환경의 문제, 인권문제 등이 출현함으로써 협의의 사회참가에 내재해 있던 볼런티어·NPO에의 참가가 정치참가와 중복하는 부분으로 이동해 확대해 왔던 것이다.

---

6) 다케가와(1996, p.9)에 의하면, 광의의 사회참가란 '어떤 공동체의 일원으로서 그 공동체 내부에 존재하는 제반 활동에 관여하는 것'이며, 정치참가란 '사람들을 구속하는 효력을 지니고 잇는 정치적 의사결정에 관여하는 것'이다. 한편 협의의 사회참가란 '사람들 상호간의 교류를 의미하는 사회적 활동'을 의미한다.

4. 볼런터리 섹터 참가의 논점

이 논문의 논점은 볼런티어 · NPO의 정책지향성을 검증하는 것에 있지 않다. 이 논문의 주요한 관심사는 볼런티어 · NPO에 참가하는 주민이 정책형성이나 결정에 영향을 미치려는 의도를 지니고 있는가의 여부를 검증하는 것이다.

지금까지 시민 · 사회운동은 정치참가의 한 형태로 인식되어 왔다. 그 이유는 이러한 운동에 관여하는 주요한 참가자들이 정책형성에 대해 영향을 미치는 것을 의도하고 있었기 때문이다. 그러나 볼런티어 · NPO에의 참가는 정치참가의 한 형태로 간주되지 않는 경향이 있었다. 그 이유는 이러한 참가활동이 상호부조 · 사회적 연대 · 자선활동과 같은 것으로 인식되는 경향이 강했기 때문이다.

그러나 1990년대에 들어와 볼런티어 · NPO의 활동은 국가와 지방자치단체에 영향을 미치는 존재로서 자리매김되고 있는가 하면 시민권리옹호 단체로서의 성격을 강하게 띄는 조직들이 적지 않게 형성되기에 이르렀다. 이러한 상황 속에서 지역주민의 볼런티어 · NPO에의 참가를 정치참가의 차원에서 포착하려는 시도는 어찌보면 당연한 것이라고 볼 수 있다. 하지만 여기서는 주민의 볼런티어 · NPO에의 참가를 정치참가로서 간주할 수 있는가의 여부는 참가자가 정책형성과 결정과정에 영향을 미치는 것을 의도하고 있는가의 유무에 의해 좌우된다고 본다. 바꿔 말하자면, 볼런티어 · NPO의 조직운영에서 핵심적인 역할을 수행하는 행위자들이 시민권리옹호 단체로서의 존재의의를 강조하고 인식하고 있다고 할지라도, 일반참가자들이 정책형성과 결정과정에 영향을 미치는 것을 의도하고 있는가의 여부를 검증할 필요가 있다고 보는 것이다.

II 분석틀

1. 분석의 시좌

분석의 목적과 내용을 정리해두자. 먼저 제1의 분석은 지금까지 일본의 정치학에서 분석대상이 되지 않았던 지역주민의 볼런티어·NPO에 참가를 정치참가 연구 속에 어떻게 자리매김할 수 있는가를 검증하는 것이다. 제2의 분석에서는 볼런티어·NPO에의 참가를 정치참가의 틀에서 포착할 때, 그것이 기존의 정치참가의 어떠한 차원에 포함될 수 있는지, 혹은 새로운 차원을 형성하는 것으로 간주할 수 있는지에 관해 검증할 것이다. 제3의 분석에서는 주민의 볼런티어·NPO에의 참가가 정책의 형성이나 결정과정에 영향을 미치는 것을 의도하고 있는지에 관해 검증할 것이다. 일본의 볼런티어·NPO에의 참가동기에 관한 조사나 연구[7]에서는 그 동기가 공생, 연대를 키워드로 하는 사회참가와 사적 생활의 확충과 같은 것으로서 인식되는 경향이 강하게 보이고 있다(木全 1977). 제4의 분석에서는 주민의 볼런티어·NPO에의 참가를 기존의 정치참가의 형태와의 관계 속에서 분석하여 그 특성을 검증한다. 볼런티어·NPO에 의한 서비스의 공급은 국가와 지방 자치단체와의 공동작업(collaboration)으로 인식되고 있다. 공동작업은 단지 협력관계·협동작업만을 의미하지 않는다. 거기에는 대등성, 과제달성 지향성, 비제도성, 투명성, 개방성이 요청되고, 그 전제는 상호간의 신뢰관계이다(長谷川 1997, p.104 ; 2003, p.184). 여기서는 볼런티어·NPO에의 참가가 시빅 볼런터리즘이나 공동작업에 의한 신뢰관계에 기초하고 있다는 점을 분석하고, 기존의 정치참가의 형태(시민·주민운동)와는 다르다[8]는 점을 검증할

---

7) 일본의 볼런티어· NPO에의 참가동기에 관한 조사와 연구로는 木全(1997), 高野(1996).
8) 정치참가의 양식 중에서 정치적 신뢰감이 영향을 미치고 있는 것은 투표참가뿐이다(蒲島1988,

것이다.

2. 데이터

분석에 사용하는 데이터는 2002년 11월에 아이치현(愛知県)에서 필자가 실시한 조사에 의한 서베이 데이터이다. 조사방법은 우편조사이며, 기간은 2002년 11월 16일에 대상자에게 발송하여, 2003년 1월 30일까지 회수한 것이다. 표본수는 2,400이며, 회수된 것은 534이다[9](이하에서 이 데이터를 '2002년 아이치현 조사'[10]라고 생략함). 또한 일본의 1970년대부터 1990년대의 정치참가의 구조를 비교하기 위해 JABISS, JES, JESII[11]의 데이터도 병용해서 분석한다.

Ⅲ 분석 결과

1 볼런티어 · NPO의 역할에 관한 인식

표 3-1은 주민이 볼런티어 · NPO의 역할을 어떻게 인식하고 있는지를 표시한 것이다.[12] 2002년 아이치현 조사의 응답자는 볼런티어 · NPO의

---

p.89).

9) 샘플의 개요는 다음과 같다. 유효회답수는 491. 남녀비는 남성 47.0%, 여성 53.0%. 연령구성은 20대 6.8, 30대 17.5%, 40대 25.9%, 50대 29.3%, 60대 18.9%, 70대 이상 1.6%. 직업구성은 일반 직장 46.1%, 자영업 16.3%, 학생 0.7%, 주부 26.3%, 무직 8.3%, 그 외 2.7%.

10) 이 조사는 2002년도 문부과학성 과학연구비 보조금(2002년-2003년, 젊은 연구자(B)와제번호 14720084, 연구대표자: 미후네 쓰요시)에 의한 연구성과의 일부이다.

11) JABISS, JES데이터는 레바이아산 데이터 뱅크로부터 획득했다. 또한 데이터는 웹에(http: www.kh-web.org)에 공개된 것도 병용해서 사용했다.

12) 표 3-1의 각 항목의 변수는 3단계 척도(1=그렇게 생각하지 않는다, 2=어느 쪽이라고도 말할 수 없다. 3=그렇게 생각한다)이며, 표의 수치는 '3=그렇게 생각한다'의 회답수의 비율을 가리킨다.

표 3-1 자원봉사 · NPO의 역할

	전체(%) N=491	자원봉사자, NPO 참가자(%) N=128
사회참여의 수단	63.8	78.9
자기자신의 공부	74.4	90.6
중앙정부의 정책에 영향력이 있다	20.3	28.9
지방자치단체의 정책에 영향력이 있다	36.4	50.8
사회공헌	69.5	84.9
사회적 약자와 지역사회를 위해	77.9	84.3
생활을 충실히 할 수 있다	45.5	60.2
동료 및 친구를 늘린다	50.3	64.6
지역사회와의 교류 및 연대	63.9	78.0
행정부의 복지서비스를 보완	64.3	75.8
지역문제를 해결할 수 있다	68.8	81.2

참가자뿐 아니라 비참가자도 포함되어 있기 때문에 표 3-1에서는 양자의 회답을 동시에 표시해 두었다.

표 3-1에서 '중앙정부의 정책에 영향력이 있다', '지방자치단체의 정책에 영향력이 있다'는 두 항목은 다른 항목보다 상대적으로 낮은 값을 보이고 있지만, 주민의 정책에 대한 영향력의 인식이 그렇게 낮다고 만은 할 수 없을 것이다.

이하에서는 주민의 볼런티어 · NPO의 역할에 관한 인식이 어떠한 구조를 취하고 있는가를 살펴보도록 하자. 볼런티어 · NPO의 역할은 지금까지 사회참가, 자선활동, 자기충족과 같은 것으로 간주되어 왔다.

그러나 그 구조는 다원적인 것으로 생각된다. 따라서 여기서는 표 3-1에서 표시한 변수를 이용해 개개의 역할을 나타내는 변수를 탐색적 인자 분석(Exploratory Factor Analysis)에 의해 몇 개의 잠재적 변수로

표 3-2 자원봉사 · NPO의 역할(탐색적 요인분석)

	사회참여 · 공헌	사생활의 확충	정치적 영향
사회참여의 수단	.811	.144	.164
자기자신의 공부	.776	.209	.188
중앙정부의 정책에 영향력이 있다	.610	.253	.275
지방자치단체의 정책에 영향력이 있다	.559	.224	.054
사회공헌	.155	.841	.097
사회적 약자와 지역사회를 위해	.244	.749	.242
생활을 충실히 할 수 있다	.397	.668	.096
동료 및 친구를 늘린다	.506	.535	.220
지역사회와의 교류 및 연대	.065	.337	.774
행정부의 복지서비스를 보완	.191	.367	.759
지역문제를 해결할 수 있다	.314	-.147	.674
고유치	2.581	2.450	1.896
기여율(%)	23.47	22.27	17.23

집약하기로 한다.13) 그 결과를 표시한 것이 표 3-2이다.

표 3-2를 보면, 세 개의 차원이 존재하고 있다는 점을 알 수 있다. 제1인자는 사회참가 · 공헌의 차원으로 볼 수 있을 것이다. 단 인자부하량을 고려하는 경우, '자기자신의 공부'도 이 인자에 포함되는 것으로 보인다. 제2인자는 '사생활의 확충', 제3인자는 '정치적 영향'의 차원으로 간주할 수 있을 것이다. 고유치 · 기여율로부터 판단하는 경우, '정치적 차원'의 존재를 확인할 수 있다.

___

13) 왜냐하면, 인자가 그 관측변수를 지배한다고 하는 생각에 기초하는 것을 통해 인자를 잠재변수로 간주할 수 있기 때문이다. 따라서 표 3-1의 변수와 그것에 의해 구성되는 인자의 상호관계를 상정하는 것은 당연한 것이다. 또한 각 인자 사이에 상호관계를 갖게 함으로써 검증적 인자분석이나 공분산구조분석에 적용하는 것도 용이해질 수 있기 때문이다.

2. 참가 모드의 구성

그렇다면 기존의 정치참가의 구조와 비교하는 경우, 주민의 볼런티어 · NPO에의 참가가 정치참가의 새로운 차원을 구성하는지의 여부를 검증하기로 하자. 여기서는 1970년대부터 1990년대의 데이터도 병용해서 이용하기로 한다. 방법은 버바의 탐색적 인자분석을 답습하며,[14] 그 결과에 기초하여 검증적 인자분석(Confirmatory Factor Analysis)이라는 보다 세련된 모델을 확립하도록 한다.[15]

버바 등은 시민의 참가행동을 탐색적 인자분석에 의해 집약해서 정치참가의 차원을 네 개의 모드(투표참가, 선거활동, 지역활동, 개별적 접촉)를 추출했다. 일본의 정치참가 연구에서는 가바시마(蒲島 1986; 1988)가 세 개의 모드를 추출하고 있다. 추출된 인자의 수는 데이터, 변수, 분석방법에 의해 변화한다. 선행연구에서는 사용되고 있는 변수가 다른 경우도 있고, 인자의 추출 · 회전의 방법도 상이한 것이 적지 않다.[16] 따라서 이 논문의 탐색적 인자분석에서는 변수를 통일해서 일본인의 정치참가의 모드를 추출해 시계열적인 변화의 확인을 가능하게 만들도록 할 것이다. 여기서 사용되는 변수는 표 3-3에서 표 3-6을 통해서 나타내고 있는 것이다.[17] 단 2002년 아이치현 조사에서는 새로운 변수로 볼런티어

---

14) 분석방법은 주인자법으로 인자를 추출한 뒤, 프로맥스 회전을 실시했다.

15) 정치참가의 모드(mode)에 관해서 山田(2004)는 회의적인 태도를 표명하고 있다. 그에 따르면 정치참가의 각 형태는 고유한 논리에 기초해 있으며, 따라서 그는 동일한 모드 안에 있는 참가형태의 차이를 검증하고 있다. 단 이 논문에서는 다음과 같은 이유로 모드라는 개념을 사용한다. 첫째는 지금까지의 정치참가와 비교해서 볼런터리 섹터에 참가하는 형태는 다른 특성을 지니고 있다는 점, 둘째는 각 참가형태에 존재하는 고유한 참가논리는 검증적 인자분석을 통해서도 어느 정도는 이해될 수 있기 때문이다.

16) 일반적으로 공분산 구조분석(Analysis of Covariance Structure)을 통해 검증적 인자분석을 실행하기 위한 전단계에는 탐색적 인자분석을 실시한다. 이 결과에 기초해서 검증적 인자분석의 모델을 구축하는 것이다.

에 참가와 NPO에의 참가를 추가했다. 이하에서는 네 개의 데이터를 이용해서 1976년부터 2002년까지의 정치참가의 구조의 변화를 검증한 다.

표 3-3으로부터 표 3-6에 이르는 표는 탐색적 인자분석의 결과이며, 유형의 행렬을 표시하고 있다. 분석방법은 주인자법이며 인자를 추출할 때 프로맥스(사교회전)를 실시했다. 각 연도별로 변수의 인자부하량으로 부터 판단하는 경우, 네 개의 인자로서 정치참가 모드의 분리가 가능했다. 즉 개별적 접촉, 투표참가, 선거운동, 시민·주민운동의 모드가 추출되었 다18)(이하 본문 중의 분석에서 사용되는 변수의 표기로 ' '는 관측변 수, 〈 〉는 잠재변수를 나타낸다). 분석 결과를 종합적으로 판단하는 경우 연대별로 모드를 구성하는 변수에 변화가 보이지만, 기본적으로 네 개의 모드가 구성되고 있다는 점은 변화하지 않다는 점을 알 수 있다. 이들 변수에 의한 분석에서는 정치참가의 구조를 변화시킬 만큼의 변화가 보이지 않고 있다.

---

17) Verba, Nie, and Kim(1976)의 분석에서는 인자분석을 할 때 사교회전에 의해 각 인자 사이에 상관을 갖게 하고 있다. 한편 가바시마(蒲島 1986)의 분석에서는 인자회전의 방법으로 는 직교회전이 사용되고 있다. 또한 1988년의 가바시마(蒲島 1988)의 분석에서는 인자회전의 방법으로 사교회전이 사용되고 있다.

18) 변수의 척도구성은 각 시기별로 '지역명망가와의 접촉', '지방의원과 접촉', '자치·정내회에서 활동', '국회의원과 접촉', '의회·당국에 진정', '시민·주민운동에 참가', '데모에 참가'가 3단계, '참의원선거에서 투표', '중의원선거에서 투표' 는 더미 변수로 구성되며, '과거 5년간에 선거운동에 참가', '과거 5년간에 선거나 정치의 회합 및 집회에 출석', '과거 5년간에 선거에 헌금' 은 4단계, '볼런티어에 참가', 'NPO에 참가'는 3단계이다.

표 3-3 1976년 정치참가모드

참가 형태	참가모드			
	개별접촉	투표참가	선거운동	시민 · 주민운동
지역망명가와 접촉	.848	.003	.056	-.090
지방의원과 접촉	.830	.006	.143	-.122
자치회 · 정내회 활동	.715	.032	-.098	.103
국회의원과 접촉	.691	-0.12	.117	-.014
의회 · 당국에 진정	.554	.028	-.051	.459
주민 · 시민운동에 참여	.472	.001	.053	.403
74년 참의원선거에 투표	-.009	.861	.026	-.024
최근 지방선거에 투표	-.019	.860	.041	-.065
76년 중의원선거에 투표	.009	.675	-.047	.061
과거 5년간 선거운동에 참여	.164	-.009	.791	-.140
과거 5년간 선거나 정치회합에 출석	.187	.067	.737	-.007
과거 5년간 선거에 헌금	-.222	-.002	.653	.345
데모에 참여	.012	.005	.097	.849
고유치	3.573	2.041	2.286	1.722
기여율(%)	31.634	14.344	10.264	7.461

표 3-4 1983년 정치참가모드

참가 형태	참가모드			
	개별접촉	투표참가	선거운동	시민 · 주민운동
지역망명가와 접촉	.830	.156	-.030	-.178
지방의원과 접촉	.788	.118	.068	-.051
자치회 · 정내회 활동	.707	.141	-.046	-.026
국회의원과 접촉	.683	-.121	.047	.126
의회 · 당국에 진정	.508	-.225	-051	.470
과거 5년간 선거에 헌금	-.008	.752	-.045	.028
과거 5년간 선거운동에 참여	.081	.693	.082	.177
과거 5년간 선거나 정치회합에 출석	.184	.679	.159	.036
83년 중의원선거에 투표	-.057	-.058	.777	.047
83년 참의원선거에 투표	-.063	.085	.680	-.051
최근 지방선거에 투표	.103	.008	.612	-.185
데모에 참여	-.201	.208	.017	.847
주민 · 시민운동에 참여	.258	.272	-.061	.474
고유치	3.225	2.378	1.719	1.740
기여율(%)	30.244	11.341	9.895	7.009

표 3-5 1993년 정치참가모드

참가 형태	참가모드			
	개별접촉	투표참가	선거운동	시민·주민운동
지역망명가와 접촉	.808	-.018	.004	-.126
지방의원과 접촉	.724	.011	.168	-.065
자치회·정내회 활동	.636	.035	.141	-.052
국회의원과 접촉	.574	.002	-.018	.172
최근 지방선거에 투표	-.022	.824	-.012	-.022
93년 참의원선거에 투표	.007	.809	.005	-0.59
93년 중의원선거에 투표	-.010	.624	-.001	.060
과거 5년간 선거운동에 참여	.097	-.007	.793	-.111
과거 5년간 선거나 정치회합에 출석	.235	.074	.677	-.032
과거 5년간 선거에 헌금	-.090	-.005	.670	.196
주민·시민운동에 참여	.309	.006	.392	.167
데모에 참여	-.161	-.004	.301	.776
의회·당국에 진정	.538	.022	-.235	.607
고유치	2.917	1.809	2.457	1.394
기여율(%)	27.677	12.858	9.537	7.209

표 3-6 2002년 정치참가모드

참가 형태	참가모드			
	개별접촉	투표참가	선거운동	시민·주민운동
지역망명가와 접촉	.902	.022	-.060	-.036
지방의원과 접촉	.845	.042	-.042	.048
국회의원과 접촉	.750	-.068	.006	.048
01년 참의원선거에 투표	-.003	.915	.006	-.044
00년 중의원선거에 투표	.017	.900	.046	-.072
최근 지방선거에 투표	-.072	.756	-.057	.082
과거 5년간 선거에 헌금	-.036	.017	.752	-.073
데모에 참여	-.187	-.062	.747	.137
과거 5년간 선거운동에 참여	.457	.035	.524	-.078
과거 5년간 선거나 정치회합에 출석	.228	.146	.504	.178
자원봉사활동	-.080	.020	-.041	.767
NPO 참여	-.059	-.035	-.008	.756
주민·시민운동에 참여	.094	.029	.213	.591
자치회·정내회 활동	.339	.067	-.019	.407
의회·당국에 진정	.250	.005	.054	.387
고유치	3.228	2.486	2.257	2.668
기여율(%)	27.904	13.317	10.043	7.495

표 3-6은 2002년의 참가 모드를 추출한 결과이다. 여기서는 새로운 변수로서 '볼런티어에의 참가'와 'NPO에의 참가'의 변수를 추가하고 있다. 인자부하량으로부터 판단하는 경우, 제1인자는 〈개별적 접촉〉, 제2인자는 〈투표참가〉, 제3인자는 〈선거운동〉, 그리고 제4인자가 〈시민·주민운동〉의 모드이며, 제4인자에 '볼런티어에의 참가'와 'NPO에의 참가'가 들어가 있다는 점을 알 수 있다.

1976년부터 2002년의 4회에 걸쳐서 탐색적 인자분석으로 참가의 모드를 추출하고 있지만, 그 해석에는 다음과 같은 문제점이 존재하고 있다. 첫째, 하나의 관측변수가 두 개의 인자와 밀접히 관계하는 경우의 해석이다.[19] 지금까지의 탐색적 인자분석에서는 어떤 참가형태를 나타내는 변수가 그 인자부하량으로부터 판단해서 복수의 모드에 관계하고 있는 것처럼 보이는 경우가 있는데, 변수와 인자의 관계를 적합도 지표를 통해 판단할 수 없다. 볼런터리 섹터에의 참가는 개념적으로 사회참가에 내포되고, 실제의 활동에서는 시민·주민운동에 중복될 가능성이 있는 영역을 분석대상으로 하기 때문에 엄밀히 말해 참가형태와 모드를 대응시킬 필요가 있을 것이다.[20] 둘째 문제점은 변수와 인자의 조합의 정합성과

---

19) 1976년(표 3-3)에서 인자부하량에 의해 판단하는 경우, 〈시민·주민운동〉의 모드가 '데모에 참가'만으로 구성된다고도 해석할 수 있다. 탐색적 인자분석을 엄밀하게 적용한다면, 1인자를 구성하는 변수가 한 개라면 이는 너무적다는 비판을 받게 될 것이다. 그러나 반대로 공분산구조 분석의 모델의 성격을 고려해서 생각해본다면, 오히려 변수가 적은 것이 모델의 적합도를 좋게 만드는 경우도 존재하기에 반드시 비판만 할 것은 아니라고 생각한다('豐Y丸 1999). 이 논문에서는 Verba, Nie, and Kim(1976)과 마찬가지로 한 개의 변수가 한 개의 인자를 구성하는 것을 인정한다.

20) 1976년의 분석에서는 '의회·당국에 진정', '시민·주민운동에 참가'는 〈개별적 접촉〉의 모드와 〈시민·주민운동〉의 양쪽 모드에서 커다란 값의 인자부하량을 나타내고 있다. 1983년과 1993년의 분석에서는 '의회·당국에 진정'이 〈개별적 접촉〉의 모드와 〈시민·주민운동〉의 양쪽 모드에서 커다란 값의 인자부하량을 나타내고 있다. 또한 2002년의 분석에서는 '과거 5년간에 선거운동에 참가'가 〈개별적 접촉〉의 모드와 〈시민·주민운동〉의 양쪽 모드에서

관련된다.[21] 이 논문의 분석과제와 연결시켜 검토하는 경우, 다음의 것이 특히 주목할 만하다. 2002년의 분석 결과(표 3-6)에서는 '볼런티어에의 참가'와 'NPO에의 참가'는 시민 · 주민운동과도 밀접한 관계를 지니고 있으며, 진정이나 청원과 같은 활동을 전개하고 있다는 점에서 시민 · 주민운동에 포함되는 것으로 보인다. 그러나 시민 · 주민운동과는 본래 그 목적이 상이하기 때문에 동일한 모드로 간주하지 않는 것이 타당한 것으로 판단된다.[22] 이러한 두 가지 문제점을 해결하기 위해 다음 절에서는 검증적 인자분석에 의해 최적 모델을 확정하도록 할 것이다.[23]

3. 검증적 인자분석에 의한 참가모드의 추출

검증적 인자분석의 실시하기 위한 모델을 구축하기 위한 순서를 설명하기로 하자. 먼저 네 개의 모드를 구성하는 관측변수를, 그 의미로부터 유형화한 기본모델[24]을 구성해서, 각 시기별로 모델을 검증했다.

커다란 값의 인자부하량을 나타내고 있다.

21) 1993년의 경우, '시민 · 주민운동에 참가'를 인자부하량에 의해 판단하는 경우, 〈선거운동〉 혹은 〈개별적 접촉〉의 모드에 포함되기에 개념적인 정합성의 문제가 발생한다. 2002년에는 '볼런티어에 참가' · 'NPO에 참가'가 〈시민 · 주민운동〉의 모드에 포함되지만, 이것은 과연 타당한 결과일까. 단, 이와 같은 것은 1970년대부터 1990년대까지의 시민 · 주민운동의 변용을 고려하면 이해할 수 있다. 또한 선거운동에 관련된 제반 활동에서는 1990년대부터 포퓰리즘의 고양과 더불어 시민운동이 무당파 후보자를 응원하는 것이 보이게 된 것도 하나의 원인이 된 것으로 생각된다.

22) 그러나 장래에 시민 · 주민운동이 NPO로 변화한다고 한다면 동일한 모드에 수렴될 가능성을 부정할 수 없다. 단, 시민 · 주민운동을 발생시키는 요인들은 도발적이고 산발적이기 때문에 완전히 수렴될 수는 없을 것이다.

23) 검증적 인자분석은 탐색적 인자분석의 결과로부터 엄밀하게 적합상태가 좋은 모델을 확정하기 위한 방법이다. 따라서 한 개의 관측변수가 한 개의 잠재변수와 관계를 갖는 경우가 존재하는가 하면 한 개의 관측변수가 복수의 잠재변수와 관계를 가지는 경우도 있다.

24) 이 모델에서는 '투표참가'의 모드를 구성하는 변수를 '중의원선거에서 투표', '참의원선거에서

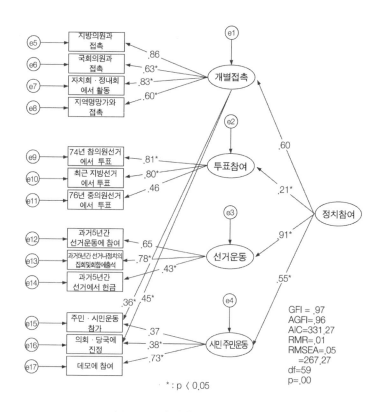

그림 3-2 1976년 참가모드의 2차 인지모델

이어서 탐색적 인자분석의 인자부하량에 기초하여, 모드를 구성하는 변수를 교체하는 가운데 공분산효과를 고려한 모델을 몇 가지 구축했다. 분석모델은 합계 18가지 유형의 분석을 실시했다. 여기서는 지면 관계상 그 결과는 생략하기로 한다. 최종적인 분석모델은 2차 인자분석모델을

투표', '최근 지방선거에서 투표'로 구성한다. 〈선거운동〉의 모드를 구성하는 변수는 '과거 5년간에 선거운동에 참가', '과거 5년간에 선거나 정치의 회합 및 집회에 출석', '과거 5년간에 선거에 헌금'이다. 〈개별적 접촉〉의 모드를 구성하는 변수는 '지역명망가와 접촉', '지방의원과 접촉', '국회의원과 접촉', '자치회·정내회에서 활동'이다. 〈시민·주민운동〉의 모드는 '데모에 참가', '시민·주민운동에 참가', '의회·당국에 진정'의 변수로 구성된 것이다.

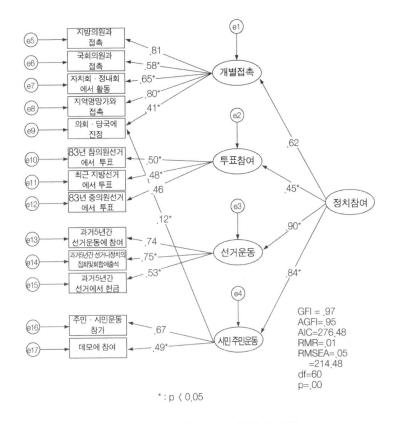

지방의원과 접촉
국회의원과 접촉
자치회·정내회에서 활동
지역명망가와 접촉
의회·당국에 진정
83년 참의원선거에서 투표
최근 지방선거에서 투표
83년 중의원선거에서 투표
과거5년간 선거운동에 참여
과거5년간 선거나정치의 집회및회합에출석
과거5년간 선거에서 헌금
주민·시민운동 참가
데모에 참여

개별접촉
투표참여
선거운동
시민 주민운동
정치참가

.81
.58*
.65*
.80*
.41*
.50*
.48*
.46
.12*
.74
.75*
.53*
.67
.49*
.62
.45*
.90*
.84*

GFI = .97
AGFI= .95
AIC=276.48
RMR= .01
RMSEA= .05
    =214.48
df=60
p= .00

* : p ⟨ 0.05

그림 3-3 1983년 참가모드의 2차 인자모델

채용하는 편이 모든 시기에 걸쳐서 모델의 적합도를 높인다는 점을 알게 되었다. 왜냐하면 각 시기마다 네 개의 모드 간에는 상호간에 높은 상관관계가 보이기 때문이다. 따라서 이들 네 개의 인자의 배후에 기본적인 〈정치참가〉라고 하는 잠재변수를 생각할 수 있다. 이들 모델은 네 개의 정치참가의 모드가 모두 그 배후에서 〈정치참가〉의 형향을 받는 부분과 각 모드의 고유한 부분으로 구성된다고 생각하는 모델이다. 모델의 구속조건으로서는 가장 일반적인 방법을 선택하였다. 즉 외생적 잠재변수인 〈정치참가〉의 분산을 1, 〈정치참가〉로부터 〈개별적 접촉〉으로

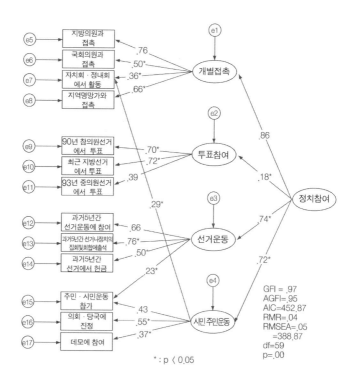

그림 3-4 1993년 참가모드의 2차 인자모델

이르는 경로 계수를 1로 했다. 그 밖의 네 가지 잠재변수에서 관측변수로
의 경로 중에서 한 개는 경로계수를 1로 고정하고 있다. 이와 같은
구속을 실시하는 것에 의해 모델이 식별가능하게 된다.[25]

　　복수의 모델을 비교검토한 결과, 복수의 적합도 지표(AIC, GFI, AGFI,
RMR, RMSEA)와 모델의 개념 구성으로부터 최적의 모델을 최종적 결과로

---

25) 분석에서 계수를 1로 하는 제약은 각 시기마다 통일시켰다. 관측변수는 '지방의원과의
　　접촉', '중의원 선거에서의 투표'. '과거 5년간에 선거운동에 참가', '시민 · 주민운동에 참가',
　　잠재변수에서는 〈개별적 접촉〉에 이르는 경로는 1로 구속했다. 이 경우, 〈정치참가〉를
　　제외한 다른 네 개의 모드를 나타내는 잠재변수는 내생변수이기 때문에 분산을 1로하는
　　구속의 방법은 채용하지 않는다.

서 채택했다. 최종적인 결과를 그림 3-2로부터 그림 3-5에 표시한다. 이들 모델의 AGFI는 0.90 이상이라는 점에서 각 모델은 수용할 수 있는 것으로 판단된다.[26]

각 모델의 결과를 보게 되면, 각 모드의 배후에 존재하는 2차 인자의 〈정치참가〉로부터 〈시민·주민운동〉, 〈선거운동〉, 〈개별적 접촉〉에 이르는 경로계수는 높은 값을 나타내고 있다. 투표참가의 계수는 1976년이 0.21, 1983년이 0.45, 1993년이 0.18, 2002년이 0.33으로 다른 모드보다도 낮은 값을 보이고 있다. 〈정치참가〉에 관한 구성개념의 구조는 전체적인 정치참가의 영향을 받은 결과 네 개의 참가 모드가 존재하고, 각 참가모드가 전체적인 정치참가에 의한 부분과 독자적인 부분을 통해 형성되고 있다고 이해할 수 있다. 이러한 결과로부터 판단하자면, '투표참가'는 전체적인 2차 인자의 〈정치참가〉에 그다지 의존하지 않고, 중의원 선거, 참의원 선거, 지방선거와 같은 독자적인 요소가 강하다고 해석할 수 있다. 이것은 〈정치참가〉에 있어서, 그 밖의 모드와 비교해서 정치참가 본래의 요소인 자발성과 적극성이 낮다고도 볼 수 있다.[27] '투표참가' 이외의 모드의 계수는 비교적 크며, 시계열적인 변화를 살펴볼 수 있다. '시민·주민운동'의 계수는 최근에 이를수록 커지고 있다. 이것은 '시민·주민운동'이라는 정치참가의 모드가 〈정치참가〉를 구성하는 모드로서의 중요성이 더욱 더 커지고 있다는 점을 의미한다.

지금까지의 결과를 종합적으로 판단하면, 각 모드를 구성하는 변수는 그 시대에 따라 변화하지만,[28] 네 개의 모드에 수렴되고 있다. 〈투표참가〉

---

26) 카이자승의 검증에 관해서는 데이터의 표본수의 영향으로 인해 유의하지 않다는 결과가 도출되고 있다.

27) 선거에서의 투표는 참가자 개인의 요소 이외에도 후보자나 정당의 동원에 의한 요소도 중요하다.

이외의 세 가지 모드가 〈정치참가〉를 구성하는 중심적인 모드이며, 이들 모드가 지금까지 주민의 〈정치참가〉의 대부분을 형성하고 규정하고 있으며, 전후 일본인의 정치참가의 두 가지 대극적인 측면을 나타내고 있다. 그 중 하나는 〈시민·주민운동〉에서 보였던 중앙정부·지방자치단체와의 대항관계이며, 다른 하나는 〈개별적 접촉〉, 〈선거운동〉에 보이는 유권자와 정치가와의 이익을 매개로 한 관계이다. 그렇다면, 지금부터는 1990년대 후반부터 전개되기 시작한 볼런티어·NPO에의 참가를 〈시민·주민운동〉의 모드에 포함시키는 것은 과연 이론적인 모델로서 적합한 것인가에 관해서 검토해보기로 하자.

4. 새로운 참가모드로서의 볼런터리 섹터

그림 3-5는 볼런티어·NPO에의 참가를 시민·주민운동의 모드에 포함해서 참가모드를 추출하고 있다. 본래 볼런티어·NPO는 시민·주민운동조직과 실체적으로 밀접한 상호의존관계를 가지고 있으며, 조직의 역사가 깊은 볼런티어·NPO일수록 그 관계는 더 긴밀하다. 그러나 그렇다고 할지라도 주민의 볼런티어·NPO에의 참가를 시민·주민운동에의 참가와 동일시하는 것이 사회과학적인 분석으로서 타당한 것인가 했을 때, 그 답은 아니오이다.

양자가 밀접한 관계를 지니고 있음은 누구도 부인할 수 없는 사실이지만, 두 운동조직의 목적은 기본적으로 상이하다. '볼런티어·NPO에의 참가는 사회참가·공헌을 통해 보다 사회적 이익을 정식화하고 조직화'(似田貝 1991, p.119)하기 위해 정치적 영향력을 행사하며, 조직·구성원

---

28) 이 모드를 구성하는 변수의 변화는 각 참가형태에 대한 시민의 참가논리가 시대에 따라 변화하고 있다는 것을 나타낸다고 생각할 수 있다.

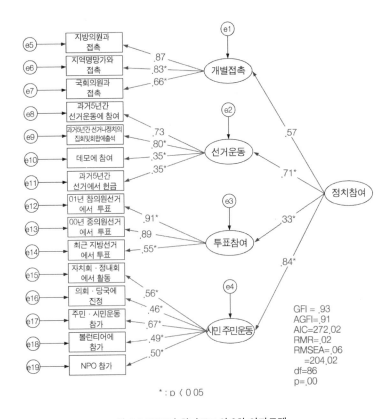

지방의원과 접촉 ← e5
지역명망가와 접촉 ← e6   .87
국회의원과 접촉 ← e7   .83*
                          .66*   개별접촉 ← e1

과거5년간 선거운동에 참여 ← e8
과거5년간 선거나정치의 집회및회합에출석 ← e9   .73
데모에 참여 ← e10   .80*
과거5년간 선거에서 헌금 ← e11 .35*
                          .35*   선거운동 ← e2

01년 참의원선거에서 투표 ← e12
00년 중의원선거에서 투표 ← e13 .91*
최근 지방선거에서 투표 ← e14   .89
                          .55*   투표참여 ← e3

자치회·정내회에서 활동 ← e15
의회·당국에 진정 ← e16   .56*
주민·시민운동 참가 ← e17   .46*
볼런티어에 참가 ← e18   .67*
NPO 참가 ← e19   .49*
                          .50*   시민 주민운동 ← e4

.57
.71*
.33*
.84*

정치참여

GFI = .93
AGFI= .91
AIC=272.02
RMR=.02
RMSEA=.06
 =204.02
df=86
p=.00

* : p < 0.05

그림 3-5 2002년 참가모드의 2차 인자모델

에게 고유한 문제해결의 방식과 가치를 추구하기 때문에 중앙정부·
지방자치단체와의 대항관계 속에서 정치적 영향력을 행사하려는 시민
· 주민운동과는 다르다고 말할 수 있다.

그렇다면 2002년 아이치현 조사 데이터에서 관측변수였던 '볼런티어
에 참가', ' NPO에 참가'를 통해 구성한 잠재변수 〈볼런터리 섹터〉를
그림 3-5의 모델에 투입해 분석해보도록 하자. 분석모델은 두 가지를
작성했다. 하나는 잠재변수인 〈볼런터리 섹터〉를 〈시민·주민운동〉과
병렬시킨 것이다(모델 1). 다른 하나는 〈볼런터리 섹터〉를 〈시민·주민운

동)에 종속시킨 것이다(모델 2). 모델 2를 작성한 이유는 볼런티어·NPO는 기존의 시민·주민운동을 모체로 발전해온 경위를 지니고 있기 때문에 전혀 다른 차원에서 생겨난 것은 아니라고 생각했기 때문이다.

분석은 2차 인자분석을 채용했다. 분석 결과로부터 모델 2의 적합도가 모델 1의 적합도보다 더 좋다는 것을 확인하였다(그림 3-6[29]). 모델의 구속조건은 그림 3-5와 마찬가지의 방식을 채택했다.[30] 또한 그림 3-6의 탐색적 인자분석의 결과를 참조해 〈볼런터리 섹터〉로부터 '시민·주민운동에 참가'에 이르는 경로를 추가했다. 적합도에 관한 지표를 보게 되면, 그림 3-5보다도 AGFI의 값이 높아지고 있다는 점을 알 수 있다.[31] 따라서 '볼런터리에 참가', 'NPO에 참가'를 〈시민·주민운동〉의 모드에 포함시키는 것보다는 새로운 〈볼런터리 섹터〉의 모드에 병립시키는 형태를 취하면서도 〈시민·주민운동〉에 종속시키는 편이 적당하다고 말할 수 있다.

이러한 결과는 중요한 의미를 지니고 있다. 이 논문의 분석 결과는 주민의 볼런터리 섹터에의 참가는 시민·주민운동에의 참가와 매우 비슷한 것이지만, 실은 독자적인 특성을 지니고 있다는 점을 시사하는 것이기 때문이다. 〈볼런터리 섹터〉의 대부분은 'NPO에 참가', '볼런티어에 참가'를 통해 구성되고 있음을 계수의 크기로부터 알 수 있다. 그러나 이러한 모드에 '시민·주민운동에 참가'도 포함시키는 편이 모델의 적합도를 상승시키고 있는 것이다. 그 이유는 두 가지가 생각될 수 있다.

---

29) 모델 1은 잠재변수인 〈시민·주민운동〉의 분산이 마이너스이며, 헤이웃드 케이스가 되었다. 단, 수정작업을 통해 헤이우드 케이스(the Heyood case)는 회피할 수 있었지만, 모델로서는 적당하지 않다고 생각된다(豊田 2003, pp.74-75)

30) 단 잠재변수인 〈볼런터리 섹터〉의 관측변수인 'NPO에 참가'의 경로계수를 1로 구속했다.

31) 〈볼런터리 섹터〉로부터 '시민·주민운동에 참가'에 이르는 경로를 추가하면 적합도 지표인 AGFI=0.91이었다.

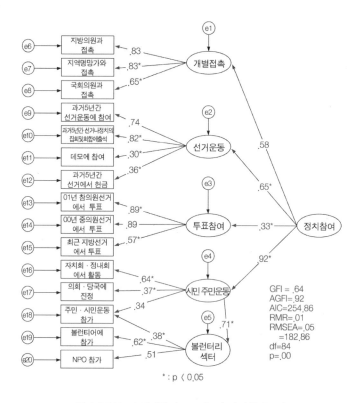

GFI = .64
AGFI=.92
AIC=254.86
RMR=.01
RMSEA=.05
    =182.86
df=84
p=.00

* : p < 0.05

그림 3-6 2002년 정치참가모드의 2차 인자분석모델

첫째, 시민·주민운동과 볼런티어·NPO에 참가하는 구성원들이 중복될
수 있다는 점이다. 둘째, 시민·주민운동의 일부가 새로운 사회운동과
같이 보편적 가치·사회적 이익을 추구하는 형태로 운동의 지향성을
변화시키는 것을 통해, 볼런티어·NPO의 지향성에 가까워졌다는 점이다.
본래〈볼런터리 섹터〉에 참가하는 것의 본질은 사회공헌과 공생을 기축
으로 하는 자발적인 참가에 있으며, 보편적 가치와 사회적 이익을 추구하
는 것에 존재한다. '시민·주민운동'에 참가하는 것은 자발성이라는
특징은 공유하지만, 참가자들이 보편적 가치와 사회적 이익을 반드시
추구하는 것은 아니다. 그러나 '시민·주민운동에 참가'는 부분적으로

새로운 사회운동과 같이 보편적 가치와 공익을 추구하는 조직이 주도하기도 하다는 점을 고려한다면, 이러한 형태의 참가가 '시민·주민운동'과 '볼런터리 섹터'의 양쪽 모드에 관계하는 것을 이해할 수 있다.

이 논문의 분석 결과는 〈볼런터리 섹터〉는 〈시민·주민운동〉으로부터 생겨난 것이지만, 상이한 차원의 참가형태로서 포착하는 것이 이론적으로도 통계 모델의 차원에서도 타당성을 지니고 있다는 점을 시사한다. 또한 이 논문의 분석 결과는 〈볼런터리 섹터〉가 새로운 정치참가의 영역을 창조할 수 있는 가능성 시사한다. 그렇다면, 다음 항에서는 볼런터리 섹터에 참가하는 것이 정책형성이나 결정과정에 영향력을 행사는 것을 의도한 참가인가의 여부를 검증하도록 한다. 그리고 그 다음 항에서는 〈볼런터리 섹터〉와 〈시민·주민운동〉에의 참가에 영향을 미치는 요인을 검토하여, 시민의 볼런터리 섹터에의 참가가 시민·주민운동과 상이한 요인에 의해서 영향을 받고 있다는 점을 검증하도록 한다.

5. 정치참가로서의 주민의 볼런티어·NPO에의 참가

앞항의 2차 인자분석을 통해 〈볼런터리 섹터〉에 참가하는 것은 독립적인 모드로서의 포착하는 편이 개념과 통계모델 양쪽의 차원에서 생각해봐도 적절하다는 점을 확인하였다. 여기서는 제3의 분석으로서 주민의 볼런티어·NPO에의 참가가 '볼런티어·NPO의 역할'의 세 가지 차원, 즉 사회참가·공헌, 사생활 확충, 정치적 영향과 어떠한 관계에 있는가를 분석하며, 정책형성과 결정과정에 영향을 미치는 것을 의도한 정치참가인지의 여부를 검증한다.

분석은 공분산구조분석의 다중지표모델[32]로 실시했다. 결과는 그림 3-7에 표시했다. 분석모델 전체의 적합도를 표시하는 GIF=0.93, AGFI=

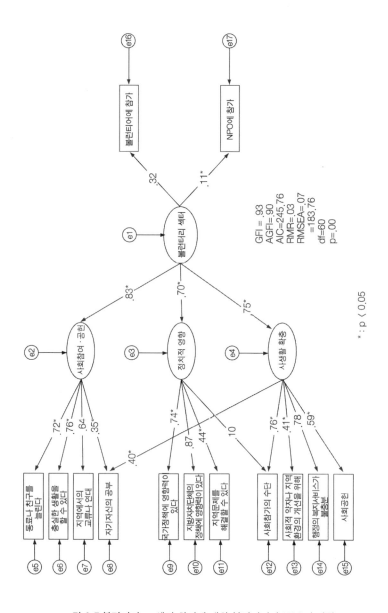

GFI = .93
AGFI= .90
AIC=245.76
RMR= 03
RMSEA=.07
=183.76
df=60
p=.00

* : p < 0.05

그림 3-7 볼런티어 · 섹터 참여에 대한 볼런티어와 NPO의 역할

32) 모델은 각 잠재변수로부터 관측변수, 즉 '지역에서의 교류와 연대', '지방자치단체의 정책에 영향력이 있다', '행정의 복지서비스가 불충분', '볼런티어에 참가'의 경로계수를 1로 하는 구속조건을 부과했다.

0.90이기 때문에 모델은 수용될 수 있다. 분석 결과를 보게 되는 경우, 〈볼런터리 섹터〉로부터 〈사생활 확충〉에는 0.75, 〈정치적 영향〉에는 0.70, 〈사회참가ㆍ공헌〉에는 0.83으로 그 어떠한 계수도 높은 편이며 통계적으로도 유의하다. 따라서 주민의 〈볼런터리 섹터〉에의 참가는 지금까지 '공생ㆍ연대'와 같은 사회적 의식에 기초한 자선적 활동ㆍ공헌, 사생활 확충의 목적뿐 아니라 중앙정부나 지방자치단체의 정책에 영향을 미치는 것을 의도하고 있는 것이라는 점이 확인되었다고 말할 수 있다. 즉 〈볼런터리 섹터〉에 참가하는 것은 정치참가의 범주에 포함될 수 있다.

6. 새로운 정치참가로서의 볼런터리 섹터

지금까지 주민의 볼런티어ㆍNPO에의 참가가 중앙정부나 지방자치단체의 정책형성과 결정과정에 영향력을 행사하는 것을 의도하는 정치참가이며, 새로운 정치참가의 모드를 형성하고 있다는 점을 검증하였다. 그렇다면 지금까지의 정치참가의 모드와는 무엇이 상이한 것일까. 볼런티어ㆍNPO에의 참가는 지금까지의 시민ㆍ주민운동을 모체로해서 전개해 왔다. 그러나 상호 간에 상이한 모드로 구별되고 있기 때문에 참가의 논리에 상이한 요인이 작용하고 있는 것으로 예측된다. 그렇다면 그러한 참가의도를 형성하는 요인은 무엇일까. 본항에서는 기존의 시민ㆍ주민운동과 대비하는 가운데, 볼런터리 섹터에 참가하는 것이 지금까지의 정치참가와 상이한 특징을 지니고 있다는 점을 검증하도록 한다.

시민ㆍ주민운동의 공통적인 목적은 조직ㆍ참가자에게 고유한 이익과 가치를 획득하는 것에 있다. 예를 들자면, 공해문제, 환경문제, 기지문제 등에 관여하는 사람들에게 공통의 목적은 스스로의 생활을 위협하는 요소를 제거하고 안전한 생활을 회복하고자 하는 데 있다. 그러나 일본에서는 이들 활동에 관해서 행정이 매우 소극적인 대응을 함으로써, 운동세력과 행정·기업은 대체로 대항관계의 형태로 대치하는 것이 일반적이었다. 또한 새로운 사회운동이라고 말해지는 일련의 형태도 그 중요한 특징으로서 '반관료적'(Eder, 1982, p.5; Touraine, 1978=1983, pp.19~40; 1995, p.7), '국가로부터의 민주적 시민사회를 방위하는 것이야말로 새로운 사회운동의 기본이념'(Kean 1984, p.6; 1985, pp.3~5)이라는 점이 들어지고 있다. 그 때문에 새로운 사회운동의 기본적인 자세는 기성 정치체제에 대해 완고할 정도로 거부하는 경우가 일반적이며, 행정과의 신뢰관계를 구축하는 것에 관심이 없다. 반면 볼런티어·NPO에 의한 시민활동은 사회권리옹호 단체로서 중앙정부·지방자치단체와 긴장관계를 가지면서도 상호간에 신뢰관계를 구축하는 것에 무관심하지 않다.

따라서 중앙정부 혹은 지방자치단체와 신뢰관계가 존재하는가의 여부는 〈시민·주민운동〉과 〈볼런터리 섹터〉라는 두 가지 정치참가 모드의 차이를 좌우하는 중요한 특성이라고 볼 수 있다. 하지만, 이 두 가지 모드 사이에는 공통적인 특성도 존재한다. 첫째는 기성 정치체계에서는 달성되지 않는 상황을 타개하려고 하는 자세이며, 둘째는 기성정치에 대한 회의가 강하다는 점이며, 셋째는 참가민주주의적인 행동규범이 강하다는 점이다. 그렇다면 〈볼런터리 섹터〉와 〈시민·주민운동〉에 영향을 미치는 것으로 생각되는 요인을 이용해서 두 가지 모드의 차이를 검증하도록 하자. 분석방법으로는 공분산구조분석·다중지표모델을 사용하며, 종속변수의 의미를 지니는 〈볼런터리 섹터〉, 〈시민·주민운동〉

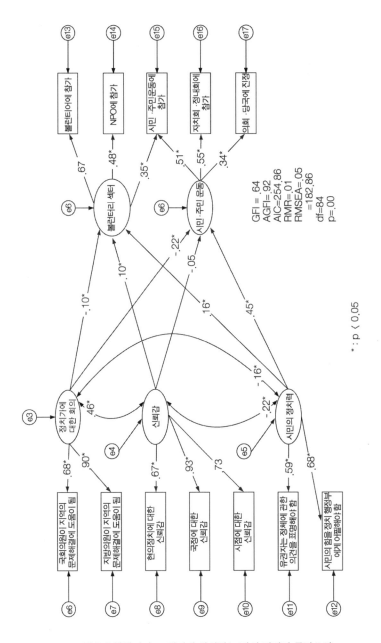

그림 3-8 볼런티어 · 섹터에 참여하는 것의 정치적 규정요인

은 그림 3-6의 구성을 사용했다. 독립변수로는 중앙정부 · 지방정부에 대한 신뢰감을 〈신뢰감〉, 기성정치에 대한 회의를 〈정치가에 대한 회의〉, 참가민주주의적인 행동규범을 〈시민의 정치력〉이라는 이름으로 잠재변수를 구성했다.[33] 결과는 그림 3-8에 표시한다.

모델의 적합도를 나타내는 GIF=0.98이고, AGFI=0.95이기에 모델을 수용될 수 있다. 〈정치가에 대한 회의〉, 〈신뢰감〉, 〈시민의 정치력〉을 구성하는 각 관측변수의 구성과 계수도 타당하다.[34] 잠재변수 간의 관계를 보게 되면, 〈정치가에 대한 회의〉에서 〈볼런터리 섹터〉에 이르는 경로는 -0.10, 〈시민 · 주민운동〉에는 -0.22로, 어느 쪽도 통계적으로 유의하다. 〈볼런터리 섹터〉에 이르는 경로의 계수는 그 어느 것도 〈시민 · 주민운동〉보다도 작다. 이것은 〈볼런터리 섹터〉에의 참가가 지니는 정치성이 〈시민 · 주민운동〉과 비교해서 작기 때문일 것이다. 마지막으로 〈신뢰감〉에서 〈볼런터리 섹터〉에 이르는 경로의 계수는 0.10으로 유의하지만, 〈시민 · 주민운동〉에 이르는 경로의 계수는 -0.05로 유의하지 않았다. 〈볼런터리 섹터〉, 〈시민 · 주민운동〉이라는 두 모드의 참가에 공통적으로 영향을 미치고 있는 요인은 기성 정치가에 대한 회의와

---

33) 각 잠재변수를 구성하는 관측변수의 척도구성은 다음과 같다. '국회의원이 지역문제의 해결에 도움이 됨', '지방의원이 지역문제의 해결에 도움이 됨'은 1=하나도 해주지 않는다, 2=그다지 해주지 않는다, 3=어느 쪽이라고도 말할 수 없다, 4=약간은 도움이 된다, 5=도움이 된다의 5단계 척도로, 그리고 '국정에 관한 신뢰감', '현에 관한 신뢰감', '시에 관한 신뢰감'은 1=전혀 신뢰할 수 없다, 2=때때로 신뢰할 수 있다, 3=대체로 신뢰할 수 있다, 4=신뢰할 수 있다의 4단계 척도로 구성했다. 이러한 신뢰감은 제도에 대한 신뢰감을 나타낸다. 한편 '유권자는 정치에 의견을 말해야 한다', '시민의 힘을 정치 · 행정에 발휘해야 한다'는 1=반대, 2=약간 반대, 3=어느 쪽이라고도 말할 수 없다, 4=약간 찬성, 5=찬성의 5단계 척도로 구성했다.

34) 모델은 잠재변수로부터 관측변수, 즉 '지방의원이 지역문제의 해결에 도움이 됨', '시에 관한 신뢰감', '시민의 힘을 정치행정에 발휘해야 함', '볼런티어에 참가', '의회나 당국에 진정'에 이르는 경로계수를 1로 하는 구속조건을 부과했다.

참가민주주의적인 행동규범이다. 〈시민·주민운동〉의 참가의 과정에서는 중앙정부·지방자치단체에 대한 신뢰관계를 포착할 수 없지만, 〈볼런터리 섹터〉에 참가하는 것은 신뢰감과 동시에 긴장관계도 존재하는 활동이라는 점을 분석 결과로부터 이해할 수 있다.

글을 마치며

이 논문에서는 현대 일본의 지역주민들이 볼런터리 섹터에 참가하는 것이 정치참가 연구 속에 어떻게 자리매김될 수 있는지에 관해서 분석하였다. 데이터는 아이치현에서 실시하는 설문조사 데이터이다. 아직 일반화하기에는 이르지만, 아래와 같은 네 가지 점을 발견할 수 있었다.

첫째는 지역주민의 볼런티어·NPO의 역할에 대한 인식으로서, 주민들은 볼런티어 섹터가 중앙정부·지방자치단체의 정책형성과 결정과정에 영향력을 행사하고 있다고 인식한다. 둘째는 볼런티어·NPO에의 참가가 새로운 정치참가의 모드로서 추출되고 있다는 점이다. 볼런티어·NPO 활동의 실체만을 주목한다면, 시민운동의 제도화 현상으로서 볼 수도 있을 것이다. 그러나 주민의 인지적 수준을 고려하는 경우, 볼런터리 섹터에 참가하는 것은 시민운동이나 주민운동에 참가하는 것과는 상이한 독립적인 특성을 지니고 있다는 점을 알 수 있다. 셋째는 볼런터리 섹터에 참가하는 것이 정치에 영향을 미치고자 하는 의도를 지니고 있는 사람들에 의해 이뤄지고 있다는 점이다. 넷째는 볼런티어 섹터에 참가하는 것은 지금까지의 시민·주민운동과는 상이한 요인에 의해 규정되고 있다는 점이다. 즉, 볼런티어·NPO에 참가하는 것은 행정과의 신뢰관계를 구축하는 것에도 관심을 가지고 있다는 점이다.

볼런터리 섹터에 참가하는 것은 사회권리옹호 단체로서의 성격으로 인해 정책지향성을 지니고 있는 정치참가로 간주할 수 있다. 그러나 종래의 일본에서의 정치참가의 형태와는 다르게 중앙정부나 자치단체에 대한 신뢰감을 기초로 한 협력·협조관계를 지향하는 정치참가이기도 하다. 종래의 정치참가에서는 중앙정부나 지방정부에 대한 신뢰관계를 발견하는 것이 가능하지 않았다.[35] 한편 볼런터리 섹터에 참가하는 것과 정치·행정과의 사이에 신뢰관계가 존재하는 것은 거기에 사회관계자본이 존재하는 것으로 볼 수도 있다. 따라서 볼런터리 섹터에 참가하는 것은 혼합복지의 담당자라기보다는 사회 전체의 효율성을 개선하는 것도 기대되며, 새로운 공공권역을 창출할 가능성도 있다. 단. 샐러몬이 '시장의 실패', '정부의 실패'에 이어서 '볼런터리 섹터의 실패'를 논의하고 있는 것에 주의를 환기시킬 필요가 있다. 볼런터리 섹터의 실패란 자원의 고갈, 자원을 수급하는 것의 비균형, 온정주의, 아마추어적인 판단을 가리킨다. 마찬가지로 공공섹터에 의한 NPO의 포섭, 혹은 NPO의 이익집단화 현상도 주의할 필요가 있다. 이러한 실패를 회피하기 위해서는 볼런터리 섹터에 시민이 직접 참여하거나 기부하는 행위를 통해서 볼런터리 섹터의 문화를 정착시키는 것이 필요할 것이다. 이 논문의 분석만으로는 지역주민이 볼런터리 섹터에 참가하는 것이 일본 전체에서 새로운 공동체의 형성에 기여하며 정치문화로서 확실히 형성되리라고 단언할 수는 없지만, 장래에는 그럴 가능성도 있다는 점을 이 논문의 분석 결과는 시사하고 있다.

---

35) 가바시마(蒲島)의 연구에서는 지역·시민운동, 선거운동에의 참가는 정치적 신뢰감(중앙정부, 지방자치단체에 대한 신뢰감의 인자득점)과의 상관관계가 보이지 않고 있다. 단 투표참가와 정치적 신뢰감은 약한 상관관계가 확인되고 있다.

참고문헌

岡部一明(2000),『サンフランシスコ発・社会変化とNPO』お茶の水書房

奥田道大(1975),「都市住民運動の展開とコミュニティ理念」「国民生活センター編」『現
　　　代日本のコミュニティ』.

奥田道大(1983),『都市コミュニティ理論』,東京大学出版会.

片桐新自(1995),『社会運動の中範囲理論』,東京大学出版会.

蒲島郁夫(1986),「政治参加」,綿貫譲治・三宅郎・猪口孝・蒲島郁夫『日本人の選挙
　　　行動』,東京大学出版会.

蒲島郁夫(1988),『政治参加』,東京大学出版会.

狩野裕・三浦麻子(2002),『増補版AMOS・EQS・CALISによるグラフィカル多変量解析』,
　　　現代数学社.

木全力夫(1977),「社会福祉領域におけるボランティア・ニード調査」(財) 地方自治協会
　　　編『自治とボランティア』,173-218項.

クルキ・シュラーズ・辻中豊・久保文明(2002),「米国における気候変動政策」『レヴァイ
　　　アサン』27号,47-2項.

厚生労働省監修(2002),『平成15年版,厚生労働白書』,ぎょうせい.

小林良二(1996),「福祉サービスと住民参加」社会保障研究所編『社会福祉における市民
　　　参加』,東京大学出版会.

佐藤慶幸(2002),「ボランタリー・セクターと社会システムの変革」,佐々木毅・金泰昌
　　　編『公共哲学7中間集団が開く公共性』,東京大学出版会.

庄司興吉編著(1986),『住民意識の可能性』,梓出版.

高野和良(1996),「ボランティア活動の構造」社会保障研究所編『社会福祉における市民
　　　参加』,東京大学出版会,103-128項.

高橋徹(1985),「後期資本主義社会における新しい社会運動」『思想』No.737, 2-14項.

高畠通敏(2004),『市民政治再考』,岩波ブックレット.

武川正吾(1996),「社会政策における参加」社会保障研究所編『社会福祉における住民参
　　　加』,東京大学出版会,7-40項.

武智秀之(1996),「政府と非営利団体」社会保障研究所編『社会福祉における市民参加』東
　　　京大学出版会,179-208項.

太郎丸博(1999),「近代家族規範の構造」山本嘉一郎・小野寺孝義編著『Amosによる共分
　　　散構造分析と解析』,ナカニシャ出版.

豊田秀樹(2002),『共分散構造分析[応用編]』,朝倉書店.

豊田秀樹(2003),『共分散構造分析[疑問編]』,朝倉書店.

西尾勝(1975),『権力と参加』,東京大学出版会.

西尾勝(1977),「自治とボランティア」(財) 地方自治協会編『自治とボランティア』.

似田貝香門(1991),「現代社会の地域集団」青井和夫監修/蓮見音彦編集『地域社会学』サイエンス社.

似田貝香門(1976),「住民運動研究の問題意識と分析課題」松原治郎・似田貝香門編著『住民運動の論理』, 学陽書房.

長谷川公一(1996),「NPO―脱原子力政策のパートナー」『世界』1996年 6月号, 244-254項.

長谷川公一(1997),『社会学入門』, 放送大学教育振興会.

長谷川公一(2000),「NPOと新しい公共性」佐々木毅・金泰昌編『中間集団か開く公共性』, 東京大学出版会.

長谷川公一(2003),『環境問題と新しい公共圏』, 有斐閣.

ペッカネン, ロバート(2000),「法, 国家, 市民社会」『レヴァイアサン』27号, 109-124項.

山田真裕(2004),「投票外参加の論理―資源, 指向, 動員, 党派性, 参加経験」『選挙研究』, No.19.85-99項.

渡戸一郎(1993),「ボランティア活動の今日的意義と展開方向」西尾勝編『コミュニティと住民運動』, ぎょうせい.

Brenton, M.(1985), *The Voluntary in British Social Series*, Essex: Longman.

Burns, N., S. Verba and K. L. Schlozman(2001), *The Private Roots of Public Action*, Cambridge: Harvard University Press.

Eder, K.(1982), "A New Social Movement?," *Telos*, 52 (Summer), pp.5-20.

Johnson, N.(1987), "The Welfare State in Tradition," *The Theory and Private of Welfare Pluralism*, Harvester Wheatsheaf.

Kasemire, B., J. Jager, C. Jaeger, and M, Garner eds.(2003) *Public Participation in Sustainability Science: A Handbook*, Cambridge: Cambridge University Press.

Kean, J.(1984), "Public Life and Late Capitalism," *Toward a Socialist Theory of Democracy*, Cambridge: Cambridge University Press.

Rose, R. and Shiratory, R. eds.(1986), *The Welfare State East and West*, Oxford: Oxford University Press. (木島賢・川口洋子訳(1990)『世界の福祉国家』)

Salamon, L. M(1993), America's Nonprofit Sector, The Foundation center.(入山映訳(1994)『米国の「非営利」セクター入門』ダイアモンド社.

Touraine. A.(1978), *La voix et le regard*, seuil(梶田考道(1983)『声とまなざし―社会運動の社会学』, 新泉社.

Verba. S. and Norman H. Nie(1972), participation in America, NewYork: Haper & Row, Publishers.

Verba. S., Norman H. Nie and jae-on, Kim(1978), Participation and political Equality, Cambridge: Cambridge university press (三宅一郎・蒲島郁男・小田健訳(1981)『政治参加と平等』, 東京大学出版会.

Verba. S., Kay Lehman Schlozman, and Henry E. Brady(1995), *Voice and Equality*, Cambridge: Harvard University Press.

Wuthnow, Robert. ed.(1991), *The Voluntary Sector in Comparative Perspective*, Princeton: Princeton University Press.

4장
일본의 사회관계자본[1]과 정치참가

나일경(羅一慶)

시작하며

이 논문의 분석대상은 시민복지 사업을 실시하고 있는 워커즈 콜렉티브(이하에서는 워커즈라고 줄임)이다. NPO를 분석적인 차원에서 비영리적인 경제활동을 실시하는 시민사업체와 경제적인 사업활동을 실시하지 않는 시민활동으로 분류한다면, 워커즈는 비영리적인 경제사업체라고 정의할 수 있다.

이 조직은 사회적 경제(social economy)에 관한 연구자들에 의해서 커다란 주목을 받고 있다.[2] 왜냐하면 워커즈는 지역공동체를 풍요롭게

---

1) social capital의 번역어를 '사회적 자본'으로 표현하는 경우, 도로나 항만 시설과 같은 사회적 자본이라는 용어와 혼선을 빚어낼 가능성이 높기 때문에, 본 논문에서는 social capital이 다른 형태의 자본(인적 자본과 물적 자본)과 비교해 사회관계 및 네트워크와 같은 사회구조적 특징을 강조하고 있는 개념이라는 점을 강조하기 위해 '사회관계자본'이라는 용어를 사용하기로 한다.

2) 佐藤(2002), pp.129-141 富沢(1999), pp.335-367.

하는 것을 지향하는 노동방식을 추구하며, 조직구조가 네트워크 형태의 횡적인 것으로 특징지어지며, 또한 협동조합형 NPO 중에서도 사회적 경제의 추진을 목적의식적으로 지향하고 실천하는 비영리적인 경제사업체이기 때문이다.

본 논문의 기본적인 문제의식은 NPO의 민주적 운영과 구성원들의 민주적 참가를 짐으로 느끼는 것이 아니라 NPO의 발전을 위한 추동력으로서 자리매김할 때, 그러한 조직은 경제적 생산성뿐 아니라 조직 자신은 물론 지역사회의 발전에 영향을 끼치는 가교형 사회관계자본(bridging, inclusive social capital)의 형성에도 기여할 수 있다는 것이다. 이러한 문제의식 아래, 본 논문에서는 워커즈의 활동이 자기조직의 효율성을 높이는 데 도움이 되는 사회관계자본의 축적뿐 아니라 지역사회 전체의 효율성을 높이는 사회관계자본의 형성에도 기여하고 있는지의 여부를 검증할 것이다. 나아가 후자의 사회관계자본의 형성에 워커즈의 민주적인 운영구조가 기여하고 있다는 점을 밝힘과 동시에 이를 실증적으로 검토하는 데 중점을 둘 것이다.

최근 사회관계자본의 제공자로서의 NPO의 기능에 관해서는 연구자들뿐 아니라 각종 정부기관과 국제기관에서도 커다란 주목의 대상이 되고 있다.[3] 그 배경에는, 예를 들자면 복지 서비스를 제공하는 NPO는 그 역할이 서비스의 제공에 그치는 것이 아니라 공급자와 이용자 사이의 대등한 관계를 구축하는 것을 통해서 일반적 신뢰(general trust)와 같은 사회관계자본을 형성하고 있다는 점에서도 중요한 역할을 수행하고 있다

---

3) 각종 정부기관과 OECD 및 World Bank와 같은 국제기관을 통해 이뤄지고 있는 사회관계자본론에 관한 정책학적 연구에 관해서는 『内閣府国民生活局市民活動促進課(2003)』, pp. 112-125를 참조.

는 문제의식이 존재한다. 즉, 서비스를 공급하는 사회적 경제 기업으로서의 역할뿐 아니라 사회관계자본과 같은 정치사회적 가치를 제공하는 조직으로서 NPO가 주목받는 것이다.

그러나 레비(Levi)가 지적하고 있는 바와 같이 NPO라고 해도 NPO가 어떠한 제도적 형태를 취하고 있는가에 따라서 사회 전체적으로 유익한 사회관계자본만이 아니라 유해한 사회관계자본을 형성할 가능성을 지니고 있다는 점을 간과해서는 안 된다.[4] 예컨대, NPO라고 할지라도 공익의 추구보다는 배타적인 집단적인 정체성을 강화시킴으로써 공익에 해로운 형태의 사회관계자본을 배양할 수도 있다. 또한 NPO에 참가하는 것을 통해서 조직 내부의 구성원에 대한 신뢰감이 생긴다고 할지라도, 그러한 신뢰감이 인간 일반에 대한 신뢰감으로까지 미치지 못하는 경우, 그러한 NPO가 사회 전체적으로 유익한 가치를 형성하는지의 여부에 대한 판단은 신중해야 할 것이다. 본 논문이 가교형의 인지적 사회관계자본(bridging & cognitive social capital), 즉 일반적 신뢰 및 일반적 호혜성을 형성시키는 제도적 메커니즘으로서 조직 내부의 민주적이고 평등한 의사결정과정에 주목하는 것은 그 때문이다.

본 논문은 의사결정과정에 관한 평등한 참가제도는 조직 내에 수평적인 교류를 촉진하는 인센티브를 제공하며, 일반적 신뢰와 일반적 호혜성과 같은 심리적 특성을 촉진하는 인센티브를 제공한다고 가정하고 있다. 이러한 가정 아래, 의사결정과정에 관한 평등한 참가제도와 사회관계자본과의 인과관계의 메커니즘을 야마기시(山岸俊男)의 「일반적 신뢰 발달의 인지자원의 투자모델」[5](the cognitive investment model of general

---

4) Levi(1986), p.50.

5) 山岸(1998), pp.178-183. 야마기시는 자신의 이론을 '신뢰발달의 인지자원 투자모델'이라는

trust development; 이하에서는 「일반적 신뢰의 발달모델」이라고 생략함)을 검토하는 가운데 밝히고자 한다. 이것이 본 논문의 첫 번째 목적이다.

본 논문의 두 번째 목적은 정치적인 시민활동조직이 일반적 신뢰를 양성하는 데 영향을 끼치는 메커니즘을 검토하는 것에 있다. 즉, 정치적인 시민활동조직이 NPO와 상호작용하는 것을 통해 얻어지는 사회적 편익을 사회관계자본론의 관점에서 검토하는 것이다. 이러한 관점에서 정치조직과 사회조직 간의 상호작용이 가지는 정치사회적 의미에 관해 일찍이 주목한 것은 토크빌(Tocqueville)이었다. 그는 『미국의 민주주의』에서, 시민단체는 정치단체를 만들기 쉽게 하지만, 역으로 정치단체도 시민단체를 발달시키며, 나아가 보다 세련된 조직으로 만들어 낸다는 점을 설득력 있게 지적한다.[6] 토크빌에 따르면, 시민단체는 커다란 사업을 공동으로 추구하는 능력을 발달시키는 기능을 지니고 있기 때문에 정치단체의 형성 가능성을 높이게 된다. 역으로 정치단체는 각 시민단체들을 상호 간에 접근시키고 접촉시키는 기능을 지니고 있으며, 나아가 각 시민단체를 가로지르는 보다 큰 목표를 제시함으로써 각 시민단체에 갇혀 있던 개인들을 조직 바깥으로 불러내어 사회적 단결을 촉구하는 기능을 지니고 있다. 그 결과, 정치단체는 시민단체 간의 네트워크를 형성하는 데 영향을 끼치며, 나아가 보다 많은 시민단체를 새롭게 만들어 내는 것에 기여한다는 것이다.[7]

개념을 통해 표현하고 있지만, 본 논문에서는 이 모델의 핵심은 일반적인 의미에서의 신뢰가 아니라 일반적 신뢰에 있다는 점에서 '일반적 신뢰 발달의 인지자원 투자모델'이라는 용어를 사용하기로 한다.

6) Touquville(2001), pp.520-521.

7) Ibid., pp.521-522.

위와 같은 토크빌의 생각은 사회관계자본론의 문제의식 및 논리와 맥을 같이한다고 볼 수 있다. 사회관계자본론의 한 논자인 후쿠야마 (Fukuyama)는 집단과 조직의 경계를 넘어서 공통의 사회적 목적을 달성하기 위해서 함께 협조하는 능력이야말로 사회관계자본의 핵심이라고 정의한다.[8] 이와 같은 관점에서 보자면 토크빌의 정치단체와 시민단체와의 관계에 관한 앞서의 기술은 다음과 같은 형태로 새롭게 기술될 수 있을 것이다. 즉, NPO가 정치적인 시민조직의 형성을 가능하게 만드는 것은 그것을 가능하게 만드는 사회관계자본의 축적에 영향을 끼치기 때문이며, 역으로 정치적인 시민조직이 NPO를 더욱 발전시키고 새로운 NPO를 형성하는 모태로서 기능하고 있는 것은 그것을 가능하게 만드는 네트워크와 같은 사회관계자본의 축적에 영향을 끼치기 때문이라고.

본 논문의 문제의식을 한 마디로 표현하자면 NPO가 일반적 신뢰 및 일반적 호혜성의 규범과 같은 사회관계자본과 어떻게 관계를 맺는지를 살피고자 하는 것에 있다고 말할 수 있다. 아래에서는 이러한 문제의식을 작업가설의 형태로 제시하기 위해 사회관계자본론의 기본 개념에 관해서 먼저 정리를 한 뒤, 이로부터 제출된 작업가설을 실증적으로 검토할 것이다.

I 사회관계자본의 정의와 구성요소

1. 사회관계자본의 정의

이 절에서는 NPO를 통해 사회관계자본이 형성되는 메커니즘을 설명

---

8) Fukuyama, 加藤訳(1996), p.40.

하기 전에 사회관계자본의 개념에 관해 이론적인 정리를 먼저 해두도록 하자. 퍼트남(Putnam)에 따르면, 사회관계자본이란 "협력적 행위를 촉진시켜 사회적 효율성을 향상시킬 수 있는 사회조직의 속성, 즉 신뢰, 규범, 네트워크와 같은 것을 지칭한다".[9] 사회관계자본의 기능에 주목하는 경우, 그것은 공통의 목적을 위해 함께 협조하는 능력을 지칭하는 개념이라고 이해할 수 있다.

한편 사회관계자본에 의한 협조의 범위와 기능에 따라서는 두 가지 형태의 사회관계자본이 존재한다고 볼 수 있다. 가교형 사회관계자본과 결속형 사회관계자본(bonding, exclusive social capital)이 그것이다. 퍼트남 등의 논자에 따르면, 가교형 사회관계자본이란 고정되고 폐쇄적인 구속으로부터 해방을 불러일으키는 역할을 수행하는 사회관계자본을 지칭하며, 이에 반해서 결속형 사회관계자본은 특정한 상대와의 관계를 더욱 강화시키는 역할을 수행하는 사회관계자본을 가리킨다.[10] 예컨대, 가교형 사회관계자본과 같은 기능을 지니는 것으로서는 일반적 신뢰(general trust)와 일반적 호혜성(generalized, diffuse reciprocity)의 규범, 그리고 수평적인 네트워크 및 그러한 네트워크에 의해 특징지어지는 시민조직을 들 수 있으며, 이에 반해 결속형 사회관계자본의 구성요소로서는 두터운 신뢰(thick trust)와 특수한 호혜성(balanced, specificreciprocity)의 규범,[11] 그리고 밀도 높은 네트워크에 의해 특징지어지는 혈연조직이나 종파조직과 같은 것을 들 수 있다.

---

9) Putnam(1993), p.167.

10) Putnam(2000), pp.22-24.

11) Putnam(2000), pp.22-23. 호혜성을 균형잡힌 호혜성과 일반적인 호혜성으로 분류하는 것에 관해서는 Sahlins(1972)를 참조할 것. 한편 Keohane(1986)은 호혜성을 구체적인 것과 포괄적인 것으로 분류한다.

또한 사회관계자본을 구성하는 요소들의 '특성'에 주목하는 경우,
사회관계자본은 구조적인 사회관계자본(structural social capital)과 인
지적인 사회관계자본(cognitive social capital)으로 분류될 수 있다.[12]
여기서 구조적인 사회관계자본이란 사회관계의 망을 의미하는 네트워크
및 역할, 규칙, 그리고 절차와 같은 제도에 의해서 특징지어지는 사회적
조직의 구조적 혹은 제도적 특징을 가리킨다. 이에 반해 인지적 사회관계
자본이란 호혜적인 행동을 촉진하는 규범, 가치관, 태도 등을 뜻한다.

본 논문에서는 사회관계자본에 관한 선행연구로부터 사회관계자본을
가교형의 구조적·인지적 사회관계자본과 결속형의 구조적·인지적
사회관계자본이라는 개념으로 구분해서 사용하고자 한다. 이러한 구분은
NPO의 제도적 특성 혹은 정치적 시민조직과 NPO 사이의 상호작용에
의해서 형성되는 사회관계자본의 특성을 가늠하는 데 도움을 줄 수
있기 때문이다.

2. 사회관계자본의 구성요소

신뢰는 사회관계자본의 핵심적 요소이다. 신뢰는 사회관계의 윤활유
로서의 역할을 수행하기 때문이다. 단, 신뢰 개념은 논자에 따라서 그
정의가 다양하며, 이는 사회관계자본으로서의 신뢰의 기능에 관한 논의에
혼선을 빚어내는 주요한 원인이 되고 있다. 본 절에서는 야마기시(山岸俊
男)의 신뢰 개념에 관한 정의를 사용하고자 한다. 왜냐하면 그의 정의법은
가교형 인지적 사회관계자본으로서의 신뢰와 결속형 인지적 사회관계자
본으로서의 신뢰의 기능에 관한 명확한 이해에 도움을 줄 수 있다고

---

12) Uphoff & Krishna(1999), Uphoff(1999); 内閣府国民生活局市民活動促進課(2003), p.19.

생각하기 때문이다.

야마기시는, 일반적인 의미에서의 신뢰의 기능을 논의하는 가운데, 신뢰가 기존의 인간관계를 '강화'시키는 측면과 자발적인 관계를 형성하는 혹은 폐쇄적인 관계의 해방자로서의 기능, 즉 '관계 확장'의 측면이 존재한다는 점에 주목한다. 그리고 이 두 가지 측면에 대응하는 형태로 일반적인 의미에서의 신뢰 개념을 신뢰(trust)와 안심(assurance)이라는 개념으로 재구분한다. 여기서 신뢰와 안심의 개념적 구분의 포인트가 되는 것은 상대방이 자신을 착취할 의도가 없을 것이라는 기대의 근거가 무엇인가이다. 야마기시에 따르면, 신뢰란 "상대방의 내면에 존재하는 인간성이나 상대방이 자신에 대해 가지는 감정 등에 대한 판단에 기초해서 상대방의 협력 의도를 기대하는 것"[13]을 가리키는 개념이다. 이에 반해 안심이란 상대방이 자신을 착취하는 행동을 취하는 경우, 그것이 곧 자신에게도 손해가 되는 상황 즉, 자신을 착취할 행동을 취할 유인이 상대방에게 존재하지 않는다는 판단에 근거해서 상대방이 자신을 착취할 의도가 없을 것이라고 기대하는 것[14]을 지칭한다. 예컨대 야마기시가 내집단 편형적인 기대(in-group favoritism)라고 부르는 신념, 즉 현재 관계를 맺고 있는 특정한 상대로부터 자신에게 유리한 대우를 기대할 수 있다는 신념은 신뢰가 아니라 안심으로 분류될 수 있다.

또한 신뢰와 안심의 개념적 구분은 상대방과 자신과의 관계 사이에 존재하는 사회적 불확실성에 의해 이뤄진다고 이해할 수 있다.[15] 여기서 사회적 불확실성이란 상대방이 이기적으로 행동하는 경우, 자신이 손해를

---

13) 山岸(1998), p.38.
14) 위의 책, pp.38-39.
15) 위의 책, pp.39-40.

볼 수 있는 상황을 지칭한다. 이러한 관점에서 보자면, 신뢰란 사회적 불확실성이 존재함에도 불구하고 상대방이 자신을 착취하는 것과 같은 행동을 하지 않으리라고 기대하는 것이며, 이에 반해 안심이란 사회적인 불확실성이 존재하지 않는 상황 속에서 상대방이 자신을 착취할 의도가 없을 것이라고 기대하는 것을 지칭한다고 볼 수 있다.

이러한 정의에 입각하는 경우, 안심은 이미 관계를 맺고 있는 상대방과의 관계를 넘어서는, 즉 새로운 형태의 자발적 관계의 형성보다는 기존의 관계를 강화시키는 측면에서 사회관계자본으로서의 기능을 수행하고 있다고 볼 수 있다. 반면 신뢰의 사회관계자본으로서의 기능에 대한 평가는 여기서 판단하기에는 아직 이르다. 왜냐하면 신뢰란 일반적 신뢰와 인간관계적 신뢰 혹은 인격적 신뢰 등에 의해 재분류하는 것이 가능하고, 그러한 신뢰의 종류에 따라서 사회관계자본으로서의 기능도 달라질 수 있기 때문이다.

야마기시는 신뢰 개념을 일반적 신뢰와 인간관계적 신뢰(relatio nal trust) 혹은 내집단 편향적인 기대에 기초한 신뢰로 분류한다. 그에 따르면 일반적인 신뢰란 사회적 불확실성이 존재하는 상황, 즉 상대방의 신뢰성에 대한 판단자료가 없는 상황에서 인간 일반에 관한 정보, 지식, 그리고 신념 등에 기초해서 상대방이 이기적으로 행동하지 않을 것이라고 하는 기대를 말한다.[16] 이에 반해 인간관계적인 신뢰란 안정적인 관계를 맺고 있는 상대방은 그렇지 않은 사람보다 신뢰할 수 있다는 생각에 기초한 것으로서, 이러한 신뢰는 상대방이 자신에 대해서 가지는 호의와 태도에 근거를 두고 있는 기대를 지칭한다.[17] 내집단 편향적인 기대란 이러한

---

16) 위의 책, pp.42-43, p.48.
17) 위의 책, pp.44-46.

개념적 구분을 인간관계의 강화와 확장이라는 관점에서 재논의하자면, 일반적인 신뢰는 새로운 인간관계를 자발적으로 형성시키는 기능, 즉 인간관계를 확장시키는 기능을 지니고 있는 반면에 인간관계적 신뢰나 내집단 편향적인 기대는 기존의 인간관계를 단지 강화시키는 기능을 지니고 있다고 예상할 수 있을 것이다.

퍼트남은 개인적인 관계나 경험으로부터 획득되는 두터운 신뢰(thick trust)와 일반적 호혜성에 기초한 사회적 네트워크로부터 생기게 되는 엷은 신뢰(thin trust; 일반적 신뢰)를 구분하고 있다.[18] 여기서 야마기시의 일반적 신뢰는 퍼트남의 엷은 신뢰라는 개념의 정의에 대응하며, 야마기시의 인간관계적 신뢰나 내집단 편향적인 기대에 기초한 신뢰는 퍼트남의 두터운 신뢰의 정의에 대응한다.

사회관계자본의 또 하나의 중요한 구성요소는 호혜성의 규범이다. 일반적 호혜성(generalized, diffuse)은 가교형 사회관계자본의 구성요소이며, 구체적 호혜성(balanced, specific reciprocity)의 규범은 결속형 사회관계자본의 구성요소라고 분류할 수 있다. 퍼트남에 의하면, 일반적 호혜성은 "어느 특정한 시기에는 보상을 받지 못하거나 가치가 다를 수 있는 지속적인 교환관계를 지칭하는 것으로서, 이것은 내가 오늘 베푸는 혜택이 미래에 보상받으리라는 상호기대를 전제로 하는 것이다".[19] 이에 반해 특수한 호혜성이란 "등가의 항목을 동시에 교환하는 것을 지칭하는 것으로서, 사무실에서 명절 선물을 교환하는 것, 국회의원들의 주고받기 식 입법(log-roll)과 같은 행위"를 말한다.[20]

---

18) Putnam(2000), pp.134-137.

19) Putnam(1993), pp.172.

20) Putnam(1993), pp.172.

표 4-1 사회관계자본의 유형

	가교형	결속형
구조적	시민참가의 수평적 네트워크, 환경조직·적십자 등의 공익 조직	혈연조직, 종족집단, 노동조합, 상공회의소 등의 이익집단
인지적	일반적 신뢰, 일반적 호혜성의 규범	안심/두터운 신뢰(인간관계적 신뢰, 내집단 편향적인 기대), 특수한 호혜성의 규범

　사회관계자본의 또 다른 핵심적인 구성요소는 시민참가의 수평적 네트워크이다. 수평적인 시민참가의 네트워크는 시민들이 상호 이익을 위해 협력할 가능성을 향상시킨다. 왜냐하면 시민참가의 네트워크는 개별적인 관계 및 거래에서 배신자가 지불하여야 하는 잠재적 비용을 증가시키며, 호혜성과 관련된 협력 규범을 만들어 내고, 그리고 의사소통을 원활히 하고, 개인의 신뢰성에 관한 정보의 흐름을 향상시킴으로써 신뢰성을 향상시키는 유인을 제공하기 때문이다.

　사회관계자본의 구성요소를 가교형·결속형 자본과 구조저·인지적 자본으로 교차해서 정리하는 경우, 다음과 같이 정리될 수 있다(표 4-1 참조). 가교형 구조적 사회관계자본은 시민참가의 수평적 네트워크를 지칭하며, 결속형 구조적 사회관계자본은 혈연조직이나 종족집단 그리고 배타적인 집단이익을 추구하는 이익집단을 지칭한다. 한편 가교형 인지적 사회관계자본을 구성하는 요소로는 일반적 신뢰와 일반적 호혜성을 들 수 있으며, 결속형 인지적 사회관계자본의 구성요소로는 두터운 신뢰, 즉 인간관계적 신뢰와 내집단 편향적인 기대, 그리고 특수한 호혜성의 규범을 들 수 있다.

II 일반적 신뢰 발달의 투자 모델

1. 두터운 신뢰의 형성 메커니즘

이 장에서는, 야마기시의 논의를 중심으로, 두터운 신뢰와 엷은 신뢰 (일반적 신뢰)의 형성 메커니즘이 다르다는 점에 주목하여 각 메커니즘의 차이점에 관해 검토하도록 한다. 퍼트남의 논리적 문맥에 따르면, 두터운 신뢰는 개인적으로 친밀한 관계나 폐쇄적인 네트워크로부터 생겨나며,[21) 엷은 신뢰(일반적 신뢰)는 집단 간의 경계를 가로지르는 사회적 네트워크 혹은 개방적인 사회적 네트워크로부터 생겨나는 것으로 보인다.[22) 이러한 설명원리는 야마기시의 일반적 신뢰와 인간관계적 신뢰 및 내집단 편향적인 기대의 원천에 관한 각 설명원리와 맥을 같이한다. 한편 야마기시의 설명원리는 퍼트남의 설명원리를 보다 구체적이고 명확한 형태로 제시하고 있다는 점에서 주목할 필요가 있다. 따라서 본 장에서는 야마기시의 논의를 중심으로 두터운 신뢰와 엷은 신뢰인 일반적 신뢰의 형성 메커니즘에 관해서 살피고자 한다.

먼저 야마기시에 의한 두터운 신뢰의 형성 메커니즘에 관한 논의를 살펴보도록 하자. 야마기시의 정의에 따르는 경우, 퍼트남의 두터운 신뢰에 대응되는 개념은 인간관계적 신뢰와 내집단 편향적인 기대이다. 야마기시에 따르면, 인간관계적 신뢰는 인간 일반에 관한 정보나 지식 그리고 신념을 필요로 하지 않는 상대방의 의도에 대한 기대를 말한다. 그것은 상대방이 자신에 대해 가지고 있는 호감이 기초가 되어 유지되는 '연인형의 커미트먼트 관계'(lovers-type commitment relation)로부터 생기는 것이기 때문이다.[23) 커미트먼트 관계란 그 밖의 상대방으로부터

---

21) Putnam(1993), pp.171.
22) Putnam(2000), pp.136.

의 유리한 꼬임을 거부하고, 동일한 상대방과의 관계를 지속하는 것을 상호간에 선택하는 경우를 지칭한다. 즉, 단기적인 이익을 놓치게 된다고 할지라도 동일한 상대방과의 관계를 지속하는 경우에 그러한 관계는 커미트먼트 관계가 형성된 것으로 정의된다.[24] 이에 반해서 내집단 편향 적인 기대의 원천은 야쿠자형의 커미트먼트 관계(yakuza type commit ment relation), 즉 인간관계 내부에서 상호간에 유리한 쪽으로 행동하는 것이 각 행위자에게 유리한 결과를 불러일으키는 관계, 혹은 상호간에 그러한 이해관계를 이해하고 있기 때문에 유지되는 관계로부터 생기는 것이다.[25]

인간관계적 신뢰와 내집단 편향적인 기대는 각각 야쿠자형의 커미트 먼트 관계와 연인형의 커미트먼트 관계를 원천으로 하고 있다는 점에서는 그 형성 메커니즘이 다르다고 볼 수 있다. 그러나 두 사회적 관계는 일반적 신뢰와 비교해서 사회적 불확실성의 정도가 낮다는 점에서 공통적 인 특성을 지닌다.

2. 일반적 신뢰의 형성 메커니즘

이어서 엷은 신뢰, 즉 일반적 신뢰의 형성 메커니즘에 관한 야마기시의 논리를 퍼트남의 논리와 대비시키는 가운데 살펴보도록 하자. 퍼트남에 따르면, 일반적 신뢰 혹은 사회적 신뢰란 상호간에 관련된 두가지 요소, 즉 시민참가의 수평적 네트워크와 일반적 호혜성에 의해서 형성된다.[26]

---

23) 山岸(1988), pp.64-65.
24) 위의 책, pp.92-96.
25) Putnam(1993), p.171.
26) Ibid., p.171.

그러나 그는 일반적 신뢰가 시민참가의 수평적 네트워크 혹은 일반적 호혜성의 규범에 형성되는 까닭을 명료하게 설명하고 있지 않다. 여기서 퍼트남을 비롯한 사회관계 자본론에 관한 연구자들이 안고 있는 핵심적인 문제점을 지적할 수 있다. 즉, 일반적 호혜성의 규범, 혹은 그러한 규범에 의해 유지되는 시민참가의 네트워크가 일반적 신뢰의 수준을 높이는 효과를 지니고 있다면 그 까닭은 무엇인가? 본 절에서는 이와 같은 과제를 해명하기 위한 실마리를 제공해주는 이론으로서 야마기시의 일반적 신뢰의 발달모델에 주목하고자 한다.

일반적 신뢰 발달모델은 실험심리학적 연구에 의한 다음과 같은 세 가지 가정 및 발견을 전제로 구축되고 있다. 첫 번째 전제는 사회적 불확실성이 높고 기존의 커미트먼트 관계에 머무는 기회비용이 높은 환경 속에서만이 타자의 신뢰성을 정확히 가늠하는 능력이 필요해진다는 점이다. 즉, 위와 같은 환경 속에서만이 타자의 신뢰성을 예측하는 데 필요한 사회적 지성(social intelligence)을 개발할 인센티브가 제공된다는 것이다.[27] 여기서 사회적 지성이란 자신과 상대방의 감정 및 내적 상태에 대한 감수성을 포함한 감정적 지능(emotional intelligence)을 이용하여 상대방의 신뢰성의 결여를 시사하는 정보에 만감하게 반응하는 능력 혹은 타자의 신뢰성의 결여를 정확하게 판단하는 능력을 지칭한다. 야마기시는 사회적 지성이 사회적 지능과 동의어로 쓰여질 수도 있지만, 사회적 지성이라는 용어는 훈련에 의해 발달될 수 있다는 함의를 지닌다는 점에서 사회적 지능 혹은 감성적 지능이라는 개념 대신에 사회적 지성이라는 개념을 사용한다.[28]

---

27) 山岸(1998), pp.179-180.
28) 위의 책, pp.178-179, Yamagishi(2001), pp.121-147.

두 번째 전제는, 일반적 신뢰의 수준은 학습에 의해서 향상되기 힘들지만, 다른 사람의 신뢰성을 시사하는 정보에 민감하게 반응한다든지 다른 사람의 신뢰성의 결여를 정확하게 판단하는 능력, 즉 사회적 지성은 학습이나 훈련에 의해서 향상될 수 있다는 점이다. 이는 인지자원의 의식적인 투자에 의해서 일반적 신뢰의 발달을 설명할 수 없지만, 사회적 지성의 발달은 설명될 수 있다는 점을 의미한다.29)

세 번째 전제는 사회적 지성의 수준이 높은 사람은 높은 수준의 일반적 신뢰에 기초해서 행동하지만, 사회적 지성의 수준이 낮은 사람은 높은 수준의 일반적 신뢰에 기초해 행동하기 어렵다는 것이다.30)

이상의 세 가지 전제를 기초로 하는 일반적 신뢰의 발달모델은 일반적 신뢰가 형성되는 메커니즘에 관한 가설을 다음과 같은 형태로 제시한다. 즉, 사회적 불확실성과 기존의 인간관계에 머무는 기회비용이 양쪽 모두 높은 환경에서는 이러한 환경에 의식적으로 적응하기 위한 행동으로서 상대방의 신뢰성과 관련된 인지적 자원을 의식적으로 투사일 필요성을 갖게 되고, 그 결과 발달하게 된 사회적 지성의 부산물로서 일반적 신뢰가 발달한다는 것이다. 사회적 불확실성과 기회비용이 높은 환경은 사회적 지성의 발달을 촉진하는 인센티브를 제공하며, 사회적 지성의 발달은 일반적 신뢰에 기초한 행동에 수반되는 사회적 리스크를 감소시키는 데 영향을 끼치기 때문에, 사회적 지성의 수준이 높은 사람은 높은 수준의 일반적 신뢰를 가질 수 있다는 것이다.

이 모델은 일반적 신뢰의 형성 메커니즘과 관련해서 두 가지 중요한 점을 시사한다. 그 하나는 사회적 지성의 수준이 높은 사람은 일반적

---

29) 위의 책, pp.179-181.
30) 위의 책, pp.181-182.

신뢰에 기초해서 행동해도 커다란 곤란함에 (지속적으로) 직면할 가능성
이 높지 않기 때문에 일반적 신뢰의 수준이 높을 수 있지만, 사회적
지성의 수준이 낮은 사람은 일반적 신뢰에 기초해서 행동했다가는 커다란
곤란함에 직면할 가능성이 높고, 더욱이 그러한 곤란함을 반복해서 직면
할 수 있기 때문에 일반적 신뢰에 기초한 행동을 취할 수 없다는 점이다.
이와 같은 입장에서 보자면, 일반적 신뢰란 사회적 지성의 높은 수준에
의해서 뒷받침된, 대인관계를 처리하는 능력에 관한 자각 혹은 자신감이
라고도 말할 수 있을 것이다.[31] 다른 하나는 일반적 신뢰는 야쿠자형
커미트먼트 관계나 연인형 커미트먼트 관계와 같은 사회적 관계의 효용이
높은 집단 혹은 사회에서는 형성되기 어렵다는 것이다. 이를 행위자의
입장에서 보자면, 그와 같은 커미트먼트 관계에 머물러 있는 것이 그와
같은 관계를 넘어서는 것에 비해 득이 많은 사람의 경우에는 새로운
상대와 자발적인 관계를 형성하는 데 필요한 인지자원을 투자할 필요성을
느끼지 못할 것이며, 그 결과 사회적 지성의 부산물로서의 일반적 신뢰에
기초한 행동도 취하기 어렵다는 것이다.

III 분석대상의 특징

1. 워커즈 콜렉티브의 탄생과 사회화

　　가나가와현(神奈川県)의 '워커즈 콜렉티브 연합회'(ワーカーズ・コ
レクティブ連合会)에 의하면 워커즈는 다음과 같이 정의되고 있다.
워커즈란 지역에서 생활하는 주민들이 생활자·시민의 관점에서 지역에

---

31) 위의 책, p.183.

필요한 서비스와 가치를 생산하는 비영리·협동의 시민사업을 경영하기 위해서 전원이 출자하고 경영에 책임을 지니며 노동을 상호간에 분담하는 새로운 노동방식을 추구하는 조직이다.[32] 이 연합회에 따르면, 워커즈의 가장 큰 특징은 그 어떤 NPO보다도 조직내 민주주의를 강조한다는 점이다. 따라서 워커즈는 참가자들 전원이 참가와 책임을 당연한 것으로 받아들이는, 즉 민주주의를 철저히 실천하는 노동조직이며 운동조직으로서 정의된다. 나아가 동연합회에 따르면, 워커즈는 이 조직에 관련된 사람들의 이익뿐 아니라 지역사회에 존재하는 시민자본섹터(사회경제적 섹터)를 확대하고 참가형 시스템을 구축하는 것을 지향한다는 점에서 여타의 NPO보다도 '사회운동체'로서의 성격을 강하게 지닌다. 바로 이와 같은 특징을 실제로 구현하고 있다는 점이 워커즈가 시민사업조직임과 동시에 시민운동조직으로서 사회적인 주목을 받고 있는 이유이며, 사회적 경제 섹터에 속하는 조직의 전형적인 예로서 많은 연구자들에 의해 주목되고 있는 이유이기도 할 것이다.

일본에서 처음으로 설립된 워커즈는 생활클럽 생협의 점포를 조합원들이 자주적으로 운영하기 위해서 탄생된 '워커즈 닌진'(1984년)이었다. 이는 생활클럽 생협의 운영에 기여하는 볼런터리 워크(work)의 가치를 정당하게 평가하기 위한 방책으로서 고안된 것이었다. 또한 그것은 보다 좋은 물건을 싸게 제공하는 것이 생협의 사명인 것처럼 강조된 나머지 생협의 산물이 조합원들 자신이 자발적으로 생협의 운영에 참여해서 만들어낸 산물이라는 점을 체감하기 어려워지고, 그 결과 조합원들에 의한 볼런터리 노동의 소중함이 잊혀져 가는 생협문화에 대처하기 위한

---

32) 워커즈 콜렉티브 연합회 홈페이지(http://www.wco-kanagawa.gr.jp).

수단이기도 했다.33) 이와 같은 배경은 워커즈의 정관에 '고용과 피고용의 관계가 아닌 주체적인 노동방식'이라든지 '자주적으로 관리하는 노동방식'을 실천한다와 같은 용어를 통해서 표현되고 있다.

이와 같이 해서 설립된 워커즈는 자주관리적인 노동방식의 적용범위를 생협에서 지역사회 전체로 확장시킴으로써 '지역사회의 공동체를 보다 풍요롭게 하는 노동방식'으로 사회화되는 길을 걷게 된다. 이러한 확장과정에는 '가나가와 네트워크 운동'(지역정당)에 의한 적극적인 인적 · 정책적 지원이 적지 않게 공헌을 하였다. 현재 워커즈 콜렉티브 연합회에 소속된 워커즈는 2004년 11월 현재 218단체이며, 회원은 6,074명이다. 주요한 활동의 내용은 아래와 같다.

◎ 재택복지부문(138단체): 가사 개호, 식사배급, 이동 서비스, 데이 서비스, 보육 서비스, 건강관리 지원서비스 등의 사업(이들 단체는 반 이상이 NPO법인을 획득하고 있고, 그 외의 워커즈는 '복지클럽 생협'에 소속되어 개호보험사업에 참여하고 있다).

◎ 식사부문(10단체): 요리의 소재에 주의를 기울인 반찬, 배달, 레스토랑의 운용, 빵의 제조와 판매 등의 사업.

◎ 가게부문(15단체): 환경에 부담이 적은 물품을 파는 가게, 적정한 가격에 전시회장을 빌려주는 사업, 리사이클 가게 등의 사업

◎ 정보 · 문화부문(9단체): 출판 · 인쇄 관련의 사업, 요리 · 문화 교실 사업

◎ 위탁사업 부문(46단체): 각 생협 및 민간기업과의 계약에 기초한 위탁 사업

---

33) 橫田(1992), p.202.

워커즈의 급속한 확장에 따라, 1990년대 말에 들어서면서부터는 생협을 넘어 지역사회 전체에서 워커즈가 차지하는 역할과 사명을 분명히 할 필요성이 증대하게 된다. 워커즈의 이념과 운영방침을 나타내고 있는 '워커즈의 가치와 원칙'이라는 정관은 그러한 필요성을 충족시키기 위해 만들어진 것이었다. 이 정관은 살기 편한 마을 만들기와 관련해서 워커즈가 기여할 수 있는 점에 관해 다음과 같이 표명하고 있다. 워커즈는 "공동체에서 돈으로 살 수 없는 가치를 만들어 내고, 유상·무상을 불문하고 상품을 보다 직접적인 형태로 교환하는 노동방식을 통해서 상호부조 정신에 기초한 다양한 형태의 협동·계약관계가 뿌리를 내리고 있는 협동조합, 지역사회 즉, 살기 편한 지역사회를 만듭니다".[34] 또한 워커즈의 가치와 원칙은 워커즈가 실천하는 노동방식과 지역사회의 공동체적 관계의 형성과의 관계를 '공동체 노동'과 '공동체 가격'이라는 신조어를 통해 주창하고 있다.[35] 공동체 노동이라는 개념은 워커즈가 실천하는 노동방식의 최종적 목적이 이윤을 창출하는 것에 있는 게 아니라 상호부조하는 협동·계약관계를 활성화시키는 데 있으며, 자치적인 시민을 형성하는 데 있다는 점을 강조하기 위해 만들어진 용어이다. 한편 공동체 가격이라는 개념은 워커즈가 실천하는 노동방식을 화폐 가치로서 평가할 때 자신의 노동에 의해서 제공된 서비스를 언젠가는 자신도 이용하게 될 것이라는 점을 고려한 가격을 지칭한다. 즉, 공동체 가격이란 자신이 현재 생활하고 있는 지역사회에 워커즈가 더욱 더 번성하는 경우, 사회관계자본이 풍요로운 지역사회로 변모함으로써 그러한 사회의 개인적인 혜택을 자신도 누릴 수 있을 것이라는 점을 전제하는 가격이다. 이 두

---

34) 橫田(2001), pp.32-33.

35) 위의 책, pp.31-34.

가지 용어는 워커즈에 의한 사회관계자본의 형성 메커니즘을 이해할 때 키워드가 되고 있기에 다음 절에서 보다 상세히 살피도록 하자.

2. 워커즈 콜렉티브와 사회관계자본의 형성 메커니즘

워커즈의 활동 속에서 이뤄지는 구조적 사회관계자본과 인지적 사회관계자본 간의 상호작용 과정과 형성과정에 초점을 맞추는 가운데, 워커즈라는 조직의 특징을 요약하면 다음과 같다.

첫 번째, 워커즈가 실천하는 노동방식이 고용과 피고용의 관계가 아닌 자주관리적인 것이어야 한다는 점을 워커즈가 강조하고 있다는 점에 주목할 필요가 있다. 이는 워커즈가 표방하는 노동방식이 실천되는 데는 워커즈 구성원들의 경영에 대한 참가와 책임이 불가결해진다는 점을 의미한다. 경영에 대한 참가와 책임이 실질적인 것이 되기 위해서는 이를 뒷받침하는 제도의 구비가 필요해지는 바, 그러한 제도 중의 하나로서 워커즈는 의사결정과정에 대한 평등한 참가를 보장하고 있다. 한 달에 한 번 열리는 '정례회'가 그것으로서, 이 모임을 통해 워커즈의 경영과 관련된 결정이 일반 구성원들의 참가에 의해 이뤄지고 있다. 경영참가제도가 실질적으로 운영되는 것을 보장하는 소집단제도를 들 수 있다. 실제로필자의 조사에 따르면, 워커즈의 평균 구성원의 수는 25인 정도였다.

신뢰형성의 메커니즘이라고 하는 관점에서 위와 같은 제도의 기능을 검토하는 경우, 다음의 네 가지 점에 주목할 필요가 있다. 그 하나는 경영참가가 보장되어 있기는 하지만 그러한 참가가 강제성을 수반하는 것이 아니라는 점이다. 즉, 불참가에 따른 공식적인 처벌수단까지는 구비되어 있지 않은 것이다. 이는 워커즈의 구성원들이 다른 구성원들의 경영에 대한 불참가가 무임승차적인 동기에 따른 것인지, 아니면 일시적인 혹은 어쩔 수 없는 사정에 따른 것인지에 관해서 민감해질 것이라는 점을 시사한다. 즉, 정례회라는 모임은 다른 구성원들의 신뢰성을 정확히 판단하는 학습능력을 향상시키는 인센티브를 제공하고 있는 셈이다. 따라서 정례회를 통한 경영참가제도는 일반적 신뢰 발달의 투자모델의 관점에서 보자면, 다른 구성원들의 신뢰성을 판단하는 능력, 즉 사회적 지성의 향상에 기여할 것이며, 그 산물로서 일반적 신뢰의 수준을 향상시키는 데도 영향을 끼칠 것이라고 예측할 수 있다. 이러한 추론에 입각하는 경우, 워커즈의 경영참가제도에 적극적으로 참가하는 사람들은 그렇지 않은 구성원들보다 일반적 신뢰의 수준이 높을 것으로 예상할 수 있다.

두 번째 특징은 워커즈가 소집단 제도를 채용하고 있다는 점이다. 소집단은 대집단과 비교해 구성원들 상호간의 의사소통을 비롯해 개인의 신뢰성에 관한 정보의 흐름이 원활할 것이다. 따라서 다른 조건이 같다면, 워커즈의 소집단 제도는 구성원들에게 자신의 신뢰성에 관한 평판에 마이너스가 되는 행동을 삼가하게 만드는 인센티브를 제공할 것으로 보인다. 소집단에서는 워커즈의 경영에 대한 불참가가 일시적인 혹은 어쩔 수 없는 사정에 따른 것인지, 아니면 상습적인 것인지가 다른 구성원들에 의해 쉽게 파악될 수 있기 때문이다. 소집단 제도를 채용하고 있는 워커즈에서는, 퍼트남의 표현을 빌리자면, "썩은 사과, 즉 기회주의자를 발견하고 처벌하는 것이 쉽기 때문에 배반하는 전략의 위험부담이 많게 되고 덜 유혹적일 것이다".[36] 또한 소집단은 대집단과 비교해 상호간의 약속을 지키는 규범을 받아들인다는 평판을 쌓아 올리려는 인센티브를

---

36) Putnam(1993), p.178.

제공할 것이다. 예컨대 경영에 대한 참가와 책임이라는 원칙에 입각한 행동을 취하지 않는 구성원은 다른 구성원들에 의해 그 외의 규칙에 대한 약속도 지키지 않을 것이라는 평판을 불러일으킴으로써 기회주의적인 행동이 지불해야 하는 잠재적 비용을 증가시킬 것이기 때문이다. 따라서 다른 조건이 같다면, 워커즈는 한편으로는 자신의 신뢰성에 대한 평판에 마이너스가 되는 행동을 삼가할 가능성이 높고, 다른 한편으로는 경영에 대한 참가의 약속을 지키는 규범을 받아들인다는 평판을 쌓는 데 주의를 집중시킬 가능성이 높을 것이다. 이러한 의미에서 소집단 제도와 경영에 대한 참가와 책임을 보장하는 정례회는 상호강화적인 관계로 맺어져 있다고 볼 수 있을 것이다.

워커즈의 세 번째 특징은 가정 내 혹은 지역사회에 묻혀 있었던 언페이드 워크(unpaid work)가 지역사회에 유익한 가치를 생산하며, 보다 직접적인 교환형태를 통해 상호부조적인 관계를 형성하는 데 기여한다는 점에서, 언페이드 워크를 '공동체 노동'으로서 적극적으로 평가하며 그 화폐가치를 '공동체 가격'이라는 원리에 의해 사회화하는 것을 시도하고 있다는 점이다. 여기서 '공동체 가격'이란, 앞서 지적한 것처럼 '언젠가는 자신이 이용자가 되는 것을 고려한 가격[37]을 말한다. 예컨대 가사를 보조하는 서비스의 경우, 자신이 이용자가 되었을 때를 상정하여 가격을 책정하기에, 민간기업에 의한 서비스 가격의 약 3분의 1에 해당되는 840엔의 가격으로 서비스를 제공할 수 있게 된다. 다른 한편 840엔이라는 가격에는 서비스의 제공을 위해 워커즈 구성원들이 투입한 노동의 가치가 자신에게 회귀되지 않을 수도 있다는 위험부담을 보증하는 보험으로서의

---

37) 橫田(2001), pp.27-34.

가치가 포함되어 있다.[38] 상호부조적인 지역사회의 관계가 완벽한 형태로 존재하게 된다면, 서비스의 제공을 위해 자신이 투입한 노동의 가치가 회귀될 가능성도 100%가 되기 때문에 840엔이라는 가격도 필요하지 않을 것이다. 그러나 현실적으로 판단하는 경우, 자신이 서비스를 이용하는 입장이 되었을 때, 그러한 상호부조적인 관계가 자신이 살고 있는 지역사회에 형성되지 않을 수도 있다는 점은 상식적으로 이해할 수 있다. 또한 서비스의 제공자 자신이 다른 지역사회로 이사할 가능성 등을 염두에 둘 때, 서비스를 제공하기 위해 자신이 투입한 노동의 가치가 환원되지 않을 수도 있을 것이다. 이러한 의미에서 공동체 가격에 입각한 워커즈의 노동방식이 제공하는 가치는, 사회관계자본론의 용어를 통해서 표현하자면, 일반적 호혜성의 규범에 의해 유지되는 사회적 관계의 정도에 의해서 그러한 관계에 의한 개인적 혜택을 할인한 가격이라고 간주할 수 있을 것이다.

요컨대, 워커즈의 '공동체 가격'에 입각한 노동방식의 가격책정 시스템은 사회관계자본의 구조적인 요소인 간접적이고 순환적인 호혜주의적 네트워크를 지역사회에 뿌리를 내리게 하기 위한 현실적인 방책으로 볼 수 있을 것이다. 이 가격시스템은 한편으로는 그 이념에 공감하는 구성원들에게는 사회적인 보람을, 다른 한편으로 그 이념에 공감하지 않는 구성원들에게는 840엔이라는 경제적인 편익을 제공해줌으로써 결과적으로 일반적인 호혜성의 규범에 입각한 사회적 관계의 형성에 기여하는 참가자들의 범위를 확장시키고 있기 때문이다. 이러한 관점에서 보자면, 워커즈의 노동은 지역사회에 가교형의 구조적 · 인지적 사회관계자본

---

38) 橫田(2002), p.95 요코다 가쓰미, 나일경 번역(2004), p.128.

을 풍요롭게 만드는 조직화된 투자 행위라고 간주할 수도 있을 것이다.

워커즈의 네 번째 특징은 '가나가와 네트워크 운동'(지역정당)에 의해 워커즈의 사회적 가치가 시민사회와 정치사회 양쪽에서 적극적으로 주창되고 정책적인 지원이 이뤄지고 있다는 점이다.39) 가나가와 네트는 정책 정강을 통해 기본 정책 중의 하나로서 자유로운 "삶의 방식과 노동의 방식을 지원하는 제도 만들기를 목표로 삼습니다", "워커즈 등의 비영리 시민사업에 의한 복지서비스를 보다 많이 제공하기 위해서 비영리 시민사업의 육성과 지원을 위한 제도를 제안하겠습니다"40)라고 표명하고 있다. 이러한 표명에 그치지 않고, 가나가와 네트의 구성원들은 워커즈의 활동에 적극적으로 참여하는가 하면 새로운 서비스 부분에서 워커즈를 창립하는 데 적극적으로 개입하고 있다. 필자의 조사에 따르면, 워커즈의 구성원 중 약 50%가 가나가와 네트의 구성원과 중복되어 있는 점은 바로 그 때문일 것이다. 이와 같이 가나가와 네트는 워커즈를 창립하고 발전시키는 데 정책적인 지원을 하고 있을 뿐 아니라 인적인 자원도 적극적으로 지원하고 있다. 나아가 가나가와 네트는 워커즈 콜렉티브 연합회와는 다른 차원에서 워커즈 간의 네트워크를 긴밀히 만드는 데 기여하고 있다. 가나가와 네트는 워커즈에 워커즈의 사업과 관련된 행정부와 의회의 정책에 관한 정보를 제공하고 있으며, 워커즈 사업을 촉진하는 정책 아젠더의 설정에 개입하는 것을 통해 워커즈 간의 네트워크의 형성에 영향을 미치고 있다.

---

39) 위의 책, pp.105-106, 요코다 가쓰미, 나일경 번역(2004), pp.144-147.

40) 神奈川ネット의 홈페이지(http://www.kget.gr.jp).

Ⅳ 실증분석 141)

1. 신뢰에 관한 가설

워커즈가 일반적 신뢰의 발달에 영향을 끼치는 점에 관해 고찰하는 경우, 한 가지 주의해야 할 점은 일반적 신뢰의 수준이 높은 사람들이 워커즈에 가입하는 경향이 있기 때문에, 워커즈의 구성원들은 다른 일반주민들보다 일반적 신뢰의 수준이 높을지도 모른다는 점이다. 이는 워커즈에 가입할 때, 공동체 가격에 대한 동의가 구해지고 있다는 점에서 짐작될 수 있다. 공동체 가격에 대한 동의는 일반적 호혜성의 규범에 의해 유지되는 상호부조적인 사회관계의 형성이라는 목표에 대한 동의를 뜻하며, 이는 곧 그러한 형성이 언젠가는 가능할 것이라는 신념을 떠받치는 인간 일반에 대한 신뢰, 즉 일반적 신뢰를 필요로 하기 때문이다. 따라서 워커즈는 일반주민과 비교해서 일반적 신뢰의 수준이 높다고 예상할 수 있다.

한편 워커즈의 구성원들은 내집단 편향적인 기대의 수준이 높지 않을 것으로 예상된다. 공동체 가격에 대한 동의라는 가입조건은 잠재적 가입자들에게 워커즈라는 조직의 집합적 이익을 넘어 지역사회 전체의 공익에 대한 동의를 동시에 요구하기 때문이다. 다른 한편, 워커즈의 소집단 제도는 인간관계적 신뢰의 향상에 영향을 끼칠 것으로 보인다. 소집단 제도는 구성원들 사이에 대면적 커뮤니케이션을 촉진하고, 대면적 활동을 촉진하는 것을 통해, '연인형 커미트먼트 관계'의 형성에 기여할 것으로 생각되기 때문이다.

---

41) 분석에 이용되는 데이터는 2002년 12월부터 2003년 1월 사이에 실시된 설문조사의 데이터이다. 조사 주체는 필자이며, 조사 대상은 가나가와현에서도 워커즈의 활동이 비교적 활성화되어 있는 여섯 도시(厚木市, 鎌倉市, 川崎市, 藤沢市, 大和市, 横浜市)에서 활동하는 워커즈 18단체이다. 유효 회답 수는 417이며, 회수율은 79.1%이었다.

이와 같은 논의를 통해 다음과 같은 가설 1을 설정할 수 있다. '일반주민과 비교해 워커즈의 구성원들은 일반적 신뢰와 인간관계적 신뢰의 수준은 높지만, 내집단 편향적인 기대의 수준은 높지 않을 것이다'.

이어서 의사결정과정에 관한 평등한 참가제도와 일반적 신뢰와의 관계에 관한 가설을 도출하도록 하자. 앞서 논의한 것처럼, 정례회와 같은 경영참가제도에 사회적 지성을 향상시키는 인센티브가 존재한다면, '워커즈 구성원들 중에서도 정례회에 참가하는 구성원은 그렇지 않은 구성원보다도 사회적 지성의 부산물로서의 일반적 신뢰의 수준이 높다'는 가설 2를 도출할 수 있을 것이다.

나아가 정치적 시민조직에의 참가와 일반적 신뢰와의 관계에 관한 가설을 검토하도록 하자. 가나가와 네트와 같은 지역정당, 즉 정치적 시민조직에 참가하는 것은 일반 유권자들이 자신들의 정치적 지지에 대해서 긍정적으로 답해주도록 호소하는 상황에 처하는 것을 의미한다. 예컨대 선거운동과 같은 정치활동을 전개하는 경우, 정치적 시민조직의 참가자들은 유권자들의 협력 의도 혹은 함께 운동하는 사람들의 신뢰성을 간파하는 능력을 요구받게 될 것이다. 왜냐하면 그러한 능력은 선거활동의 유효성을 높이는 데 기여할 것이기 때문이다. 즉, 선거활동에는 일반 유권자들의 신뢰성 혹은 협력의도를 간파하는 데 필요한 인지자원을 투자하도록 만드는 유인이 작용한다고 볼 수 있다. 이러한 관점에서 보자면, 워커즈 구성원들 중에서 가나가와 네트와 같은 지역정당에 참가하는 사람들은 사회적 지성을 향상시키기 위한 인지자원을 투자하고 있을 가능성이 높으며, 그 결과 일반적 신뢰의 수준도 높을 것으로 예상된다. 여기서 가설 3, 즉 '워커즈의 구성원들 중에서 가나가와 네트에 참가하는 사람들은 사회적 지성의 수준이 높으며, 그 부산로서의 일반적 신뢰의 수준도 높은 경향을 보인다'는 가설을 도출할 수 있다.

선행연구에 따르면, 시민참가 네트워크의 지표로서 '적극적으로 참가하는 시민활동 조직의 수'가 채용되고 있다. 그리고 다양한 연구에 의해서 '적극적으로 참가하는 조직의 수가 많은 사람은 일반적 신뢰의 수준이 높은 경향을 보인다'[42])는 가설이 확인되었다. 그러나 이러한 연구는 적극적으로 참가하는 조직의 수와 일반적 신뢰와의 인과관계의 메커니즘을 설명하고 있지 않다는 문제점을 지닌다. 본 논문의 일반적 신뢰 발달의 투자모델의 관점에서 보자면, 적극적으로 참가하는 조직의 수와 일반적 신뢰의 수준과의 관계는 사회적 지성이라는 매개변수에 의해 설명될 수 있다. 즉, '적극적으로 참가하는 시민활동 조직의 수가 많은 사람은 사회적 지성의 수준이 높기 때문에 일반적 신뢰의 수준도 높은 경향이 있다'고 말할 수 있는데, 이것이 본 논문의 가설 4이다.

2. 분석 결과[43])

---

42) 池田(2002), 平野(2002).

43) 분석에 사용된 변수는 다음과 같다. (1) 의사결정과정에 관한 참가: 워커즈의 운영 지침이나 룰(rule)의 개정과 같은 것을 결정하는 정례회에 참가하는 정도(전혀 참가하지 않는다(1)~매우 적극적으로 참가하고 있다(4), (2)적극적으로 참가하는 시민활동 조직의 수: 볼런티어 단체, 자치회 · 정내회, PTA, 농협, 노동조합, 주민운동 단체, 시민운동단체, 종교단체, 학교 동창회, 직장 동료들과의 친목 그룹, 학습 서클, 취미 그룹 중에서 적극적으로 참가하고 있다고 응답한 조직의 수, (3) 정치적인 시민조직에 참가하는 정도: 가나가와 네트(지역정당)에 참가하는 정도(멤버가 아니다(0)~매우 적극적으로 참가하고 있다(4)), (4) 선거활동에 참가하는 정도: 지방선거에서 선거용 포스터나 선전용지의 배포 및 제시, 지방선거에서 친구나 지인 등에게 투표를 의뢰(한 번도 한 적이 없다(1)~몇 번 한 적이 있다(3))의 평균치, (5) 집합적 합리성을 촉진하는 신뢰성 · 규범: 선거에서는 많은 사람들이 투표하기 때문에 나 한 사람 정도는 투표하지 않아도 상관없다(그렇게 생각한다(1)~그렇게 생각하지 않는다(4), (6) 정치적 유효성 감각: 나는 정부가 하는 것에 관해서 영향력을 미칠 수 있다, 정치라든지 정부와 같은 건 너무나 복잡하기 때문에 나로서는 뭐가 뭔지 알 수 없다(그렇게 생각한다(1)~그렇게 생각하지 않는다(4))의 평균치, 학력: 초등 · 중등학교, 고등학교, 전문학교, 고등전문

본 논문의 가설들을 검증하기에 앞서 신뢰가, 야마기시의 주장과 같이 일반적 신뢰와 인간관계적 신뢰, 그리고 내집단 편향적인 기대와 같은 세 가지 차원으로 구분될 수 있는지를 먼저 검토하도록 하자. 이를 검증하기 위해, 신뢰의 지표로서 사용되는 항목에 관한 주성분분석을 실시하였다. 그 결과를 나타낸 것이 표 4-2이다.

표 4-2로부터 신뢰의 지표로 사용되는 6개의 항목이 상호간에 독립된 형태로 세 개의 성분을 구성하고 있다는 점을 알 수 있다. 이 결과는 응답자의 머릿속에서는 인간 일반에 대한 신뢰와 안정적인 관계를 유지하고 있는, 즉 친밀한 상대방은 그렇지 않은 사람보다 신뢰할 수 있다는 인간관계적 신뢰, 그리고 연줄을 이용하면 상호간에 유리한 결과를 불러일으킬 수 있다는 내집단 편향적인 기대에 기초한 신뢰가 상호간에

표 4-2 신뢰개념의 주성분 분석(배리맥스 회전)

	인간관계적 신뢰	일반적 신뢰	내집단 편향적인 기대
거의 대부분의 사람을 신뢰할 수 있다.	-.024	.865	.099
대부분의 사람들은 다른 사람들로부터 신뢰받는 경우, 마찬가지로 다른 사람을 신뢰한다.	.149	.844	.023
의사는 개인적인 친지에게 소개받는 경우, 보통환자보다 친절히 진찰해준다.	-.089	-.028	.880
전혀 모르는 상대에게 중요한 일을 부탁할 경우, 누군가 자신을 그 사람에게 소개해 주는 것은 매우 중요하다.	.425	.022	.661
잘 모르는 사람보다도 아는 사람은 필요할 때 도와주는 경우가 많다.	.794	-.012	.223
일반적으로 사귄지가 오래된 사람은 어려운 상황에서 도움을 주는 경우가 많은 편이다.	.810	.138	-.082
기여율	30.336	23.488	16.958

· 단기대학, 대학, 대학원.

분리되어 있다는 점을 나타낸다. 그럼 이제 가설 1의 검증작업에 들어가도록 하자. 그림 4-1은 가설 1을 검증하기 위해 일반주민과 워커즈 구성원들 간의 세 가지 종류의 신뢰의 평균치를 비교한 것이다. 그림 4-1로부터, 가설 1이 예측한 것처럼, 워커즈 구성원들은 일반주민과 비교해서 일반적 신뢰와 인간관계적 신뢰의 수준이 높은 수준을 보이고 있다는 점을 확인할 수 있다. 한편, 내집단 편향적인 기대의 수준은 일반주민들이 워커즈 구성원들보다도 높은 수준을 보였다. 이는 가설 1을 지지하는 결과라고 해석할 수 있다.

이어서 가설 2, 즉 의사결정과정에 참가하는 것이 사회적 지성 및 일반적 신뢰의 수준과 상관이 있는지를 살펴보자. 이를 검증하기 위해, 다음과 같은 간접적인 검증방법을 사용했다. 즉, 본 논문에서는 앙케이트 질문지를 통해 선거활동과 관련된 가상적인 상황을 설정한 뒤, 이와 같은 선거활동에 동료 구성원들이 얼마나 협력적 행동을 하게 될 것인지를 예측하도록 했다. 이어서 이 질문항목에 대해 몇 명이 참여할지를

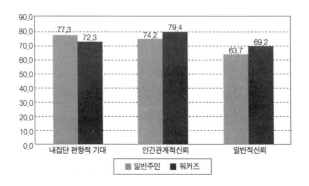

주: 일반주민의 데이터는 「사회와 데모크라시 연구회」에 의해 실시된 『일본의 민주주의관과 사회관계자본에 관한 여론조사(2000)』이다.

그림 4-1 일반 주민과 워커즈 구성원의 신뢰 수준 차이

표 4-3 의사결정과정의 참가수준의 차이에 따른 사회적 지성의 차이

	사회적 지성(낮음)	사회적 지성(높음)	합계
의사결정과정에 참여(소극)	43.3	56.7	100
의사결정과정에 참여(적극)	27.6	72.4	100
합계	34.5	65.5	100

표 4-4 의사결정과정의 참가수준의 차이에 따른 신뢰 혹은 안심 차이

	일반적 신뢰	인간관계적 신뢰	내집단 편향적인 기대
의사결정과정에 참여(소극)	2.72	2.90	2.99
의사결정과정에 참여(적극)	2.86	3.00	3.02
t-test	*		

*$0.01 \leq p < 0.05$

구체적인 숫자를 들어 응답한 사람을 사회적 지성이 높다고 간주하였고, 반면 '모른다' 혹은 '무회답'이었던 사람은 사회적 지성이 낮은 것으로 간주하였다. 그리고 이렇게 작성된 사회적 지성의 지표를 의사결정과정에 참가한 정도(소극적·적극적)와 교차한 표를 작성했다. 그 결과를 표시한 것이 표 4-3이다. 이 표로부터 의사결정과정에 참가하는 수준이 높은 사람은 사회적 지성의 수준도 높다는 점을 알 수 있다. 이는 가설 2의 논리에 따르자면, 의사결정과정에 적극적으로 참가하는 사람은 일반적 신뢰의 수준도 높은 경향을 보인다는 점을 시사한다. 따라서 의사결정과정에 참가하는 정도가 소극적인 사람과 적극적인 사람 간의 신뢰의 수분의 차이가 유의적인 차이를 보이는가를 t-test 방법으로 검증해 보았다. 그 결과를 표시한 것이 표 4-4이다. 이 표로부터 가설 2의 예측처럼 의사결정과정에 적극적으로 참가하는 사람은 그렇지 않은 사람보다도

표 4-5 신뢰의 규정요인(중회귀 분석)

	일반적 신뢰	인간관계적 신뢰	내집단 편형적인 기대
의사결정과정에 참여	.099	.023	.023
적극적으로 참여하는 시민조직의 수	.109*	.009	.058
정치 조직에 참여	.092***	-.076	-.072
학력	.088***	-.116*	.071
조정된 결정 계수	.04**	.01	.01
F값	5.043	1.780	1.702

주: 표 안의 수치는 표준화 편회귀계수
***: $0 \leqq p \langle 0.01$ *: $0.01 \leqq p \langle 0.05$

일반적 신뢰의 수준이 높은 경향이 있다는 결과를 확인할 수 있다. 한편 인간관계적 신뢰 및 내집단 편향적인 기대는 유의적인 차이를 보이지 않았다.

마지막으로 가설 3과 가설 4를 검증하기 위해 일반적 신뢰의 발달에 영향을 미치는 요인들을 설명변수로 투입하고, 신뢰개념의 주성분분석에서 얻어진 주성분 득점을 피설명변수로 하는 중회귀분석을 실시하였다. 한편 학력은 통제변수로 투입했다. 표 4-5는 중회귀분석의 결과를 표시한 것으로, 이 표로부터 일반적 신뢰에 대한 '의사결정과정에 참가하는 정도'와 '적극적으로 참가하는 시민참가 조직의 수'의 영향력은 5%의 유의수준에서 통계적으로 유의하다는 점을 확인할 수 있다. 또한 '정치적 시민조직(가나가와 네트)에 참가하는 정도'도 유의수준이 10%이기는 하지만 통계적으로 유의한 영향을 표시하고 있다. 이는 의사결정과정에 참가하는 구성원들은 그렇지 않은 구성원들보다 일반적 신뢰의 수준이 높은 경향을 보인다는 가설 2와 정치적 시민조직에 참가하는 워커즈의 참가자는 그렇지 않은 참가자보다 일반적 신뢰의 수준이 높다는 가설 3을 지지하는 결과라고 볼 수 있다. 또한 이는, 적극적으로 참가하는 시민활동 조직의 수가 많은 사람은 일반적 신뢰의 수준이 높은 경향을 보인다는 가설 4를 지지하는 결과라고 해석할 수 있다. 단, 여기서 한 가지 주의할 점은 조정 후의 결정계수(Adjusted R2)가 매우 낮다는 점이다. 이는 일반적 신뢰가 본 논문에서 상정하고 있지 않은 변수들, 예를 들자면 가정이나 학교 및 직장생활 등을 통해서 일반적 신뢰가 발달되고 있을 가능성이 높다[44]는 점을 시사하는 것으로 해석할 수 있다.

V 실증분석 2

1. 정치참가에 대한 사회관계자본의 영향력에 관한 가설

정치참가에 관한 연구에서는 사회관계자본 중에서도 일반적 신뢰에 특히 주목한다. 즉, 일반적 신뢰가 정치참가를 촉진하는 효과를 지니고 있다는 점을 검증하는 연구들이 대부분이다. 그러나 일반적 신뢰와 정치 참가와의 인과관계에 관한 실증연구에서 제시되는 가설들을 검토해보면, 그 인과관계를 명료히 설명하는 연구는 드물며, 인과 메커니즘 그 자체를 검증하고 있는 연구도 필자가 알고 있는 한 본 적이 없다. 따라서 본 장에서는 야마기시의 실험심리학적인 연구의 결과를 참조하여, 일반적 신뢰와 정치참가 간의 인과관계를 도출한 뒤, 이를 검증하고자 한다.

야마기시에 따르면, 일반적 신뢰의 수준이 높은 사람은 정직하며 공정하게 행동하는 것을 중시하고, 상호협력을 중시하는 경향이 있다. 즉, 신뢰성의 수준이 높은 경향을 보인다.[45] 이러한 관계가 왜 성립되는가

---

44) Newton(1999), pp.172-173.

45) Putnam(2000) p.317; 山岸(1998), pp.170-173, pp.189-192.

에 관한 설명은 지면관계상 생략하기로 하고, 여기서는 위와 같은 실험심리학의 결과를 주어진 것으로 받아들이고, 일반적 신뢰의 수준과 정치참가와의 관계를 검토하도록 하자.

정직함, 협력적 경향, 그리고 공정함과 같은 신뢰성의 수준이 높다는 것은, '집합행위의 논리'의 관점에서 말하자면, 무임승차를 해서는 안 된다는 사회적 규범을 몸에 익히고 있을 가능성이 높다는 점을 의미한다. 이는 신뢰성의 수준이 높은 사람은, 모두가 무임승차 행위를 한다든지 기회주의적인 행동을 취하는 경우, 공통의 목적을 달성하기 위한 집합행위는 실패하기 마련이므로 무임승차 행위나 기회주의적 행위는 있어서는 안 된다는 '집합적 합리성'(collective rationality)에 입각해 의사결정을 내리고 있을 가능성이 높다는 점을 시사한다.[46] 이와 같은 관점에서 보자면, 일반적 신뢰의 수준이 높은 사람은 무임승차나 기회주의적인 행동을 방지하는 신뢰성 혹은 규범의 수준이 높기 때문에 정치참가의 수준도 높다는 가설 5를 도출할 수 있을 것이다.

한편 기존 연구에 따르자면, 사회관계자본의 또 하나의 구성요소인 시민참가의 네트워크와 정치참가와 관계에 관한 연구들도 적지 않다. 시민참가의 네트워크의 지표로서 사용되는 것은 일반적으로 '적극적으로 참가하는 시민활동 조직의 수'로서, 이 변수와 정치참가 간에 상관이 존재한다는 것이다. 만약 이것이 신뢰할 만한 연구결과라고 한다면, 위 두 변수 사이의 인과관계의 메커니즘에는 다음의 두 가지가 상정될 수 있을 것으로 생각된다.

그 하나는, 예를 들어 선거활동의 경우, '적극적으로 참가하는 시민활

---

46) 집합적 합리성에 입각한 정치참가의 의사결정의 논리에 관한 실증적 연구로는 Finkel, et. al.(1989), 羅(1999; 2001)를 참조할 것.

동 조직의 수는 투표를 의뢰하거나 의뢰받을 가능성이 높고, 선거 캠페인을 전개하는 대상이 풍부한 것을 의미하기 때문에, 선거활동에 참가하는 것과 상관관계를 보인다.[47] 그러나 본 논문에서는 이러한 설명원리는 사회관계자본론의 논점으로부터 벗어나 있다는 점에서 검토의 대상에서 제외하도록 한다. 왜냐하면, 이러한 설명 원리는 기존의 자원동원이론(resource mobilization theory)에 입각한 연구들에 의해 수없이 언급되어 왔던 것이기 때문이다. 다른 하나는 '적극적으로 참가하는 시민활동 조직의 수'가 사회적 지성과 그 부산물로서의 일반적 신뢰에 영향을 끼치고 있으며, 또한 일반적 신뢰는 가설 5에서 상정하는 것과 같은 인과 메커니즘의 영향에 의해 정치참가에 간접적으로 영향을 미친다는 것이다. 이것이 본 논문의 가설 6이다. 즉, 적극적으로 참가하는 조직의 수는 일반적 신뢰를 경유해서 선거활동에 참가하는 정도에 영향을 미친다는 것이 가설 6이다.

마지막으로 '의사결정과정에 관한 참가'가 선거활동의 참가에 영향을 미치는 메커니즘에 관해 검토하도록 하자. 이는 앞에서 검증한 가설 2와 가설 5의 논리를 통해서 설명될 수 있다. 즉, 의사결정 과정에 관한 참가가 사회적 지성의 부산물로서의 일반적 신뢰의 수준에 영향을 미치고 있다는 가설 2와 일반적 신뢰의 수준이 높은 사람은 무임승차 행위를 삼가시키는 신뢰성 혹은 규범 수준도 높기 때문에 선거활동에 참가하는 경향이 존재한다는 가설 5가 타당하다면, 의사결정과정에 관한 참가가 선거활동에 대한 참가에 영향을 끼친다는 가설 7을 상정할 수 있을 것이다.

---

47) 池田(2002), p.15.

2. 분석 결과

앞서 살펴본 가설들은 사회관계자본이 선거활동에 대한 참가를 규정하는 메커니즘에 관한 설명으로 간주할 수 있다. 이들 가설들은 구조적으로 상호간에 관련되어 있기 때문에 공분산구조분석(Analysis of Covariance Structures)을 통해 검증하기로 한다. 이 분석에서는 먼저 본 논문의 가설이 상정하는 경로를 모두 설정하여 분석을 실시한 뒤, 통계적으로 유의하지 않은 경로는 제거하는 형태로 분석을 반복한 뒤, 최종적으로 남겨진 경로를 표시한 것만을 소개하기로 한다. 그 결과를 표시한 것이 그림 4-2이다.

먼저 분석 결과에 대한 해석을 제시하기 전에 모델의 적합성에 관해서 살펴보면, GFI와 AGFI가 모두 0.90을 넘고 있기 때문에 모델의 적합성은 신뢰해도 괜찮다고 해석할 수 있다. 또한 모델의 복잡성을 평가하는 계수인 RAMSEA를 보면 0.08을 표시하고 있는데, 이는 변수의 설정에 불필요한 부분이 거의 없다는 점을 의미한다. 따라서 본 분석의 구조방정

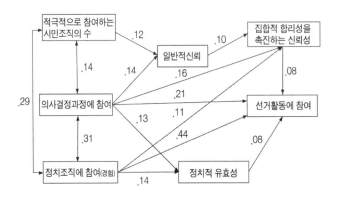

카이자승=24.928, 자유도=7, p=.001
GFI=.983, AGFI=.931, RMSEA=.080

그림 4-2 선거활동에 참여하는 것을 규정하는 요인(공분산구조분석)

식 모델은 변수 간의 관련성을 설명할 때 신뢰할 만한 것이라고 해석할 수 있다.

일반적 신뢰의 수준에 영향을 미치고 있는 변수는 '의사 결정 과정에 참가하는 정도'와 '적극적으로 참가하고 있는 시민활동 조직의 수'이다. 이는 의사결정과정이 일반적 신뢰의 수준에 영향을 끼친다는 가설 2와 적극적으로 참가하는 조직의 수가 일반적 신뢰의 수준에 영향을 미친다는 가설 3을 지지하는 결과라고 해석할 수 있다. 반면 가설 4가 상정한 논리, 즉 정치적 시민활동 조직의 수가 일반적 신뢰의 수준에 영향을 미친다는 논리는 지지되지 않았다. 기존 연구의 결과와 마찬가지로, 정치적 시민활동 조직의 수는　정치적 유효성 감각에 영향을 미치는 것을 통해 선거활동에 대한 참가에 영향을 미치고 있다.

이어서 가설 5, 6, 그리고 7을 순서대로 검토하도록 하자. 먼저 가설 5에 관해서 검토해보도록 하자. 일반적 신뢰는 집합적 합리성을 촉진하는 기능을 지니고 있는 신뢰성에 통계적으로 유의한 영향을 미치고 있으며, 선거활동의 참가에 대한 신뢰성의 규정력도 통계적으로 유의한 수준을 표시하고 있다. 이는 일반적 신뢰의 수준이 높은 사람은 무임승차나 기회주의적 행동을 절제시키는 규범, 즉 신뢰성의 수준이 높기 때문에 선거활동에 적극적으로 참가하는 경향이 있다는 가설 5를 지지하는 결과라고 해석할 수 있을 것이다.

가설 6은 선거활동의 참가에 대한 시민참가 네트워크(적극적으로 참가하는 시민활동 조직의 수)의 효과에 관한 것이다. 그림 4-2는 적극적으로 참가하는 시민활동 조직의 수가 일반적 신뢰에 대해 통계적으로 유의한 영향을 미치고 있으며, 일반적 신뢰는 신뢰성을 경유해서 선거활동에 영향을 끼치고 있다는 점을 표시하고 있다. 이로부터 적극적으로 참가하는 시민활동 조직의 수가 선거활동에 참가하는 것에 영향을 미치는 인과 메커니즘을 확인할 수 있다. 즉, '적극적으로 참가하는 조직의 수 → 일반적 신뢰 → 집합적 합리성을 촉진하는 신뢰성 → 선거활동에 대한 참가'의 경로를 확인할 수 있다. 이와 같은 결과는 가설 6을 지지하는 것으로 볼 수 있다.

마지막으로 의사결정과정에 관한 참가가 선거활동의 참가에 영향을 미치는 경로를 살펴보도록 하자. 그림 4-2는 그 경로가 두 가지 존재한다는 점을 보여 준다. 즉, '의사결정과정에 관한 참가 → 정치적 유효성 감각 → 선거활동에 참가'의 경로가 그 하나이며, '의사결정과정에 관한 참가 → 일반적 신뢰 → 집합적 합리성을 촉진하는 신뢰성', '선거활동에 참가'의 경로가 다른 하나이다. 후자의 경로는, 가설 7, 즉 의사 결정 과정에 관한 참가는 일반적 신뢰의 수준에 영향을 미치는 과정을 거쳐서 선거활동에 대한 참가에도 영향을 끼친다는 가설을 지지하는 결과라고 해석할 수 있다.

글을 마치며

본 논문이 워커즈에 주목한 가장 큰 까닭은 이 조직이 사회관계자본의 배양이라고 하는 명확한 비전 아래 가교형의 구조적·인지적 사회관계자본의 배양과 관련된 실천적인 방법을 지니고 있다고 판단했기 때문이다. 즉 워커즈를, 지역사회 전체에 도움이 되는 사회관계자본을 형성하는 데 필요한 기본적인 이념과 그러한 이념을 실천하는 데 필요한 지침을 개발하고 실천하고 있는 전형적인 NPO의 한 예로서 간주했던 것이다. 본 논문은 이러한 문제의식을 작업가설의 형태로 제시하였고, 이를 검증한 결과 워커즈의 민주적인 제도적 형태가 가교형 사회관계자본을 형성하는 메커니즘으로서 유효하다는 점을 확인할 수 있었다. 분석 결과를 간단히 요약하면, 다음과 같이 정리할 수 있다.

첫째, 일반적 신뢰의 수준이 높은 사람은 워커즈와 같은 조직에 가입하기 쉬운 경향이 있다. 둘째, 워커즈의 민주적 의사결정제도는 사회적 지성의 발달을 통해 그 부산물로서의 일반적 신뢰(가교형 인지적 사회관계자본)을 형성하는 경향이 있지만, 내집단 편향적인 기대(결속형 인지적 사회관계자본)의 형성에는 영향을 끼치지 않는다. 셋째, 가나가와 네트와 같은 지역정당은 일반적 신뢰의 수준을 향상시키는 메커니즘으로서 기능하고 있다. 넷째, 일반적 신뢰의 수준이 높은 사람은 집합적 합리성에 기초한 의사 결정을 촉진하는 신뢰성 혹은 규범을 몸에 익히고 있으며, 이러한 규범은 무임승차나 기회주의적인 행동을 절제시키는 기능을 지니고 있다. 따라서 일반적 신뢰의 수준이 높은 사람은 정치활동에 참가하는 경향이 높은 경향을 보인다. 다섯째, 의사 결정 작성에 관한 참가는 일반적 신뢰의 수준에 영향을 미치는 것을 통해 정치활동에 참가하는 경향에 간접적으로 영향을 미치고 있다.

야마기시가 일반적 신뢰와 안심의 구분을 통해서 전하고자 했던 메시지는 일반적 신뢰가 자발적인 사회관계의 형성자로서의 역할 혹은 폐쇄적인 사회관계로부터의 해방자, 즉 관계 확장의 측면이 있다는 점을 강조하는 것이었다. 본 논문의 분석 결과는 그의 문제의식과 맥을 같이한다. 본 논문의 분석 결과는 의사결정과정에 관한 평등한 참가제도가 사회적 지성의 발달을 촉진하는 것을 통해 일반적 신뢰의 수준을 향상시키는 것에 기여하고 있으며, 그렇게 해서 향상된 일반적 신뢰가 조직 내의 노동참가와 경영참가에서 더 나아가 조직의 경계를 뛰어 넘는 정치활동에의 참가를 촉진하는 기능을 지니고 있다는 점을 보여주고 있기 때문이다.

본 논문은 또한 일반적 신뢰와 같은 가교형 사회관계자본이 참가의 양뿐 아니라 참가의 질에 영향을 미치고 있다는 점을 시사한다. 일반적 신뢰가 무임승차 행위나 기회주의적 행위와 같은 집합행위의 딜레마를 극복하는 데 영향을 주는 신뢰성 혹은 규범과 밀접한 관계로 맺어져 있다는 점은, 일반적 신뢰가 정치적 동원에 의한 수동적인 참가가 아니라 자발적이고 적극적인 정치참가의 동인이 되고 있다는 점을 의미하기 때문이다. 퍼트남이 시민공동체와 그렇지 않은 공동체의 결정적인 차이는 정치참가의 '양'이 아니라 '질'에서 발견할 수 있다는 점을 강조한 것처럼,[48] 본 논문의 분석 결과는 의사 결정 과정에 대한 평등한 참가제도를 채용하고 있는 NPO와 그렇지 않은 NPO의 결정적인 차이점은 정치참가의 질적인 측면에서 발견될 수 있다는 점을 시사한다. 이러한 의미에서 NPO가 일반 구성원들의 의사결정과정에 관한 참가를 단지 '비용'으로서 간주하는가, 그렇지 않으면 조직 및 사회 전체의 협조 능력을 높이기 위한 '투자'로서 간주하는가에 따라서 NPO의 제도적 형태는 달라질 것이며, 그러한 제도적 형태에 따라서 NPO가 배양하는 사회관계자본의 질도 달라진다고 말할 수 있을 것이다.

---

48) Putnam(1993) p.96.

참고문헌

池田謙一(2002), 「2000年衆議院選挙における社会関係資本とコミュニケーション」
　　　『選挙研究』17号.

佐藤慶幸(2002), 『NPOと市民社会』, 有斐閣.

富沢賢治(1999), 『社会経済セクターの分析』, 岩波書店.

内閣府国民生活局市民活動促進課(2003), 『ソーシャル・キャピタル: 豊かな人間関係
　　　と市民活動の好循環を求めて』.

内閣府(2004), 『国民生活白書』, 内閣府.

平野浩(2002), 「社会関係資本と政治参加─団体・グループ加入の効果を中心に」『選挙研
　　　究』17号.

山岸俊男(1998), 『信頼の構造─こころと社会進化ゲーム』, 東京大学出版会.

横田克己(1992), 『参加型市民社会論─オルタナティブ市民社会宣言Ⅱ』, 現代理論社.

横田克己(2001), 『市民セクターⅢ─ポスト資本制システムのセクターバランス』,
　　　神奈川ネットワーク運動.

横田克己(2002), 『愚かな国のしなやか市民─女性たちが拓いた多様な挑戦』ほんの木.

羅一慶(2001), 「組織加入の政治的動員効果に関する研究」 慶応義塾大学大学院内法学政
　　　治学論究刊行会 『法学政治学論究』 第50号.

Finkel, Steven E., Edward N. Muller and Karl-Dieter Opp(1989), "Personal
　　　Influence, Collective Rationality, and Mass Political Action," *American
　　　Political Science Review* Vol.83 No.3.

Fukuyama, Francis(1995), Trust; The social virtue and the creation of prosperity
　　　New York;Free Press(加藤寛訳)(1996) 『「信」 無くば立たず』 三笠書房.

Levi, Margaret(1996), "Social and Unsocial Capital: A Review Essay of Robert Putnam's
　　　Making Democracy Work," *Politics and Society*, Vol 24, No.1.

Newton, Kenneth(1999), "Social and Political Trust in Established Democracies,"
　　　in Pipa Norsis, ed., *Critical Citizens: Global Support for Democratic
　　　Governance*, Oxford University Press.

Newton, Kenneth(2001), "Trust, Social Capital, Civil Society, and Democracy,"
　　　International Political Science Review, Vol. 22, No.2.

Putnam, Robert D.(1993), Making Democracy work;Civic Traditions in morden italy
　　　Princeton University press.(河田潤一訳)(2000), 『哲学する民主主義─伝統
　　　と改革の市民的構造』, NTT出版.

Putnam, Robert D.(2000), Bowing Alone: *The Collapse and Review of American
　　　Community*, New York: Simon and Schuster.

Putnam, R.D.(1993), *Making Democracy work; Civic Traditions in morden italy*

Princeton University press (河田潤一訳)(2000),『哲学する民主主義—伝統と改革の市民的構造』, NTT出版.

Tocqueville, Alexis(1969), *Democracy in America*, Gorge Lawrence, Garden City N.Y: Anchor Books (井伊玄太郎訳(2001)『アメリカの民主政治』講談社学術文庫).

Tocqueville, Alexis(1969), Democracy in America, Gorge Lawrence, Garden City N.Y: Anchor Books(井伊玄太郎訳(2001)『アメリカの民主政治』講談社学術文庫).

Uphoff Norman & Krishna, Anirduh(1999), "Operationalising social capital: Explaining and measuring mutually beneficial collective action in Rajasthan, India," World Bank Discussion Paper.

Uphoff, Norman, "Understanding Social Capital: Learning from Analusis and Experience of Participation," In: *Social Capital: A Multifaced Perspective*, edited by Partha Dasgupta and Ismail Serageldin. New York: Oxford University Press, for the World Bank.

Yamagishi, Toshio(2001), "Trust as a Form of Social Intelligence," in Caren Cook(ed.), *Trust in Society*, New York: Russell Sage Foundation, pp.121-47

5장

정보공개와 주민의식

나카타니 미호(中谷美穂)

시작하며

정보공개조례를 제정한 지방자치단체(시)는 90년대 후반에 들어 빠르게 증가해, 2001년 4월 1일 현재, 650개 시가 정보공개조례를 제정하고 있다.[1] 전국 시중에서 90% 이상의 자치단체가 조례를 제정하고 있는 셈이다. 이러한 통계치는 정보공개조례의 제정이 일본에서 당연한 것으로 여겨지고 있다는 점을 시사한다. 바꿔 말하자면, 일본에서는 정보공개조례의 제정 그 자체보다는 그 내용이 평가의 대상이 되는 시대가 도래하게 된 것이다. 본 논문이 이용한 '일·미·한(日米韓) 국제 FAUI 프로젝트 우편조사'[2]에 의하면, 제도의 내용은 자치단체별로 상당한 차이를 보이고

---

1) 「情報公開条例(要綱等)の制定状況」『地方自治』第645号, p.89.

2) 전국 672의 모든 시(2001년 4월 1일 현재)를 조사시점으로, 시장, 시의회의 의장, 재정담당부 과장, 총무담당부 과장의 네 명을 조사대상으로 한 것이다. 조사의 전체 회수율은 69.9%(1,880부)이며, 그 내역을 보면, 시장 66.8%(449시), 의장 67.6%(454시), 재정과장 73.4%(493시), 총무과장 72%(484시)이다. 이 논문에서는 4명의 회답이 모두 갖춰진 자치단체를 분석대상으로 삼고 있다. 조사의 상세한 내용에 관해서는 小林外(2002a)를 참조. 또한 조사의 단순집계는 小林外(2002b, c, d)를 참조. 본 조사는 고바야시 교수가 조사대표자이며, 산토리 문화재단과

있다. 이 논문에서 정보공개에 적극적인 자치단체가 있는가 하면 그렇지 않은 자치단체도 존재하는 등 정보공개조례의 내용이나 운영에서 차이가 나고 있는 것에 주목해, 그러한 차이를 만들어 내는 요인이 무엇인가를 살펴보고자 한다.

일본의 행정은 중앙정부와 자치단체를 불문하고 원칙적으로 행정 운영은 비공개였다.3) 즉 일부 관료들에 의해 정보가 독점됨으로써 일부 정치가와 이익집단에게 유리한 행정운영이 이뤄져 왔다고 말해도 과언이 아니다. 이러한 종래의 행정운영에 만족하고 있는 자치단체가 정보공개 도를 높이기 위한 움직임을 보이지 않는 것은 당연한 것이다. 한편 종래의 행정운영에 비판적인 태도를 지니고 있는 자치단체에서는 정보공개를 적극적으로 실시하는 움직임이 있을 것으로 예상된다. 즉 종래의 행정운 영에 만족하는 시민이 많은 자치단체의 경우에는 정보공개에 적극적인 시장이 선출될 가능성이 낮을 것이고, 따라서 정보공개와 관련된 개혁도 그다지 진척되지 않을 것이다. 한편 정치참가에 적극적이고 재정적으로 효율성을 요구하는 시민이 많은 자치단체에서는 정보공개에 적극적인 시장이 선출될 가능성이 높고, 따라서 정보공개와 관련되 개혁도 적극적 으로 추진될 가능성이 높을 것이다. 즉 각 자치단체의 정보공개의 적극성 에는 자치단체에 살고 있는 시민의 의식이 작용하고 있다고 생각할 수 있다. 본 논문에서는 이와 같은 가정을 검증하도록 한다.

먼저 제 I 절에서는 자치단체의 정보공개조례의 채용 추이와 조례의 내용에 관해 검토할 것이다. 제 II 절에서는 시의 정책 결정에 가장 많은

게이오대학 G-SEC의 연구조성을 받고 이뤄진 것이다. 데이터의 사용을 허가해주신 고바야시 교수에게 감사의 뜻을 표명한다.
3) 伊藤(2002), p.109.

영향을 미치고 있는 시장이 정보공개에 대해 어떤 인식을 표명하고 있는가에 관해서 살펴본다. 그리고 Ⅲ절에서는 정보공개가 추진되고 있는 자치단체와 시민의식과의 관계에 관한 가설을 제시하고 이를 검증하도록 하겠다.

Ⅰ 정보공개제도

정보공개제도에 관해서는 중앙정부보다 자치단체가 선구적으로 제정해왔던 경위가 존재한다. 1982년에 야마가타현 가나야마초(山形県金山町)에서 '가나야마 공문서 공개조례'가 제정되었던 것을 시작으로 2001년 4월 1일 현재 도도부현에서는 모두가, 또한 도시 수준에서는 650시가 정보공개제도를 채용하고 있다.[4]

자치단체의 제정상황의 추이를 시 수준에서 보게 되면, 90년대 후반에 들어설 때까지 서서히 증가경향을 보이던 것이 97년을 기점으로 제정 자치단체의 수가 큰 폭으로 증가하고 있다는 점을 알 수 있다. 98년에는 전년도에 제정한 자치단체의 두 배 이상으로 조례가 제정되었고, 99년에는 채용이 정점에 달하고 있다.[5]

이와 같이 98년부터 조례의 채용에 박차가 가해진 이유로는 다음의 두 가지를 들 수 있다. 첫 번째는 시민 옴부즈맨 활동을 들 수 있다.

옴부즈맨이 중심이 된 이뤄진 각 현과 정령지정도시(政令指定都市)에 대한 식대나 여비의 개시 청구에 의해 관관접대(官官接待)의 실태나 허위 출장(여비의 부정 수급)의 존재가 드러나게 되었다.[6] 이것이 매스컴

---

4) 「情報公開条例(要綱等)の制定状況」『地方自治』第645号, p.89.

5) 川瀬(2000), p.60.

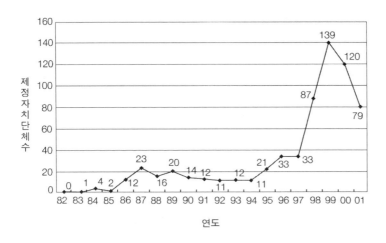

그림 5-1 정보공개조례의 제정 자치단체 수

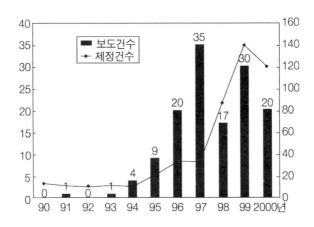

그림 5-2 신문보도 건수와 조례제정 건수

---

6) 식대비와 교제비에 관한 정보공개조례의 제도화에 관해서는 三宅(1998) 제2장 참조. 1980년에 오사카에서 탄생한 민간의 행정 감시 그룹인 '시민 옴부즈맨'은 그 후 전국적 조직으로 확대되어, 1997년 2월에는 '제1회 전국정보공개의 정도 랭킹의 조사결과'를 발표하고 있다.

에 크게 보도됨으로써 정보공개조례의 제정 여부가 쟁점화된 것이다.

여기서 매스 미디어에 의한 보도상황을 살펴보기 위해 사대 일간지를 대상으로 정보공개와 옴브즈만이라는 키워드로 기사에 내용, 혹은 본문에 등장한 기사를 검색해본 결과,[7] 위의 그림과 같은 결과를 얻었다.

그림 5-2를 보면, 96년부터 전년도를 큰 폭으로 뛰어 넘는 건수의 기사가 보도되고 있는 것을 알 수 있다. 그림 5-2에는 자치단체의 조례제정 상황도 표시하고 있다. 제정 건수와 보도기사 건수를 비교하면, 기사 건수에 이어서 제정 건수가 증가 경향에 있다는 점을 볼 수 있다. 이로부터 시민 옴브즈맨 등의 운동에 의해 관관접대나 허위 출장 등의 실태가 명백해지고, 이들 문제가 보도된 결과, 조례가 없는 자치단체에서 정보공개가 쟁점화되어 조례의 제정이 촉구되었다고 생각할 수 있다.

자치단체의 조례제정을 촉구한 또 하나의 요인으로서 국가의 정보공개에 관한 법률의 제정을 들 수 있다. 1999년 5월에 제정된 '행정기관이 보유하는 정보의 공개에 관한 법률'(이하 정보공개법이라고 기술)은 제41조에 '지방자치단체는 이 법의 취지에 입각해서 자치단체가 보유하는 정보의 공개에 관해 필요한 시책을 책정하고, 또한 이것을 실시하기 위해 노력하지 않으면 안 된다'는 조항을 넣고 있다. 이 조문이 의미하는 것은 아직 정보공개조례를 제정하지 않은 자치단체에게 법률의 취지에 입각해서 정비를 촉구하는 것과 이미 조례를 지정한 자치단체에 관해서도 이 법률의 취지에 입각해 조례의 개정을 요구하는 것이다.[8] 따라서 정보공개법에 입각한 형태로 조례를 제정하는 자치단체가 증가했다고 생각할 수 있다.

---

7) '日経텔레콤'을 이용해 검색했다.
8) 晶(1999), pp.188-189.

표 5-1 조사대상 자치단체의 정보공개의 채용항목

	항목	(%)	정보공개법
①	전문 · 목적에 '알권리'를 명기	59.9	x
②	대상 정보에 전자정보가 포함됨	68.5	○
③	조직공용문서(미결재문서 등)도 공개대상	50.0	○
④	청구권자가 몇 사람이어도 인정	38.3	○
⑤	실시기관의 범위에 공영기업을 포함	74.4	○
⑥	실시기관의 범위에 의회를 포함	94.4	x
⑦	실시기관의 범위에 출자단체를 포함	10.8	x
⑧	시민의 열람수수료는 무료	73.1	x
⑨	과거에 공개된 정보는 공개청구가 필요하지 않음	13.6	x
⑩	불복 · 항의 심사회에 카메라 촬영심사를 인정함	48.8	○
⑪	공무원의 직무관련 정보에 관해 공무원의 직무와 이름을 공개함	62.3	x
⑫	팩스에 의한 청구와 접수를 가능하게 함	35.2	x
⑬	플로피 혹은 온라인에 의한 정보제공	14.8	x
⑭	심의회 등의 회의 · 의사록도 공개대상	68.2	x (회의는 공개 대상이 아님)
⑮	시정에 관한 정보제공센터의 설치(개시청구를 거치지 않고 정보제공)	34.3	x
	N	324	

위에서 기술한 바와 같은 환경 속에서 자치단체의 조례채용이 촉진되었다고 생각되지만, 모든 자치단체가 같은 내용의 제도를 도입하고 있는 것은 아니다. 중앙정부의 정보공개법의 절차에 머무는 자치단체가 있는가 하면, 그 이상의 항목을 추가하고 있는 자치단체도 있으며, 그 이하의 자치단체도 존재한다.

그래서 조례에 포함된 주요한 내용의 채용 비율에 관해서 살펴보았다. 본 논문에서 사용한 조사 데이터에서는 자치단체의 정보공개제도의 내용을 묻는 질문이 포함되어 있다. 표 5-1은 조사에 응답한 자치단체가 채용하고 있는 정보공개 항목의 비율을 표시하고 있다. 채용비율의 오른쪽에는 정보공개법에 규정이 있는 항목에는 ○를, 정보공개법에 규정이 없는 항목에는 X를 기입했다. 채용비율의 평균치를 비교하는 경우, 규정이 있는 항목은 56.0%, 규정이 없는 항목은 46.7%이며, 정보공개법에 규정이 있는 항목은 규정이 없는 항목에 비해서 자치단체의 조례에 채용되는 비율이 높다는 점을 알 수 있다.

다음으로 이들 항목에 관해 정보공개법에 해당되는 것은 1점, 그 외를 2점으로 하여, 자치단체별로 정부를 매겨본 결과, 점수의 분포가 그림 5-3과 같다는 점을 알게 되었다.

그림 5-3으로부터 자치단체 간에 조례의 내용에 차이가 있다는 점을 알 수 있다. 본 절에서는 지금까지 본 바와 같이 다음의 두 가지가

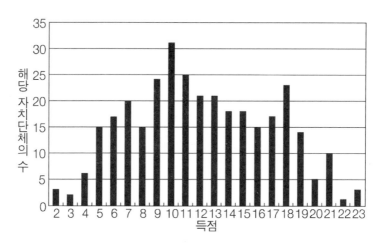

그림 5-3 조사대상인 자치단체의 정보공개조례의 득점 분포

확인되었다. 첫째, 98년 이후에 많은 자치단체에서 정보공개조례가 채용되게 되었다는 점이다. 둘째, 각 자치단체의 제도의 내용은 다양하다는 점이다.

다음 절에서는 정책채용에 큰 영향을 미칠 것으로 생각되는 정치적 행위자(시장)의 정보공개에 대한 의식은 어떠한가를 검토하도록 하겠다.

II 정책 결정 행위자의 의식

선행연구에 따르면 자치단체의 정책 결정에 가장 큰 영향을 미치는 변수는 단체장(시장)[9]이다. 이러한 의미에서 시장이 정보공개에 대해서 어떠한 의식을 가지고 있는가는 정보공개제도의 내용에 차이가 나는 까닭을 설명해주는 유력한 요인이 될 것으로 생각된다. 따라서 본 절에서는 시장의 정보공개제도에 대한 의식을 살펴보도록 하겠다. 본 논문에서 이용하는 우편조사 데이터에서는 정보공개제도에 관한 여섯 가지 의견을 제시한 뒤, 각 항목에 관해서 '찬성', '어느 쪽인가 하면 찬성', '어느 쪽인가 하면 반대', '반대'의 4단계로 시장에 대한 의견을 묻고 있다.

① 조직이 보유하는 미결제 문서 등도 공개대상으로 삼아야 한다.
② 공무원의 직무관련 정보는 직무와 이름을 공개해야 한다.
③ 공개대상의 범위에 의회를 포함시켜야 한다.
④ 공개대상의 범위에 출자 단체를 포함시켜야 한다.
⑤ 시민의 열람료는 무료로 해야 한다.

---

9) 예를 들자면, 다음과 같은 문헌이 있다. 小林秀(1987), 제2장을 참조. 그리고 中野(1982), 제3장을 참조.

⑥ 과거에 청구된 정보는 새로운 청구 절차를 거치지 않고 공개되어야
한다.

질문항목 중 ①부터 ④는 정보공개의 대상에 관한 항목이며, 이중
①과 ②는 자치단체조직 내의 정보에 관한 항목이다. ③과 ④는 자치단체
외부의 기관의 정보에 관한 항목이다. ⑤와 ⑥은 제도의 간편성에 관한
질문항목이다.

먼저 자치단체 내부의 조직에 관한 정보에 관한 의식을 살펴보자.
①에 관해는 그림 5-4에서 알 수 있는 바와 같이 60%를 넘는 응답자가
'반대('어느 쪽인가 하면 반대', '반대')라고 회답하고 있다. 이로부터 정책
형성과 관련된 항목에 관해서는 아직 반대의 의견이 강하다는 점을
알 수 있다. 실제로 정보공개제도를 제정하고 있는 자치단체에서는 표
5-1이 나타내는 바와 같이 조직문서도 공개대상으로 삼고 있는 자치단체
의 수는 반에 미치고 있는 정도이다.

또한 ②에 관해서는 60%의 응답자가 찬성의 의견을 표명하고 있다(그
림 5-5). 공무원과 관련된 정보에 관해서는 대체로 찬성의 의견이 많다는
점을 알 수 있다. 실제로 60% 이상의 자치단체에서 공무원 관련 정보가
공개대상이 되고 있으며, 이는 시장들이 공무원 관련 정보공개에 대해
호의적인 태도를 보이는 이유 중의 하나로 보인다.

다음으로 자치단체 외부의 기관에 관한 정보공개에 대한 시장의
태도를 살펴보도록 하자. 그림 5-6에서 보이는 바와 같이 ③에 관해서는
거의 100%에 가까운 응답자가 찬성의 의견을 표시하고 있다. 표 5-1에서
나타난 바와 같이 90% 이상의 자치단체에서 의회가 공개대상이 되고
있다는 점에서 이러한 회답 패턴은 당연한 결과라고 볼 수 있다.

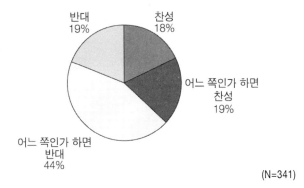

(N=341)

그림 5-4 조직공용문서(조직이 보유한 미결재문서 등)도 공개해야 한다

(N=337)

그림 5-5 공무원의 직무관련정보는 직무와 이름을 공개해야 한다

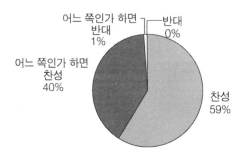

(N=341)

그림 5-6 공개대상의 범위에 의회를 포함시켜야 한다

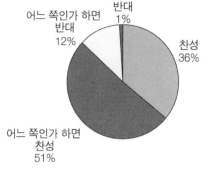

(N=334)

그림 5-7 공개대상의 범위에 출자단체도 포함해야 한다

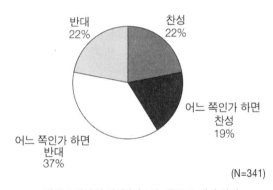

(N=341)

그림 5-8 시민의 열람수수료는 무료로 해야 한다

나아가 ④에 관해서 그림 5-7이 나타내는 바와 같이 약 90%의 응답자가 찬성을 표시하고 있다. 그러나 실제의 제도에서는 표 5-1에서 보는 바와 같이 출자단체가 공개대상이 되고 있는 자치단체는 10% 정도에 그치고 있다. 이러한 의식과 제도의 차이는 출자단체를 실제로 공개대상으로 하는 어려움을 드러낸다. 출자단체를 대상 기관으로 하는 것이 곤란하다는 점에서 실제로 '정보공개조례에 규정을 두는 경우에도 책무규

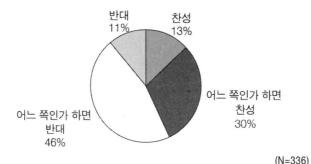

그림 5-9 과거 청구되었던 정보는 공개의 청구가 없어도 되게 하여야 한다

정에 그치는 것이 일반적'[10]이다. 단, 일부의 자치단체서는 이러한 상황 속에서도 정보공개의 실효성을 확보하기 위해 다양한 조치를 취하고 있으며,[11] 이러한 점에서 자치단체의 역량이 시험받고 있다고 말할 수 있다. 이어서 주민에 의한 정보공개제도의 이용절차에 관한 질문항목에 대한 시장의 의견을 살펴보자. ⑤에 관해서는 약 60%의 응답자가 반대의 의견을 표시하고 있다(그림 5-8). 그러나 실제로 채용되고 있는 제도의 상황을 보게 되면, 70% 이상의 자치단체가 열람 수수료를 무료로 하고 있다. 이는 앞으로 정보공개를 청구할 때 일정한 요금이 지불될 가능성을 시사한다.

또한 ⑥에 관한 의견을 보게 되면, 약 60%의 응답자가 반대의 의견을 표시하고 있다(그림 5-9). 또한 실제 채용되고 있는 제도적 상황을 보게 되면, 과거에 청구된 정보에 관해서는 정보공개를 다시 청구하지 않아도 되는 자치단체의 비율이 10%를 약간 넘는 정도이다(표 5-1).

지금까지의 분석 결과를 정리하면, 시장 전체의 경향은 조직 내부의

---

10) 宇賀(1999), p.5.

11) 위와 같음.

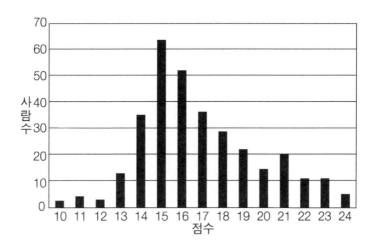

그림 5-10 정보공개에 대한 시장의 선호 분포

정보, 특히 정책 형성과정의 공개에 관해서는 부정적인 태도를 취하고 있음을 알 수 있다. 또한 조직 외부의 정보에 관해서는 공개에 적극적이라는 점도 알 수 있다. 나아가 주민 편의성에 관해서는 열람 수수료를 무료로 하는 것에 부정적인 태도를 취하고 있으며, 과거에 공개된 정보에 관해서 새로운 정보청구 절차를 생략하는 것에 소극적이라는 점을 알 수 있다. 한편 각 항목에 관한 회답 점수의 합계를 보게 되면(그림 5-9), 각 자치단체의 시장 사이에 정보공개에 대한 의견에 온도차가 존재한다는 점을 알 수 있다.

그렇다면 어떤 시장이 정보공개에 적극적이고, 어떤 자치단체에서 적극적인 제도가 채용되고 있는 것일까? 다음 절에서는 이러한 의문에 대한 가설을 제시하고 검증하도록 하겠다.

Ⅲ 정보공개의 적극성을 규정하는 요인

1. 어떤 자치단체가 정보공개에 적극적인가

지금까지 살펴본 바와 같이 정보공개제도는 90% 이상의 자치단체(도시)가 채용하고 있지만, 그 내용에 커다란 차이가 존재하고 있다. 자치단체간의 이러한 차이는 어떠한 요인에 의해서 설명될 수 있을까?

먼저 정보공개제도의 채용에 관한 선행연구를 살펴보도록 하자. 이토(伊藤)는 현(現) 수준을 분석대상으로 삼은 뒤, 정치 요인, 사회경제 요인, 파급 요인을 들어 설명하고 있다.12) 정치 요인으로서는 의회가 자민당 의원이고 과반수이상을 차지하고 있는 자치단체에서는 조례제정의 가능성이 저하되고 있다는 점을 검증하였다. 또한 시민단체의 수(소비자 단체의 수)가 많은 자치단체일수록, 또한 인구규모가 큰 자치단체일수록, 그리고 재정적으로 여유가 있는(인구당 세출액이 많은) 자치단체일수록, 조례가 제정될 가능성이 높다는 점을 검증하였다. 나아가 혁신적인 단체장이 있으며, 인구증가율이 높은 자치단체에서는 조례제정의 가능성이 높다는 결과를 확인하였다. 그리고 파급요인으로서는 지역 내에 이뤄진 조례의 제정 건수, 준거집단 내 제정수가 많은 지역일수록 채용의 가능성이 증가한다는 결과를 발견하였다.

위와 같은 이토의 연구는 통계분석과 사례연구로부터 설명을 시도하는 것이지만, 현 수준을 대상으로 한 것이기에 그의 분석틀을 시 수준의 분석에 그대로 적용하는 것은 적절하지 않다. 왜냐하면 현 수준의 정보공개조례의 채용 시기와 시 수준의 채용 시기에는 커다란 차이가 존재하기 때문이다.

---

12) 伊藤, 위의 책, 제9장.

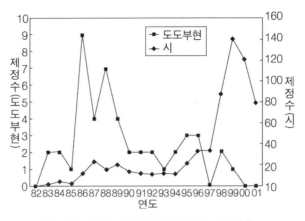

그림 5-11 정보공개조례의 재정 상황(시, 도도부현)

　그림 5-11은 도도부현 수준과 시 수준에서 정보공개조례의 제정수의 추이를 나타낸 그래프이다. 이 그래프를 통해 알 수 있는 바와 같이 현 수준에서는 80년대 후반부터 90년대에 들어설 때까지 반 이상의 자치단체에서 이뤄져 있던 것에 반해 시 수준에서는 90년대 후반 이후에 급격하게 증가한다는 차이를 보이고 있다. 따라서 시 수준에서 정보공개 제도가 채용되는 배경에는 이토가 현 수준에서 검증한 것과 동일한 요인이 영향을 미친다고는 생각하기 어렵다.

　그래서 본 논문에서는 시 수준을 대상으로 새로운 분석을 실시하기로 했다. 또한 시 수준에서는 제도를 채용한 연도가 동일한 자치단체가 적지 않기 때문에, 정보공개에 대한 자치단체 간의 대응의 차이를 검토하는 데는 선행연구에서 이용되고 있는 제도의 채용연도가 아니라 조례의 내용을 이용하는 것이 필요할 것으로 생각된다. 따라서 본 논문에서는 정보공개조례의 내용을 대상으로 그 차이를 만들어 내는 요인에 관해서 검토하기로 한다.

선행연구에 따르면, 자치단체 수준의 정책적 성과를 규정하는 요인으로서 자치단체장의 리더쉽이 특히 강한 요인이 되고 있다. 예를 들자면, 고바야시(小林) 등이 시장, 시장보좌관, 재무담당과장 등 정책 결정에 관여하는 행위자들을 대상으로 실시한 여론조사에 따르면 지방자치단체 전체의 정책형성에 가장 영향력이 크다고 생각되는 행위자는 시장이었다.[13] 또한 나가노(中野)도 네 개 시의 과장들을 대상으로 실시한 설문조사에서 동일한 결과를 얻고 있다.[14] 본 논문의 대상이 되는 정보공개제도에 관해서도 이와 같은 경향이 짐작될 수 있을 것이다. 즉 정보공개에 적극적인 시장이 있는 자치단체에서는 정보공개의 정도가 높은 조례가 제정될 가능성이 높다고 가정할 수 있다.

한편 정보공개에 적극적인 시장은 어떠한 자치단체에서 배출되는 것일까? 시장은 선거를 통해서 배출되는 것이기에, 어떠한 시장이 탄생하는가는 그 자치단체의 시민의 선호에 크게 좌우되리라고 생각할 수 있다. 이와 같이 추론하는 경우, 보다 정보공개의 정도가 높은 제도를 요구하는 시민은 어떤 속성을 가지고 있는지를 살펴볼 필요가 있을 것이다.

제 I 절에서 본 바와 같이 정보공개제도가 제정되는 배경에는 행정의 투명성을 확보하기 위해 발생한 시민운동과 언론의 보도에 의한 정보공개의 쟁점화가 존재하는 것으로 보인다. 이와 같이 추론하는 경우, 행정의 투명성 확보에 대한 시민의 의식이 높은 자치단체에서는 공개에 적극적인 제도가 채용되리라고 생각된다. 여기서 행정의 투명성 확보에 관심이 높은 시민이란 재정 삭감을 선호하는 시민, 즉 재정적으로 보수적인

---

13) 小林外, 앞의 책, 제2장.
14) 中野(1982), 제3장.

(Conservative) 시민일 가능성이 높을 것이다. 재정지출의 삭감, 효율화를 요구하는 시민에게 행정과정이 투명화되는 것은 바람직한 것으로 생각될 수 있기 때문이다. 한편 재정적으로 리버럴한(Liberal) 시민은 그다지 관심을 가지지 않으리라고 생각된다. 또한 기득권을 없애는 것에 관심이 있는 시민은 정보공개에 적극적일 것이다. 그러나 종래의 정치적 통로나 정책과정을 중시하는 사람은 그러한 과정이 개방화되는 경우 지금까지 가질 수 있었던 이득이 줄어들 것에 대한 두려움으로 인해 정보공개에 소극적일 것으로 생각된다. 또한 자신에게 관심이 있는 쟁점에 관해서는 정치가에 의존하지 않고 스스로가 적극적으로 행정과정에 참가해 자신의 의견을 반영시키고 싶어하는 시민에게는 적극적인 정보공개가 바람직하다고 여겨질 것이다. 한편 스스로의 의사를 정치가에게 위임하고, 동원된 정치참가밖에 하지 않는 시민이라면 정보공개에 관심이 낮을 것이다.

위에서 논의한 것과 같은 정보공개에 적극적인 시민과 소극적 혹은 관심이 없는 시민의 특성은 클라크(Clark)와 잉글하트(Inglehart)가 주장하는 '새로운 정치문화'(New Political Culture)[15]의 주역인 NPC적인 시민과 종래의 정치문화(계급정치와 후견인주의)의 주역인 OPC(Old Political Culture)적인 시민에 해당된다.

클라크와 잉글하트는 1970년대 이후 종래의 정치를 해석하는 틀이었던 계급정치 모델이나 후견인주의로는 포착할 수 없는 정치사회적 현상이 발생하고 있는 것에 주목하고, 이를 '새로운 정치문화'로 개념화시켰다.[16] 새로운 정치문화의 특징으로는 일곱 가지를 들 수 있는데,[17] 이를 간단히

---

15) Clark and Inglehart(1998), pp.9-72.
16) Ibid., pp.11-13.

설명하면 다음과 같다. 근대 이후는 핵가족화, 고학력화 현상과 같은 사회적 변화와 농업과 제조업의 쇠퇴, 그리고 첨단정보기술 및 서비스 산업의 발전으로 특징지어지는 경제적 변화에 의한 가치관의 변화, 즉 개인주의와 탈물질주의가 번성하게 되었다. 그리고 이를 배경으로 사람들 사이에서 계급정치에서 중시되었던 경제나 직장을 둘러싼 쟁점이 아니라 라이프 스타일에 관한 사회적 쟁점이 중시된다. 또한 이러한 사회적 쟁점에 관한 입장은 계급정치에서 전제로 하고 있었던 재정적 쟁점에 관한 입장과 반드시 일치하지 않으며, 역으로 사람들은 비대화된 관료기구에 회의적인 입장을 취하게 됨으로써, 사회적인 쟁점에 관해서 리버럴한 입장을 취해도 재정적으로는 보수적인 사람들이 늘어나게 된 것이다. 나아가 이러한 사람들은 자신의 선호가 반영되지 않는 기존의 정당에 대한 불신감이 높으며, 따라서 정당의 동원대상으로서 수동적으로 정치에 참가하는 형태가 아니라 쟁점지향적이며 적극적인 형태로 정치에 참가한다.

즉, 새로운 정치문화론에 따르면, 새로운 정치문화적인 시민의 특징은 재정적으로 보수적이고 사회적으로 리버럴한 선호를 지니고 있으며, 쟁점에 대한 자신의 의사를 반영시키는 데 적극적이고, 기득권익에 관해 혐오하는 태도를 지니고 있다. 한편 구정치문화적인 시민들을 종래의 정치적 루트를 중시하며, 스스로가 직접 정치에 관여하기 보다는 정치가를 통한 수동적인 정치참가를 선호한다.

---

17) ① 고전적인 좌우축의 변질, ② 사회적 쟁점과 재정/경제적 쟁점의 명확한 구별, ③재정/경제적 쟁점에 비해 중요성을 더해가는 사회적 쟁점. ④ 시장 개인주의와 사회 개인주의의 발달, ⑤ 복지국가에 대한 의문, ⑥ 쟁점정치와 광범위한 시민참가의 대두, 위계적인 정치조직의 쇠퇴, ⑦ 젊고 교육수준이 높은 부유한 개인 및 사회에서 새로운 정치문화를 강하게 지지하는 경향

새로운 정치문화라고 하는 분석틀은 그 발생요인이 보편성을 지니고 있다는 점에서 일본에 적용하는 것이 가능하다. 선행연구에 따르면, 일본에서도 실제로 새로운 정치문화의 기반인 사회적, 경제적 변화와 가치관의 변화가 발생하고 있으며,[18] 새로운 정치문화적 현상도 서서히 일반화되고 있는 것으로 보인다.[19]

따라서 정보공개제도의 규정요인에 관해서도 새로운 정치문화라는 분석틀을 이용한 추론이 가능할 것으로 보인다. 구체적으로는 새로운 정치문화적인 시민이 많은 지역에는 새로운 정치문화적인 시장이 탄생되며, 그러한 시장은 정보공개에 적극적이기 때문에 정보공개도가 높은 제도를 채용한다는 가설을 생각할 수 있을 것이다.

이를 가설의 형태로 나타내면 가설 1은 다음과 같이 설정할 수 있다.

가설 1: 새로운 정치문화적인 시민이 많은 자치단체에서는 새로운 정치문화적인 시장이 배출될 가능성이 높다.

여기서 새로운 정치문화적인 시민이 많은 자치단체란 클라크와 잉글하트에 따르면, 젊고 전문직에 종사하고 있으며, 재정적으로 풍요롭고 교육수준이 높은 시민이 많은 지역을 가리킨다.[20] 새로운 정치문화적인 시민이 많은 지역에서는 정보공개가 쟁점화될 가능성이 높으며, 정보공개에 적극적인 시장이 배출될 가능성이 높다. 한편 구정치문화적인 시민이 많은 자치단체는 그와 반대의 특징을 지닌다. 즉, 고령자가 많고, 제1차

---

18) Jang(1996), Umemori with Rempel(1997), pp.85-100.

19) 中谷(2002), pp.268-273.

20) Clark and Inglehart(1998) p.13.

산업에 종사하는 사람들이 많으며, 재정적으로 풍요롭지 않고, 교육수준이 높지 않은 시민이 많을 것이다. 이러한 지역에서는 구정치를 지향하는 정도가 높으며, 정보공개에도 소극적일 것으로 예측할 수 있을 것이다.

새로운 정치문화적인 시장이란 재정적 쟁점에 관해서는 보수적이며, 사회적 쟁점에 관해서는 리버럴한 입장이라는 것을 의미한다. 이러한 시장의 선호에 입각해서 추론하는 경우, 다음과 같은 가설 2를 설정할 수 있을 것이다.

가설 2: 새로운 정치문화적인 시장은 정보공개에 적극적이며, 그 결과 정보공개도 적극적으로 추진될 것이다.

새로운 정치문화적인 시장은 특정 지지자에게만 대응하는 구정치문화적인 정치 엘리트와는 달리 일반시민에게 폭넓고 직접적으로 호소하는 경향을 가지고 있다는 점에서 정보공개에도 적극적일 것으로 예상된다. 또한 새로운 정치문화적인 시장은 재정적으로 보수적인 선호를 지니고 있기 때문에 정보공개에 관해서도 호의적인 태도를 취할 것으로 예상해 볼 수 있다. 아래에서는 위 두 가설을 차례대로 검증할 것이다.

2. 가설의 검증

위 두 가설은 설명변수간의 인과관계에 의해 연결되어 있다는 점에서 구조적인 가설이라고 볼 수 있다. 따라서 각 가설의 검증 뒤에는 공분산구조분석(Analysis of Covariance Structures)을 실시할 것이다.

먼저 가설 1을 검증하기에 앞서 새로운 정치문화적인 시민이 많은 자치단체를 나타내는 변수들이 무엇인가에 관해 검토하도록 하자. 새로운 정치문화적인 시민의 특징은 젊고, 풍요롭고, 교육수준이 높으며, 전문직업에 종사하고 있다는 점에 있다.21) 이와 같은 특징 중, 일본의 경우에는, 필자의 졸고를 통해 검증된 분석 결과에 따르면, 젊고 전문직에 종사하고 있는 사람일수록 탈물질주의적 가치관을 지니고 있으며, 그러한 사람일수록 새로운 정치문화적인 경향을 가지고 있었다.22) 그래서 본 논문에서도 젊은 세대와 전문직 종사자가 많은 자치단체를 새로운 정치문화적인 시민이 많은 지역으로 간주하고 분석해 나갈 것이다. 분석에 사용되는 변수에는 '40-49세의 인구 비율'과 '전문직 종사자의 비율'을 이용한다.23) 젊은 세대를 나타내는 지표로서 '40-49세의 인구 비율'을 사용한 까닭은 이 세대가 1970년대 전후에 학생운동이 번창했던 시기에 소년 혹은 청년기를 보냈으며, 정치적으로도 활동적인 세대였던 것으로 생각되기 때문이다. 실제로 '세계 가치관 조사의 데이터'에서도 이 세대는 엘리트 대항적인 새로운 참가형태에 가장 적극적이라는 점이 확인된다.24) 종속변수는 시장의 정책에 관한 선호를 표시하는 재정적 쟁점에 관한 선호와 사회적 쟁점에 관한 선호를 이용한다. 둘 모두 값이 클수록 보수적인 선호를 나타내는 것으로 코딩되어 있다.25)

---

21) Clark and Inglehart(1998), p.13.

22) 中谷(2002), pp.263-273.

23) 1995년의 국세조사 데이터를 사용함.

24) 中谷(2002), pp.271-272.

25) 시장의 재정선호에 관해서는 다음의 세 가지 질문항목을 이용했다. 즉 ① 정부의 존재형태로 바람직한 것은, A. 고부담 고복지 형태의 큰 정부이다, B. 저부담 저복지 형태의 작은 정부이다. ② 경기대책으로서 유효한 수단은, A. 공공사업에 의해서 투자를 실시하는 것이다, B. 감세로 소비를 자극하는 것이다 ③ 중앙정부 혹은 지방정부가 세입이 부족할 때의 바람직한 해결책은 A. 적자국채(지방채)를 발행해서라도 서비스의 수준을 유지해야 한다, B. 수입의 부족에 대응해서 서비스의 수준을 저하시켜야 한다는 항목을 이용하여, 각각 '찬성', '어느 쪽인가 하면 찬성', '어느 쪽인가 하면 반대', '반대'로 회답된 것을 각각 1점에서 4점까지로

표 5-2 시장의 재정 선호를 종속변수로 하는 중회귀 분석의 결과

		반설	반설검증	베타(Beta)계수	유의확률
NPC적 시민	40-49세 인구비율	+		0.032	
	전문직 종사자의 비율	+	○	0.125	*
NPC적 시장의 종속	연령	−		-.028	
	정당 추처의 유무	−		-.058	
조정된 결정계수		0.006			

N=302   ***: $0 \leq p \langle 0.001$ **: $0.001 \leq p \langle 0.01$ *: $0.01 \leq p \langle 0.05$

표 5-3 시장의 사회선호를 종속변수로하는 중회귀 분석의 결과

		가설	가설 검증	베터계수	유의확률
NPC적인 시민	40-49세 인구비율	−		-0.097	
	전문직 종사자 비율	−		-0.055	
NPC적인 시장의 속성	연령	+		.031	
	추천유무	+	○	.153	*
조정된 결정계수		0.021			*

N=302   ***: $0 \leq p \langle 0.001$ **: $0.001 \leq p \langle 0.01$ *: $0.01 \leq p \langle 0.05$

점수를 매긴 뒤, 이들 항목의 합계를 변수로 사용했다. 합계를 한 변수의 값이 클수록 재정적으로 보수적인 것을 나타낸다.

한편 사회적 쟁점에 관한 선호에 관해서는 다음의 네 가지 질문항목을 이용했다. 즉 ①싱글맘(Single Mother)에 관해서, A. 스스로 선택한 인생으로 용인해야 한다, B. 어쩔 수 없는 경우를 제외하고 용인해서는 안 된다 ② 초등학교의 영어교육에 관해서, A. 국제화 시대에 대응하기 위해서는 유소년기부터 영어교육을 추진해야 한다, B. 초등하교 때는 먼저 일본어의 습득을 중시해야 한다 ③ 의무교육에 관해서, A 어른이 될 때까지 의무교육은 반드시 받을 필요는 없다, B. 어른이 될 때까지 의무교육은 반드시 받아야 한다 ④ 유전자 조작을 수반하는 개발에 관해서 A. 인간의 사회생활을 충실하게 하는 데 공헌하기 때문에 개발을 추진해야 한다, B. 자연의 섭리를 위반하기 때문에 개발을 금지하야 한다, 는 항목을 이용하여, 각각 '찬성', '어느 쪽인가 하면 찬성', '어느 쪽인가 하면 반대', '반대'로 회답된 것을 각각 1점에서 4점까지로 점수를 매긴 뒤, 이들 항목의 합계를 변수로 사용했다. 합계를 한 변수의 값이 클 수록 사회적으로 보수적인 것을 나타낸다.

표 5-4 시장의 정보공개선호를 종속변수로 하는 중회귀분석

		가설	가설 검증	베터계수	유의확률
NPC적인 시민	40-49세 인구 비율	+		.041	
	전문직 종사자 비율	+	○	.167	**
NPC적인 시장의 속성	연령	−		-.085	
	추천 유무	−		.013	*
NPC적인 시장의 정책선호	재정 선호	+	○	.135	
	사회 선호	−		.087	
당파성	혁신추천유무			-.034	
	혁신·중도 추천 유무			-.010	
조정된 결정계수			.039		*

N=302   ***: 0≦p〈0.001   **: 0.001≦p〈0.01   *: 0.01≦p〈0.05

그럼 먼저 시장의 재정적 쟁점에 관한 선호를 종속변수로 한 중회귀분석의 결과를 보도록 하자(표 5-2). 표 5-2에서 '전문직 종사자 비율'이 통계적으로 유의한 플러스의 값을 나타내고 있다는 점에서 전문직에 종사하는 사람들이 많은 지역일수록 재정적으로 보수적인 시장이 배출되는 경향이 있다는 점을 알 수 있다. 또한 시장의 사회적 쟁점에 관한 선호를 종속변수로 하는 중회귀 분석의 결과를 보게 되면(표 5-3), 시장의 속성을 나타내는 변수인 정당의 추천 여부가 통계적으로 유의한 플러스의 값을 나타내고 있다는 점에서 정당 추천을 받지 않은 시장일수록 사회적으로 리버럴한 선호를 가지고 있다는 점을 알 수 있다. 이는 새로운 정치문화적인 행위자는 기존의 정당으로부터 거리를 두는 경향이 있다는 새로운 정치문화론의 가설과 부분적으로 일치되는 결과라고 볼 수 있다.

다음에는 가설 2, 즉 새로운 정치문화적인 시장은 정보공개에 적극적

표 5-5 시장의 정보공개선호와 정보공개도의 교차분석표

			정보공개득점(4단계)				합계
			1	2	3	4	
정보공개에 관한 선호 (3단계)	소극적	도수	20	20	12	10	62
		공개선호 (3단계의)의 %	32.3	32.3	19.4	16.1	100.0
		득점의 %	26.7	26.0	17.4	12.9	20.5
	중간	도수	16	13	14	9	52
		공개선호 (3단계의)의 %	30.8	25.0	26.9	17.3	100.0
		득점의 %	21.3	16.9	20.3	11.1	17.2
	적극적	도수	39	44	43	62	188
		공개선호 (3단계의)의 %	20.7	23.4	22.9	33.0	100.0
		득점의 %	52.0	57.1	62.3	76.5	62.3
합계		도수	75	77	69	81	302
		공개선호 (3단계의)의 %	24.8	25.5	22.8	26.8	100.0
		득점의 %	100.0	100.0	100.0	100.0	100.0

이며, 그러한 시장이 있는 자치단체에서는 정보공개가 촉진되는 경향이 있다는 가설을 검증하도록 하자. 먼저 새로운 정치문화적인 시장은 정보 공개에 적극적인지의 여부를 확인해보자. 종속변수는 시장의 정보공개에 대한 선호로, 이 변수의 작성에는 제Ⅱ절에서 이용했던 여섯개의 항목에 대한 합계치를 이용했다.[26] 한편 독립변수로는 새로운 정치문화적 시민 의 특징을 나타내는 변수, 즉 '40~49세의 인구비율', '전문직 종사자의 비율'과 새로운 정치문화적인 시장을 표시하는 변수, 즉 '재정적 쟁점에

---

26) Ⅱ절에서 이용한 정보공개에 관한 여섯 개의 항목에 관해서 각각 '찬성' '어느 쪽인가 하면 찬성' '어느 쪽인가 하면 반대' '반대'로 회답된 것을 각각 4점에서 1점까지로 점수를 매긴 뒤, 이들 항목의 합계를 변수로 사용했다.

관한 선호와 사회적 쟁점에 관한 선호', 그리고 '시장의 입후보 때 정당의 추천을 받았는지의 여부'와 '연령'을 투입했다.

선행연구에 따르면, 단체장의 선호를 규정하는 요인으로서 당파성의 존재가 지적되고 있다. 예를 들자면 이토는 현 수준의 정보공개제도의 채용과 관련해서 혁신적 단체장이 선두에 서서 채용한 경위에 관해 설명하고 있다.[27] 그래서 혁신정당으로부터 추천을 받고 있는 시장, 혁신·중도정당으로부터 추천을 받고 있는 시장의 유무에 관한 변수를 작성하여, 독립변수에 동시에 투입했다.

분석의 결과(표 5-4), 재정적으로 보수적인 시장일수록 정보공개에 적극적이라는 점을 확인할 수 있었다. 또한 가설 1과 관련된 것이지만, 전문직 종사자의 비율이 높은 자치단체일수록 정보공개에 적극적인 시장이 배출되고 있다는 점도 확인되었다. 한편 정당추천의 유무나 혁신계 정당의 추천 여부는 통계적으로 유의하지 않았다.

이어서 가설 2가 상정하는 두 번째 내용, 즉 정보공개에 적극적인 시장이 있는 자치단체에서는 정보공개가 적극적으로 추진되는 경향이 있다는 예상에 관해 검증을 실시했다. 먼저 시장의 선호와 자치단체의 정보공개 정도 간의 교차분석표를 작성해봤다(표 5-5). 가설이 예측한 바와 같이 시장의 정보공개에 대한 선호가 강한 자치단체일수록 정보공개의 정도가 높다는 점을 확인할 수 있다. 여기서 사용한 시장의 선호에 관한 지표는 가설 2에서 이용한 시장의 정보공개에 관한 선호를 3단계로 분류한 것이다.[28] 또한 정보공개의 득점은 그림 5-3과 동일한 방식으로

---

27) 伊藤(2002), 제9장.

28) 가설 1, 2의 분석에서 사용한 시장의 정보공개에 관한 선호를 득점으로 분류할 때, 6점에서 14점을 소극적, 15점을 중간, 16점 이상을 적극적인 시장으로 코딩했다.

구한 것이다.

선행연구에서는 정책적 성과의 규정요인, 특히 선진적인 정책이 채용되는 데 영향을 미치는 요인으로서 시장의 선호와 같은 정치적 요인뿐 아니라 자치단체의 재정상황이나 도시화의 정도와 같은 경제·사회적 요인도 지적되고 있다. 예를 들자면, 자치단체의 재정상황에 관해서 말하자면, 사쿠기(柵木)는 사회복지 지출에 자치단체의 재정력이 영향을 미치고 있다는 점을 지적하고 있다.29) 또한 가와무라(河村)는 시민참가제도의 채용에 재정적인 요인이 영향을 미치고 있다는 점을 지적하고 있다.30) 따라서 시장의 선호 이외에도 자치단체의 재정환경을 나타내는 변수로 재정력 지수를 독립변수로 투입하기로 했다.

또한 사회환경에 관해서는 도시화의 정도가 정책의 채용에 관계하고 있다는 선행연구가 있다. 가와무라는 재정재건정책의 채용에는 규모의 경제성과 연결의 경제성에 의해서 효율화를 실시하기 쉽다는 점에서 자치단체의 도시화의 정도가 영향을 미치고 있다는 점을 나타내고 있다.31) 또한 아쿠도(飽戸)와 사토(佐藤)는 도시의 중추성(인구, 금융기관, 제3차 산업 등 다섯 개의 변수에 의해 작성)이 높은 도시일수록 토목비, 상공비, 위생비가 많아지고 있다는 점을 지적하고 있다.32) 즉 도시의 중추성에 대응해서 재정지출이 변화하고 있다는 점을 지적하고 있다. 따라서 본 논문에서는 사회환경을 나타내는 변수(도시화의 정도)로서 DID 인구비율을 모델에 투입한다. 여기서 사용하는 도시화의 정도와

---

29) 柵木(1992), pp.79-91.

30) 河村(2002), pp.17-36.

31) 河村(1998), 제9장.

32) 飽戸·佐藤(1986), pp.141-179.

표 5-6 정보공개정도를 종속변수로 하는 중회귀분석

		가설	가설검증	베터계수	유의확률
NPC적인 시민	40-49세 인구 비율	+			
	전문직종사자 비율	+			
NPC적인 시장의 속성	연령	-			
	추천 유무	-			
NPC적인 시장의 정책선호	정책 선호	+			
	사회 선호	-			
시장의 공개선호	정당 공개 선호	+	○	.284	***
당파성	혁신 추천 유무				
	혁신·중도 추천 유무				
도시화	DID 인구 비율			.234	***
재정 환경	재정지수				
조정된 결정계수			.150		***

N=302   ***: 0≦p〈0.001 **:0.001≦p〈0.01 *:0.01≦p〈0.05

새로운 정치문화의 구조적 변수는 상당부분이 중복되지만, 반드시 일치하는 것은 아니다. 그것은 새로운 정치문화를 나타내는 변수는 섹터라는 개념을 기초로 하고 있기 때문이다. 섹터란 클라크와 퍼거슨에 의하면, 도시정책에 관해서 공통의 이익을 가진 시민집단을 가리킨다.[33] 즉 시장의 배출에 커다란 영향을 미칠 것으로 예상되는 선호가 비슷한 집단을 나타내는 변수가 섹터이다. 한편 도시화의 정도를 나타내는 변수는 단순히 지역의 환경적 특징을 나타내고 있다.

그 밖에 독립변수로는 새로운 정치문화적 시민의 특징을 나타내는

---

33) Clark and Ferguson(1983), p.23.

변수, 즉 40-49세의 인구 비율, 전문직 종사자의 비율과 새로운 정치문화적
인 시장을 표시하는 변수, 즉 재정적 쟁점에 관한 선호와 사회적 쟁점에
관한 선호, 그리고 시장의 입후보 때 정당의 추천을 받았는지의 여부와
연령을 투입하였고, 정보공개의 정도를 종속변수로 하는 스텝 와이즈 방식
의 중회귀분석을 실시했다. 스텝 와이즈 방식을 선택한 이유는 재정력
지수와 DID인구비율이 상관이 0.5를 넘어서기 때문이다.[34]

분석 결과로부터, 정보공개의 정도에 가장 큰 영향을 미치는 것은
시장의 정보공개에 관한 선호라는 점을 확인하였다. 또한 DID인구비율
이 높은, 즉 도시화된 지역일수록 정보공개의 정도가 높다는 점도 확인되
었다.

지금까지 각 가설을 개별적으로 검토해왔다. 지금부터는 이들 가설이
구조적으로 상호관련되어 있다는 점을 고려하여, 공분산구조분석에 기초
하여 가설에서 설정한 설명변수 간의 관련성도 검증함과 동시에 가설
간의 관련성에 관해서 검토하기로 한다. 분석 결과는 그림 5-12에 표시했다.

분석 결과에 관한 설명을 하기에 앞서, 모델의 통계적 적합도를 살펴보
기로 하자. 카이 자승의 값은 23.759이고, 확률수준은 0.033이었다.
확률수준이 0.05 이하이지만, 모델의 적합도에 관해서 말하자면, GFI의
값이 0.983이고 AGFI의 값이 0.942로 양쪽 모두 0.9를 넘고 있다. 이로부
터 데이터와 모델은 적합하다고 말할 수 있을 것이다.[35]

---

34) 두 변수의 상관은 0.546이다.

35) 모델의 평가에 관해서는 豊田(1998), pp.170-188.

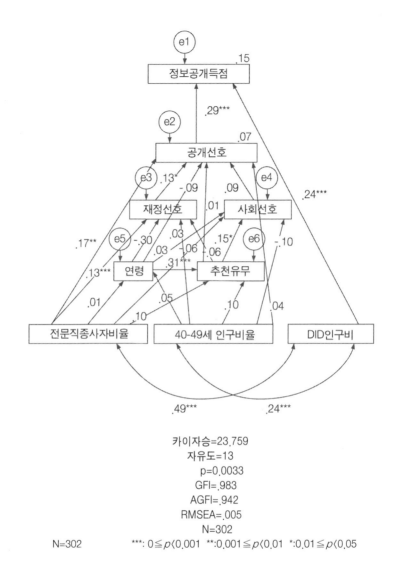

카이자승=23.759
자유도=13
p=0.0033
GFI=.983
AGFI=.942
RMSEA=.005
N=302

N=302   ***: $0 \leqq p \langle 0.001$ **: $0.001 \leqq p \langle 0.01$ *: $0.01 \leqq p \langle 0.05$

그림 5-12 정보공개정도(공개득점)에 관한 공분산구조분석의 결과

먼저 가설1에 관해 검토해보면, 그림 5-12에서 보이는 바와 같이, 전문직 종사자의 비율이 시장의 재정적 쟁점에 관한 선호에 유의한 플러스의 관계를 보이고 있다는 점을 알 수 있다. 즉 새로운 정치문화적 시민이 많은 지역일수록 재정적으로 보수적인 시장이 배출되는 경향이 있다는 점이 시사된다. 사회적 쟁점에 관한 선호에 관해서는 젊고 정당의 추천을 받지 않은 시장일수록 사회적으로 리버럴한 입장을 취하고 있다는 점이 확인되었다.

또한 가설2에 관해서 검토해보면, 재정적으로 보수적인 선호를 가지는 시장은 정보공개에 적극적인 선호를 가지고 있으며, 그와 같은 정보공개에 적극적인 시장이 있는 자치단체일수록 정보공개의 정도도 높다는 경향이 확인되었다. 또한 DID인구비율이 높은 자치단체일수록 정보공개의 정도가 높다는 점을 알 수 있다. 그러나 사회적 쟁점에 관한 선호는 정보공개에 관한 선호에 통계적으로 유의한 관계를 보이지 않았다. 그 이유는 시장이 정보공개제도를 어떠한 제도로서 포착하고 있는가의 문제와 관련되어 있는 것으로 보인다. 정보공개의 촉진을 행정개혁의 일부로서 간주하고 있는가, 혹은 시민참가를 촉진하기 위한 수단으로 간주하고 있는가에 따라서 재정적 쟁점에 관한 선호와의 관계가 강해질 것인가, 아니면 사회적 쟁점에 관한 선호와의 관계가 강할 것인가가 좌우될 것으로 보이기 때문이다. 이 문제에 관한 상세한 검토는 금후의 과제로 삼도록 한다.

글을 마치며

지금까지의 분석 결과를 정리하면 다음과 같다. 새로운 정치문화적인 시민이 많은 지역, 즉 전문직 종사자의 비율이 높은 지역에는 재정적으로 보수적인 선호를 가진 시장이 배출되는 경향이 있으며, 그러한 시장일수록 정보공개에 적극적이기 때문에 자치단체 내의 정보공개의 정도가 높다는 점이 확인되었다. 즉 자치단체의 시민의식이 중요한 역할을 수행하고 있다.

이 논문의 결과로부터 시사되는 점에 관해 언급하자면 2000년에
실시된 지방분권 개혁 이후에 지방분권의 가능성에 관해 반대의견도
있었지만, 적어도 자치단체에게 자기결정과 자기책임의 원칙이 적용될
기반을 마련해 주었다고 말할 수 있을 것이다. 자치단체의 결정을 좌우하
는 정치적 리더는 그 자치단체에 거주하는 시민의 선호에 의해 변화한다.
따라서 자치단체가 취해야 할 방향성은 자치단체장과 시민과의 상호관계
에 의해 좌우된다고 말할 수 있다. 또한 이같은 의미에서 앞으로는 시민의
선호와 의견이 자치단체장의 정책선호에 반영되는 정치적 루트에 관한
연구가 필요할 것으로 보인다. 최근 자치단체의 선거는 매니페스토를
작성해 선거에 입후보하는 후보자가 늘어나고 있다. 또한 시민단체가
매니페스토를 작성해 후보자에게 제시하는 사례도 보이고 있다. 이와
같은 현상에 주목하는 가운데 시민과 자치단체장과의 관계를 분석하는
것이 필요할 것이다.

참고문헌

飽戸弘・佐藤誠三郎(1986), 『政治指標と財政支出―647市の計量分析』大森彌・佐藤誠三
　　郎編, 『日本の地方財政』, 東京大学出版会.
井出嘉憲・兼子仁・右崎正博・多賀谷一照(1998), 『講座・情報公開』, ぎょうせい, 1998年.
伊藤修一郎(2002), 「情報公開・行政手続規制の政策過程」『社会科学研究』53(2.3), 107-
　　131項.
伊藤修一郎(2002), 『自治体政策過程の動態』, 慶応義塾大学出版会.
宇賀克也(1999), 「自治体情報公開制度の現状と課題」『都市問題』90巻　9号　3-13項.
宇賀克也(2002), 『新・情報公開法の逐条解説』有斐閣.
川瀬航司(2000), 「地方公共団体の情報公開制度」『地方自治』第633号, 56~81項.

河村和徳(2000),「都市における住民参加制度の動向(一)」『金沢法学』42券2項 17-36項.

河村和徳(1998),「財政再建政策をもたらす要因」『地方自治の実証分析』慶応義塾大学出版会, 第9章.

クラーク, T.・小林良彰(2001),『地方自治の国際比較』慶応義塾大学出版会.

小林良彰・新川達郎・佐々木信夫・桑原英明(1997),『アンケート調査にみる地方政府の現実』, 学陽書房.

小林良彰・名取良太・金宗郁・中谷美穂(2002),「選挙別自治体財政需要 2001年度日米韓国際FAUIプロジェクト. 報告書(一)」『地方財務』572号, 167-184項.

豊田秀樹(1998),『共分散構造分析(入門編)』, 朝倉書店.

中谷美穂(2002),「日本の自治体のNPC(New Political Culture) 的政策に関する実証分析」『法学政治学論究』54号, 261-285項.

中野実(1982),『現代日本の政策過程』, 東京大学出版会.

畠基晃(1999),『情報公開法の解説と国会論議』, 青林書院.

柵木靖子(1992),「在宅福祉施策自治体間格差の要因分析」『季刊社会保障研究』28券１号, 79-91項

三宅弘,『交際日・食糧費の情報公開』井出嘉憲・兼子仁・右崎正博・多賀谷一照(1998),『講座・情報公開』, ぎょうせい, 第2章.

Clark, Terry Nicholas and Lorna Crowley Ferguson(1983), *City Money: Political Process, Fiscal Strain and Retrenchment*, New York: Columbia University Press.

Clark, Terry Nicholas and Ronald Inglehart(1998). "The New Political Culture: Changing Dynamics of Support for the Welfare State and other Politices in postindustrial Societies," in Terry Nochols Clark and Vincent Hoffmann Martinot(eds.), *The New Political Culture*, Colo.: Westview Press.

Jang. Wonho(1996), *The New Political Culture in japan*, Ph.D. Thesis, Department of Sociology, University of Chicago.

Umemori, Naoyuki with Michael Rempel(1997), "The New Political Culture in Japan," in Terry Nichols Clark and Michael Eempel (eds.), *Citizen Politics in Post-Industrial Societies*, Colo.: Westview Press, pp.85-100.

6장

일본의 고령자 복지와 주민의식

사사키 도시미(佐々木寿美)

시작하며

최근 일본에서는 지방자치단체가 기획·집행하는 공공정책의 효율성과 효과에 관한 주민의 관심이 높아지고 있다. 이는 장기화하는 불황과 급속한 저출산·고령화 현상이 진척됨에 따라 많은 자치단체의 재정이 어려워지는 가운데 효과적인 정책을 실행하는 것의 중요성이 정책담당자뿐 아니라 주민 수준에까지 침투하기 시작한 것의 일례이다.

일본의 공공정책 중에서 최근 그 중요성이 증가하고 있는 대표적인 예로는 고령자 복지정책이 있다. 고령자 복지정책은 현재 큰 폭의 개혁이 진행되고 있는 정책 분야이며, 이는 점차적으로 장애자 복지 등의 다른 복지분야와 통합되어, 전체적으로 개편될 것으로 보인다. 이러한 움직임을 통해서도 급속한 저출산·고령화 현상에 대응한 고령자 복지정책을 긴급히 정비하는 것은 복지담당자 및 정치 리더들에게 공통의 과제라는 점이 명백한 것으로 보인다.[1] 현재의 열악한 재정환경 속에서 조금이라도 더 많은 예산을 고령자 복지정책에 충당하고, 또한 그것이 무리라면 현재의 예산으로서 좀 더 효과적인 정책을 실시하는 것을 통해 주민들의 만족도를 향상시키는 것은 자치단체에게 주어진 공통 과제라고 볼 수 있다.

이 논문에서는 이러한 지방자치단체를 둘러싼 사회경제적 환경과 정책담당자 및 정치적 리더 사이의 공통적인 인식을 고려하는 가운데, 지방 수준에서의 고령자 복지정책에 초점을 맞춘 분석을 시도하고자 한다. 복지정책의 영역에 충당할 수 있는 예산이 한정되어 있는 현재, 조금이라도 더 효율적이고 효과적인 고령자 복지정책을 형성하고 실시하기 위해서는 정책과정에 주민참가와 비용삭감이 필요하다는 점은 더 말할 나위도 없을 것이다. 본 논문에서 이와 같은 시점에서 고령자 복지정책의 형성과 실시과정을 '복지혼합론'의 틀을 빌려 재검토하고자 한다.

본 논문은, 전체적인 문맥에서 보자면, 고령자 복지정책의 목표설정, 실증적인 분석에 기초한 현상 및 문제점의 정리, 그리고 그러한 문제를 해결하기 위한 정책수단을 구상한다는 정책연구의 수법에 입각한 논리구성으로 이뤄져 있다. 제 I 절에서는 이 논문이 이용하는 분석틀을 선행연구에 관한 고찰을 통해 검토할 것이다. 즉 중앙정부, 지방자치단체, 지역사회, 그 외의 복지관련단체와 같이 고령자 복지의 정책영역에서 중요하다고 생각되는 행위자들 간에 요구되는 역할 분담의 필요성에 관해 재검토할 것이다. 이어서 제 II 절에서는 본 논문의 분석틀과 가설을 기초로 고령자 복지정책에 아웃소싱을 실시할 때의 비용 삭감의 효과에

---

1) 필자가 지방자치단체의 정치가, 의회의 의장 및 정책의 기획담당자에 대해 실시한 의식조사에 의해 확인된 것이다. 상세한 내용은 佐々木(2004)를 참조.

관해, 현재의 지방자치단체의 고령자 복지정책에 충당되는 예산을 참조로 삼아 실증적인 분석을 실시할 것이다. 공립·민간 및 중간단체에 의한 복지비용에 관한 비교를 분석할 때, 아웃소싱에 적절한 정책분야와 공적 섹터가 실시하는 편이 좋은 정책분야를 분별한 뒤 비용에 관한 비교분석을 실시하도록 한다. 제Ⅲ절에서는 앞 절에서의 분석 결과를 포함해 일본의 고령자 복지정책의 효과를 향상시키기 위한 구체적인 정책제언을 할 것이다.

Ⅰ 선행연구 및 분석틀의 검토

1. 본 논문에서 이용하는 주요한 행위자들에 대한 고찰

먼저 복지혼합론에 관한 고찰에 앞서 고령자 복지정책을 고찰하는 데 필요한 주요한 행위자들에 대해 검토해 보자(그림 6-1을 참조).

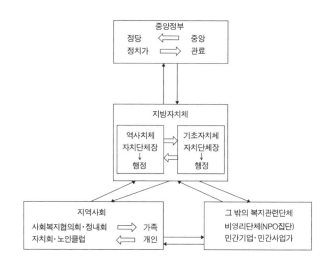

그림 6-1 고령자 복지정책의 주요한 행위자

고령자 복지정책뿐 아니라 일본의 공공정책에 관해서 고찰할 때 반드시 등장하는 행위자는 중앙정부이다. 중앙정부에는 정책의 방향성을 좌우하는 존재로서의 정당 및 국회의원과 정책의 구체적인 형성을 담당하는 존재로서의 중앙관료가 포함된다. 일본의 정책과정에 중앙정부의 역할과 영향력이 매우 크다는 점은 선행연구를 통해 이미 명백히 밝혀져 있었지만,[2] 복지정책 영역에서 그러한 경향은 더욱 현저하다.

제2의 주요한 행위자로서는 지방자치단체를 들 수 있다. 중앙정부가 주도하는 정책과정에서 지방자치단체가 담당하는 역할이 한정적이라고 생각할 수 있지만, 그와 같은 관점에서 지방자치단체의 역할을 살펴보는 것은 현실을 충분히 반영하지 못한 것일 수 있다. 2000년 4월에 개호보험 제도가 도입된 이후에는 특히 그렇다. 2000년 이후, 시정촌이 담당하는 역할은 비약적으로 증대하였고, 지방자치단체를 둘러싼 정치·사회경제·문화적 환경은 자치단체의 정책형성·실시와 밀접한 관련성을 가지게 되었기 때문이다. 이와 같은 상황의 변화를 고려하는 경우, 지방자치단체는 고령자 복지정책에 관해서 그 영향력이 비약적으로 증대한 주요한 행위자라고 말할 수 있을 것이다.

제3의 주요한 행위자로서는 지역사회가 있다. 일본에서는 예로부터 가족과 지역이 고령자를 지원하는 것을 당연한 것으로 받아들이는 문화적 전통을 지니고 있었다. 이 같은 경향은 인간관계 네트워크가 밀도 높게 존재하는 농촌지역에서는 특히 그러하다. 복지정책과 같이 일상생활과 밀착되어 있으며 가족과 지역의 인간관계가 커다란 영향을 미치는 정책영역에서는 도시화와 더불어 기존의 전통이 약화되었다고 하지만, 지역사회

---

2) 대표적인 연구로는 新藤(1997)과 武智(2001)가 있다.

는 여전히 중요한 행위자라고 볼 수 있다. 사회복지협의회, 자치회, 정내회, 노인클럽, 가족 등은 지역사회에서 특히 고령자 복지정책과 관계가 깊은 존재로서 그 의의를 과소평가해서는 안 될 것이다.

제4의 주요한 행위자로서는 민간기업과 NPO 등 복지정책의 실시를 담당하는 중간집단을 들 수 있다. 민간기업과 민간사업자는 순수하게 이익을 추구하는 조직이며 NPO는 공익을 추구하는 조직이라는 차이가 존재하지만, 기본적으로 두 조직 모두 복지정책의 일익을 담당하는 집단으로서 기능한다는 점에서 공통적인 특징을 지닌다. 한편 두 조직 모두 지역사회의 전통적인 집단과는 달리 혈연이나 지연관계에 기초를 두기보다는 기본적으로 개인의 자유로운 의지에 의한 가입과 활동이 전제가 된다는 점에서도 공통적인 특징을 지닌다.

이 논문에서는 논의의 간소화를 위해 중앙정부와 지방정부를 총괄해서 '공적 섹터'로서 개념화하며, 영리를 목적으로 하는 민간기업과 민간사업자를 '사적 섹터'로 개념화할 것이다. 그리고 그 중간에 위치한 모든 단체를 '중간 섹터'로 개념화해서 분석을 진행하고자 한다.

2. 복지혼합론

사회보장정책을 공적 섹터와 사적 섹터와 같이 정책 주체를 하나로 한정하지 않고 양자 혹은 중간 섹터를 포함한 다양한 섹터의 역할분담에 의해 공급되어야 한다는 이론이 복지혼합론이다. 실제로 많은 복지 선진국에서는 복지혼합론이 상정하는 내용이 실천되고 있다. 일본에서도 급속한 저출산·고령화의 진행과 더불어 많은 연구자들에 의해 일본 특유의 복지혼합론에 관한 논의가 활발하게 이뤄지고 있다.

미야자와(宮沢 1995)는 사회보장의 발전단계를 제1단계의 형성·

전개기(상징적인 언설로는 '모든 국민의 연금과 보험'), 제2단계의 발전·반성기(상징적인 언설로는 '복지 개혁론', '복지국가의 재검토'), 그리고 제3단계의 변질·재고기(상징적인 언설로는 '복지 해고', '공정과 효율성의 양립')로 대별할 수 있다고 본다. 그리고 현재의 일본은 제3단계에 들어서 있다고 주장하고 있다. 또한 그는 공적 섹터와 사적 섹터 사이의 손쉬운 혼합이 아니라 명확한 '분리'가, 혹은 양자의 타협이 아니라 '분담'이 필요하다는 시점에서 복지혼합론을 검토하고 있다.

또한 마루오(丸尾 1996)는 공, 민, 비공식적 부분은 각각 고유의 기능과 장점을 지니고 있기 때문에 이 부분들을 잘 조합해 유용하게 활용하는 것이 효율적이고 인간적이라고 주장한다. 마루오에 따르면, 사회보장 발달의 역사를 보면, 처음에는 생활 보장, 의료, 개호 등의 보장과 소득의 공정한 분배를 시장과 비공식적인 부문에 위임하는 경우, 그러한 정책은 불충분하고 부분적으로밖에 실시되지 않기 때문에 정부가 개입해서 사회보장을 실시해야 한다는 사고방식에 기초해서 사회보장이 확대되어 왔다고 본다. 그러나 그 후에는 시장의 실패가 문제가 되고, 공공선택론이 지적하는 바와 같이 정부도 실패할 수 있는 가능성이 논점으로 등장하면서, 그 어느 시스템도 공급하는 것이 적당하지 않은 재화나 서비스를 제3의 부분에서 보완하는 것이 필요하다는 사고방식이 대두되었고, 그 결과 공적 섹터와 사적 섹터뿐 아니라 중간 섹터의 필요성이 인식되기에 이르렀다는 것이다.

이 논문도 이러한 복지혼합론의 사고방식에 기초해서 일본의 지방자치단체에서 복지혼합을 실시하는 경우의 정책효과가 어떤지에 관해서 구체적으로 검증하고자 한다. 단 종래의 복지혼합론과는 다르게, 보다 구체적이고 실증적으로 복지혼합의 방법과 정책효과를 측정하는 것을 통해, 현재의 서비스 수준을 유지하면서도 서비스의 제공에 필요한 비용을 대폭으로 삭감할 수 있는 방안을 밝히는 데 중점을 둘 것이다. 그리고 최종적으로 그러한 삭감비용을 현금으로 제공해야 한다는 정책을 제언하고자 한다.

3. 정책과정에서의 주민참가

오래전부터 공공정책의 형성·실시과정에 주민이 참가해야 한다는 필요성이 주창되어 왔다. 이미 선진적인 지방자치단체는 다양한 수단을 동원해 주민참가를 실시함으로써 정책효과을 향상시키고 있는 것으로 보인다. 그러한 자치단체에서 이뤄지는 주민참가는, 정책형성의 과정에 주민이 참가하는 것을 통해 정책에 주민의 의견을 단지 반영시키는 수준에 그치지 않고, 정책을 실시하는 주체로서 주민이 직접 서비스 제공의 현장에 참가한다는 특징을 보인다. 즉, 실천적인 당사자로서 정책과정에 막대한 영향을 끼치고 있다. 최근 급속하게 활발해지고 있는 NPO 활동은 그 좋은 예이며, 공공정책의 형성과 실시과정에 주민이 직접 참가하는 대표적인 형태로서 간주된다.

더욱 효과적인 정책 형성과 실시를 위해 필요한 것은 단지 비용절감이 아니다. 복지정책 영역에 충당할 수 있는 예산이 제한되어 있는 지방자치 단체의 실정하에서 조금이라도 효율적으로 정책을 실시하기 위한 수법으로서 주목을 받고 있는 아웃소싱은 동시에 정책과정에 주민을 참가시키기 위한 측면을 지니고 있다는 점도 잊어서는 안 될 것이다. 효율성뿐 아니라 보다 효과적인 정책을 만들어 내기 위해서는 납세자인 주민의 의식을 정책형성의 과정 속에 될 수 있는 한 정확하게 반영하는 것이 불가결하다. 단지 정책형성의 단계에서 행정에 대한 주민의 의견을 듣는 정도의 주민참가가 아니라 정책형성에서 실시에 이르기까지 다양한 단계에서 주민이 직접 서비스의 제공 주체로서 정책과정에 영향을 미치는 수준에까지 이르지 않는다면 진실한 의미의 주민참가라고 말할 수 없다. 그러한 의미에서 서비스 제공의 주체로서 행정부와 영리목적으로 복지정책의 영역에 참가하는 민간기업이라는 두 행위자 외에도 주민참가의 구체적인 방식으로서 비영리단체는 주요한 행위자로서 더욱 중시될 필요가 있다. 이와 같이 철저한 주민참가를 통해 비록 한정된 예산이지만 높은 수준의 복지를 유지하고 있는 지방자치단체의 대표적인 예로서는 도쿄도의 미타카시(東京都三鷹市)를 들 수 있다. 이하에서는 복지정책과 관련해 선진적인 정책을 실시하고 있는 자치단체들의 특징을 비교를 통해 잠시 검토해 보자.[3]

복지정책과 관련된 선진적인 자지단체로서의 대표적인 예로는 미타카시 외에 도쿄도의 무사시노시(東京都武蔵野市), 아키타현(秋田県)의 다카노스마치(鷹巣町)를 들 수 있다. 하지만 주민 만족도가 높은 정책이 형성되는 과정을 살펴보게 되면, 위 세 자치단체는 크게 다르기도 하다. 도시자치단체의 특징을 지니고 있는 무사시노시에서는 비교적 양호한 재정환경을 배경으로 적극적으로 고령자 복지정책의 정비가 추진되었다. 고소득자가 상대적으로 많은 이 지역에서는 시의 기반정비가 종료한 것도 다른 지역보다 빨랐으며, 양호한 주거환경을 보장하기 위한 복지를 중시하는 주민의식도 비교적 빠른 시기부터 존재했었다. 무사시노시는 주민의 소득이 전반적으로 높다는 점에서 자주재원이 풍부하며, 이것이 적극적인 복지정책을 실시할 수 있게 해줬다고 말할 수 있다. 그러나

---

3) 이 절의 사례에 대한 상세한 내용은 佐々木(2004)를 참조.

그와 같은 재정환경이 존재하는 지방자치단체는 일본의 경우 그다지 많지 않은 편이다. 재정환경이 열악한 자치단체가 대다수이며, 따라서 무사시노시와 같이 재정자원을 이용해 윤택한 복지환경을 만들 수 없는 것이 일반적인 실정이다. 한편 농촌자치단체의 특징을 지니고 있는 타카노스마치에서는 자치단체장이 강력한 리더십을 발휘해 적극적인 고령자 복지정책을 전개함으로써 복지에 관한한 선진적인 자치단체로서 불려진다. 그러나 다카노스마치는 자치단체장의 교체를 계기로 복지수준이 급격하게 쇠퇴해버리는 한계를 드러냈다.

이 논문이 주목하는 복지혼합론에 기초하여 정책을 실시하면서도 양호한 복지환경을 유지하고 있는 지역의 대표적인 예로는 미타카시를 들 수 있다. 이 도시는 무사시노시와 마찬가지로 도시형 자치단체의 특징을 지니고 있지만 그와 더불어 다음과 같은 특징을 지니고 있다. 즉 미타카시에서는 행정과 주민의 관계가 강하며, 이를 통해 한정된 예산에도 불구하고 적극적으로 고령자 복지정책을 전개할 수 있다. 주민의 행정에 대한 강한 참가의식과 시민과의 관계를 중시하는 행정부측의 자세가 상호작용하는 가운데 주민의 만족도가 매우 높은 정책이 실시되고 있는 것이다. 물론 NPO의 활동도 매우 활발하여 이들 그룹은 미타카시의 행정서비스의 주요한 담당자로서 간주되고 있을 만큼 행정부와 NPO 사이의 관계가 밀접하다. 행정부는 어디까지나 코디네이터로서 자신의 역할을 제한함으로써 복지의 아웃소싱을 철저히 실시하고 있으며, NPO는 정책과정에 주민이 참가하는 효과적인 수단으로 기능하고 있어서 시민과 행정이 일체가 된 정책만들기가 실현되고 있다.

Ⅱ 실증분석

이 절에서는 보다 효율적이고 효과적인 정책을 형성하는 수단으로서 아웃소싱을 실시하는 경우, 현재의 상태가 어느 정도 개선될 수 있는가에 관해 시뮬레이션을 실시한다. 여기서는 비용절감의 관점에서 아웃소싱의 효과에 관해서 검토하기로 한다.

1. 공립·민간 및 중간단체의 비용의 비교

복지혼합론에 기초한 복지의 아웃소싱을 실시하는 경우 잊어서는 안 될 점은 아웃소싱이 복지의 질적인 측면을 보장해야 한다는 것이다. 동일한 복지 수준, 혹은 그 이상이라면, 아웃소싱이 적극적으로 추진되는 것이 바람직하지만, 현재의 서비스 수준을 유지하는 정도라면 공적 섹터에 의한 현재의 서비스 제공방식이 바람직하다고 볼 수 있다. 따라서 이하에서는 공과 민의 서비스의 질적 측면에 관해서 먼저 검토할 것이다.

(1) 공과 민의 서비스 비교

복지 서비스 분야에서 민간의 참여가 본격화된 것은 2000년의 개호보험제도가 도입된 이후이기 때문에 민간위탁의 역사는 매우 짧은 편이다. 따라서 여기서는 유사한 서비스 구조를 지니고 있는 정책영역이며, 아웃소싱이 보다 진전되어 있는 보육정책을 예로 들어, 보육서비스 대상인 아이들에 대한 서비스의 측면에서 공립과 민간을 비교할 것이다. 여기서 이용되는 데이터는 전국도시 중 아웃소싱이 실시되고 있는 33개 시의 보육소에 관한 것이며, 서비스의 측면에서 공립과 민간을 비교하는 것을 목적으로 설계한 주민 설문조사의 결과이다.[4]

민간 보육소가 더 좋은 편이다   14도시

공립과 민간 모두 그다지 차이가 없다   19도시

공립 보육소가 더 좋은 편이다   0도시

데이터에 따르면, 공립과 민간의 비교에서는 비용면에서 4대 1의 차이가 있는 것에 반해 서비스면에서는 '그다지 차이가 없다', 혹은 '민간 보육소가 더 좋은 편이다'라는 결과가 보인다. 이러한 결과를 고령자 복지서비스의 정책영역에 그대로 적용하는 것은 아직 이른 판단일지도 모르지만, 일정한 설득력을 가지고 있다는 점만은 시사받을 수 있다. 그 때문에 본 논문에서는 적어도 서비스의 질적 측면에 관해서는 그 어떤 섹터가 제공하는 것도 비슷하다고 가정한 상태에서 분석을 진행시키도록 할 것이다.

(2) 공·민·중간단체의 비용비교

다음으로 공적 섹터, 민간 섹터, 그리고 중간섹터가 각각 비슷한 서비스를 제공하는 경우에 걸리는 비용에 관해서 검토하도록 하자(표 6-1). 결과는 아래와 같다.[5]

① 민간기업이나 사회복지협의회에 위탁하는 경우, 비용은 행정이 직영하는 경우보다 50% 정도 절감.

② 지역사회의 자치회나 노인클럽 등에 위탁하는 경우, 비용은 행정이 직영하는 경우보다 20%-30% 정도 절감.

---

4) 설문조사의 결과 및 해석에 관한 상세한 내용은 坂田(2000), pp.29-33을 참조.

5) 地方自治経営学会(1997), pp.129-144.

(3) 공영의 비용이 높은 요인

이러한 행정과 민간 사이의 비용의 차이는 다음과 같은 요인에 의해서 생기는 것으로 보인다.[6]

표 6-1 공립과 민간의 비용 비교 일람표

	직영	위탁·파트	위탁/직영*100	비고
A. 지역복지 서비스				
1. 홈헬퍼	1인당 4,224	2852	67.5%	야마구치시 등 11市의 평균
2. 입욕서비스 (재택)	1회당 28.429	14905	52.4%	오비히로시 등 8市의 평균
3. 입욕 서비스 (시설)	1회당 26.207	10770	41.4%	야마구치시 등 8市 평균
B. 시설의 관리				
1. 노인복지센터	연간 경비 22,140	(노인클럽) 5,416	24.5%	자마시 등 1市의 평균
위와 같음	연간 경비 24,710	(사회복지협의회) 15,846	64.1%	가와우치시 등 2市의 평균
위와 같음	연간 경비 17,282	(실버인재센터) 2,174	12.6%	마쓰모토시

출전: 지방자치경영학회(1997), pp.142-143

① 노동량의 차이—민간은 공립의 2배 이상으로 일하고 있음

② 1일 혹은 1년 중 지속되고 있지 않은 업무에 정규직원이 배치되어 있음

③ 단순노동에 급여가 높은 정규직원이 배치되어 있음

④ 지역복지 서비스 등 노동을 제공하는 업무에 급여가 높은 정규직원이 배치되어 있음

⑤ 시설 관리가 지역사회, 파트 노동자, 위탁이 아니라 급여가 높은

---

6) 地方自治経営学会,前掲書, pp.135-137.

정규직원에 의해 이뤄지고 있음

따라서 현재와 같은 고령자 복지정책을 둘러싼 열악한 재정환경을 감안한다면, 될 수 있는 한 아웃소싱을 실시해 잉여예산을 부지 향상으로 이용하는 것이 필요하다고 말할 수 있다. 동시에 고령화 사회의 방대한 재정수요에 대해 비용이 낮은 중간단체(정규직원에 비해서 공영의 50%-20% 정도로 운영이 가능한 민간, 위탁, 파트, 지역집단, 볼런티어 등)의 적극적 활용에 의해 대응하는 것은 새로운 고용을 만들어 내는 것에 연결되며, 고령자 복지정책에 한정되지 않는 폭넓은 정책효과를 낳는 것에 연결된다는 점에 주목할 필요가 있을 것이다.

2. 고령자 복지정책 영역의 아웃소싱

본래 고령자 복지서비스는 복수의 행위자에 의해 제공되어야 하는 성격의 것이다. 각 나라의 실정을 보게 되면, 각 행위자의 역할의 비중에는 커다란 차이가 있는데, 그 배경에는 복지국가에 대한 미래상과 같은 커다란 이념이 존재한다. 일본의 고령자 복지정책은 다른 나라와 비교해서 가족을 중심으로 하는 비공식적인 섹터의 비중이 매우 높은 편이다.

복지서비스의 종류가 다양해지고 있는 현재, 볼런티어나 지역주민의 참여가 필요한 실정이다. 재택 서비스의 경우, 그 구성은 표 6-2와 같다.

상기의 재택복지 서비스의 구성요소를 검토하면, 고령자 복지서비스에도 다양한 정책이 있으며, 따라서 아웃소싱에 얼마나 적절한가의 여부는 그 정책이 지니는 특징에 따라 상이하다는 점을 예상할 수 있다. 그래서 이하에서는 고령자 복지정책 중에서 어떠한 것이 아웃소싱

표 6-2 재택복지 서비스의 구성

예방적인 복지서비스	원조가 필요하지 않게 하는 제반 활동. 지역주민 전체 혹은 특정한 계층의 집단 등에 대해 실시	정보의 제공, 교육 상담 활동, 니즈 (필요)의 조기 발견, 사고 등의 발생을 미리 방지하기 위한 지역환경 조건이나 물품, 위험 방지 등의 점검 및 정비
전문적 케어서비스	원조가 필요한 사람들 중에서 예전에 사회복지시설 의료기관의 일부에서 실시되었던 전문서비스를 지역에서 재편성한 것	의료, 간호(방문), 갱생 지도, 교육, 상담, 신변에 관한 도움(시설의 사회화, 중간시설의 설립, 서비스 네트워크)
재택 케어서비스	가족 내에서 충족되어 왔던 일상생활 속의 도움, 보호, 양육 등의 필요가 가족 기능의 변화에 의해 사회화된 것을 시설을 통해 대응하는 것이 아니라 지역에서 재택을 중심으로 재편성한 것. 반드시 전문직 서비스로 할 필요는 없으며, 비전문직 서비스로서 볼런티어 및 지역주민의 참여가 필요함.	가사원조 서비스, 급식, 배식, 입욕, 세탁, 이불 건조, 쇼핑, 산보, 외출, 잡다한 용무
복지증진 서비스	원조가 필요한 사람에 한정하지 않고, 일반 주민을 포함한 복지의 증진을 추구한다.	고령자의 사회참여, 삶의 보람 대책

출전: 根本(1984)

의 대상으로 적절한가, 그리고 얼마만큼의 경비의 절감이 예상되는지를 검토하기로 한다.

분석에 사용되는 데이터는 시정촌의 고령자 복지비[7]와 각 정책의 실시량 및 실시 프로그램의 유무이다. 구체적으로는 개호보험대상 서비스로서 '홈헬퍼 서비스' '데이 서비스', '숏 스테이 서비스'[8]의 간호대상 대상자 1인당 실시량, 시설 서비스에 포함되는 '특별 간호 노인서비스'와 '노인보호시설'[9]의 간호대상 고령자 1인당 병상수, 나아가 개호보험 내상

---

7) 사용하는 데이터는 간호대상 고령자 1인당 고령자 복지비이며, 도도부현의 관청으로부터 직접 입수(2003년 데이터).

8) 사용하는 데이터는 간호대상 고령자 1인당 홈 헬퍼 서비스의 이용량, 데이 서비스의 이용량, 그리고 숏 스테이 서비스의 이용량이다. 노인보건지도에 의해 작성함(2003년 데이터).

소비집단의 규모					
개인 ←	지역 커뮤니티		→	지방자치체	
경합적 ←				→ 비경합적	

| 사적선택 개인의 부담과 소비 / 집합적 선택 공정부담과 소비 | 개호용품 가정부 개인주택용 엘리베이터 | 홈헬프 서비스 방문간호 서비스 차량의자 자동차 | 집단주거 이동식 목욕서비스 | 서비스센터 특별양호 노인홈 노인병원 | 급식센터 여가센터 | 긴급통신 시스템 전화상담 |

배제원칙의 적용이 가능		
민간부문	중간조직	공적부문
공급 주체		

출전: 長奉(1998), p.370

그림 6-2 고령자 케어를 바라는 소비집단의 규모와 주체

외의 서비스로서 '주택수리', '외출지원', '긴급통보', '삶의 보람을 지원하는 서비스'[10]와 같은 네 가지 정책의 실시 유무이다.

3. 분석 결과

이들 제반 정책에 관해서 아웃소싱을 실시할 때 어느 정도의 경비가 절감되는지를 예측할 수 있는가에 관한 계산식을 검토하도록 한다. 그 과정은 생략하지만, 분석 결과 재택 서비스와 시설 서비스의 계산식은 이와 같이 가정할 수 있다는 점이 확인되었다.

① 재택 서비스 = 공적 섹터의 50%(실시경비＊0.5)

② 실시 서비스 = 공적 섹터의 40%(실시경비＊0.5)

---

9) 사용하는 데이터는 간호대상 고령자 1인당 특별간호 노인 홈의 병상수와 노인보건시설의 병상수이다. '노인보건지도'에 의해 작성함(2003년 데이터).

10) 사용하는 데이터는 주택수리 정책, 외출지원 정책, 긴급통보 정책 및 삶의 보람을 지원하는 정책의 실시의 여부이며, 도도부현의 관청으로부터 직접 입수(2003년도).

위 계산식을 고령자 복지정책에 포함되는 제반 정책의 특질을 고려해 적용하면 다음과 같은 계산식이 도출된다.

① 개호보험대상 서비스

　홈 헬퍼 서비스(경합성이 존재)=민간(*0.5)

　데이 서비스, 숏 스테이 서비스(중간적/시설이 관련)=서비스 제공은 민간(*0.5), 시설관리는 중간단체(*0.3)*0.4

② 개호보험 대상외의 서비스

　주택수리, 외출지원(고령자의 일상생활을 보장하는 성격을 지니는 정책, 경합성이 존재)=민간(*0.5)

　긴급통보, 삶의 보람을 지원하는 서비스(보다 풍요로운 생활을 보장하는 플러스 알파의 성격을 지니는 정책, 경합성이 존재하지 않음, 시설이 필요하지 않음)=공적 섹터(*1.0)

이와 같은 계산식이 성립한다고 가정한 상태에서 도야마현(富山縣)의 고령자 복지비용을 예로 들어 정책효과의 시뮬레이션을 실시한 결과는 이하와 같다.

표 6-3는 홈 헬퍼 서비스, 데이 서비스, 숏 스테이 서비스, 특별간호 노인홈, 노인보건 시설, 주택수리 정책, 외출지원 정책, 긴급통보 정책, 삶의 보람을 지원하는 정책, 지원시설의 아홉 가지 정책을 대상으로 현재의 비용에 위 계산식을 적용해 어느 정도 삭감되었는지를 계산한 뒤, 전체를 집계한 결과이다.

분석의 결과, 아웃소싱에 의해 간호대상 고령자 1인당 복지비는 현재 서비스의 수준을 유지하면서도 연간 150~200만엔 정도가 절감된다는

표6-3 간호가 필요한 고령자 1인당 복지비의 비교(도야마현의 예)

(단위: 천엔)

	시정촌명	현상	개혁 후	차액
16201	도야마시	3,872	2,323	1,548
16202	다카오카시	3,520	1,694	1,826
16203	신미나토시	3,221	1,527	1,694
16204	우오즈시	3,202	1,681	1,521
16205	히미시	3,620	1,282	2,338
16206	나메리카와시	3,434	1,502	1,932
16207	구로베시	3,238	1,432	1,806
16208	도나미시	3,355	1,620	1,735
16209	오야베시	2,791	1,344	1,447
16301	오사와노마치	5,299	2,302	2,997
16322	기미이치마치	3,376	1,212	2,164
16323	다테야마마치	2,913	1,291	1,622
16342	뉴젠마치	4,159	1,824	2,335
16361	야쓰오마치	2,530	889	1,641
16362	후츄마치	2,008	897	1,111
16421	후쿠미쓰마치	3,025	1,558	1,467
16422	후쿠오카마치	3,446	1,391	2,055

것이 확인되었다. 도도부현 혹은 시정촌 사이에 차이가 있을 것으로 생각되지만, 전체적으로 보자면 고령자 복지비의 약 40%가 절감될 것으로 예상된다.

글을 마치며

지금까지의 분석에 의해 복지혼합론에 기초해 공적 섹터, 사적 섹터, 중간섹터의 역할분담을 재검토하는 것을 통해 현재의 고령자 복지비의 약 40%가 절감될 수 있다는 점을 확인할 수 있었다. 필자는 그 절감된 비용을 간호의 정도별로 일률적으로 현금을 지급하는 것이 필요하다고 생각한다. 현금 지급은 종이 기저귀나 간호용품의 현물 지급과는 달리,

간호를 필요로 하는 노령자의 가족에게 선택의 여지를 줄 수 있기 때문에 간호 보수로서의 특질을 가지고 있기 때문이다. 즉 필요경비로서의 현물 지급은 현재의 수준을 유지하면서, 그것과는 별도로 간호 보수로서의 현금을 지불하는 것이 필요하며, 그것은 간호대상자 가족의 정신적인 측면의 간호에 도움을 줄 수 있을 것이다. 현재의 공적 서비스의 수준에 변화를 주지 않은 상태에서 절감된 비용을 현금으로 지불하는 것은 한정된 예산을 통해 효과적인 정책을 실시하는 하나의 방법이 될 수 있을 것이다.

필자에 남겨진 과제는 아웃소싱과 주민참가와의 관계에 관해서 분석을 진전시키는 것이다. 본 논문에서는 비용절감과 동시에 주민참가의 효과적인 수법으로서 복지혼합론을 논의했지만, 아웃소싱에 의해 주민이 직접적으로 정책과정에 영향을 미치는 것을 통해 주민들의 선호에 가까운 정책이 어느 정도 이뤄질 수 있었는가에 관해서는 분석을 하지 않았다. 도쿄도 미타카시의 예에서와 같이 직접적인 주민참가는 효과적인 정책을 형성하는 데 없어서는 안 될 요소이다. 주민이 정책주체로서 참가해서 형성한 정책과 종래의 행정부 주도에 의해 만들어진 정책을 비교하는 것을 통해 주민의 선호를 반영하는 정책이 어느 정도 형성되어 있는가, 즉 정책효과가 어느 정도 향상되었는가를 명백히 하는 것은 앞으로의 분석과제라고 말할 수 있다.

참고문헌

稻月正(1994), 「ボランティア構造化の要因分析」『社会保障研究』 29券 4号, 334-347項.

城戸喜子(1996),「多様な福祉サービス供給主体の特質と分担関係」『社会保障研究』
　　32券　2号，167-177項.

斉藤達三(1979),「公共サービス供給形態の類型化とその特質—行政守備範囲論の視点
　　から—」『計画行政』3号　119-127項.

坂田期雄(2000),「アウトソーシング(民間委託)の進め方・考え方」『地方自治職員研修』
　　2000年11月号.

佐藤慶幸(2002)「ボランタリー・セクターと社会システムの変革」佐々木毅・金泰昌
　　編『公共哲学7 中間集団が開く公共性』，東京大学出版会.

サラモン著(入江映訳)(1994),『米国の「非営利」セクター入門』，ダイアモンド社.

新藤宗幸(1997),『福祉行政と官僚制』，岩波書店.

武井昭(1989),「インフォーマル・セクターと福祉サービス」『社会保障研究』24券
　　4号　403-413項.

武川正吾(1990),「社会政策における〈privatization〉—上—」『社会保障研究』26券　2号
　　151-160項.

武川正吾(1996),「社会政策における参加」社会保障研究所編『社会福祉における市民
　　参加』，東京大学出版会.

武智秀之(2001),『福祉行政学』，中央大学出版会.

地方自治経営学会(1997),「公立と民間のコスト比較」『地方自治経営学会年報』.

長峯純一(1998),「公共財としてみた地域福祉・介護サービス」『社会保障研究』33券4号.

西尾勝(1977),「自治とボランティア」(財) 地方自治協会編『自治とボランティア』.

根本嘉昭(1984),「在宅福祉サービスとボランティア」社会福祉研究所『在宅福祉サ
　　ービス供給システムにおける施設・ホームヘルパー・ボランティア』.

星野信也(1988),「米英のプライベタイゼーション： 福祉国家の中流階層化」『社会保
　　障研究』，24券　3号　272-284項.

丸尾直美(1996),「福祉供給における市場機能と福祉ミックス」『社会保障研究』32券
　　2号　105項.

宮沢健一(1995),「21世紀の社会保障の思考軸—「体制」変動の中の制度デザイン」『社
　　会保障研究』31券　1号　5-17項.

山本栄一(1998),「都市保健・福祉サービスの供給形態」『社会保障研究』33券4号，
　　355-363項.

James K. Whittaker(1989), "Integrating Formal and Informal Social Care: A
　　Conceptual Framework," *British Journal of Social Work*, Vol.16, pp.39-62.

Neil Gillbert and Ailee Moon(1989), "Analyzing Welfare Effort： An Appraisal of
　　Comparative Methods," *Joural of Policy Analysis and Management*, Vol.7,
　　No.2, pp.327-339.

7장

일본의 정책 퍼포먼스와 자치단체의 조직규범

김종욱(金宗郁)

시작하며

현재 일본의 재정위기는 지방자치단체의 정책, 조직, 그리고 직원의 생각까지 모든 영역에서 변혁을 하지 않을 수 없게끔 만들고 있다. 또한 재정압박과 더불어 주민의 행정 요구의 다양화와 고령화·저출산 현상은 각 지방자치단체에 다양한 정책을 요구하고 있다.

2000년의 지방분권일괄법의 시행에 의해 이뤄진 기관위임사무의 폐지는 종래의 지방자치의 존재방식으로부터 벗어나 새로운 지방자치단체, 특히 정책능력을 묻는 지방자치단체로의 변화를 요구하는 계기가 되었다. 또한 기관위임사무의 폐지와 더불어 일련의 제도개혁으로 인해 지방자치단체를 둘러싼 제도적 환경은 급격하게 변화하고 있다. 예를 들자면 정보공개제도, 행정절차제도, PFI법, NPO법 등이 그 예이다. 나아가 각 지방자치단체의 개혁사례는 정보공개와 IT의 발달에 의해서 전국의 지역주민들에게 동시에 전달되고 있다. 이러한 지방자치단체의 개혁사례의 전파현상은 지역주민에게 타지방 자치단체와의 평가재료로서 활용되고, 지방자치단체장를 비롯하여 의원, 직원 등에게는 무거운 정치적 부담이 되고 있다.

본 장에서는 변화하는 환경에 대응하는 각 지방자치단체가 기획·집행하는 정책 퍼포먼스를 설명하기 위해 종래의 정책 결정 연구로부터 검증된 요인과 더불어 조직연구에서 중시되는 조직내부 요인으로서의 조직규범을 고려하여 분석하고자 한다.

I 문제설정

지방자치단체의 정책 결정연구는 다양한 수준에서 이뤄지고 있다. 아라카와(新川)[1]는 던러비, 크리사인, 클라크의 연구를 검토하여, 지역사회의 지역권력구조론의 시점에서 정책 결정과정을 엘리트·다원주의 모델, 관료제의 자기증식 모델, 환경요인 모델로 분류하고, 정책 결정과정에 관한 연구가 권력 엘리트 모델에서 다원적 요인을 중시하고 환경요인에 기초한 모델로 다양하게 발전해 온 한편, 각각의 모델들이 체계화되어가고 있다고 지적하였다. 또한 정책파급의 요인을 분석한 이토(伊藤)[2]는 지방의 정책과정 연구를 전체 수준과 개체 수준의 연구로 분류했다. 그에 따르면 종래의 정책과정연구의 주류는 개체 수준의 연구이며, 정책 결정요인을 탐구하는 연구가 많았다고 한다. 그러나 정책별로 영향을 미치는 요인은 상이하고, 그러한 요인들이 전체적으로 무엇을 의미하는가 하는 점이 명확하지 않기 때문에, 각 수준의 연구를 통합한 지방자치단체

---

1) 新川(1987), pp.10-18.
2) 伊藤(2002), pp.16-18.

의 정책 결정 메커니즘을 해명해야 할 것이라고 지적하고 있다.

한편 의사결정에 관련된 행위자의 결정행동에 의한 정책 결정 연구도 있다. 특히 합리모델에 대해 비판적 의견을 개진했던 사이먼의 연구[3]는 정책 결정 연구를 비합리 모델의 방향으로 유도했다. 즉 그는 정책 결정에 관여하는 인간의 정보·계산능력에는 제약이 있기 때문에 최적 기준이 아니라 만족 기준에 입각해서 의사결정을 한다는 제한된 합리성(Bounded Rationality)을 주장했다. 사이먼 연구의 근저에는 인간행동의 합리성에는 제한이 있기에, 합성된 결정(Composite Decision)의 합리성을 높이기 위해 조직특성을 고려하고, 관리기능을 통해 그 제어를 시도하지 않으면 안 된다고 하는 문제에 대한 관심이 존재한다.[4] 이마무라(今村)[5]가 지적한 바와 같이, 모든 공공정책은 조직을 통해서 형성되고 조직에 의해 실시된다. 즉 정책의 형성 및 실시의 각 단계에서 일련의 의사결정은 각 구성원이 소속하는 조직의 행동으로서 이뤄지며, 각종 조직과정과 교차하면서 각각의 '조직적 결정'들의 복합적 산출물로서 공공정책이 만들어져 간다.

그러나 정책 결정 연구와 조직 연구의 주요한 관심이 어떠한 상황에서 어떤 조직이 어떠한 경로를 거쳐서 어떠한 산물을 만들어내는가 하는 문제에 있다고 한다면 반드시 넘어야 할 과제가 있다. 그것은 개인과 조직과의 상이한 수준 간의 차이를 어떻게 이론적으로 메우는가의 문제이다.[6] 즉 정책 결정 연구에서 산출 연구와 과정 연구와의 통합모델이

3) Simon(1997).
4) 今村(1997), p.79.
5) 위의 책, p.71.
6) 위의 책, p.81.

필요한 것과 마찬가지로 환경-개인의 선택행동-조직행동·특성-산출과 같은 일련의 연쇄 속에서 개인과 조직행동 및 조직특성을 연결시키는 통합모델이 요구된다고 말할 수 있다.

나아가 이토가 지적한 바와 같이, 전체 수준의 연구(정책 파급 연구)와 개체 수준의 연구(정책 결정 요인 연구)와의 통합이 필요할지도 모른다. 이토의 정책 파급 연구와 관련해서 제시된 동적 상호의존 모델은, 각 자치단체가 새로운 정책(정보공개제도, 환경기본조례, 환경영향 평가제도, 복지의 마을만들기 조례)를 어떠한 경로를 통해 채용하는가 하는 점을 주목한다는 점에서 신제도주의적 연구에 입각한 동형화 (isomorphism) 이론과 비슷하다.7) 디마지오와 파우웰8)은 구조화(제도화)한 조직 필드는 환경의 불확실성과 제약에 대한 조직의 합리적 대응을 위해서 상호간의 유사한 구조, 문화, 조직성과를 형성한다고 지적하였다. 이토의 연구에서도 지방자치단체가 동일한 종류의 새로운 정책을 채용하는 것은 '새로운 정책영역을 개척할 때 직면하는 불확실성에 대처하기 위한 지방자치단체의 지혜이고, 중앙성청과의 조정·대결을 유리하게 이끌어 내기 위해서도 불가결한 전략'이라고 보았다.9)

그러나 정책 파급 연구와 동형화 이론은 '동일한 종류의 조직(지방자

---

7) 이토(伊藤)도 본문 중에서 국가에 의한 정책개입의 영향을 설명할 때, 신제도론에서 제기되고 제도에 대한 영향을 고려하고 있다. 특히 국가에 의한 제도환경을 강조했다(伊藤 2002), pp.83-84.

8) 디마지오와 파우웰은 조직필드의 구조화 과정은 조직필드내의 조직 간의 상호작용의 증가, 조직상호 간의 연합패턴과 지배구조의 생성, 획득해야 할 정보량의 증가, 상호인식의 발전이라는 네 가지 요소에 의해서 구성된다고 보았다. 또한 세 가지 메커니즘으로부터 동형화 과정을 설명했다. 여기서 세 가지 메커니즘이란 강제적 동형화, 모방적 과정, 규범적 압력을 의미한다. Dimaggio and Powel(1991), pp.64-74.

9) 본문에서 상호참조라는 개념을 이용해 설명했다. 伊藤(2002), 278쪽.

치단체)가 유사한 제도나 조직구조를 왜 채용하고 있는가'에 관해서는 해명할 수 있지만 '동일한 종류의 조직(지방자치단체)이 유사한 제도를 채용하면서도 실시 내용과 집행 유형이 왜 상이하며 그에 따른 퍼포먼스가 왜 상이한가'에 관해서는 설명할 수 없다. 예를 들어, 정보공개제도의 경우, 조례 건수나 채용 연도를 이용해 분석되고 있지만, 정보공개제도의 운영에 관해서는 각 지방자치단체 간에 커다란 차이가 있다. 이 장에서 이용하는 각 시의 데이터로부터 정도공개제도의 운영 실태를 도표 7-1에 정리했다.

조사시점[10]인 2002년을 기준으로 본다면, 전국 675시에서 회수된 643시(합병시를 제외) 중에서 639시(99.4%)가 정보공개제도를 채용하고 있다. 한편 각 시의 정보공개제도의 운영내용을 살펴보면 시마다 상이하다. 특히 외곽단체의 정보공개에서는 67.6%의 시가 외곽단체를 정보공개의 대상으로부터 제외하고 있다. 이와 같이 각시에서 채용되고 있는 제도의 운영내용은 다양하며, 따라서 제도·정책의 퍼퍼먼스도 상이한 결과를 만들어 내리라고 예측할 수 있다. 또한 지방자치단체와 같은 조직필드에서도 유사한 제도적 환경(중앙정부에 의한 룰)을 가지면서도 상이한 제도운영을 하고 있다.

이상의 고찰로부터 본 장에서는 아래와 같은 세 가지 문제를 설정해 보았다.

첫째, 정부는 상이한 환경에 대응하기 위해 어떠한 정책을 채용하는가 라는 정책 결정 연구에서의 전통적인 문제를 조직 연구의 관점으로부터 재구성하는 것을 시도할 것이다. 즉, 정책 결정 과정의 전체적인 모습을

---

10) 조사 데이터는 2002년 일본경제신문사 및 닛케이산업소비연구소가 실시한 '전국시구의 행정비교조사'이다. 데이터의 설명은 후술함.

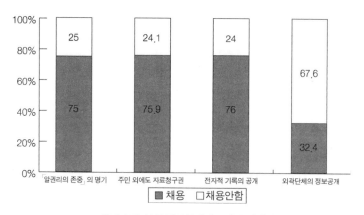

그림 7-1 각 시의 정보공개제도의 운영실태

고찰하기 위해서는 조직 내에서 이뤄지는 행위자의 행동을 설명하지 않으면 안 되며, 이러한 개인의 행동의 축적인 조직행동을 포함해야 하는 것이다.

둘째는 '환경-정부(정책과정)-정책'이라는 설정을 '환경--개인의 선택행동-조직행동·특성-정책'이라는 일련의 연쇄과정으로 분해하여, 개인의 선택행동과 정책산출을 연결하는 매개변수로서의 도출을 시도한 것이다. 이 논문이서는 조직규범을 조직행동, 특성으로 간주해 분석할 것이다.

셋째는 피설명변수인 정부의 정책의 변수화에 관한 문제이다. 정책결정연구에서 이용되는 주요한 정책지표는 연구 목적에 따라서 다양하지만, 특히 계량적 연구에서 자주 사용되는 것은 일반적으로 정부지출과 정책·제도의 채용의 유무이다. 물론 정부활동을 가장 잘 나타내는 지표는 정부지출이며, 이와 관련해서는 종래의 연구로부터 수많은 유의미한 결과가 도출됐다. 그러나 문제는 종래의 (통상적인 정책) 이외의 개혁정책이나 적은 경비밖에 들지 않는 제도 등을 어떻게 정부정책의 분석틀에 포함시키는가이다. 또한 개혁정책이나 새로운 정책의 도입을 피설명변수로 하는 경우, 정책도입의 유무로 설정하기 보다는 각 정책의 운영실태의 차이를 반영하는 것이 좋을 것이다.). 따라서 이 장에서는 피설명변수로서, 지방자치단체에서의 행정혁신정책의 운영내용을 반영한 정책 퍼포먼스를 이용한다.

II 분석틀의 도출

1. 조직과 환경

환경요인은 정책 결정 연구뿐 아니라 조직연구에서도 중요한 변수이다. 특히 지방자치단체의 정책 결정 연구에서는 사회·경제적 요인, 정치적 요인은 빼놓을 수 없는 것으로 중요한 결정변수 혹은 통제변수로서 사용되는 경우가 많다. 한편 조직연구로부터 환경을 정의하게 되는 경우, 그것은 조직 외부에 존재하면서도 조직 전체나 일부분에 영향을 미치는 모든 것을 가리킨다.[11] 조직에 영향을 미치는 일반 환경은 문화적 환경, 정치적 환경, 경제적 환경, 정보 및 기술적 환경, 물적 환경으로 분류되며,[12] 최근에는 제도환경과 기술환경을 중시하는 경향이 있다. 스코트와 메이어[13]는 조직의 퍼포먼스와 구조에 영향을 미치는 환경을 기술 환경과 제도 환경으로 분류하고, 개별조직이 적절하다고 받아들이면서도 준수해야하는 규칙과 요구라고 정의했다.

또한 조직 환경과 관련하여 지역 환경을 강조하는 연구도 있다. 예컨대, 셀즈닉[14]은 미국의 테네시 계곡 개발계획(TVA)에서 외부의

---

11) Daft(1992), p.71

12) Katz and Kahn(1978) p.124.

13) Scott and Meyer(1991) pp.122-123.

반대세력의 참가과정을 분석했다. 최초의 개발계획은 지역주민의 요구를 반영하는 계획이 아니었지만, 지역주민의 저향을 피하기 위해 지역주민의 요구를 수용하는 전략을 채택하여 TVA의 목표가 수정됐다. 따라서 그는 조직이 자신이 놓여있는 지역적 환경과 상호작용하는 가운데 조직의 최초의 목표나 체계를 수정·보완하면서 집행해 나간다고 보았다.

나아가 조직의 구조와 환경과의 관계를 컨틴젠시 이론(contingency theory)으로부터 분석한 그린우드와 히닝스와 랜선[15]에 따르면, 지방자치단체에서 조직의 분산(부국의 수, 위원회수 등)과 통합(조절기관과 중추적인 위원회 등)은 규모(인구, 면적 등), 상호의존성(지역계획과 관련된 기관의 수), 지방자치단체의 유형(카운티, 메트로폴리탄 카운티 등), 정치적 통제(노동당 의석), 조직 내의 이데올로기 등이 영향을 미친다고 보았다. 그들의 연구에서 상황적 요인은 종래의 연구가 중시하는 요인(규모, 기술, 환경)으로부터 기술요인을 제외한 규모와 환경이다. 특히 환경요인의 경우, 정치학의 사회통계적 요인을 이용해 분석했다.

이상의 선행연구로부터 조직의 구조와 퍼포먼스에 영향을 미치는 환경은 정책연구에서 취급되는 환경요인과 적지 않게 중복된다. 그것은 조직연구의 초기에 연구의 주요한 흐름이었던 폐쇄적 모델이 서서히 개방적 모델로 변화함에 따라 조직에서의 환경요인을 중시하고 조직을 설명할 수 있는 변수로서 인정하게 되었기 때문이다.[16] 특히 그린우드

---

14) Selznick(1949).

15) Greenwood, Hinings and Ranson(1975a,b)

16) 테일러(Taylor)의 과학적 관리론에서 시작된 조직연구에서의 고전이론은 조직에 속한 인간을 합리적으로 행위하는 것으로 간주했기 때문에 비합리적인 요인이나 환경적 요인을 고려하지 않았다. 그러나 호손 연구(Hawthorne studies)를 계기로 신고전 이론에서는 조직내의 인간관계나 비공식적인 조직, 환경요인을 고려하게 되었다. Scott(1961), pp.7-26 참조.

등의 연구에서 보이는 바와 같이, 정책 결정 연구에서도 결정요인론적 연구로부터 탈피해 정부조직 내의 동태적 과정을 분석모델에 투입하고자 한다.

2. 조직과 조직규범

정부의 정책은 다양한 환경으로부터 영향을 받는 가운데 정부조직내의 의사결정과정을 통해서 성립된다. 즉 공공정책과정을 '조직적 결정'[17]으로 포착하는 것이 가능하며, 그러한 조직적 결정은 조직내에 존재하는 개인 간의 의사결정과정이기도 하다.

이러한 정부조직의 의사결정과정에 관한 분석은 공공선택론에 의한 관료제 분석,[18] 린드블롬의 점증주의 등에서도 엿보인다. 그들은 자기효용 극대화의 가설로부터 관료행동을 분석하여, 그 결과 정부예산이 확대하거나 혹은 전년도 예산의 범위 내에서 이뤄진다는 결과를 도출했다. 그러나 의사 결정 과정에 관한 연구는 개인행동의 전제인 효용극대화라고 하는 것은 개인의 선호가 주어진 것이며, 개인의 결정행동은 '개인적'결정이고 조직의 일원으로서 이뤄지는 '조직적' 결정이 아니라고 본다.[19] 조직에 속한 개인은 합리적인 행동을 취하려고 해도 다양한 제약이 존재한다. 예를 들자면 불완전한 정보, 계산능력의 한계, 조직적 특성, 개인의 지위·역할 등은 개인의 결정행동을 제약하는 '결정전제'(descision premises)일 것이다. 이러한 결정전제는 조직의 상황속에 놓인 개인의 행동을 제약하는 '강제되지 않은 제약'(unobtrusive control)이다.[20]

---

17) 今村(1997), p.72.

18) Downs(1967)

19) 今村(1997), p.82.

조직에 소속하는 개인은 그 조직에 존재하는 다양한 결정전제로 인해 완전합리성을 가정하는 공공선택론이 예상하는 바와 같은 합리적 행동을 취할 수 없는 것이다. 공공정책 결정에 관여하는 행위자나 정부조직의 관료도 마찬가지이다. 여기에 개인의 선택 행동과 조직의 선택 행동에 의한 정책 산출을 연결하는 열쇠가 숨겨져 있다. 즉 정책 산물이 정부조직에 속해 있는 개인의 선택 행동으로부터 합성된 조직 행동에 의해서 만들어진 것이라면, 그 합성은 어떠한 것인가 하는 점이다. 조직 내의 개인 행동을 합성하는 것은 사이몬이 지적한 결정 전제이며, 개인 행동과 조직 행동을 연결시키는 매개변수이다. 나아가 그린우드 등의 연구에 따르자면, 그것은 조직 필터로서의 이데올로기[21]이다.

윌슨[22]은 조직 내의 인간행동은 반드시 개인의 이해계산에 의해 이뤄지지 않는다고 지적했다. 즉 조직구성원의 기대, 협동, 사명과 같은 비계산적인 것에 의해서 조직행동이 이뤄지고 조직문화나 조직의 목적과 같은 조건이 개인의 이기주의를 조절한다고 보았다.

또한 조직문화에 의해서 지배되는 조직의 신념체계에 주목한 샤인[23]은 조직문화를 '조직구성원에 의해서 공유·작용되는 당연한 기본전제와 신념'으로 정의했다. 나아가 그는 문화의 수준을 세 가지로 분류해 설명했다. 이를 간략히 요약하면 다음과 같다.[24] 제1수준은 가시적인 수준의 인공물과 창조물이며, 제2수준은 가치로서 문화적 학습에 의한 궁극적인 가치관을 반영한 것이며, 사실과는 상이한, 즉 '~해야 한다'고 하는 것을

---

20) Perrow(1972), pp.156-157.

21) Greenwood, Hinings and Ranson(1975a), pp5.

22) Wilson(1989), pp.91-110.

23) Schein(1992), p.79.

24) Ibid, pp.16-27.

의미한다. 이것은 조직구성원이 중요한 상황을 다룰 때 규범적인 기능을 수행한다. 제3수준은 일반전제로서 어떤 문제에 대한 해결책이 반복되는 것에 의해서 당연한 것으로 받아들여지는 수준이다. 이는 비논쟁적이며 무의식적인 것이다.

이 장에서는 샤인이 지적한 제2수준을 채용해서 분석한다. 즉 제3수준의 무의식적이고 비논쟁적인 요소를 제외하고, 각 조직의 구성원이 갖는 규범적인 신념체계를 조직규범이라고 명명하고 분석한다. 나아가 지방자치단체에서의 정책형성 및 집행과정과 관련된 조직운영 원리나 기대 등을 조직 특성으로 간주한다. 또한 이러한 조직에서 공유되는 조직운영 원리나 기대는 정책과정과 관련된 조직구성원의 태도나 행동에 대한 규범으로서 작용하는 통제수단으로서의 기능도 갖고 있다고 말할 수 있다.[25]

한편 조직에서의 공유신념 · 규범은 어떠한 것에 의해서 형성되는 것일까. 컨틴전시 이론(Contingency Theory)의 관점에서 영국의 지방자치단체를 분석한 그린우드 등[26]은 조직구조에 영향을 미치는 상황적 요인을 분석할 때, 간접효과 모델을 제시했다. 그 모델 속에서 조직구조에 영향을 미치는 조직 필터인 이데올로기는 지역 환경과 조직의 기능적 분산으로부터 영향을 받는다고 보았다. 또한 공공관리 연구에서는 최고 관리자나 리더는 조직의 의사결정을 통해 조직의 전략 및 관리방식에 영향을 미치며 결국은 조직문화와 규범을 결정한다고 보았다.[27] 한편, 모든 조직은 환경과 상호작용하는 가운데 조직의 변화를 추구한다. 민간

---

25) O'Reilly(1989), pp.9-25.

26) Greenwood et al.(1975b), p.180.

27) Calori and Sarnin(1991), p.51.

기업과는 상이한 특징을 지니고 있는 정부조직, 특히 지방자치단체의 경우는 지역사회의 특성과 분리될 수 없을 것이다. 또한 조직의 공식적 구조가 계급적인 정부조직의 경우, 최고의 정책 결정자인 지방자치단체 장의 전략과 행동은 지방자치단체의 공무원의 행동에 영향을 미칠 것이 며, 나아가 조직규범의 형성에도 적지 않은 영향을 미칠 것이다.

III 변수 설명

이 장의 분석대상은 672개의 시이다. 이용되는 데이터는 2001년에 이뤄진 '일본 · 미국 · 한국 FAUI프로젝트' 조사 데이터[28]와 2002년에 일본경제신문사 및 닛케이산업소비연구소(日経産業消費研究所)가 실시한 '전국시구(市区)의 행정비교조사'[29]이다.

1. 종속변수

각 시의 정책 운영 실태의 차이를 반영하기 위해 종속변수로는 행정혁 신 정책의 내용을 반영 · 평가하고 있는 '전국 시구의 행정 비교 조사'의 데이터로부터 행정혁신도 지표를 채용하였다.

---

28) '일미한 FAUI 프로젝트'란 '긴축재정과 도시개혁 프로젝트'(The Fiscal Austerity and Urban Innovation(FAUI) Project)의 일환으로 실시된 연구를 말한다. 지방정부가 실시하는 도시의 개량에 관한 정보를 분석하는 것이 조사목적이며, 미국을 비롯해 39개국의 공무원에 대한 조사를 동시에 실시하고 있다. 일본 조사는 2001년 전국 672시(2001년 4월 1일 현재)의 시장, 시의회의 의장, 재정담당부과장, 총무담당부과장의 네 명을 조사대상으로 한 것이다. 조사의 전체 회수율은 69.9%(1,880부)이며, 시장 66.8%(449시), 의장 67.6%(454시), 재정과 장 73.4%(493시), 총무과장 72%(484시)이다.

29) 日本経済新聞社 · 日経産業消費研究所(2002).

'전국 시구의 행정 비교 조사' 데이터는 각시의 행정 운영을 평가하기
위해 '투명도'(16항목), '효율화 · 활성화도'(19항목), '시민참가도'(10항
목), '편의도'(14항목)으로 분류해 각 지표를 이용하여 각 시의 행정혁신도
를 평가하고 있다. 평가방식은 가점방식으로 집계한 숫자를 기초로 편차
치를 계산해 순위를 매기고 있다.[30]

이 장에서는 이 데이터로부터 '시민참가도'와 '편의도'를 제외한 '투명
도'와 '효율화 · 활성화도'만을 종속변수로 채택해 분석한다.

2. 독립변수

분석모델에서 독립변수는 크게 분류하면 환경 요인, 지방자치단체장
(시장) 요인, 조직규범 요인이다.

---

30) 이 장에서 사용되는 각지표의 항목은 다음과 같다. 즉 각지표의 평가결과는 'AAA' 'AA'
'A' 'BBB' 'BB' 'B' 'CCC' 'CC' 'C'의 순으로 9단계로 평가했다. 여기서는 'AAA'로부터 'C'까지를
9로부터 1로 변환해 분석한다. *투명도의 지표(16항목): (1) 정보공개제도의 유무, (2) 정보공
개제도 조례(요강)에 알 권리를 명기했는가의 유무, (3) 주민 이외의 정보공개청구 자격의
유무, (4) 전자기록에 의한 정보공개의 유무, (5) 외곽단체에 관한 정보공개의 유무, (6)
정보공개대상의 외곽단체의 범위, (7) 의회의 정보공개의 유무, (8) 의회의사록을 홈쭉 등에
공개하고 있는가의 여부, (9) 부속기관의 의회공개의 유무, (10) 교육위원회의 회의공개의
유무, (11) 중요한 정책형성 단계에서 초안을 주민에게 공표하고 있는가의 여부, (12)
주민의 의견이나 요망에 대한 회답의 유무, (13) 옴부즈맨 제도의 유무, (14) 감사위원에
민간인을 등용하고 있는가의 여부, (15) 단독 공공사업의 입찰가격을 공개하는가의 여부,
(16) 행정 평가 결과의 공개의 유무. *효율화 · 활성화도의 지표(19항목): (1) 행정평가시스템의
도입의 유무, (2) 동시스템의 평가대상의 범위, (3) 동시스템의 수치지표의 유무, (4) 행정평가
결과를 사무사업과 조직개선에 반영했는가의 여부, (5) 밸런스 시트(balance sheet)의 작성방
식의 유무, (6) 행정 비용 계산서를 작성하고 있는가의 여부, (7) 동계산서를 행정평가에
반영하고 있는가의 여부, (8) ISO9000시리즈 인증취득의 유무, (9) ISO9000시리즈 인증대상
(본청, 출장기관 등), (10) ISO14000시리즈 인증취득의 유무, (11) ISO14000시리즈 인증대상
(본청, 출장기관 등), (12) 가연용 쓰레기 수집의 민간위탁의 유무, (13) 가연용 쓰레기
수집의 민간위탁의 형태(전부위탁 등), (14) 직원들의 인터넷 접속용 컴퓨터의 배포 유무,
(15) 본청 내 LAN구축의 유무, (16) 본청내 LAN의 대상범위, (17) 본청 내 LAN의 인터네트
접속의 유무, (18) 직원제안제도의 유무, (19) 본청 내 공모제의 유무.

(1) 환경 요인

각시의 정책은 당해 지역사회의 특성에 어떻게 대응하는가와 밀접하게 관련되어 있다. 또한 각시는 스스로 확보할 수 있는 재원에 기초해 의회의 정치적 통제를 받는 가운데 정책을 형성·집행한다. 따라서 이 장에서는 환경요인을 다음과 같이 설정하였다.

지역 요인: 자택소유율, 전문직업자 비율, 과세대상자의 일인당 소득
재정적 요인: 경상수지 비율, 일인당 보조금
정치적 요인: 자민당의원의 의석률, 민주당 의원의 의석률

(2) 지방자치단체장(시장) 요인

시장의 시정에 대한 태도나 전략은 지방자치단체의 정책선호에 직접적인 영향을 미치며 지방자치단체의 조직구성원에게도 적지 않은 영향을 미침으로써 정책형성·집행에 관한 공무원의 행동을 제약한다. 이와 같은 시장의 개혁성향은 개혁이념이나 원리에 대한 인지태도로부터 나타난다. 여기서는 최근 지방자치단체의 개혁 도구로서 주목을 끌고 있는 NPM(New Public Management)의 원리에 대한 시장의 태도를 측정하였다.

표 7-1에 나타나는 바와 같이 종래의 NPM에 관한 토론 속에서 강조되는 원리·이념을 일곱 가지 항목으로 대응시키는 형태로 FAUI 조사를 실시했다. 회답은 4단계로 측정하였고, 이 장에서는 각 조사항목의 합계를 이용한다.

이러한 시장의 개혁성향은 지방자치단체의 정책 퍼포먼스에 직접적으로 영향을 미친다. 행정의 투명화·효율화를 지향하는 정책제안은

시장의 개혁지향에 의한 것으로 정책의 퍼포먼스를 높인다.

(3) 조직규범 요인

조직문화 연구에서는 조직성과를 향상시키기 위해서 조직문화의 역
할을 강조하고, 각 조직에는 상이한 조직문화가 존재한다고 본다. 또한
조직문화에 관한 정의는 다양하지만, 일반적으로는 전형적인 행동 패턴을
불러일으키는 공유된 전제와 가치체계라고 하는 정의가 사용된다.[31]

이와 같은 공유된 전제와 가치는 본 장에서 설정한 개인행동으로부터
조직행동으로 전화하는 과정에서의 '결정전제'라는 개념과 그 의미가
일치한다고 볼 수 있다.

표 7-1 'NPM에 대한 시장의 인지태도'의 지표

조사 항목	소사항목이 표시하는 NPM 원리
많은 시민이 요구할지라도 사무작업을 고려해서 정보공개를 해야 한다	고객지향·행정시스템의 투명화·정책과정에 대한 시민참가의 확대
정책에 대한 책임의 소재는 민간기업과 같이 명확히 해야 한다	정책 책임의 명확화
자치단체는 중앙에 의존하지 않은 재원을 확보해야 한다	정부조직의 이익 추구 (earning organization)
공무원의 질적 향상을 위해 능력에 대응하는 급여체제로 전환해야 한다	업적 평가에 의한 통제·엠파워먼트(empowerment)
현재 이상의 수익자 부담을 추진할 필요가 있다	시장원리 지향
서비스의 아웃소싱을 적극적으로 추진해야 한다	정부조직의 이익추구·시장원리 지향·정책과정에 대한 시민참여의 확대
공무원에게 직무를 수행하는데 필요한 재량권을 주어야 한다	엠파워먼트

---

31) Gordon(1991), p.397.

이 장에서는 행정조직 운영원리의 탈관료제적 요소와 정책집행에서의 관리주의적 요소, 공공참가와 관련된 조직규범을 측정할 것이다. 분석데이터는 FAUI조사의 데이터로 재정담당자와 총무담당자가 응답한 여덟 항목32)에 의한 주성분 분석의 결과를 통해 도출된 주성분 득점을 사용할 것이다.

표 7-2는 여덟 항목에 대해 주성분분석을 한 결과를 표시한 것이다. 주성분분석의 결과를 살펴보면, 제1성분에 수익자부담의 원리, 아웃소싱, 관료의 재량권 확대가, 제2성분에는 책임소재의 명확화, 상사에 대한 충성·복종, 행정업무에 대한 익명성이 속해 있다. 한편 정책형성에서 시민참가나 주민투표의 결과가 중앙정부의 정책과 충돌해도 주민의 의견에 따라야 한다는 주민투표의 결과를 수용하는 것에 관한 회답이 제3성분에 속해 있다. 본 장에서는 각시의 공무원이 수용하고 있는 조직의 규범적 가치를 각 성분의 내용에 입각해서 다음과 같이 정의한다. 즉 제1성분을 정책집행 규범, 제2성분을 조직운영 규범, 제3성분을 공공참가 규범이라고 명명하고 분석을 진행한다.

---

32) 각 조사항목은 다음과 같다. (1) 수익자 부담의 원칙: 현재 이상의 수익자 부담을 진전시킬 필요가 있다, (2) 아웃소싱: 서비스의 아웃소싱을 적극적으로 추진해야 한다, (3) 관료의 재량권 확대: 직원에게 직무수행의 재량권을 부여해야 한다, (4) 책임소재의 명확화: 정책책임의 소재는 민간기업과 같이 명료해야 한다, (5) 상사에 대한 충성과 복종: 각 부서의 직원은 경험이 많은 상사의 의견에 반대해서는 안 된다, (6) 행정업무에서의 익명성: 공무원의 직무와 관련된 정보를 공개할 때 공무원의 직무나 이름을 공개해야 한다, (7) 정책형성에 대한 시민참가: 정책의 형성에는 전문적인 지식이 필요하기 때문에 주민의 직접참가는 바람직하지 않다, (8) 주민투표의 결과를 수용하는가의 여부: 주민투표의 결과가 국가정책과 충돌하는 경우에도 지방자치단체장은 주민투표의 결과에 따라야 한다.

표 7-2 조직규범의 주성분 분석

	제1성분 정책집행규범	제2성분 조직운영규범	제3성분 공공참가규범
수익자 부담의 원리	.817	-.183	6.805E-02
아웃소싱	.663	.263	-.219
관료의 재량 확대	.572	.313	3.139E-02
책임소재의 명확화	8.813E-02	.662	-.165
상사에 대한 충성·복종	-7.201E-02	-.427	.533
행정업무의 익명성	-.119	-.638	1.151E-02
정책형성에 대한 주민참여	-3.900E-02	.188	.764
주민투표의 결과 수용	-6.222E-02	.381	.647

* 각 성분의 기여율은 제1성분 23.8%, 제2성분 15.9%, 제3성분
13.1%이며, 제3성분까지의 누적 기여율은 52.8%이다.

정책집행 규범이란 지방자치단체가 정책을 형성·집행할 때 어떠한
규범적 가치를 강조하는가와 관련되는 것이다. 현재 지방자치단체에서의
개혁 방향은 종래의 행정 패턴보다도 신관리주의에 기초해 있다. 신관리
주의는 NPM이 주장하는 자율적 관리와 시장지향관리를 강조하며,[33]
권한의 위임이나 경제적 효율, 시장원리의 도입 등을 선호한다. 여기서는
이러한 관리주의적 지향을 정책집행규범으로 명명하고 분석한다.

조직운영 규범이란 일상 업무에서 이뤄지는 일의 절차와 구성원
간의 관계와 같이 조직운영과 관련된 규범적 가치를 말한다. 공공조직은
일반적으로 계급성, 엄격한 상하관계, 문서·형식주의, 책임의 집단성
등의 전통적 관료제를 기반을 하고 있다. 카이든[34]은 전통 관료제에
보이는 어카운터빌리티(설명책임)·시스템의 결점으로서 익명성을 들고

---

33) Terry(1988), p.196.
34) Caiden(1988), p.27.

관료의 책임소재를 명료히 하는 것을 강조했다. 또한 전통 관료제에 대한 의문은 탈관료제라는 이름하에 집약되어 과도한 규칙과 조직운영의 경직성으로부터 직원의 창조성을 발휘하는 방향으로 진행되고 있다. 이 장에서는 이러한 탈관료제적인 지향에 기초해서 조직운영규범을 측정한다.

공공참가규범이란 지방자치단체가 주민의 의견을 어떠한 관점에서 받아들이고 있는가를 가리킨다. 여기서는 정책형성에서 주민참가에 대한 적극성과 주민투표의 결과가 중앙정부의 방침과 충돌하는 경우에도 주민투표의 결과를 존중해야 할 것이라는 태도를 조직의 공공참가규범으로 정의하도록 한다.

이 장에서는 이상의 세 가지 조직규범이 각 시의 정책 퍼포먼스에 긍정적인 영향을 미칠 것으로 가정한다.

3. 실증분석

여기서는 각 시의 개혁정책의 퍼포먼스를 규정하는 요인을 분석함과 동시에 각 시의 조직특성인 조직규범의 존재를 살펴볼 것이다. 표 7-3과 표 7-4는 각 정책에 대한 중회귀분석의 결과를 표시한 것이다.

먼저 투명화 정책의 퍼포먼스는 전체적으로 지역특성 요인인 주택소유율(도시화)와 일인당 소득, 그리고 재정요인인 경상수지비율에 의해 영향을 받고 있다. 또한 자민당 의석률이 낮을수록, 그리고 공공참가규범의 수준이 높은 지역일수록 투명화 정책의 퍼포먼스가 높다는 결과를 보인다.

다음으로 효율화 정책의 경우, 경상수지비율과 일인당 소득, 그리고 민주당의 의석률이 영향을 미치고 있으며, 조직규범 중에서는 조직운

표 7-3 정책 퍼포먼스와 조직규범-투명화 정책

변수	계수			
자기 소유의 집(비율)	-.197**	-.178**	-.170**	-.152*
경상수지 비율	-.135**	-.150**	-.144**	-.139**
1인당 보조금	-.041	-.043	-.044	-.039
전문직 비율	.102*	.082	.085	.092
1인당 소득	.274***	.263***	.249***	.264***
자민당의원 의석률		-.120*	-.124*	-.127
민주당의원 의석률		.127*	.127*	.121*
시장의 개혁지향			.058	.043
조직운영규범				.072
조직집행규범				.001
공공참여규범				.100*
조정된 결정계수	.220	.239	.239	.243
N	305	305	305	305

***:0≦p⟨0.001 **:0.001≦p⟨0.01 *: 0.01≦p=0.01

표 7-4 정책 퍼포먼스와 조직규범-효율화 정책

변수	계수			
자기 소유의 집(비율)	-.077	-.032	-.019	-.001
경상수지 비율	-.260***	-.276***	-.266***	-.263***
1인당 보조금	.028	.019	-.018	.026
전문직 비율	.037	-.017	-.012	-.006
1인당 소득	.173*	.173*	.148*	.157*
자민당의원 의석률		.056	.049	.046
민주당의원 의석률		.131*	.131*	.120*
시장의 개혁지향			.107*	.082.
조직운영규범				.103*
조직집행규범				.030
공공참여규범				.055
조정된 결정계수	.098	.108	.115	.119
N	305	305	305	305

***:0≦p⟨0.001 **:0.001≦p⟨0.01 *: 0.01≦p=0.1

영규범이 효율화 정책의 퍼포먼스를 높이고 있다는 결과를 나타내고 있다.

각 정책별로 분석 결과를 정리하면 다음과 같다. 종래의 정책 결정연구에서 검증되었던 요인 중에서 재정요인인 경상수지비율과 지역특성요인인 일인당 소득은 본 장의 분석에서도 각 정책의 퍼포먼스에 영향을 미치고 있다는 점이 확인되었다. 즉 시가 풍요로운 지역일수록, 그리고 시재정이 여유로운 지역일수록 혁신적인 정책의 퍼포먼스가 높다. 또한 각시의 혁신적인 정책의 퍼포먼스는 각 정당의 정치적 통제에 의해 영향을 받고 있다는 점을 알 수 있다.

한편 조직내부 요인인 조직규범은 투명화 정책에서는 공공참가규범이, 효율화 정책에서는 조직운영규범이 영향을 미치고 있다. 행정의 투명성을 높이기 위한 정책 퍼포먼스는 주민의 의견을 받아들이고자 하는 조직규범의 수준이 높은 지역일수록 높고, 행정조직의 관례화된 전통적 조직운영을 변화시키려고 하는 조직규범의 수준이 높은 지역일수록 효율화 정책의 퍼포먼스가 높다.

지금까지의 분석 결과로부터 각 시의 혁신적인 정책의 퍼포먼스는 종래의 정책 결정연구에서 검증된 재정 요인, 지역 요인, 정치적 요인, 시장요인에 의해서 결정됨과 동시에 본 논문이 강조하는 조직규범요인도 영향을 미치고 있다는 점을 알 수 있다.

한편 조직의 특성인 조직규범은 어떠한 요소에 의해서 형성되고 있으며, 조직 퍼포먼스에는 어떠한 영향을 미치고 있는 것일까. 그림 7-2와 7-3은 투명화 정책과 효율화 정책에 대한 공분산구조분석의 결과이다.

먼저 투명화 정책의 경우, 중회귀분석의 결과에서도 확인된 바와 같이, 도시화도, 재정요인(경상수지비율), 지역요인(일인당 소득), 정치적 요인(자민당/민주당 의석률), 조직규범(공공참가규범) 등이 직접적으로 영향을 미친다.

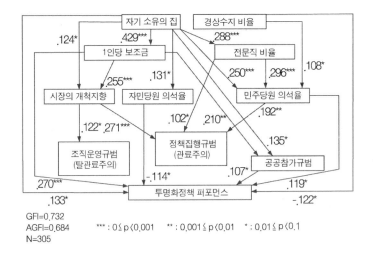

그림 7-2 각 시의 투명화정책 퍼포먼스의 경로 분석

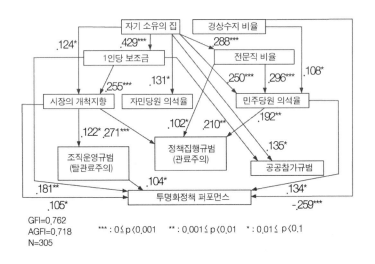

그림 7-3 각 시의 효율화정책 퍼포먼스의 경로 분석

투명화 정책의 퍼포먼스에 영향을 미치고 있는 공공참가규범의 경우, 시장의 개혁지향과 의회의 정치적 통제로부터 영향을 받지 않지만 지역 환경 요인인 도시화 정도와 일인당 소득으로부터 규정된다. 한편 탈관료 제적인 지향의 조직운영규범과 관리주의적 정책집행규범은 투명화 정책의 퍼포먼스에는 직접적인 영향을 미치고 있지 않지만 두 규범 모두 시장의 개혁지향으로부터 영향을 받고 있다. 이로부터 시장의 강력한 개혁지향은 조직운영의 원리나 집행 패턴을 변경할 수 있다는 점이 엿보인다. 나아가 각 시에서 민주당 의원의 의석률이 높을수록 관리주의적 집행규범의 수준이 높다는 결과를 보이고 있다.

다음은 효율화 정책의 퍼포먼스의 결과를 살펴보도록 하자.

효율화 정책의 퍼포먼스의 경우, 일인당 소득, 경상수지비율, 민주당 의석률, 시장의 개혁 지향, 탈관료주의적인 조직운영규범이 직접적인 영향을 미치고 있는 요인들이다. 투명화 정책의 퍼포먼스와 달리, 탈관료 주의적 조직운영규범이 효율화 정책의 퍼포먼스를 높이고 있다는 점을 알 수 있다. 또한 각 조직규범에 영향을 미치는 요인은 투명화 정책의 퍼포먼스에 관한 분석 결과와 동일하다. 이러한 분석 결과의 이론적 의미를 정리하면 다음과 같다.

관리주의적 정책집행규범은 종래의 조직연구로부터 검증된 바와 같이 조직 리더, 지역환경(전문직업자 비율), 정치적 통제(민주당의 의석률) 로부터 영향을 받는 가운데 형성된다. 즉 종래의 전통적인 행정의 운영방식에 대해 변화를 선호하는 행위자(시장·의회·주민)들이 관리주의적 정책집행규 범의 형성에 영향을 주고 있다. 또한, 탈관료제적인 조직운영규범의 수준은 시장의 개혁지향에 따라서 지방자치단체 간에 차이를 보인다. 이 결과는 조직운영에 관련된 다양한 문제가 조직내부의 문제라고 하는 점에서 최고관리자인 시장의 행동에 좌우된다는 것을 의미한다. 실제로 지방자치단체장의 교체에 의한 조직풍토의 변화는 자주 볼 수 있다.

공공참가규범은 정치적 요인이나 시장 요인보다도 지역환경 요인으로부터 직접적으로 영향을 받는다. 이는 주민의 의견을 어떻게 반영할 것인가의 문제가 직원들 스스로가 형성·발전시킬 수도 있지만, 지역주민과의 상호작용에 의해 형성·발전될 수 있다는 점을 간과해서는 안된다는 점을 시사한다.

지금까지의 분석 결과와 같이 각각의 조직규범은 시의 정책과정과 그 결과인 정책의 퍼포먼스에에 영향을 주고 있다. 또한 각각의 조직규범은 각각의 상이한 요인에 의해서 형성·발전된다.

글을 마치며

본 논문에서는 종래의 '환경-정부(정책 과정)-정책'이라는 설정을 '환경-개인의 선택행동-조직행동·특성-정책'이라는 일련의 연쇄과정으로서 분해한 뒤, 개인의 선택행동과 조직행동에 의한 정책산출을 연결하는 매개변수로서 조직규범을 강조하여 분석을 실시함으로써 종래의 정책결정 연구를 조직 연구로 재구성해 보았다. 나아가 피설명 변수인 지방자치단체의 정책에 관해서도 각 시의 혁신적인 정책의 운영실태의 차이점을 반영하여 분석을 실시했다.

분석 결과로부터 먼저 각 시의 혁신적인 정책의 퍼포먼스와 관해 언급하자면, 종래의 선행연구에서 검증되었던 요인과 더불어 조직규범 요인이 통계적으로 유의미한 영향을 미치고 있다는 점을 확인할 수 있었다. 즉 조직집행규범은 예외이지만, 조직운영규범과 공공참가규범은 각 시의 정책의 퍼포먼스에 영향을 미치고 있으며, 이러한 각각의 조직규범은 각각 서로 다른 환경요인과 정치적 요인, 그리고 지방자치단체창(시장) 요인에 의해서 형성되는 것이다.

종래의 정책 결정과정 연구에서 블랙박스로 남겨져 있는 문제는 많은 연구자들의 초점이며, 다양한 각도로부터 연구되어 왔다. 예를 들자면 정책 결정과정에서의 블랙박스를 정책 결정에 관여하는 행위자의 영향력 관계나 정책 결정자의 정책 선호 등으로 치환하여 분석한 연구가 있다. 한편 조직연구에서는 조직의 결정을 개인의 의사결정에 환원해 분석함으로써 조직문화의 측면에서 해명을 시도해왔다. 이 장에서는 이러한 종래의 연구로부터 특히 사이몬이 지적한 개인의 선택행동에 영향을 미치는 '결정전제'에 착목하여 조직 안에서의 개인의 행동을 한편으로 통제하면서도 다른 한편으로는 조직행동으로 전환시키는 매개체로서 조직규범을 설정했다. 이른바 '강제되지 않는 제약'이란 제도나 조직구조를 통해서 개인의 행동을 가시적으로 통제하는 것이 아니라, 비가시적으로 개인의 행동을 통제하는 조직의 신념체계와 규범을 가리키는 것이다. 이러한 조직규범이나 공유된 신념체계는 개인의 선택행동을 단지 제약하는 것에 그치지 않고 불확실한 환경에 대한 불완전한 해독 능력과 계산능력을 가진 개인의 행동을 조직행동으로 전환시키는 기능을 지니고 있다.

참고문헌

伊藤修一郎(2002),『自治体政策過程の動態—政策イノベーションと波及』慶応義塾大学
    出版会.

今村都南雄(1997),『行政学基礎理論』, 三嶺書房.

新川達郎(1987),「「地方の政策過程」研究の系譜」小林良彰『地方政府の現実』学陽書房
    10-18項.

日本経済新報社・日経産業消費研究所(2002),『全国市区の行政比較データ集—2002年度
    調査』.

caiden, G. E.(1988), "The Problem of Ensuring the Public Accountability of
    Public Officials," in Dwivedi, O.P. and G. Jabbra(eds.), *Public
    service Accountability: A Comparative Perspective*, Kumarian press.

Calori, Roland and Sarnin, Philipp(1991), "Corporate Culture and Economic
    Performance: A French Study," *Organization Studies* 12(1).

Daft, R.(1992) *Organization theory and design,* 4rd, ed., MN: West Publishig Co.

DiMaggio, P.J. and Powell, W.P.(1991), "The Iron Cage Revisited: Institutional
    Isomorphism and Collective Rationality in Organizational Fields,"
    in Powell, W.W. and Dimaggio, P.(eds.) *The New Institutionalism
    in Organizational Analysis*, Chicago: University of Chicago Press,
    pp.64-74.

Downs, A.(1967), *Inside Bureaucracy*, The Rand Co.

Gordon, G.G.(1991), "Industry Determinants of Organizational Culture," *Academy
    of Management Review*, 16(2).

Greenwood, R. and Hinings, C. R. and Ranson, S(1975), "Contingency Theory
    and the Origanization of Local Authorities: Part I, Differentiation
    and Integration," *Public Administration*, Vol.53, pp.1-23.

Greenwood, R. and Hinings, C. R. and Ranson, S.(1975), "Contingency Theory
    and the Organization of Local Authorities: Part II Contingencies and
    Structure," *Public Administration*, Vol.53, pp.169-190.

Katz, D. and Kahn, R.(1978), *The Social Psychology of Organizations*, new
    York: Wiley.

O'Reilly, Charls(1989), "Corporationa, Culture, and Commitment: Motivation and
    Social Control in Organizations," *California Management Review* 31
    (4), pp.9-25.

Perrow, C.(1972), *Complex Organizations: A Critical Essay*, Foresman and Co.

Schein, E. H.(1985), *Organizational Cultures and Leadership*, Jossey-Bass.

Scott, W. C.(1961), "Organizational Theory: An Overview and An Appraisal,"

Academy of management Journal, Vol.4, pp.7-26.

Scott, W.R. and Meyer, J.M.(1991), "The Organization of Societal Sectors: Propositions and Early Avidence," in Powell, W.W. and DiMaggio, P.(eds.) *The New Institutionalism in Organizational Analysis.*

Selznick, P.(1949), *TVA and the grass roots*, Berkeley, CA: University of California Press.

Simon, H.A.(1997), *Administrative Behavior: A Study of Decision-Making Process in Administrative Organization, 4th ed., Free Press.*

Terry L.D.(1998), Administrative Leadership, Neo-Managerialism, and the Public Management Movement," *Public Administration Review*, Vol.58.

Wilson, J.Q.(1989), *Bureaucracy: What Government Agencies Do and Why They Do It*, Basic Books.

8장

한국에서의 행정개혁과 주민의식

장은주(張殷珠)

시작하며

한국에서는 지난 1991년 지방의회의원을 선출하고 이어 1995년 지방
자치단체장을 직선함으로써 실질적인 지방자치시대가 개막되었다. 지방
자치는 민주주의를 구현하는 국가체제임과 동시에 국가발전 전략으로서
도 그 중요성이 부각되고 있다. 즉 1980년대 이후 정부실패로 인하여
등장하기 시작한 신자유주의 이념을 바탕으로 하면서, 사회주의 붕괴로
촉진된 세계화라는 지구적 차원의 단일시장경제 현상은 국가행정체제를
관료적인 중앙집권적 패러다임에서 주체의 다원화에 기반한 지방분권적
패러다임으로의 전환을 강요하고 있다. 특히 과학기술의 발달로 진일보
된 통신기술은 세계화의 확대를 위한 자극제로 역할하면서 정부부문은
외부적 환경 변화에 신속히 대응해야한다는 당위성에서도 지방단위의
행정체제로 정부기능의 재편이 요구되고 있다.

이와 동시에 국가발전 패러다임의 전환은 단순히 중앙에서 지방으로

의 권한 이동에만 그치는 것이 아니라, 공공부문에 경쟁원리와 시장성의 강화를 위한 지속적인 행정개혁이 필요하다. 즉 정부의 역할이 큰 정부에서 작은 정부로 기대됨에 따라, 중앙정부로부터 지방정부로 그리고 공공부문으로부터 민간부문으로 주체의 다양화와 함께 공공서비스의 수요 및 공급측면에 있어서도 전통적인 공공부문의 역할에 대한 접근방식의 변화가 필요한 것이다.

세계화로 대변되는 국가의 상술된 대외적인 변화와 함께, 국내적으로는 시민의식의 성장으로 공공부문에 대한 주민의 요구와 기대가 확대되는 동시에 주인의식이 제도적, 비제도적인 다양한 경로를 통하여 직접적으로 표출되고 있다.

이상과 같은 내외부적 행정 환경 변화에 따른 국가의 기능과 역할에 대한 근본적 재편성의 요구는 한국의 경우 그 필요성이 보다 절실한데, 90년대 후반 국가경제위기가 직접적 원인으로 작용하고 있기 때문이다.

무한경쟁시대에 있어 국가발전전략이라 할 수 있는 지방자치는 현재 한국에서 어떠한 변화를 겪고 있는가? 한국 사회 내에 진행되고 있는 다양한 변화의 양상들은 과연 바람직한 방향으로 진행되고 있는가? 이러한 질문에 대답하기 위하여 본 논문에서는 한국의 지방자치를 시간적 관점에서 과거, 현재, 그리고 미래로 구분하여 분석하고자 한다.

현재는 과거의 반영이며, 미래는 현재의 진행이다. 따라서 과거라는 관점에서는 한국 지방자치의 역사적 전개과정을 대상으로 분석하고 이를 토대로 한국의 지방자치의 성격을 평가하면서, 현재의 관점에서는 최근 변화된 환경에 대응하기 위한 공공부문의 개혁, 특히 지방자치단체의 행정개혁을 분석하고자 한다. 지방행정개혁 분석의 결과에서 한국 지방자치의 방향성을 도출하면서, 끝으로 한국 지방자치의 미래지향적 대안으로서 시민의식에 근거하여 분석함으로써 국가발전전략으로써 한국의 지방자치를 조망해 본다.

I 한국 지방자치의 역사: 지방자치 제도의 연혁

역사적으로 한국은 중앙집권적 행정체제를 유지해 왔다. 근대적 의미의 지방자치는 1948년 대한민국 정부수립 이후 제정된 지방자치법[1]의 시행을 통해서 제도화되었다고 할 수 있으나, 근대적 의미의 지방자치가 한국에 도입된 것은 이보다 앞선 조선말 개화기인 1890년대라고 할 수 있다. 본 연구에서는 근대적 의미 즉, 서구식 지방자치 사상과 제도에 근간한 지방자치 제도의 변천과정을 지방자치법이 제정된 전후로 구분하여 분석하고자 한다. 지방자치법 제정 이전의 시기는 지방자치가 제도화되기 위한 토대를 마련한 시기라고 할 수 있으며, 지방자치법이 제정된 이후의 시기는 제도화된 자치법의 개정을 통하여 지방자치 제도가 변화, 발전되는 시기라고 특징지을 수 있기 때문이다.

1. 지방자치법 제정 이전의 지방자치 제도

지방자치법이 제정되기 이전 서구식 지방자치 사상에 근간한 근대적 지방자치는 앞서 언급한 바와 같이 조선말 개화기로부터 지방자치법이 제정된 대한민국정부 수립 전까지의 기간으로 볼 수 있다. 이 시기 역시 3기로 구분될 수 있는데, 조선말 개화기, 일제시대, 그리고 미군정 시기로,

---

[1] 1949년 7월 4일 제정되었음. http://www.jachi.co.kr/local/04.htm참조.

각 시기별 지방자치 제도화의 과정과 특징들을 살펴보면 다음과 같다.

(1) 조선말 개화기

조선말 개화운동이 중앙정부의 정치행정개혁을 중심으로 전개되는 가운데 1894년 동학운동이 일어나면서 동학교도들이 설립한 집강소가 지방의 치안과 행정을 자치적으로 처리하면서 1890년대 도입된 서구식 지방분권사상 및 자유민권사상 그리고 갑오개혁의 개혁강령들을 구체화 하였다. 물론 이전에도 한국에 전통적인 지방자치적 성격의 제도들이 부재했던 것은 아니지만,[2] 근대적 의미에서의 지방자치단체로는 동학농 민운동에 의해 설치된 집강소를 들 수 있다. 근대적 지방자치단체로서의 집강소가 동학교도들의 봉기와 함께 전국적으로 파급되면서 집강소의 조직기반도 확충될 기세였으나, 정부가 스스로의 힘으로 동학농민운동을 진압하기 어렵다고 판단함에 따라 외세의 힘을 빌게 되면서 자주적인 지방행정개혁이 좌절되었을 뿐만 아니라 일본의 내정간섭 빌미를 제공하 게 되었다.[3]

(2) 일제시대

이 시기에는 실질적으로 근대적인 지방자치를 경험하게 되는데, 시간 적으로 외관상 전통질서에서 근대질서로의 이행이 필요한 시기였기 때문

---

2) 한국의 지방자치 기원을 삼국시대까지 소급하면서 신라정치가 자치적인 부분, 예로 6촌부족들 의 화백제 등을 그 효시로 보는 경우도 있으나, 연구 및 사료의 부족으로 논의의 진전을 보이지 못하고 있다. 그 외에도 고려시대 사심관제, 기인제, 조선시대의 유향소(향청), 향약, 계 등을 비롯하여 면동의 자치적 기초단체들에서도 지방자치 제도의 전통을 읽을 수는 있다. 『조선왕조행정사(근대편)』(1981), pp.50-135.

3) 최창호(1988), pp.110-120.

이다. 그러나 본질적으로는 일제가 통치의 용이성을 위한 목적으로 실시한 것으로 평가될 수 있다.

1910년 초기 통치기간에는 중앙집권적인 통치제제를 유지하면서 통제권을 행사하고 지방정부는 순수한 지역문제에 대하여 독자적인 관할권을 부분적으로 행사하도록 허용되었다. 그러나 3·1운동 이후 문화정치로 전환하면서 지방행정에 자치적 기능을 부여하기 시작하였는데, 이는 지방자치 제도를 통하여 한국인 지주 및 유지들을 제도권에 흡수하여 친일파 세력을 확충하기 위한 식민지배정책의 수단으로 활용하는 데 그 목적이 있었다.

구체적으로 개정된 지방자치 제도로는 먼저 1913년 '부제(府制)'의 공포를 들 수 있는데, 부(府)는 공법인으로써 교육기능만을 제외한 모든 공공사무와 법령에 의하여 부에 속한 사무를 처리하며, 이를 위해 조례를 제정하고, 부세를 징수하며, 기본재산과 적립금을 관리할 수 있도록 하였다. 다음으로는 1917년 '면제(面制)'에 의해 면이 지방단체로서 지방공공사무를 처리할 능력을 부여받았다. '도제(道制)는 부읍면제(府邑面制)에 비하여 뒤늦은 1933년 시행되었는데, 도에 법인격을 인정하고 그 공공사무와 법령에 의하여 도에 속한 사무를 처리하게 하였으며, 필요한 경비 및 법령에 의하여 도의 부담에 속하는 비용을 지출하는 의무를 지고 도세를 징수할 권리가 부여되었다.

문화정치로 전환한 1920년부터는 일종의 간접대표제와 비슷한 형식의 각종 자문기관 및 의결기관이 설치되었다. 도부읍면에 지방주민의 대표기관으로 설치된 도회·부회·읍회·면회는 의결기관으로 의결권·선거권·의견제시권·행정감사권·회의규칙 제정권 등이 부여되었다.

이상의 제도개편에 의한 일제시대의 지방자치 제도를 정리하면 크게

3기로 구분될 수 있는데, 제1기는 1910년대로 철저한 중앙집권체제 아래 소수의 참사관이 지방 수장의 자문에 응하는데 불과한 시기였고, 제2기인 1920년대는 도·부·면에 민선 또는 임명의 자문기관이 설치된 시기였으며, 제3기인 1930년대 이후는 도회·부회·읍회 등 의결기관이 설치된 시기이다. 일제시대의 지방자치단체는 13도 21부 218군 2도 107읍 2,243면으로 구성되어졌다.

일제시대의 지방행정 제도 및 지방자치 제도는 본질적으로 일제식민 정책을 위한 한민족의 분열과 회유를 목적으로 추진되었으나, 형식상의 제도개선으로는 첫째, 근대적 지방행정 제도 및 지방인사 제도를 도입·실시함으로써 현재까지 그 영향을 미치고 있다는 것, 둘째, 지방기관을 집행기관과 의결기관으로 구분하여 의결기관인 각 회를 임기 4년의 공선 된 명예직의원으로 구성, 근대적 지방의회의 형식을 갖추면서 인사제도에 많은 영향을 미쳤다는 점을 들 수 있다. 제도적 개선에도 불구하고, 식민통치의 목적으로 추진된 지방자치는 결국 기능적인 수단으로 전락하 면서 실질적인 지방주민의 자결원칙과는 무관하게 추진될 수 밖에 없는 한계를 보였다.[4)]

(3) 미군정 시기

해방 이후 남한에서 실시된 미군정은 분권화된 형태의 민주주의와 의회기구의 설치를 표방하였으나, 지방정치 제도를 개선할 여유를 지니지 못하였는데, 군정에 의한 정치행정 제도개혁은 미국의 국가이익과 대(対) 한반도정책의 범위 내에서 최소한에 그침으로써 실질적으로는 구조선총

---

4) 김운태 (1987), pp. 250-280.

독부 통치체제를 유지하였다. 법제도상으로는 지방자치 제도를 확대하여
교육구를 각도에 설치하고 교육구회도 두었으나, 명목상에 불과하여
실효를 거두지는 못하였다. 미군정 시기의 지방자치단체는 1특별시,
9도, 8구, 133군, 1도, 14부, 73읍, 1,456면으로 구성되어졌다.[5]

2. 지방자치법 제정 이후의 지방자치 제도

한국에서 주민자치의 원리에 근거한 근대적 의미의 지방자치 제도는
1948년 7월 17일 제정된 제헌헌법에 의해 헌법상 그 기본원칙을 보장받
아, 1949년 7월 4일 법률 제32호 지방자치법에 공포되면서 시작되었다.
이후 지방자치 제도는 수차례의 개정과 세 차례의 전국 동시 지방선거를
거치면서 제도적, 의식적인 발전을 거듭하고 있다. 지방자치법 제정
이후 한국 지방자치 제도는 민주화에 따른 정치과정의 급격한 변화와
그 패도를 함께 하고 있으므로 정치변화과정에 따라 지방자치 제도의
변천과정을 살펴보고자 한다.[6]

(1) 제1기: 대한민국 건국 이후부터 4 · 19혁명까지

이 시기는 근대적 의미에서의 지방자치 제도가 법률적으로 정비된
시기로서, 1949년 7월 지방자치법이 공포됨으로써 제도화의 기반을 마련
하였다. 그러나 다음해인 1950년 6 · 25전쟁의 발발로 인하여 실시를
미루다가 1952년 최초로 지방의회선거를 실시하여 지방의회가 구성되었
으나, 이 시기의 지방자치는 4차례의 개정을 거치면서 제1공화국의 정권

---

5) 김운태(1991), pp.412-508.
6) 김운태(1992), pp.142-146., 박기영(1983), p.379., 이동선(1996), pp.199-207., www.jachi.
   co.kr을 참고로 재정리.

유지를 위하여 정치적으로 이용되는 등 관치적 개악을 거듭하면서 실질적 의미에서의 지방자치는 실시되지 못하였다.

자치법의 개정 내용에 따른 지방자치 제도의 변천 과정은 다음과 같다. 먼저 지방자치법 제정당시의 지방자치 제도를 살펴보면, 지방의회는 주민직선으로 의원의 임기는 4년 명예직이었으며, 자치단체장의 경우 특별시와 도는 대통령이 임명, 시읍면은 의회에서 간선, 그리고 단체장과 의회의 관계는 장에 대한 불신임권 및 의회해산권을 인정함으로써 기관대립형을 채택하였다. 제1차 개정(1949년 12월 15일)에 의해 시도의회는 재무부장관이, 시읍면의회는 도지사 승인으로 의회의결을 대치하도록 하였으며, 당시의 지방자치법에 의하면 특별시도읍면을 자치단체로 정하고 있다. 자치단체장에 있어서도 특별시도지사는 대통령이, 시읍면장은 도지사가 임명하도록 하면서 지방의회의원선거를 실시하였다. 제2차 개정(1956년 2월 13일)에서는 의원임기를 4년에서 3년으로 단축하고 회의일수를 제한하였으며, 시읍면장은 직선제로 환원하고 임기는 4년에서 3년으로 단축하였다. 그리고 시읍면장에 대한 불신임권과 의회해산권을 폐지하면서 기초단체의원 및 장의 선거를 실시하였다. 제3차 개정(1956년 7월 8일)에서는 의원정원 및 선거구 관계부분을 개정하였으며, 제4차 개정(1958년 12월 26일)은 소위 보안법파동[7])에 의해 신국가보안법과 함께 지방자치법 개정안도 자유당 단독으로 통과시키면서 시읍면장 임명제로의 전환, 그리고 장에 대한 불신임권과 의회해산권을 부활시켰다.

---

7) 1958년 12월 24일 대한민국 국회에서 경위권을 발동하여 여당 단독으로 신국가보안법을 통과시킨 사건. www.100.empas.com.

(2) 제2기: 제2공화국

제1공화국이 독재정권화함에 따라 1960년 4 · 19혁명이 발발하였고, 이를 계기로 수립된 제2공화국은 민권을 최대한 신장시키고 지방행정의 민주화와 지방자치의 대폭적 확대강화를 시도하였다. 1960년 11월 제5차 개정에서는 혁명적 정치 분위기에 호응하여 모든 단체장을 직선하는 등 이상주의적 지방자치 제도를 수립하고 의회 및 단체장 선거를 실시하였으나, 이러한 시도는 제2공화국의 단명과 함께 현실화되지는 못하였다.

(3) 제3기: 5 · 16이후 제4공화국까지

1960년 5 · 16 군사쿠데타로 군정이 수립되면서 전국의 각급 지방의회가 해산되고 지방자치에 관한 임시조치법이 제정 · 시행되면서 읍면자치를 군자치로 전환하여 85읍, 1,407면은 기존의 자치단체로서의 법인격을 상실하고 대신 140군이 새로운 법인격을 지닌 자치단체로 되어 오늘날까지 지속되고 있다. 또한 자치단체장은 임명제로, 지방의회 의결은 상급관청의 승인으로 대행되었으며, 교육법을 개정하여 교육구를 폐지하고 지방자치단체의 집행기관으로 함으로써 교육업무를 자치단체에 흡수하였다. 이후 유신헌법에서는 조국 통일시까지 지방자치를 유보한다고 규정하여 실질적으로 이 시기에 있어 지방자치는 법제도적 측면에서도 폐지되면서 지방자치에 관한 논의 자체도 30여년 간 중단되는 등 강력한 중앙집권체제가 지속되었다.

(4) 제4기: 제5공화국 이후

박정희 독재 정권이 붕괴된 후, 1981년 수립된 제5공화국 헌법에서는 지방행정의 효율성과 민주화의 조화를 위하여 지방의회의 구성은 지방자치단체의 재정자립도를 감안하여 순차적으로 하되, 그 시기를 법률로서 정할 것을 부칙에 규정하여 지방자치의 실시에 신중을 기하였다. 그러나 1987년 민주화 항쟁의 결과, 1988년 지방자치법 제7차 개정을 통한 전면적 개정을 실시하였는데, 지방자치에 관한 임시조치법을 폐지하고 시도와 시군구를 자치단체로 하며, 단체장을 주민직선으로 하는 등 민주적 지방자치 제도 재생을 위한 법제도를 준비하였다.

이후 제6공화국에서는 지방자치법의 일부를 수차례 걸쳐 개정하면서, 1991년 시군구시의회 의원선거를 실시, 1995년 6월 제1차, 1998년 6월 제2차, 그리고 2002년 6월 제3차 전국동시 지방선거를 실시하면서 현재에 이르고 있다.

제6공화국 이후 한국의 지방자치 제도는 2층제구조로서 현재 기초자치단체인 시(74), 군(89), 자치구(69), 그리고 광역자치단체인 특별시(1), 광역시(6), 도(9)로 구성되어 있다. 시장·의회 대립형의 조직구성 형태를 지니고 있으며, 단체장과 지방의회 의원은 4년 임기로 주민직선에 의해 선출되고, 기초의회 의원을 제외한 지방의원과 단체장은 정당공천이 가능하다. 지방의회가 의결한 조례나 의안에 대해 단체장은 재의결요구(거부권)을 행사할 수 있고 이에 대응한 의회의 재의결, 그리고 이에 따른 이의는 궁극적으로 대법원에서 제소, 판결에 의거하여 해결되나 선출직에 대한 주민소환제나 의회의 단체장 불신임, 그리고 단체장의 의회해산제도 등은 아직 인정되지 않는 실정이다. 세원 배분은 중앙정부와 지방이 대개 8:2 정도의 비율로서, 지방재정 자립도는 평균 약 64% 정도에 그치고 있으며, 대부분의 지방자치단체들이 중앙정부로부터 지방교부세 등의 재정지원에 의해 운영되고 있다.

3. 한국 지방자치 제도 연혁에 대한 평가

한국은 전통적으로 중앙집권체제적 특징을 강하게 나타내고 있으며, 근대적 의미의 지방자치 제도 역시 주민자치형이 아닌 단체자치적 성격이 강하다. 또한 지방자치단체의 구조는 일제통치시기의 기본적인 틀이 형성되었으며, 대한민국정부 수립 이후 지방자치법이 제정되었으나, 30 여년 이상 지방자치의 실시가 연기되어오다가 1987년 6·29선언으로 지방자치실시를 공약한 이후 1991년 본격적인 지방자치 시대를 맞고 있다.

이러한 역사적 과정을 거치면서 최근 지방분권화를 위한 노력을 강화하고는 있으나, 아직까지도 자치권은 제한되고 있으며, 지방의 권한과 재원 역시 중앙의존도가 높다. 실질적인 지방자치 제도의 실시 역사는 1991년 지방의회 의원선거, 그리고 1995년 제1회 전국동시 지방선거에 의해 자치단체장을 주민 직선함으로써 시작된 10여 년의 짧은 기간이라고할 수 있다.

대다수 개발도상국가가 그러하듯이 한국의 경우에도 지방자치의 제도화과정은 민주화의 과정과 그 맥을 같이 하고 있다. 대한민국 정부수립이후 중앙집권적 성향에 대한 민주화의 산물로서 단계적 진보의과정을 거치면서 지방자치 제도화가 추진되어왔다. 즉, 국가의 통치수단이라기보다는 정치발전 과정에서 민주화의 산물로서 인식될 수 있다. 그러나 80년 후반부터는 세계화 추세에 대응하기 위하여 지방분권화에대한 논의 및 제도 변화가 급속히 추진되고 있다. 즉, 경쟁주체의 다원화를통한 국가발전을 이룩한다는 목표 아래 지방분권화가 국가발전전략으로전환되었다. 따라서 80년대까지 민주화의 가치가 중심이 되어 지방분권화가 요구되었다면, 80년대 이후부터 현재까지는 국가개혁적 차원에서 효율의 가치를 우선하는 방향에서 지방분권화가 추진되고 있다.

II 한국 지방자치의 현재: 지방자치단체의 행정개혁

정치발전 과정에 의한 민주화의 산물로서 획득된 지방자치 제도가 국가발전 전략의 중요한 수단으로 부각되면서 한국의 지방자치 제도 내에서 최근 시행되고 있는 각종 지방 행정개혁을 살펴봄으로써 한국 지방자치의 현재를 평가하도록 한다.

1. 행정개혁에 관한 이론적 배경

(1) 지방자치단체 행정개혁의 개념적 정의
개혁이란 일반적으로 상황변화에 대한 자기조절적 단순반응과 구별8) 되는데, 환경변화에 대한 평균적 수준의 부분적 적응을 넘어 변화를 인위적으로 유도하는 작업이라 할 수 있다.

따라서 행정개혁(Administrative Reform)이란, 행정의 능률적 운영에 초점을 두는 개념으로 관료제의 조직, 운영방식, 관리기술 및 관료행태 등에 변화를 유발함으로써 정치사회에 행정의 유효성을 높이고자 하는 인위적이고 계획적인 노력9)이라고 정의할 수 있다. 행정개혁은 결국 행정환경의 변화에 대응하여 행정목표를 보다 효율적으로 수용하기 위해 행정체제에 있어서 조직구조 또는 관리기술, 절차, 방법 그리고 더 나아가

---

8) Caiden, E. Gerald. And Siedentopf, Heinrich(1982).
9) Caiden, E. Gerald.(1969).

서 공무원의 가치관, 행태 등을 바꾸기 위한 의도적이며 계획적인 일련의 과정이라고 하겠다. 국가별 행정환경의 차이에 따라 행정개혁의 맥락과 내용은 편차를 보이기는 하나, 지방정부(지방자치단체)의 경쟁력 강화를 위해서 기존의 경직적이고 전통적인 관리체계를 성과와 고객 중심으로 전환해 탄력적이고 유연성 있게 변화시켜나가는 흐름이라고 볼 수 있다.[10)]

지방자치단체 행정개혁이란, 특히 지방자치단체를 공간적 대상으로 수행하는 행정개혁으로 개념적 조작이 가능한데, 이 경우 행정개혁의 주체는 중앙정부 및 해당 지방자치단체가 모두 포함된다.

(2) 지방자치단체 행정개혁의 필요성

한국에서의 지방자치단체 행정개혁의 필요성은 세계화라는 외부적 변화가 한 요인으로 작용하고 있다. 즉, 초국적 자본의 신속한 흐름으로 특징지워질 수 있는 세계화 현상은 지방정부 단위의 역할증대를 요구하면서 중앙집권적 국가발전 전략에서 지방중심의 다극화한 국가발전 전략으로의 전환을 요구받고 있다. 따라서 중앙정부의 기능과 역할을 축소하는 방향이 행정개혁의 중심이다.

또한, 90년대 이후 한국에서는 지방자치 제도가 실질적으로 실시되면서 지역주민의 관심 및 요구의 확대로 자치단체가 보다 효율적으로 운영될 필요성이 증대되었고, 공공서비스의 공급에 있어서도 신자유주의적인 경쟁원리의 도입과 시장성을 강화하기 위하여 선진 각국들에서 추진되는 정부개혁의 영향을 받고 있다.

---

10) Osborne, David., and Gaebler, Ted(1992).

끝으로 한국에 있어서 공공분야 행정개혁의 가장 직접적인 원인으로는 97년 말 외환위기를 들 수 있는데, 이로 인해 시장경제의 원활한 작동을 위한 공공부문 개혁의 내외부적 압력이 증가되었다.

(3) 지방자치단체 행정개혁의 접근모형

지방자치단체의 행정개혁을 추진하기 위한 모형들은 이념이나 이론적 배경에 따라 다양하게 정립될 수 있는데, 먼저 행정개혁이 추구하는 목적에 따라 행정개혁의 이념은 효율성, 효과성, 대응성 그리고 민주성의 4가지로 구분될 수 있다. 효율성(efficiency)은 투입(사용된 자원)과 산출(생산된 서비스) 간의 비율로 표현될 수 있는데, 최소자원으로 최대 산출을 얻기 위한 경제성을 의미한다. 효과성(effectiveness)은 산출결과 간의 관계로 정책목표의 달성된 정도를 의미한다. 대응성(responsivness)이란 정책이나 사업이 수혜자인 고객의 요구를 어느 정도 충족시키는 지에 관한 고객만족의 달성 정도를 의미하는데 행정의 대상인 고객은 시민뿐만 아니라 행정 내부고객인 조직구성원까지도 포함한다. 민주성(democracy)은 의사결정 과정의 투명성 확보 및 주민의 참여정도를 의미하는 것으로 조직 내의 민주화뿐만 아니라 고객인 시민과의 관계 역시 민주화의 중요한 척도라고 할 수 있다.

이 같은 개혁이념을 달성하기 위하여 활용되는 개혁 전략을 살펴보면, 효율성 실현을 위해서는 시장원리에 바탕을 둔 경쟁지향적 전략들을 들 수 있는데 경쟁입찰제도, 민간위탁, 민영화 등이 대표적이다. 효과성은 성과지향적 전략에 의해 달성될 수 있으며 구체적으로는 성과관리제도, 결과중심 예산편성 등의 전략을 들 수 있다. 대응성은 고객지향적 전략을 통해 달성될 수 있는데 시민 헌장, 친절 운동, 주민 감동 행정 등을 대표적인 사례로 꼽을 수 있다. 마지막으로 민주성 실현을 위한 전략으로는 시민참여의 확대, 분권화, 정보의 공개 등을 들 수 있다. 각각의 개혁이념을 달성하기 위해 열거된 정책들은 단일의 개혁이념을 추구하는 데 그치지 않고 복수의 개혁이념을 달성하기도 한다.

개혁수단으로는 대개 개혁대상을 기준으로 분류할 수 있는데, 대체적으로 구조개혁, 인사개혁, 재정개혁, 그리고 서비스개혁 등 행정분야에 따라 구분되는 것이 일반적이나, 본 연구에서는 이러한 행정개혁수단을 구조, 운영시스템 그리고 대민서비스의 3가지 차원으로 분류하는 방법을 제안한다. 구조란 지방자치 제도의 하드웨어적 차원을 의미하는 것으로 조직, 인사뿐만 아니라 중앙과 지방간의 관계라 할 수 있는 분권화까지를 대상으로 하는 각종 행정개혁수단이 여기에 해당된다. 운영시스템이란 지방자치 제도를 운영하는 방법이나 과정과 관련되며, 지방자치 제도의 소프트웨어적 성격을 대상으로 추진되는 행정개혁수단들이다. 끝으로 대민서비스란 지방행정을 통해 산출된 직접적이고 최종적인 행정서비스를 개혁의 대상으로 하는 수단이 포함된다.

2. 지방자치단체 행정개혁의 분석틀

본 연구에서는 지방자치단체의 행정개혁을 분석하기 위하여 먼저, 분석대상으로는 한국 지방자치단체를 대상으로 추진된 행정개혁 특히, 그 가운데에서도 비교적 성공적으로 평가되고 있는 개혁정책 및 사업을 분석의 대상으로 설정하였다.

행정개혁 정책 및 사업을 분류하기 위한 기준으로는 행정개혁의 주체와 행정개혁 수단 그리고 개혁이념을 활용하고자 한다. 행정개혁의

		행정개혁주체	
		중앙	지방
행정 개혁 수단	구조	행정이념= 효율성/효과성/대응성/민주성	
	운영시스템		
	대민서비스		

그림 8-1 한국지방자치단체 행정개혁의 분석틀

주체는 중앙정부와 지방자치단체로 구분될 수 있으며, 행정개혁 수단은 행정개혁 모형에서 설명된 구조, 운영시스템 그리고 대민서비스의 3가지 분류방법이, 그리고 행정개혁이념은 해당 정책 및 사업이 추구하는 목적을 효율성, 효과성, 대응성, 민주성으로 분류하여 다음과 같은 분석틀을 구성하였다.

3. 지방자치단체 행정개혁의 현황

먼저, 분석대상으로 선정된 한국 지방자치단체 행정개혁은 총 22개 정책 및 사업으로 구체적인 내용은 다음과 같다.[11]

(1) 중앙정부에 의한 지방자치단체 행정개혁

구조개혁

· **지방자치단체조직개편**: 97년 말 경제위기(IMF금융지원)에 직면한 김대중 정부의 출범과 함께 지방자치단체의 조직개편을 구조조정 차원에

---

11) 기획예산처, 「공공개혁백서」, pp.20-294., 윤영진 · 김태룡(2000), pp.91-117, 142-202., 장은주(1999), pp.1-19. 행정자치부(2001), pp.3-10., 2002, pp.3-11., 행정자치부(2001)를 참고로 재정리.

서 2차에 걸쳐 시행하였다. 제1차 조직 개편은 98년 행정자치부에 의해 조직개편안이 마련되어 본청기구의 경우, 시도는 3국 6과, 시구는 1국 3과, 군은 5과 감축을 목표로 설정하고 '계'와 읍면동의 '부읍장부면장'의 폐지를 추진하였다. 98년 11월부터 99년 2월까지 지방자치단체에 대한 경영 진단을 실시하고 그 결과를 토대로 1단계 조직 개편 시 미흡했던 부분을 중심으로 제2차 조직 개편을 추진, 특별시는 2과, 광역시는 1국 2과, 도는 3과, 시구의 경우 1-2과의 추가 감축을 권고하였다. 또한 각급 지방공무원 교육원, 보건소 등에 대한 책임운영 기관제의 도입, 사업소 및 출장소의 정비, 민간위탁의 확대, 읍면동의 주민자치센터로의 기능전환을 추진하였다. 그 결과, 제2차 조직개편에서는 본청 조직인 시도의 경우 4국42과, 시군구의 경우 172과를 감축하여 전체적으로 총 4국 214과를 축소하였다. 2차례의 조직개편과 구조조정을 통해 총 178국 1,249과가 폐지되었다.

· **지방공무원 인력감축**: 한국의 지방공무원 정원은 1980년부터 10년 간 10만 9,362명에서 23만 4,080명으로 114%가 증가해 왔으나, 앞서 조직개편에서 언급된 바와 같이 직접적으로는 경제위기가 원인이 되어 지방공무원인력감축을 단행하였다. 제1차 조직개편에서는 2002년까지 98년 6월 말 전체 29만 명의 19.4%인 56천여 명의 감축목표를 설정하여 그 가운데에서 98년도에는 12.1%의 감축목표가 제시되면서 12%에 해당하는 35,149명의 인력이 감축되었다. 제2차 구조조정 과정에서는 2001년 까지 21,484명이 추가로 감축되었으며, 정원 외 인력인 비정규인력 7만 643명(98년 기준) 중 37%에 해당하는 2만 6,524명을 감축하면서 2차에 걸쳐 총정원 19.4%에 해당하는 5만 6,633명이 감축되면서 지방공무원 정원은 91년 초의 24만 명 수준으로 환원되었다.

구분		1997년 말	2002년 말		
			구조조정	신규소요	증감후
행정 기구	시도(평균)	2실1본부9국48과	1실2국6과	-	1실1본부7국42과
	군(평균)	15실과	4과	-	11실과
정원	총정원*)	290,860	56,633	11,508**)	245,735
	공무원 1인당 주민수	160	-	-	193

*) 교육자치단체 소속 공무원 제외
**) 사회복지요원, 소방, 시설관리, 정보화 등 증원

표 8-1 구조조정을 통한 지방자치단체 행정기구 및 정원의 변화(정원: 명수)

지방자치단체 조직개편과 공무원 인력감축의 구조조정을 거치면서 경제적으로는 인건비와 경상경비가 연간 1조 8천억 정도 절감된 것으로 분석되며, 조직개편과 정원의 변화는 표 8-1와 같다.

· **중앙기능의 지방이양:** 지방자치 제도가 본격적으로 실시된 91년부터 구 총무처가 중심이 되고 각 부처와 민간 전문가가 참여하는 지방이양합동심의회에서 91년부터 97년까지 1,174건의 지방이양사무를 발굴 · 확정하였으나, 이양사무가 대부분 사소한 단순 단위사무 중심이었고, 또한 완전한 이양보다는 감독권을 유보한 위임이 대부분이었으며, 지방에서 원하는 기능보다는 중앙에서 이양하기를 원하는 기능 위주로 이양이 추진되었다. 이러한 문제점을 해결하기 위하여 지방이양의 본격적인 추진을 위한 제도적 장치를 마련하였는데, 99년 1월 중앙행정권의 지방이양 촉진 등에 관한 법률을 제정하여 본격적인 중앙기능의 지방이양을 추진하였다. 상기 법률을 통하여 발족한 '지방이양추진위원회'에서 99년

8월부터 02년 8월 말까지 3년간 총 130회의 회의를 거쳐 17개 부처 689개 사무에 대하여 이양 또는 재배분을 확정하였으며, 이 중 138개 사무에 대해서는 이양을 완료하였고 대부분의 사무는 이양을 위한 법령개정을 추진 중이다. 연도별로 이양확정사무는 99년에 22개, 2000년에 244개, 2001년에 226개, 2002년에 197개이며, 이양형태별로 보면 국가에서 시도이양이 356개,[12] 시도에서 시군구 재배분이 331개,[13] 지방자치단체에서 국가이양이 2개[14]이다. 소관 부처별로 보면 건설교통부가 131개, 환경부 103개, 산업자원부 85개, 보건복지부 81개 등이다.

· **읍면동사무소의 기능전환:** 지방자치단체 구조조정과 병행하여 주민 위주의 행정을 위해 읍면동사무소의 업무를 민원, 복지, 생활정보 등 주민일상생활과 밀접한 사무중심으로 개편하고, 사무소 안에 주민자치센터를 설치하는 등 읍면동사무소의 기능을 전환하였다. 읍면동사무소의 기능전환은 도농간 여건 차이를 감안하여 도시지역부터 시작하여 농촌지역으로 확대하였다. 우선 전국 3,519개 읍면동사무소 중 1단계로 99년부터 2000년까지 도시지역의 94개 시구 1,658개 동사무소의 기능 전환을 완료, 2001년부터 2단계로 농촌지역까지 확대하기 위해 2000년 7월 31개 읍면을 시범지역으로 선정하여 실시, 2002년 8월 농촌지역 138개 시군 중 71.7%에 해당하는 99개 시군에서 주민자치센터 설치 조례를 제정하였다.

---

12) 국가에서 시도이양 확정사무로는 일반건설업의 등록, 화물자동차의 등록, 분뇨처리시설 설치변경의 승인, 하수종말처리시설 설치인가, 전기공사의 등록, 제조업 허가, 특수목적 고등학교 지정 사무 등이다.

13) 시도에서 시군구로 재배분 된 사무로는 옥외광고업의 신고, 액화석유가스사업의 허가, 조리사 및 이미용사 면허, 노인주거 복지시설 설치신고, 국내외 여행업의 등록 등의 사무를 들 수 있다.

14) 지방에서 국가로 이양된 것으로는 호적 관련 사무 등을 들 수 있다.

운영시스템개혁

· 복식부기 회계제도: 행정자치부 주관으로 복식부기 회계기준 및 전산프로그램 개발 연구용역을 통하여 01년 복식부기 도입 기본 방향을 정립하고 99년 3월부터 지방자치단체 회계제도 개선협의회를 구성, 운영하여 복식부기 기본체계 및 도입 방향에 대하여 협의결정이 필요한 사항에 대해 자문을 하고 있다. 현재 시범기관(부천시, 강남구)에서 복식부기 회계기준 및 전산시스템을 시범적용(2001.3-2002.12)하고 있으며, 그동안 시범운영중의 문제점을 보완하기 위한 전산프로그램, 회계기준 표준화 용역(2001.11-2003.9)을 시행하였다. 중앙정부가 2005년부터 시행할 계획에 맞추어 지방자치단체는 자치단체의 예산규모, 지역적 여건, 전산장비 등을 고려하여 시범대상 기관을 10여개 단체로 확대하여 2003년부터 2004년까지 실시할 예정이며, 행자부 내에 복식부기 도입추진 전담조직을 운영하여 복식부기의 전국 확대를 위한 업무추진의 총괄 및 교육 등을 지원할 예정이다. 또한 표준화된 회계기준과 법령을 2004년까지 마련하고 전문교육 및 교과과정 등을 국가전문 연수원, 자치 정보화 지원재단 및 시도 공무원교육원에 상설과정으로 설치하여 2005년까지 관련 공무원 약 21,000명에 대해 전문교육을 실시할 예정이다. 현재까지 추진경과를 보면 지방복식부기회계제도 시스템은 현행 단식부기 하의 자료 및 복식부기에 따른 자료(재무제표 등)을 동시에 생산함으로써 1차적으로 성공한 것으로 평가되며, 향후 중앙정부와 지방자치단체의 회계제도 개편이 상호 유기적으로 연계되어 종합적으로 추진되는 것이 매우 중요한 과제로 떠오르고 있다.

· 자치단체 행정 평가제도: 지방자치단체가 수행하는 국가의 주요시책을 대상으로 중앙정부가 지방자치단체 행정평가를 1999년부터 실시하고

있다. 지방자치단체 평가는 기존 중앙부처 50개 개별평가를 종합한 통합 평가로서 광역자치단체에서 중점적으로 추진되어 온 주요시책과 추진역량 및 그 결과에 대한 주민 만족도를 대상으로 평가를 실시하고 있으며, 주요시책평가는 6개 부문[15] 27개 영역 44개 시책이 대상이며 추진 역량은 3개 부문[16] 10개 영역 18개 시책으로 구분하고 있다. 평가 결과는 보고서로 발간되어 국정 및 시도정의 환류자료로 활용되고 있으며, 우수기관을 선정 인센티브를 부여하고 있다.

대민 서비스개혁

· 시군구 행정 종합 정보화: 전자정부추진사업의 일환으로 1995년 정보화촉진기본법이 제정되면서 2001년 대통령 자문기구인 정부혁신추진위원회 내에 '전자정부특별위원회'가 설치되어 2002년까지 우선적으로 추진할 11개 핵심 과제의 하나로 시군구 행정 종합정보화가 추진, 체계를 갖추게 되었다. 이 사업으로 기초자치단체의 21개 공통 행정업무를 정보화하고 행정기관 내부 자료를 공동 활용하여 하나의 창구에서 여러 가지 민원을 동시에 처리할 수 있도록 하여 주민의 행정 편의를 제공하게 되었다.

· 행정서비스 헌장 제도: 고객만족 행정의 구현을 목표로 도입된 행정서비스헌장은 이행표준을 제시하여 주민들에게 행정서비스의 내용, 제공방법과 절차 등을 공개적으로 약속하고 이의 실천에 대한 책임(시정

---

15) 행정혁신, 보건복지여성, 산업경제, 환경관리, 지역개발확충, 안전관리의 6개 부문으로 구분된다.
16) 행정 역량, 재정 역량, 그리고 정보화 역량으로 구분된다.

및 보상 조치)까지 구체적으로 명시한 대주민 행정서비스 개선 제도이다. 1998년 6월부터 행정서비스 헌장 지침(대통령 훈령)이 제정되면서 도입 운영되기 시작한 행정서비스헌장제는 98년-99년 시범운영단계를 거쳐, 2000년 전 중앙기관을 비롯한 모든 지방자치단체에서 1개 이상의 헌장을 제정 및 운영하고 있다.[17] 현재 행정자치부가 주관으로 1년에 1회씩 지방자치단체 및 중앙행정기관으로부터 신청된 행정서비스헌장을 종합 평가, 그 결과를 공포하고 우수기관에 대한 표창 및 보상금 지급함으로써 모범 사례 확산 및 미흡 사례 개선의 효과를 거두고 있다.

(2) 지방자치단체에 의한 행정개혁

구조개혁

· 창원시의 대동제: 인구 50만인 창원시는 지방자치법에 의한 일반구 설치의 대안으로 인구 3-6만 명을 기준으로 현행의 행정동 2-3개를 1개의 대동으로 통폐합하고, 일반구와 기존 동과의 중간 기능을 수행할 수 있는 사무 및 기능을 배분하며, 적절한 기구와 인력을 보강하여 수준높은 행정서비스를 제공하는 시스템을 도입하였다. 지방자치단체의 경쟁력강화와 생산성 제고를 위해 행정의 계층구조를 감축시키고, 아울러 점차 감소될 것으로 예상되는 행정동의 역할과 기능을 증대시키기 위해 도입한 창의적인 행정구역모델이다. 창원시는 1997년 말 인구 5만에 이르면서 지방자치법 제3조의 규정에 의한 '일반구' 설치 요건을 갖추었음에도 불구하고 구청제 및 기존의 동체제로는 미래지향적 주민행정서비스의 한계가 있다고 판단, 시정의 새로운 틀을 구상하면서, 행정동이 주민의

---

17) 98년 27종, 99년 626종, 2000년 4,137종, 2001년 5,411종, 그리고 2002년 6,465종의 행정서비스헌장이 제정되어 운영되고 있다.

중심 핵으로서 기능할 수 있도록 광역화된 구역, 강화된 기능, 증원된 인력의 대동제를 도입하였다.

운영시스템개혁

· **경상남도의 개방형 임용제:** 경남에서는 1998년 제1차 행정조직 구조개편을 단행하면서 지방자치단체로는 유일하게 경제·통상 분야에 민간기업으로부터 파견의 형식으로 개방형 임용제를 행하고 있다. 이는 기업가 출신인 경남도지사의 경력과 무관하지 않으며, 다소 실험적인 시도라고 할 수 있으나, 경남 공무원 내부에서도 개방형 임용에 대하여 전문성, 혁신성, 화합성 등에 긍정적으로 평가하면서, 특히 통상, 투자유치 등 새로운 행정수요에 따른 개방형 직위의 확대를 인정하고 있다.

· **전라남도 장성군의 경영수익사업:** 장성군은 소설의 가상인물로 알려진 홍길동의 실체를 규명하고 이를 캐릭터 상품화하여 관리 혁신 우수상을 수상하였다. 장성군은 홍길동의 기본 캐릭터 25종과 보조캐릭터 48종에 대한 의장 및 상표등록을 완료하여 초콜릿, 티셔츠, 우산, 양산 등에 대해 라이센스 사업을 추진, 개발 후 1억 4천여만 원의 로열티 수입을 올렸다.

· **대구 대구의료원의 운영수익사업:** 대구의료원은 만성 적자 공기업을 경영혁신, 의식개혁, 수익증대사업의 적극적 추진을 통하여 흑자경영으로 전환시켰다. 전문의 계약제, 전직원 능력별 성과급제, 팀제 등 신경영 기법의 도입을 통해 경영효율을 높이는 한편, 특수크리닉과 전문병동 개설, 장례식장 등 부대시설의 직접 운영을 통해 수익을 증대시켰다. 그 결과 연평균 7억 원 이상의 적자에서 98년 이후 4년 연속 흑자를 달성하였으며, 발생된 수익으로 병원시설을 현대화하고 무료진료사업을

확대하는 등 지방의료원 본래의 공익적 기능 역시 충실히 수행하는 것으로 조사되었다.

· **인천의 통합재정정보시스템**: 인천광역시는 예산회계, 지방세, 세외수입, 인허가, 재산 및 물품관리 등 재정관리업무를 완전히 전산화하여 시본청 및 산하기관, 군구, 읍면동 등 전기관에서 공동 활용이 가능하도록 통합재정 정보시스템을 구축, 그 결과 결산작업 소요기간이 2개월에서 15일로 단축되었다.

· **광명시의 환경기초시설 빅딜**: 경기도 광명시는 전국 최초로 각각의 환경 기초 시설을 이용하여 지자체간 폐기물을 상호교환 처리함으로써 지역 님비(NIMBY) 현상을 극복하였는데, 서울시 구로구의 생활쓰레기는 광명시 자원회수시설에서, 광명시의 생활하수는 서울시 가양 하수종말처리장에서 상호교환 처리함으로써 중복투자방지로 2000년 158억 원의 예산을 절감하였다.

· **서울시 강동구의 종합품질경영관리(TQM)**: TQM(Total Quality Management)이란 종합품질경영관리로 전구성원의 참여하에 조직전반의 과정과 절차를 지속적으로 개선해 나가는 경영 기법이다. 강동구에서는 1997년 6월 구청장의 방침결정에 따라 행정품질관리 추진팀을 구성한 후 팀별로 추진 대상을 발굴하고, 각 추진팀 별로 추진 대상 업무의 효율화를 위해 분임토의 등을 실시함으로써 새로운 개선방안의 마련과 함께 직원 만족도 향상 및 직원잠재력을 활용하고 있으며, TQM실시 이후 공공 및 민간분야로부터 행정혁신 우수사례지역으로 선정되고 있다.

· **광양시의 목표관리제**: 목표관리제(MBO: Management by Objective) 역시 TQM과 마찬가지로 민간부문에서 발달된 경영기법의 하나로 조직에서 상위와 하위 관리자의 협력 하에 공동의 목표를 분명히 하고, 그

기대되는 성과를 바탕으로 수행하면서 각 구성원의 업적을 평가하는 과정으로 공공부문에서는 의사결정에의 참여, 목표설정, 환류과정의 세 가지 구성요소를 포함한다. 광양시의 경우, 행정자치부가 수립한 지방자치단체 목표관리제 도입계획을 참고로 해당지역의 특성에 맞도록 체제를 변경시켜 전략적 목표관리제로 보다 세분화하여, 전략목표의 달성을 중심으로 목표를 설정, 참여관리, 그리고 목표환류를 통하여 광양시의 핵심업무에 역량을 집중함으로써 내부 조직 및 공무원의 경쟁력을 향상시키고 있다.

대민서비스개혁

· 서울시의 민원처리 온라인 공개시스템: 서울특별시는 주택, 건설, 위생분야 등 시민생활과 밀접한 민원업무의 처리과정을 결재진행단계별로 인터넷에 실시간 공개하는 민원처리 온라인 공개시스템을 도입, 업무의 처리 내용, 결재 과정, 검토 내용, 향후 예정 사항, 담당부서, 담당공무원, 전화번호 등을 실시간으로 공개함으로써 공무원의 재량권 남용을 방지하고 행정의 투명을 제고하였다.

· 경남 김해시의 지역정보화: 김해시는 행정정보화를 시민, 지역정보화로 확산시킨 우수사례로, 행정정보화는 98년 전자결재 시스템을 도입하면서 전체문서의 70%인 7만여 건을 전자결재시스템으로 처리, 읍면동 등 일선 행정사무소의 문서 수발 시간을 3일에서 1분 이내로 단축시키면서 비용을 절감하였다. 또한 지방세 종합전산화 및 지적종합정보시스템을 도입하여 건당 평균 20분이 소요되던 민원서류 발급 시간을 2분 이내로 단축하였다. 시민을 대상으로는 컴맹탈출 전산교육을 실시하고 시청민원실과 동사무소 등에 인터넷 카페를 설치 운영하여 시민지역정보

화로의 확대를 꾀하였다.

· **경남의 중소기업 육성자금 지원체제 개선**: 경상남도는 중소기업 육성자금 지원제도를 간소화하여 자금지원 절차에 대한 부담을 해소하였다. 과거 자금 지원 시 제출해야했던 70종, 300페이지에 달하는 신청서류를 5종, 30페이지 수준으로 대폭 감소하였고, 현지사전실사에 따른 부패 발생요인을 차단하기 위해 융자심의위의 심의를 폐지하는 한편, 자금신청 접수창구를 도에서 5개 권역으로 확대하였다. 그 결과 융자결정에 소요되던 기간이 75일에서 10일 정도로 단축되는 등 자금 사용을 통제하던 체제에서 자금을 필요로 하는 업체가 쉽고 빠르게 자금을 지원받을 수 있는 체제로 전환하였다.

· **부산의 지적현장 청원실 설치 운영**: 부산광역시는 전국 최초로 관할 법원 등기소 내에 지적 현장민원실을 설치하여 토지건축물 대장등본 등 등기에 관한 모든 민원서류를 발급하는 원스톱 지적 민원서비스를 실시하였다. 이에 따라 종전에 10일이 소요되었던 토지대장 정리가 즉시 이루어질 수 있게 되었다.

· **서울시의 행정서비스 시민평가제도**: 서울시는 공공서비스에 대한 체계적이고 종합적인 시민평가를 통해 수요자인 시민의 시정참여의 폭을 확대하고 시민편익 위주의 시정을 실현하였다. 구체적으로는 26개 분야 평가지표를 개발, 연 2회 시민 만족도 조사를 실시하여 지하철역 전자민원실 설치 등 우수사례 473건을 발굴하여 시행하였다.

· **강원도의 정보화 시범마을의 조성**: 강원도는 민관협력(삼성SDS)을 통해 농어촌 오지(영월군 황둔 송계마을)에 PC보급, 초고속 정보통신망을 구축, 마을종합정보 홈페이지를 구축하여 지역정보화 인프라를 완성함으로써 농어촌 지역정보화의 표준모델을 제시하였다. 이를 통해 농산물

인터넷 주문판매, 관광농원 인터넷 민숙박 예약 등으로 농가 소득(연간 1,500만 원에서 3,000만 원) 및 농외 소득(관광농원당 1.5배)이 증가되었다.

4. 지방자치단체 행정개혁에 관한 분석 결과

상기 22개 정책 및 사업을 행정개혁주체와 행정개혁수단의 2가지 분류기준에 의하여 분석한 결과는 다음과 같다.

한국의 중앙집권적 전통은 지방자치단체 행정개혁에 있어서도 나타나는데, 중앙정부가 지방자치단체를 대상으로 구조, 운영시스템 그리고 대민서비스 각 행정개혁 수단을 골고루 활용하고 있으며, 그 내용이나 활용의 강도가 매우 높은데, 지방자치법을 포함한 법제도를 통하여 지방자치단체보다도 주도적인 지방행정 개혁을 추진하는 것으로 분석된다.

지방자치단체의 경우에서는 구조개혁보다는 운영시스템이나 대민서비스라는 행정개혁수단을 활용하는 것을 볼 수 있는데, 이는 법률적으로 제한되는 지방자치단체의 지위나 재정적으로 중앙에 의존하고 있는 한국 지방자치 제도의 현실의 반영임과 동시에 지방자치단체가 주도적이고 인위적 변화로서의 행정개혁을 추진하는 데 있어 한계가 있음을 보여준다.

그러나 지방자치단체들이 추진하는 행정개혁 수단은 중앙정부가 추진하고 있는 수단에 비하여 행·재정적 제약이 있음에도 불구하고, 광범위하고 다양한 것으로 분석된다. 즉, 지방자치단체라는 지역의 특수성 및 행·재정 규모에 따른 지역의 문제나 주민에게 직접적인 영향을 미칠 수 있는 다양한 행정개혁 수단을 발굴, 실험적으로 시도하는 것을 볼 수 있다.

다음으로 중앙과 지방자치단체들이 행정개혁을 위해 추진하고 있는 정책 및 사업의 목적에 따른 행정개혁 이념을 분석한 결과를 살펴보면,

대체적으로 행정개혁 수단으로서의 구조개혁은 효율성과 효과성을 개혁 이념으로 설정하고 있으며, 특히 조직개편이나 정원감축의 경우 목표지향적인 개혁수단으로서 효과성을 핵심적인 개혁이념으로 추구하고 있다. 다만, 중앙정부가 추진하고 있는 분권화개혁의 경우에는 민주성 이념도 동시에 추구하는 것으로 보이고 있는데, 지방자치에 내포된 민주주의적 가치와 관련된다.

		행정개혁주체	
		중앙정부	지방자치단체
행정 개혁 수단	구조	지방자치단체 조직개편 지방공무원 인력감축 중앙기능의 지방이양(분권화) 읍면동사무소의 기능전환	대동제(창원시)
	운영 시스템	복식부기 회계제도 자치단체 평가제도	개방형임용제(경상남도) 경영수입사업(전남 장성군) 경영개혁(대구의료원) 통합재정 정보시스템(인천광역시) 환경기초시설 빅딜(광명시) 종합품질경영관리TQM(서울 강동구) 목표관리제(광양시)
	대민 서비스	시군구 행정종합정보화 행정서비스헌장	민원처리 인터넷 공개 시스템(서울시) 지역정보화(경남 김해시) 중소기업육성자금지원제도개선 (경남) 지적현장민원실설치(부산광역시) 행정서비스 시민평가제도(서울시) 정보화 시범 마을 조성(강원도)

그림 8-2 행정개혁 주체와 행정개혁 수단에 의한 지방 행정개혁의 분류

표 8-2 지방행정개혁과 개혁이념간의 관계

구분	행정개혁정책 및 사업	주체	효율성	효과성	대응성	민주성
구조	지방자치단체 조직개편	중앙		◎		
	지방공무원 인력감축	중앙		◎		
	중앙기능의 지방이양(분권화)	중앙	◎			○
	읍면동사무소의 기능전환	중앙		◎		○
	대동제(창원시)	지방	◎			
운영시스템	복식부기 회계제도	중앙	◎			
	자치단체 평가제도	중앙		◎		
	개방형임용제(경상남도)	지방	◎			
	경영수입사업(전남 장성군)	지방	◎			
	경영 개혁(대구의료원)	지방	◎			
	통합재정 정보시스템(인천광역시)	지방	◎			
	환경기초 시설 빅딜(광명시)	지방	◎			
	종합품질경영관리TQM(서울 강동구)	지방		◎		
	목표관리제(광양시)	지방		◎		
대민서비스	시군구 행정종합정보화	중앙			○	◎
	행정서비스 헌장	중앙		○	◎	○
	민원처리 인터넷 공개 시스템(서울시)	지방			◎	○
	지역정보화(경남 김해시)	지방			○	◎
	중소기업육성자금 지원 제도 개선(경남)	지방			◎	
	지적 현장 민원실 설치(부산광역시)	지방			◎	○
	행정서비스 시민평가제도(서울시)	지방			◎	○
	정보화 시범 마을 조성(강원도)	지방			○	◎

해당 정책 및 사업의 목적에 따른 행정개혁이념 추구 정도: ◎ 강함, ○ 약함.

운영시스템개혁 역시 효율성과 효과성을 추구하기 위한 수단으로 활용되는 것을 볼 수 있는데, 특히 경비절감을 통한 효율성 제고가 가장 주요한 목적으로 분석된다. 그러나 운영시스템 가운데에서도 신공공관리 기법의 대표적인 수단으로 알려진 종합품질 경영관리나 목표관리제의 경우에는 목표의 설정을 우선하는 경영기법으로 효과성의 추구에 비중을 두고 있다. 대민서비스 개혁 수단들의 목적을 분석한 결과, 대체적으로 대응성과 민주성을 우선적 개혁 가치로 추구하는데, 중앙정부 주도의 행정서비스헌장의 경우에는 이행달성 목표를 제시함으로써 효과성도 동시에 추구하는 것으로 분석되었다.

지방자치단체 행정개혁 분석을 종합하면, 한국의 경우 중앙정부주도형의 행정개혁은 대체적으로 효율성과 효과성을 개혁이념으로 설정하는 것을 볼 수 있으며, 상대적으로 지방자치단체가 추진하는 행정개혁은 대응성과 민주성을 지향하는 경향이 강한 것으로 나타났다.

또한 구조개혁와 운영시스템 개혁의 경우는 효율성과 효과성을, 대민 서비스는 대응성과 민주성을 개혁가치로 추구하는 것으로 분석된다. 즉, 중앙정부는 효율성과 효과성을 중심으로 국가의 경쟁력 제고를 위한 지방자치단체의 구조개혁에 중점을 둔 행정개혁을 추진한다면, 지방자치 단체는 해당 지역의 효율적 행정운영을 통한 경쟁력제고뿐만 아니라 지방행정의 고객인 주민이 주요한 변수로 작용되어 대응성이나 민주성을 기반한 행정개혁을 동시에 추구하는 것으로 평가할 수 있다.

III 한국 지방자치의 미래: 지방자치와 시민의식

한국 지방자치의 현재로서의 지방자치단체 행정개혁은 현재의 위기의식이 직접적인 요인으로 작용함으로써 효율성이나 효과성의 개혁이념을 중시하면서 추진되는 경향이 강하다. 물론 대민서비스적 측면에서 민주성이나 대응성을 지향하는 행정개혁 수단들도 활용되고 있으나, 이 경우에도 주민을 행정의 대상으로 인식하는 소극적이고 수동적인 관점을 보이고 있다.

선진 각국들이 활용하는 행정개혁방식은 행정서비스의 공동생산자로 주민을 파트너쉽 관점에서 접근하고 있음을 볼 때, 한국에서도 지방자치제도를 국가발전전략으로 활용하기 위해서는 주민에 대한 접근방식을 확대하여 보다 적극적이고 능동적인 존재로 인식할 필요가 있다. 이 같은 시각에서 아래에서는 시민의식에 기반한 주민참여를 분석대상으로 선정하여 지방자치의 향후 발전방향을 모색하고자 한다.

1. 지방자치와 시민의식의 이론적 논의

시민의식이란 사상적으로 계몽주의, 정치사회적으로는 프랑스혁명, 경제적으로는 자본주의와 더불어 형성되었으며, 이러한 시민의식이 오늘날 서구 민주주의를 지탱하는 정신적 토대,[18]라고 말해진다. 근현대 서구 여러나라 발전의 원동력은 선진된 시민의식을 통해 이루어졌다고 할 수 있다. 물론 서구 시민사회[19]에서 성장한 시민의식의 경우 서구라는 특정지역의 역사적 산물이기도 하나, 프랑스혁명 이후 근대적인 개념으로 정착되면서 합법성에 기반한 국가의 구성원으로서 지녀야할 보편적 의식으로 발전하게 된다.

---

18) 박세정(2002), p.95

19) 시민사회란 근대 이후 서구에서 산업혁명과 시민혁명을 거치면서 시민이 주축이 되어 형성, 발전되어 온 민주주의 시장경제사회를 지칭한다. 김광명,(1997), p.359.

지방자치와 관련할 때, 시민의식은 국민의식과는 또다른 차별성을 지니는데, 국가가 기반이 된 국민의식에 지역이라는 공간적 의미가 추가됨에 따라 국민의식 위에 해당지역의 주민이라는 지위에 따른 새로운 의식으로의 확장이 필요하다.

시민의식은 참여의식, 공동체의식, 개방의식, 민주적 의사결정태도[20] 등의 요소로 구분하기도 하고, 시민책임, 사회적 신뢰, 평등주의, 세계지향적 개인주의 등의 구성요소[21]로 설명되어지기도 한다.

본 논문에서는 지방자치와 관련하여 시민의식을 참여의식의 개념으로 한정하고자 한다. 참여의식이란 정치공동체의 의사결정에 능동적으로 참여하는 의식으로 정치공동체의 구성원으로서의 시민의 권리이자 의무[22]라고 할 수 있으며, 이러한 맥락에서 볼 때, 지방자치 제도 역시 중앙집권체제와 비교하여 주민참여의 기회를 확대하는 제도적 장치로서, 주민의 참여없는 지방자치는 성립될 수 없으며, 참여의식으로서의 시민의식이 그 기반을 이룬다고 하겠다.

2. 지방자치에 대한 시민의식의 분석틀

시민의식을 참여의식으로 한정할 경우, 시민의식의 측정은 결국 참여의 형태로 측정될 수 있다. 지방자치에 있어 주민의 참여는 제도적 참여와 비제도적 참여로 구분이 가능하다. 제도적 참여는 선거나 투표의 참여 등과 같은 개인적 참여, 이익집단, 시민단체, 공동체를 바탕으로 형성되는 근린조직 등을 통한 집단적 참여를 들 수 있으며, 비제도적 참여는 시위나

---

20) 이승종(1997), pp.53-56.
21) 김광명(1997), p.360.
22) Greenberg, Edward S.(1983).

항의, 폭력 등의 참여방식을 들 수 있다.[23] 시민단체는 시민들의 자발적이고 능동적인 참여로 이루어지고 자원주의(volunteerism)에 입각하여 회원의 직접적인 수혜와 관계없이 공익추구를 그 목적으로 한다.[24]

본 논문에서는 한국의 지방자치에 대한 시민의식을 측정하는 개념으로 제도적 참여방법인 선거와 시민단체를 활용하기로 하고, 선거는 전국 동시지방선거의 투표율을, 시민단체는 지방자치단체에 등록된 비영리시민단체의 수를 분석대상으로 한다.

분석방법은 선거와 관련하여서는 지방선거의 투표율의 추이와 중앙선거와의 비교, 시민단체와 관련하여서는 시민단체 등록수의 시계열적 추이와 중앙과의 비교분석방법을 활용한다.

3. 지방자치에 대한 시민의식의 분석

(1) 시민의식으로서의 선거

먼저 전국 동시 지방선거의 투표율 결과를 살펴보면, 표 8-4에서 보이는 바와 같이 제1회 동시선거의 전국이 68.4%, 제2회 52.7% 그리고 제3회에서는 48.8%로 투표율이 하락하는 것을 볼 수 있다. 광역 자치단체별로 투표율을 비교해보면 시지역보다는 도지역의 투표율이 상대적으로 높게 나타난다.

중앙선거라고 할 수 있는 국회의원과 대통령 선거를 지방선거와 비교해보면 대통령 선거의 투표율이 가장 높게 나타나고 있으며, 제1회 지방선거를 제외하면 국회의원 선거보다 지방선거의 투표율이 전반적으로 낮은 것을

---

23) 조순제(1997), pp. 208-210.
24) 박상필(1999), pp. 262-263.

표 8-3 지방선거 투표율 (단위: %)

시·도	1회 동시 1995.6.27	15대 국회의원 1996.4.11	15대 대통령 1997.12.18	2회 동시 1998.6.4	16대 국회의원 2000.4.13	3회 동시 2002.6.13	16대 대통령 2002.12.19
합계	68.4	63.9	80.7	52.7	57.2	48.8	70.8
서울	66.2	61.0	80.5	46.9	54.3	45.7	71.4
부산	66.2	60.5	78.9	46.7	55.4	41.8	71.2
대구	64.0	60.9	78.9	46.8	53.5	41.5	71.1
인천	62.0	60.1	80.0	43.2	53.4	39.4	67.8
광주	64.8	64.5	89.9	45.1	54.0	42.4	78.1
대전	66.9	63.0	78.6	44.5	53.3	42.3	67.6
울산			81.1	57.6	59.1	52.3	70.0
경기	63.2	61.5	80.6	50.0	54.9	44.6	69.6
강원	74.8	69.3	78.5	64.3	62.9	59.0	68.4
충북	72.7	68.3	79.3	61.0	60.8	55.8	68.0
충남	73.8	68.7	77.0	59.5	60.1	56.1	66.0
전북	73.7	68.3	85.5	57.8	60.6	54.7	74.6
전남	76.1	69.8	87.3	68.2	66.8	65.6	76.4
경북	76.8	71.7	79.2	64.9	64.6	60.4	71.6
경남	73.1	66.0	80.3	61.1	60.6	56.2	72.4
제주	80.5	71.1	77.1	73.7	67.2	68.9	68.6

중앙선거관리위원회 선거결과자료에서 재정리. www.home.nec.go.kr.

알 수 있다. 제1회 지방선거의 투표결과는 다음해 제15대 국회의원 선거보다 높게 나타났는데, 이는 최초의 지방선거에 대한 주민들의 관심이 높았기 때문인 것으로 보인다.

이상의 분석 결과를 통하여 한국사회는 지방자치에 관련한 시민의식 이 국가에 대응하는 국민의식보다는 낮은 것으로 평가할 수 있으며, 역사적으로 나타나고 있는 중앙집권적 전통이 여전히 강한 영향을 보인다고 하겠다. 근대적 의미의 지방자치가 성립된 역사과정을 볼 때에도 일제통치 및 미군정기간을 거치면서 지방자치에 대한 시민의식이 성숙될 기회가 단절되었을 뿐만 아니라, 대한민국정부 수립 이후에는 국내적 정치상황의 격변으로 인하여 연속적인 발전의 기회를 상실하면서 실질적인 자치의 경험은 10여년에 불과하여 한국의 지방자치에 기반한 시민의식은 아직도 출발단계라고 평가할 수 있을 것이다.

(2) 시민의식으로서의 시민단체

시민의식을 대변하는 주민참여의 또 다른 지표인 시민단체 등록수를 보면 80년대 이후 급속적인 증가추세를 보이고 있다. 물론 한국에서는 2000년 1월 12일 비영리 민간단체 지원법을 제정, 등록된 단체를 대상으로 행·재정적인 지원을 시행[25]함으로써 시민단체를 제도적으로 확대할 여건이 마련된 것이 증가의 직접적인 요인으로도 볼 수 있지만, 증가추세는 이같은 지원제도의 확립 이전인 80년대부터 시작되는 것으로 미루어, 한국사회에서 지방자치에 기인한 시민의식은 선거와 같은 소극적인 참여방식보다는 직접적이고 자발적 참여를 전제한 시민단체에의 참여를 통해 표출되고 있다고 볼 수 있을 것이다.

시민단체와 같은 자발적 주민참여가 대의제의 보완적 역할을 함으로써 전반적으로는 지방자치의 순기능을 강화한다고 할 때, 한국사회의 지방자치를 통한 시민의식의 성장은 다양한 제도적 참여장치를 마련함에 따라 가능할 것으로 평가할 수 있다. 시민단체는 공공서비스의 공동생산자

---

25) 비영리민간단체지원법에 의한 구체적인 지원으로는 보조금의 지원을 통하여 해당 단체들의 공익사업에 대한 소요경비를 지원하는 것 외에, 조세감면, 우편요금의 면제 등을 들 수 있다.

표 8-4 시민단체 등록현황(단위: 단체수)

	50년대	60년대	70년대	80년대	90년대	96-2000	2001	2002	2003
중앙	9	10	8	33	295	240	403	438	501
지방	48	100	174	740	1,819	1,242	3,251	3,685	4,078

* 행정자치부 민간협력과 〈비영리민간단체 등록현황〉자료 참조하여 재정리.
www.mogaha. go.kr

역할을 수행하는 수단으로 활용될 수 있음을 전제한다면, 향후 행정개혁의 방향에 있어서도 이에 대한 적극적인 관심과 제도적 정비가 필요하다.

물론 단순히 시민단체 등록현황만으로 시민단체의 역할이나 활동의 질을 낙관하는 데까지는 다소 무리가 있을 수 있으나, 시민단체의 양적 증가를 통하여 일정 수준을 확보함으로써 시민참여의 성숙을 기대할 수 있다. 중앙과 비교할 경우 지방에서도 시민단체 수가 유사한 증가정도를 나타내고 있는 것을 볼 수 있는데, 이로부터 한국 사회에서는 80년대 이후 근대적 의미의 시민의식이 성숙될 수 있는 사회기반을 마련함으로써 국가를 전제로 하는 국민의식으로서의 시민의식과 지방자치를 전제로 한 주민의식으로서의 시민의식이 동시에 성장되고 있음을 알 수 있다.

글을 마치며

본 논문에서는 한국의 지방자치를 과거, 현재, 그리고 미래의 관점에서 지방자치의 역사, 지방자치단체 행정개혁 그리고 시민의식을 통한 주민참여를 분석하였다.

근대적 의미에서 한국의 지방자치사상은 조선말부터 유입되면서 급속한 사회 환경 변화와 함께 제도적으로 다양한 변천 과정을 거쳐 오늘에 이르렀다. 전통적으로 중앙집권적 경향이 강한 한국에서도 조선말 지방자치적 맹아가 싹트면서 지방자치의 전통이 확립될 기회가 있었다. 그러나 이후 진행된 일제 식민지배에 의해 중단되었을 뿐만 아니라, 현재의 지방행정구조가 한국의 고유한 지방자치적 특성과는 무관하게 일제에 의하여 강제적으로 이식됨으로써 오늘날까지 부정적인 영향을 미치고 있다. 대한민국정부 수립 이후의 시기동안 지방자치의 제도화 과정은 민주화 과정의 산물로서 한국 민주주의 성숙의 수단으로서 기대되고 있다.

현재 한국 지방자치는 지방행정 개혁의 추진을 통하여 변화와 발전의 기회를 맞고 있다. 지방자치단체의 행정개혁은 내외부적 환경의 변화와 함께 경제위기가 원인이 되어 작고 효율적인 정부 구축을 목표로 국가의 위기극복을 위하여 효율성과 효과성의 개혁이념을 우선적으로 추진하고 있다.

표면적으로는 행정개혁의 목표설정을 달성한 것으로 평가될 수 있으나, 현재까지 추진되어온 지방자치단체 행정개혁은 한계와 문제점 또한 지니고 있다. 무엇보다도 한국 지방자치단체 행정개혁의 문제점으로 지적될 수 있는 것은 일시적, 분절적, 그리고 표면적이라는 점이다. 즉, 개혁목표가 장기적이기 보다는 단기적으로 설정됨으로써, 행정개혁 추진 결과가 향후 국가행정의 목표와 배치되는 경우도 보인다. 단적인 예로 조직개편과 정원감축은 예산절감의 효과를 보인 행정개혁으로 평가되었으나, 신정부가 출범한 이후 지방행정의 현실적 수요와 요구에 따라 공무원 증원이 추진될 예정이다. 이는 한국의 공공부문이 급속한 사회 및 행정 환경 변화에 신속히 대응한 결과로 해석될 수도 있으나, 공공부문의 안정성이나 개혁의 지속성 측면에서 볼 때, 행정개혁 목표의 타당성이나 적절성에 대한 의문이 제기된다.

또한 행정개혁에서 활용되는 수단 간의 상호연계성이 부족하여 개혁의 시너지효과가 발휘되지 못한 점을 지적할 수 있다. 따라서 향후 한국에서 지속될 지방 행정개혁은 장기적인 국가발전전략으로서 최상위 목표를 설정하고 기본적으로 일관성을 유지하면서 체계적으로 진행되는 틀 안에서 특정사안별 혹은 긴급한 부분에 대해서 부분적, 일시적 행정개혁 수단들이 적절히 활용되도록 해야 할 것이다.

또 다른 문제점으로는 참여와 투명성에 관련된 행정개혁 수단의 활용이 미비했다는 점이다. 대주민서비스의 개혁을 통한 민주성의 확보를 추구하는 개혁수단이 활용되기도 하였으나, 이는 대응성 등 다른 개혁이념의 부차적 효과로 민주성을 목적으로 하는 행정개혁 수단의 활용은 소극적인 수준이다. 분권화개혁 역시 민주성을 추구하기 위한 수단으로 볼 때, 현재까지 진행된 분권화 개혁의 수준도 미비하다고 평가된다.

그러나 지방자치단체 행정개혁에 지방자치단체들이 자발적, 적극적으로 참여하면서 지역의 특수성에 기반한 다양한 행정개혁 수단을 활용할 수 있게 된 것은 긍정적으로 평가할 수 있다. 향후 지방 행정개혁은 지방자치단체가 중심이 되어, 주민의 욕구와 참여를 직접적으로 반영하면서 행정개혁 이념을 다양하게 추구하는 동시에 새로운 시도로서의 행정개혁수단의 개발과 활용이 요구된다.

끝으로 한국 지방자치의 미래로서 시민의식에 기반한 제도적 참여를 선거와 시민단체를 중심으로 살펴보았다. 그 결과, 한국의 시민의식은 전통적인 중앙집권적 요소와 지방자치적 요소가 공존하고 있음을 볼 수 있다. 이는 지방자치가 정착되어온 역사적 과정과 지방자치 제도화의 길지 않은 역사에 비추어볼 때, 궤를 함께 하는 것으로 지방자치를 전제로 한 주민의식으로서의 시민의식은 발전의 초기단계라고 할 수 있다. 그러나, 시민참여의 전제가 되는 시민단체수의 증가 추세를 볼 때, 향후 한국 지방자치를 주도할 시민의식의 성장 가능성을 간과해서는 안될 것이다.

성숙된 시민의식에 바탕한 주민자치가 토착화될 때만이 국가발전 전략으로서의 지방자치가 제 기능을 수행할 수 있을 것이다. 따라서 향후 한국 지방자치의 과제로 제시될 수 있는 것은 현재 신정부가 추진 중인 분권화개혁과 더불어 시민의식을 고양하기 위한 시민참여의 활성화를 제도화하는 것이다. 지방자치단체의 행정개혁 역시 같은 맥락에서 주민참여를 활용함으로써 행정개혁의 목표로 제시된 국가경쟁력의 제고를 도모해야 할 것이다.

참고문헌

기획예산처(2002), 국민의 정부 공공개혁백서.
김광명(1997), 「서구 시민사회의 시민의식과 시민교육」『국민윤리연구』.
김판석(1994), 「국제화 민주화시대의 행정조직 발전: 새로운 행정개혁의 방향모색」, 한국 정치학회 학술회의 세계질서의 변화와 한반도통일.
김운태(1987), 『일본제국주의의 한국정치』, 서울: 박영사.
김운태(1991), 「미군정통치체제와 한국화과정」『대한민국 학술원논문집』.
김운태(1992), 「우리나라 지방자치의 회고와 과제」, 한국지방자치학회 특별강연회 발표논문.
박기영(1983), 「한국의 지방자치: 적정모형과 시행전략」『한국정치학회 제15회 합동학술 대회 논문집』.
박세정(2002), 「지방자치단체의 행정서비스제고를 위한 품질경영프로그램도입 및 활성화 방안에 관한 연구」, 정부학연구.
윤영진 · 김태룡(2000), 『지방정부개혁』, 서울: 대영출판사.
이기우(1997), 「한국에서 지방분권화의 현황과 과제」, 한국정치학회 민선자치2주년 기념 학술심포지움.
이동선(1996), 「한국 지방자치와 민주화」, 한국정치학회, 96월례발표회, 1996.

이승종(1997),「미국 지방정부 정책과정에서의 주민참여기제: 뉴욕시의 지역위원회를 중심으로」『한국정치학회보』31-4.

이승종(1997),「지방화세계화시대의 시민의식」『사회과교육』.

이승종(1997.6),「지역주민참여의 활성화방안」『한국지방자치학회보』.

장은주(1999),「행정서비스헌장강의교재」『한국지방행정연구원』.

정성호(2002),「한국인의 시민의식 현황과 과제」『사회과학연구』. 조선왕조행정사: 근대편, 박영사. 1981.

조순제(1997),「지방자치와 주민참여: 근린조직의 활성화를 중심으로」한국정치학회 민선자치2주년 기념학술심포지움.

최창호(1988),『지방자치 제도론』, 서울: 삼영사.

최창호·박기관(1999.6),「지방행정개혁의 실태와 발전방안에 관한 연구」『한국지방자치 학회보』.

행정자치부(2001, 2002),「행정서비스헌장제 종합평가 결과」.

행정자치부(2001),「지방자치단체합동평가 세부시행계획」.

Caiden, E. Gerald(1969), *Administrative Reform*, Chicago: Aldine publishing company.

Caiden, E. Gerald And Heinrich Siedentopf(1982), *Strategies for Administrative Reform*, Massachusetts: Lexington Books.

Greenberg, Edward S.(1983), *The American political system*, Boston: Brown & Co.

Osborne, David and Ted Gaebler(1992), *Reinventing government*, New York: Plume.

www.100empas.com.

www.jachi.co.kr/local.

www.home.nec.go.kr.

www.mogaha.go.kr.

9장

한국 지방자치와 새로운 정치문화

장원호(張元皓)

시작하며

20세기 말은 혁명이라고 말할 수 있을 만큼 급속한 변화가 일어난 시기이다. 구소련의 붕괴와 더불어 냉전체제는 소멸되었다. 또한 동구 국가들 중에서는 공산당에 의한 일당독재 지배가 종언을 맞이하였고, 민주적인 선거를 통해 정치가를 선출하는 제도를 갖추는 등 시장민주주의적인 정치가가 연속적으로 등장했다. 여기서 주목할 만한 점은, 시장지향적인 정치가를 서유럽에서는 우파정치가로 부르는 것에 반해 동유럽에서는 혁신적인 좌파정치가로 인식한다는 점이다. 즉, 종래의 서구제국에서 쓰이던 좌와 우의 보혁 이데올로기의 축으로는 설명할 수 없는 정치상황이 나타나고 있는 것이다. 한편 서구제국에서도 새로운 경향을 가진 정치가들이 출현하고 있다. 그들은 사회적으로 리버럴한 좌파적인 가치를 표명하면서도 경제적으로는 긴축 지향적인 우파정책을 실시하고 있다. 이러한 새로운 정치 상황을 설명하기 위해 등장한 개념이 새로운 정치문화(New Political Culture)이다. 이는 기존의 보수-혁신의 축으로 정치적 게임의 법칙을 설명하는 것의 한계에 주목하여, 종래와는 다른 방법으로 정치적 게임의 법칙을 설명하기 위해 만들어진 개념이다. 상세한 설명은 다음 절에서 다시 설명하도록 하겠다.

본 논문에서는 새로운 정치문화라는 개념을 이용해 한국의 정치적인 변화에 관한 분석을 시도할 것이다. 1987년이 되서야 비로소 대통령 직선제가 재개되었고, 1995년까지도 지방자치단체장이 공선에 의해 선출되고 있었다는 점을 돌이켜 본다면, 한국의 정치적 상황을 새로운 정치적 문화라는 개념으로 들여다보는 것은 좀 무리일지도 모른다. 그러나 한국 사회는 세계 그 어느 나라보다도 급속하게 변화하고 있다. 본격적인 산업화가 시작한 것이 1960년대임에도 불구하고, 현재는 포스트 산업사회의 특성을 가질 만큼의 변화를 해왔다. 정보통신과 컴퓨터 기술로 대표되는 IT(Information Technology)산업에서도 한국은 세계의 최첨단에 발맞춰 달리고 있다. 이와 같은 급속한 사회변화는 정치적으로도 커다란 변화를 불러일으킨다는 점에서 새로운 정치문화라는 개념으로 한국 정치를 분석하고, 이를 서구의 사례와 비교하는 것은 의미 있는 작업이라고 볼 수 있다.

Ⅰ 새로운 정치문화의 개념

새로운 정치문화를 한 마디로 정의하는 것은 쉽지 않은 일이다. 새로운 정치문화란 어의적으로 보자면 정치시스템의 새로운 게임의 법칙으로 정의할 수 있지만, 그 구체적인 내용과 개념은 나라마다 다르며, 새로운 정치문화의 주요한 존재형태도 시기마다 변화하기 때문이다.

따라서 본 논문에서는, 포스트모던의 개념을 모던과 비교해서 구체적인 특징을 파악하는 것이 효과적인 것처럼, 종래의 정치문화와 새로운 정치문화의 비교를 통해 새로운 정치문화의 특징을 설명하고자 한다. 이와 같은 방식으로 새로운 정치문화의 다양한 특징을 파악하는 것은 새로운 정치문화라는 개념의 이해에 큰 도움이 될 것이다.

종래의 정치문화는 근대사회의 특징과 밀접히 관련되어 있다. 근대사회의 특징은 크게 두 가지 요소로 구성되는데, 그것은 국민국가와 자본주의 발전이라고 말할 수 있다. 국민국가란 명확히 규정된 영토와 국민이 있으며, 이 영토와 국민에 대한 최고의 지배권을 가진 국가를 의미한다. 근대국가는 중앙집권적이며 계급적인 관료조직을 가짐과 동시에 다양한 방법으로 국민을 통치하게 된다. 시민은 정치에 직접 참가하지 않고, 정치 엘리트를 통해 간접적으로 참가한다. 그 결과, 근대국가에서는 정치 엘리트 조직인 정당이나 노동조합 등이 강력한 힘을 갖는다. 정치 엘리트도 일반시민보다는 정당조직에 의존하는 정치를 하게 된다. 한편 자본주의의 발전은 정치적으로 계급정치라는 특징을 만들어 낸다. 즉, 자본주의의 발전과 더불어 노동자와 자본가의 대립이 발생하게 되고, 이 대립에 대응하는 형태로 노동자의 이익을 대표하는 정당과 부유한 계층을 대표하는 정당이 출현하게 되는 것이다. 이와 같은 상황 속에서는 모든 정치적인 판단이 자신의 경제적 수준과 직업에 의해서 결정되는 경향이 있다. 즉, 블루칼라는 혁신적인 좌파 정당을 지지하고, 화이트 칼라나 부유층은 보수적인 정당을 지지하는 것이다. 따라서 종래의 정치문화의 특징은 다음과 같이 요약될 수 있다. 즉, 중앙집권적이며 위계적인 국가조직이 시민을 통치하고, 일반시민은 정당이나 노동조합과 같은 정치 엘리트 조직을 통해서 정치에 참가하며, 경제적인 입장이 정당지지의 가장 큰 원인이 된다. 그리고 이와 같은 상황에서 정치적으로 가장 중요한 쟁점은 고용 등 이른바 '생산정치'이다.

새로운 정치문화는 20세기 후반의 서구사회를 중심으로 변화해 온 것으로서, 그것은 다음과 같은 근본적인 사회 변화에 기인한 현상이다. 첫째, 사람들의 가치관이 경제적인 안정을 최우선시하는 물질적인 가치관(materialistic value)으로부터 인생의 질을 추구하는 탈물질주의적 가치관(post-materialistic value)으로 변화하게 되었다는 점이다(Inglehart 1990). 이러한 양상은 2차 세계대전 이후의 풍요로운 시기에 사회화를

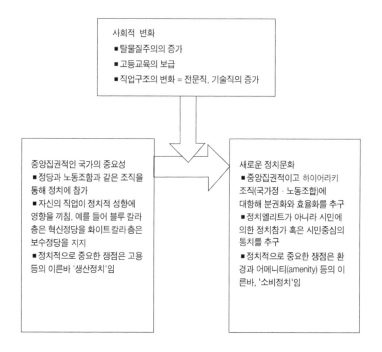

그림 9-1 새로운 정치문화의 다이내믹스

경험하는 세대를 통해 전형적으로 드러난다. 제2의 변화는 고등교육의 보급이다. 이는 일반시민이 정치 엘리트에 복종하기보다도 정치 엘리트에 도전해 자신의 선호를 실현하기 위한 활동에 참가하는 주요한 원인 중의 하나이다. 제3의 변화로는 후기 산업사회의 발전에 의한 직업구조의 변화를 들 수 있다. 2차 산업에 종사하는 블루 컬러의 수는 감소하고 전문직과 기술직이 증가하게 된 것이다. 전문직과 기술직은 컴퓨터 및 정보통신기술의 발달에 의해서 더욱 증가하게 된다. 그들은 평등하고 비계급적인 조직을 선호하는 경향이 강하다는 특징을 보인다.

이와 같은 사회적 변화가 정치적 게임의 법칙을 변화시키고, 결국 새로운 정치문화를 출현하게 만든 것이다. 새로운 정치문화는 중앙집권적이고 위계적인 조직(국가, 정당, 노동조합)의 발전에 반대하고, 분권화와 효율화를 지향하는 것으로 특징지어진다. 또한 정치 엘리트가 아니라 시민 개인에 의한 정치참가, 혹은 시민 중심의 거버넌스를 추구하는 경향에 의해 특징지어지는 것이 새로운 정치문화이다. 새로운 정치문화 아래 정치적으로 중시되는 쟁점은 환경과 어메니티(amenity) 등의 이른바 '소비정치'이다. 이상의 발전과정을 요약한 것이 그림 9-1이다.

한편 한국에서는 지역에 기초한 후견주의, 이른바 지역주의라는 한국 특유의 정치문화가 존재한다. 본 논문에서는 한국의 새로운 정치문화가 새로운 정치문화론이 상정하는 새로운 정치문화와 더불어 지역주의의 거부라는 특징을 지니고 있다는 점을 밝힐 것이다.

II 한국 정치 엘리트의 새로운 정치문화-지방자치단체장의 분석

앞 절에서 논의된 새로운 정치문화 개념에 기초해, 여기서는 한국의 새로운 정치문화가 얼마나 일반화되고 있는가를 정치 엘리트와 일반시민으로 구분해서 분석하고자 한다. 먼저 정치 엘리트 수준에서 나타나는 새로운 정치문화를 상세히 살펴보기 위해 지방자치단체장을 대상으로 분석을 실시할 것이다. 지방자치단체장을 분석대상으로 삼은 데는 그 나름의 이유가 있다. 중앙정부는 그 속성상, 지방자치단체보다도 변화에 대한 대응이 느리고 새로운 가치관을 가진 정치가가 출현한다고 해도 자신의 정책적 선호를 실현하는 것이 매우 어렵다. 반면 지방자치단체는 변화에 좀 더 유연하게 대처할 수 있으며, 지방자치단체장의 정책선호를 정책에 반영시키는 것도 그리 어렵지 않다. 따라서 새로운 정치문화 지향적인 정치가는 중앙정치보다도 지방정치의 영역에서 출현할 가능성이 크다고 볼 수 있다. 이와 같은 경향은 서구의 새로운 정치문화 지향에 관한 정치 엘리트 수준의 분석에서도 증명되고 있다.

1. 새로운 정치 문화 지향적인 정치 엘리트

본 절에서는 한국의 새로운 정치문화 지향적인 정치 엘리트의 특성을 네 가지로 설정한다.

하나, 재정적으로 보수적이고 사회적으로 리버럴(신재정 포퓰리스트, New Fiscal Populist, NFP)[1]

---

[1] 신재정 포퓰리스트(NFP)는 클라크가 그의 저서 『도시재정』(City Money)에서 주장한 개념이다. 이 개념은, 종래의 정치가들은 자신이 속한 정당이 공화당인 경우 재정적으로 보수적이고 사회적으로도 보수적인 경향을 보이고 있으며, 민주당 정치가의 경우에는 재정적으로도 리버럴하며 사회적으로도 리버럴한 경향을 보인 반면, 새로운 스타일의 정치가들은 재정정 쟁점에 관해서는 보수적이지만, 사회적 쟁점에 관해서는 리버럴한 경향을 보이고 있다는

둘, 조직보다도 일반시민에 반응하는 정치 경향

셋, 환경, 어메니티 등의 이른바 소비정치 경향

넷, 반지역주의

이와 같은 특징 중에서 첫째에서 셋째까지는 국제적으로 비교 가능한 일반적인 것이며, 넷째는 한국의 특수한 상황에서 정치 엘리트의 새로운 정치문화적인 것을 나타낸다. 여기서 한 가지 주의할 점은 상기의 특징들 중에서 모든 것을 만족시키는 경우만을 새로운 정치문화 지향적인 정치 엘리트라고 간주해서는 안된다는 점이다. 그 보다는 각 특성을 하나의 스펙트럼(Spectrum)처럼 이해하는 것이 적절하다고 볼 수 있다. 즉, 네 가지 특성을 모두 지니고 있는 지방자치단체장은 100% 수준의 새로운 정치문화 지향적인 정치 엘리트라고 한다면, 두 가지 특징만을 가진 지방자치단체장은 50% 수준의 새로운 정치문화적인 정치 엘리트라고 파악하는 것이다.

2. 가설

지방자치단체의 새로운 정치문화를 파악하기 위해서 설정한 작업가설은 크게 두 가지이다. 하나는 지방자치단체장의 개인적 속성과 관련된 가설이고, 다른 하나는 지방자치단체장이 속하는 지방자치단체의 구조적 특성과 관련된 가설이다.

점을 가리키기 위해 만들어진 개념이다. 클라크는 위와 같은 정치가를 새로운 정치문화적인 정치가의 대표적인 예로서 설명하고 있다.

(1) 지방자치단체장의 개인적인 속성에 의한 가설

가설 1: 교육수준이 높을수록, 그리고 연령이 젊을수록, 새로운 정치문화적
인 지향을 지닌 지방자치단체장일 가능성이 높다.

이 가설은 새로운 정치문화가 등장하는 일반적인 다이내미즘과 관련
된 가설이다. 즉, 지방자치단체장이 젊을수록 탈물질주의적이고, 교육수
준이 높을수록 주권자로서의 일반시민이 능동적으로 정치에 참가하는
것을 선호하는 경향이 있다고 보는 것이다.

(2) 지방자치단체의 구조적인 특성과 자치단체장의 새로운 정치문화적인 특성

가설 2-1: 정당의 힘이 강한 지방자치단체일수록 혹은 정당이 이데올로기적
인 지방자치단체일수록 새로운 정치문화적인 정치 엘리트가 등장할 가능성
이 높다.

이것은 지방자치단체의 정치적 특성과 지방자치단체장의 새로운 정
치문화적인 지향과의 관계를 설명하고 있는 가설이다. 역으로 말하자면,
이 가설은 지방자치단체에서 정당과 이데올로기와 같은 구정치문화의
특성이 강할 수록 새로운 정치문화를 지향하는 정치가의 당선 가능성이
낮다는 것을 의미한다.

가설 2-2: 2차 산업의 비중이 높은 지방자치단체일수록 새로운 정치문화적
인 정치 엘리트가 등장할 가능성이 낮으며, 전문직 종사자가 많은 지방자치
단체일수록 새로운 정치문화적인 정치 엘리트가 등장할 가능성이 높다.

이 가설은 지방자치단체의 경제적 특성과 자치단체장의 새로운 정치
문화적 지향과의 관계를 설명하는 가설이다. 바꿔 말하자면, 지방자치단

체 중에서 산업사회의 경제적 특성인 제조업에 종사하는 사람들이 많은
지역일수록 유권자들은 이른바 '생산정치'(계급정치)를 지향하며, 그 결
과 새로운 정치문화적인 정치가의 당선 가능성이 낮아진다는 것이다.
즉, 가설 2-2는 지방자치단체 중에서 전문직에 속하는 사람이 많은 지역일
수록 새로운 정치문화를 지지하는 유권자가 많을 것이며, 그 때문에
그러한 지방자치단체에서는 새로운 정치문화를 지향하는 정치가가 당선
될 가능성이 높다는 점을 의미한다.

　　가설 2-3: 주민의 교육수준과 소득, 그리고 젊은 사람들의 비율이 높은
　　지방자치단체일수록 새로운 정치문화 지향적인 정치 엘리트가 등장할 가능
　　성이 높다.

이 가설은 지방자치단체의 인구학적 특성과 자치단체장의 새로운
정치문화적 지향과의 관계를 설명하는 가설이다. 즉, 유권자들의 연령이
낮을수록, 또한 교육수준이 높을수록 새로운 정치문화를 지지하는 경향이
높고, 그 때문에 새로운 정치문화를 지향하는 정치가가 당선될 가능성이
높다는 것이다.

3. 데이터

분석에 사용되는 데이터는 1996년과 1998년의 2회에 걸쳐 조사된
두 가지 정치 엘리트 데이터(FAUI)이다.[2] 하나는 1996년에 이승종 씨가

---

2) FAUI(Fiscal Austerity and Urban Innovation) 프로젝트는 「지방정부에 의한 혁신」이라는
　　주제로 1982년 국제적 공동연구로 시작되었다. 그후 참가국과 연구자들이 점점 증가해,
　　현재 이 프로젝트에는 미국, 캐나다와 같은 북미지역, 영국과 프랑스 및 독일 등의 서구
　　유럽, 북구 유럽의 노르웨이와 스웨덴, 동구유럽의 헝가리와 체코, 남미의 아르헨티나, 그리고
　　아시아 지역의 오스트렐리아, 한국, 일본, 대만 등을 포함하는 38개국의 700명 이상의 교수,

조사한 것이고, 다른 하나는 1998년에 필자에 의해서 조사된 것이다. 이 두 가지 조사자료를 비교하는 것은 1997년 말에 한국이 IMF관리체제에 들어갈 만큼의 재정위기를 경험한 것으로 인해 1998년에는 그 전 해와 비교해 새로운 정치문화적 지향이 강해질 가능성이 높다고 생각했기 때문이다. 즉, FAUI조사를 통해 한국의 정치 엘리트, 특히 자치단체장의 새로운 정치문화 지향적인 변화를 검토하고자 한다.

또한 지역적인 속성과 새로운 정치문화 지향적인 엘리트 간의 관계를 살펴보기 위해, FAUI 조사와 기초 지방자치단체의 통계자료(국세조사자료, 선거관리위원회 자료, 지방행정 연감자료를 참조)를 통합한 데이터를 이용할 것이다.

4. 분석 결과

(1) 변수 설명

먼저, 자치단체장의 새로운 정치문화를 나타내는 변수를 설명하면 다음과 같다.

· PRFAVG(재정지출선호): 이것은 FAUI 조사의 13항목[3]에 대한 재정지출 선호도의 평균이다. 이 변수는 자치단체장의 재정지출에 관한 전반적인 선호를 파악하기 위한 것으로서, 수치가 낮을수록 새로운 정치문화

연구원, 정책분석가, 지방관료 등이 참가하였다. FAUI 프로젝트에서는 국제 공통의 조사항목을 개발해 자치단체장, 지방의회 의원, 그리고 지방관료들을 대상으로 전세계에서 조사를 실시하고 있다. 이 프로젝트에 관한 상세한 내용과 조사항목은 Clark(1998)과 小林(2001)를 참조할 것.

3) 13개의 재정지출분야는 다음과 같다. (1) 모든 정책분야, (2) 초등/중등 교육(초등학교와 중학교), (3) 사회복지, (4) 도로 및 주차, (5) 공공교통, (6) 보건 및 의료, (7) 공원 · 레크리에이션, (8) 주택, (9)경찰, (10) 소방, (11) 사회자본(도로, 상하수도), (12) 공무원 증원, (13) 공무원 봉급

지향적인 특성이 강한 것을 의미한다.

· PRFSD(선택적 재정지출): 이것은 FAUI 조사의 13항목에 대한 재정지출 선호도의 표준표차이다. 이 변수는 자치단체장이 재정지출을 얼마나 선택적으로 하고 있는가를 파악하기 위한 것으로서 수치가 높을수록 새로운 정치문화적 지향이 강한 것을 의미한다.

· SOCLIB(사회적 리버럴): 이것은 성교육과 중절에 대한 자치단체장의 가치관을 기초로 작성한 변수로서 수치가 높을수록 새로운 정치문화적 지향이 강한 것을 의미하게 된다.

· CTZRESP(시민지향정치): 이것은 자치단체장의 일반시민의 요구에 대해 반응하는 정도를 표시하는 변수로서 수치가 높을수록 새로운 정치문화적 지향이 강한 것을 뜻한다.

· PARTYDEP(정당지향적 정치): 이것은 자치단체장이 정당에 의존하는 정도를 나타내는 변수이다. 수치가 낮을수록 새로운 정치문화적 지향이 높은 것을 의미한다.

· REGIONAL(지역주의 지향): 이것은 한국에 특유한 새로운 정치문화적 지향을 나타내는 변수로서 정치에서 지역의 중요성을 인식하는 정도를 나타낸다. 수치가 낮을수록 새로운 정치문화적 지향이 높은 것을 의미한다.

표 9-1 지방자치단체장의 새로운 문화정치적 경향: 1996-1998

	1996년	1998년
PRFAVG(재정지출선호)	4.0481(.3993)	3.8163(.4211)
PRFSD(선택적 재정선호)	.8043(.2277)	.8020(.2722)
PARTYDEP (정당지향 정치)	3.5943(1.1278)	3.2621(.9798)
REGIONAL (지역주의 경향)	3.9159(.8592)	3.8411(.8918)
	N=107	N=108

(2) 전체적인 경향의 변화

여기서는 먼저 1996년과 1998년의 자치단체장의 새로운 정치문화적 지향과 관련된 전반적인 경향이 어느 정도 변화했는가를 분석하도록 한다. 앞서 설명한 바와 같이, 1997년 말 한국경제는 재정위기와 IMF의 관리체제를 2년 간 경험하게 되는데, 이를 계기로 자치단체장의 재정선호가 새로운 정치문화 지향적인 것으로 변화했을 것으로 예상할 수 있다.

표 9-1을 보면, 재정적인 효율성에 대한 주장이 증가하고, 정당의존도는 감소하고 있다는 점을 알 수 있다. 이 결과는 새로운 정치문화로의 변화를 나타내는 것으로 볼 수 있다. 그러나 다른 변수의 경우, 그러한 변화의 경향은 발견되지 않고 있다. 지역주의적 경향은 약해지고 있지만 통계적으로 유의한 결과는 보이지 않고 있다. 한편 사회적 리버럴과 시민지향적 정치는 두 조사의 질문항목이 달랐기 때문에 비교할 수 없었다.

표 9-2 지방자치단체장의 개인적 속성과 새로운 정치문화적 경향

	교육 수준	연령
PRFAVG(재정지출선호)	.183(108)	-.099(108)
PRFSD(선택적 지출선호)	.029(108)	.006(108)
SOCLIB(사회적 리버럴)	.224*(102)	.003(102)
CTZRESP(시민지향 정치)	-.137(99)	-.092(99)
PARTYDEP(정당지향 정치)	.037(103)	-.107(103)
REGIONAL(지역주의 지향)	.141(107)	-.038(107)

주: 모든 계수는 Pearson 상관계수, 괄호 안은 유효표준 수
*: $p < 0.05$
출전: FAUI98調査(Jang)

(3) 지방자치단체장의 속성과 새로운 정치문화적 지향

다음으로 가설 1에서 예측한 지방자치단체장의 개인적 속성과 새로운 정치문화적 지향과의 관계를 1988년의 FAUI 조사를 통해 검토해 보도록 하자. 표 9-2에서 알 수 있는 바와 같이, 지방자치단체장의 개인적 속성과 새로운 정치문화 경향 간의 관계가 거의 보이지 않고 있다. 유일하게 의미가 있는 결과는, 젊은 지방자치단체장일수록 사회적으로 리버럴하다 는 점이었다. 이는 가설 1을 지지하는 결과라고 말할 수 있다.

(4) 지방자치단체의 구조적 특성과 자치단체장의 새로운 정치문화적 지향

이어서 지방자치단체의 구조적 특성과 자치단체장의 새로운 정치문 화 경향 간의 관계에 관한 가설을 검증했다. 그 결과를 표시한 것이 표 9-3이다.

표 9-3 지방자치단체의 경제·인구적 특성과 지방자치단체장의 새로운 정치문화적 경향

	POP3039	HIGHEDU	CITYAUTO	PCT2IND	PCTPROF	N
PRFAVG (재정지출선호)	.056	.125	.219*	-.261**	.194*	108
PRFSD (선택적 지출선호)	.028	-.033	-.082	.133	-.102	108
SOCLIB (사회적 리버럴)	-.079	.054	.053	-.091	.059	102
CTZRESP (시민지향 정치)	-.078	.095	-.009	.056	-.010	99
PARTYDEP (정당지향 정치)	.070	.126	.195*	-.300**	.220*	103
REGIONAL (지역주의 지향)	-.077	-.140	-.275**	.171	-.148	107

주: 모든 계수는 Pearson 상관계수. 괄호 안은 유효 표준 수
설명: POP3039-30세~39세의 인구 비율. HIGHEDU-대학재학 이상의 비율. CITYAUTO-재정자립도.
PCT2IND-2차 산업 인구의 비율. PCTPROF-전문직 인구의 비율
**: $0 \leq p < 0.01$ *:$0.01 \leq p < 0.05$
출전: FAU98調査(Jang)

표 9-4 지방자체단체의 정치적 특성과 지방자치단체장의 새로운 정치문화적 경향

	PRFAVG (재정지출 선호)	PRFSD (선택적 지출선호)	SOCLIB (사회적 리버럴)	CTZRESP (시민지향 정치)	PARTYDEP (정당지향 정치)	REGIONAL (지역주의 지향)
경상·전과 (N=48)	3.861	.738	3.808	3.386	3.457	3.896
그 외 (N=60)	3.779	.853	3.891	3.455	3.105	3.797
평균의 차이	.082	-.115*	-.083	-.069	.352**	.099

*0≦p<0.05 **0.005≦p<0.1

출전: FAUI98調査(Jang)

표 9-3에서 보는 바와 같이 가설이 예측하고 있는 결과는 거의 보이지 않고 있다. 오히려 가설과는 역의 결과를 보이고 있는 부분이 많다.

예를 들자면, 제2차 산업이 비율이 높은 지역일수록 자치단체장은 세출 억제를 지지하고 있으며, 정당의존도가 낮았다. 이러한 경향은 국제적인 경향과는 반대의 결과를 나타내는 것이라고 말할 수 있다. 이는, 한국사회의 경우, 노동자 정당이 존재하지 않기 때문에 새로운 정치문화적 지향이 낮은 정치가는 정당보다도 민주노총과 같은 노동조합에 의존하기 때문일지도 모른다고 해석할 수도 있을 것이다.

재정자립도의 영향도 물론 국제적 경향과는 역의 결과를 보이고 있다. 즉, 지방자치단체의 재정자립도가 높을수록, 즉 부유한 시민이 많을수록 자치단체장의 새로운 정치문화적 지향은 매우 낮다. 전문직의 비율의 영향 패턴도 재정자립도의 영향 패턴과 거의 비슷하다. 즉, 전문직 비율의 영향 또한 국제적 경향과는 반대의 결과를 보이고 있다.

본 논문의 가설을 지지하는 결과는 지방자치단체의 재정자립도가 높을수록 자치단체장의 지역주의가 낮다고 하는 점뿐이다.

이러한 결과로부터 한국의 자치단체장은 정부가 시행해야 될 정책이 아직 많다고 생각하고 있으며 재정지출을 증가시켜야 한다는 경향이

강하다고 이해할 수 있다. 이는 한국의 자치단체장이 아직도 복지국가가 완성되었다고 생각하지 않기 때문일 것이다.

한국의 자치단체장이 재정지출의 증가를 선호하는 또 하나의 이유로 는 제도적인 문제점을 들 수 있다. 지방자치단체는 재정적으로 중앙정부 로터의 보조금이나 지방교부금에 의존하고 있다. 그러나 이와 같은 보조 금 예산은 전년도 예산과 비교해 대체로 몇 %가 증가하는 방식으로 편성되는 것이 일반적이다. 따라서 재정지출을 줄이게 되면, 그로 인해 다음 해에 중앙정부로부터 받는 지원 액수도 작아지기 때문에 재정 삭감을 주저하는 경향이 나타나는 것이다.

한편 지방자치단체의 정치적 특성과 자치단체장의 새로운 정치문화 경향 간의 관계는 어떠할까. 지방자치단체의 정치적 특성 중에서, 이데올 로기에 대한 검증은 자료의 제한으로 어려운 실정이기 때문에, 지방자치 단체에 미치는 정당의 영향력과 새로운 정치문화적 지향 간의 관계만을 분석해 봤다. 분석은 경상도와 전라도 지역을 나눈 뒤, 각 지역별로 실시되었다. 왜냐하면, 한국의 경우, 지역주의로 인해 경상도와 전라도 지역에서는 모두 정당의 힘이 강하고, 그 때문에 자치단체장의 새로운 정치문화적 지향이 등장하기 힘들 것이라고 예측했기 때문이다. 표 9-4는 분석 결과를 표시하는 것이다. 이 표를 보면, 경상도 · 전라도 지역의 자치단체장의 정당의존도는 높으며, 선택적 재정지출의 정도는 낮다는 점을 알 수 있다. 이는 가설 2-1를 지지하는 결과라고 볼 수 있다.

결론적으로 한국의 지방정치 엘리트들 사이에서는 새로운 정치문화 적 지향이 아직 명확히 드러나지 않고 있다고 말할 수 있다. 그 원인에 관한 설명의 하나는, 한국사회가 복지국가를 아직도 완성하지 않고 있으 며, 그 결과 대다수의 자치단체장은 정부의 재정지출을 줄이는 것보다는 복지를 위해 재정지출을 증가하려는 경향이 있다는 점일 것이다. 새로운 정치문화는 복지국가가 완성된 서구사회에서 이러한 상황에 대한 반발을 통해 형성된 경우가 적지 않다는 점에서, 한국에서 아직까지 새로운 정치문화 지향적인 정치가가 그다지 등장하지 않고 있다는 점을 이해할 수 있다.

다른 하나의 설명으로는 중앙정부에 대한 과도한 재정의존도와 같은 지방정치가 안고 있는 제도적인 제약을 들 수 있다. 이와 같은 제도적 제약은 지방자치의 역사가 짧다는 점과 여전히 중앙집권적인 국가의 영향이 높다는 현실을 나타내고 있다. 그리고 지방자치단체의 정치구조적인 특징도 새로운 정치문화적 지향이 나타나는 것을 억제하고 있는 것으로 생각된다. 즉, 지역주의가 강한 경상도와 전라도에서는 정당의 힘이 여전히 강해서 지방자치단체는 정당에 의존하지 않을 수 없다는 것이다. 그러나 본 논문의 분석에서 사용된 데이터는 1998년의 조사결과이기 때문에 최근의 변화는 반영하지 않는다. 한국사회의 경우, 변화가 너무나 급속하기 때문에 새로운 데이터에 기초한 분석이 필요할 것이다.

Ⅲ 일반시민의 새로운 정치문화[4]

이 절에서는 한국의 일반시민의 수준에서 나타나는 새로운 정치문화를 분석할 것이다. 따라서 정치 엘리트에 대한 분석과 마찬가지로 일반시

---

[4] 이 연구는 한국사회조사 데이터 아카이브가 제공한 '성균관대학 서베이 리서치 센터'에 의해서 2003년에 수집된 한국일반사회조사(Korean General Social Survey, KGSS)의 자료를 사용했다. 이 조사는 교육통일부의 프로젝트로서 시카고 대학의 전국여론조사 센터(National Opinion Research Center, NORC)의 GSS(General Social Survey)와 동일한 방식으로 설계되었다.

민의 새로운 정치문화적 특징을 먼저 설명하도록 한다.

1. 새로운 정치문화 지향적인 시민

새로운 정치문화 지향을 가진 한국 일반시민의 특징은 다음과 같다.

하나. 재정적 효율성을 추구한다.
둘. 사회적으로 리버럴한 가치관을 가지고 있다.
셋. 시민에 의한 정치적 거버넌스를 강조한다.
넷. 환경과 어메니티 등의 이른바 소비정치에 관심이 높다.
다섯. 종래의 한국정치의 특징인 지역주의에 반대한다.

2. 가설

일반시민의 새로운 정치문화를 분석하기 위한 가설은 다음과 같다.

가설 3: 교육수준과 소득이 높을수록, 또한 전문적인 직업에 종사할수록, 그리고 연령이 낮을수록, 새로운 정치문화적 지향이 강하다.

이 가설은 앞서 논의한 새로운 정치문화의 역학과 관련된 가설로서 지방자치단체의 새로운 정치문화의 수준은 일반시민의 연령, 소득수준, 교육수준, 그리고 종사하고 있는 직업에 의해서 결정된다는 가설이다. 가설을 구체적으로 살펴보면 다음과 같다. 첫째, 연령이 낮고 소득수준이 높을수록, 탈물질주의적 경향을 가질 가능성이 높아진다. 둘째, 일반시민의 교육수준이 높을수록 엘리트에 대한 도전적인 정치참가를 지지하는 경향이 강하다. 마지막으로 전문직에 종사하는 시민의 문화적 지향은 위계적이기 보다도 평등지향적인 조직문화를 선호하는 경우가 많다. 이와 같은 요소는 모두 새로운 정치문화의 특징에 속하는 것이라고 말할 수 있다.

3. 데이터

일반시민의 새로운 정치문화를 분석하기 위해 성균관대학의 서베이 리서치 센터가 2003년에 수집한 한국일반사회조사(Korea General Social Survey, KGSS)를 사용했다. 이 조사자료는 교육통일부 프로젝트의 일환으로 만들어진 것으로서, 시카고대학의 전국여론조사센터(National Opinion Research Center, NORC)의 GSS(General Social Survey)와 동일한 방식으로 설계되었다.

4 분석 결과

(1) 변수 설명

먼저 일반시민의 새로운 정치문화를 나타내는 변수는 다음과 같은 세 가지로 나눠져 있다.

· FISAVG(재정지출선호): 이 변수는 KGSS의 10개의 국가지출항목에 대한 평가 중에서 국방, 환경, 공원에 대한 평가를 제외한 7항목의 평균치이다. 이 변수의 수치가 낮을수록 재정적 효율성을 추구하는 경향을 나타내기 때문에 새로운 정치문화 지향이 강한 것을 의미한다.

· AMENITY(어메니티): 이 변수는 KGSS의 10개의 국가지출항목에 대한 평가 중에서 환경과 공원 등의 지출에 대한 평가이다. 이 수치가 높을수록 새로운 정치문화적 지향이 강한 것을 의미한다.

· IMGFAVOR(이민자 개방도): 이 변수는 이민자에 대한 개방도를 나타낸다. 이것은 다음과 같은 네 가지 항목을 리카르트 척도5)로 측정한

---

5) 네 개의 질문을 라카르트 척도(Likert scale)로 측정할 때, 각 항목의 신뢰도를 검사했다. 크롬바하의 알파 수치(Crombach's Alpha)는 .5929이기 때문에, IMGFAVOR(이민자 개방도) 변수는 어느 정도 신뢰할 수 있다고 볼 수 있다.

것이다.

외국인 이민자들이 범죄율을 높이고 있다(역 코딩)

이민자들은 일반적으로 한국경제에 도움이 된다

이민자들은 한국인의 직업을 뺏고 있다(역 코딩)

이민자들은 새로운 정체성과 문화를 가져와서 한국 사회에
도움이 되고 있다

이들 변수는 사회적 리버럴 정도를 나타내는 변수로 값이 높을수록
새로운 정치문화적 지향이 강한 것을 의미한다.

(2) 재정지출항목에 대한 평가

본절에서는 정부가 지출하는 각 항목에 대한 일반시민의 평가를
이용해서 분석했다. 그 결과를 표시하는 것이 표 9-5이다.

표 9-5 항목별 국가지출에 대한 평가의 평균치

지출항목	평균	N
보건위생	2.60(.59)	1287
인구과밀 억제	2.30(.71)	1218
범죄 억제	2.59(.55)	1223
교육	2.55(.63)	1241
사회복지	2.74(.48)	1289
대중교통	2.43(.58)	1276
이동복지	2.64(.61)	1253
환경	2.62(.58)	1272
문화시설	2.48(.59)	1277
국방	1.82(.68)	1221

주: 항목별 평가치(1=축소, 2=유지, 3=확대)
괄호 안은 표준편차
출전: 2003년 한국일반사회조사(KGSS)

표 9-6 일반시민의 인구적 속성과 새로운 정치문화적 경향

	교육	연령	수입
FISAVG(재정지출 선호)	.221***(1350)	-.076*(1310)	.034(1308)
AMENITY(어메니티 선호)	.230***(1292)	-.028(1297)	-.013(1295)
DEFENSE(국방지출 선호)	-.138**(1217)	.078*(1221)	-.034(1219)
IMGFAVOR(이민자 개발)	.274***(1301)	-.118**(1306)	-.007(1304)

주: 모든 계수는 Pearson 상관계수. 괄호안은 유효표본수. DEFENSE(국가지출에 대한 평가)
***: 0≦p<0.01 **:0.001≦p<0.01 *:0.01≦p<0.05
출전: 2003년 한국일반사회조사(KGSS)

표 9-5의 경우, 정부의 재정지출 항목별로 일반시민이 이것을 증가시키거나 줄이거나 하는 것을 선호하는 항목에 대해 평가한 것의 평균치를 제시하고 있다. 예를 들자면, 평균치는 3점을 만점으로 2점이 나오는 경우, 일반시민은 정부가 현재의 지출 수준이 적당하고 생각하는 것을 의미한다. 점수가 그 이상이라면 일반시민이 정부의 지출을 더욱 증가시켜야 한다고 생각하는 것을 의미한다. 이 표를 보게 되면 일반시민의 대부분은 국방 지출을 제외하고 모든 항목에서 국가의 지출을 늘려야 한다고 생각하고 있음을 알 수 있다. 특히 사회복지에 관해서는 더욱 많은 지출을 요구하고 있다. 이 결과를 분석해 보면, 정치 엘리트와 마찬가지로 일반시민도 한국이 아직 복지국가의 수준에 도달해 있지 않다고 생각하고 있다는 점을 알 수 있다. 이러한 결과는 새로운 정치문화 이론의 예측과 반대의 경향을 보이고 있다.

(3) 일반시민의 인구학적 특성과 새로운 정치문화

이어서 가설 3에서의 예측에 기초해 일반시민의 인구학적 특성과

표 9-7 전문가 집단과 새로운 정치문화 변수와의 관계

	FISAVG (재정지출 선호)	AMENITY (어메니티 선호)	DEFENSE (국방지출 선호)	IMGFAVOR (이민자 개방도)
전문가 (N=100)	2.659	2.687	1.67	3.320
그외 (N=1215)	2.546	2.544	1.83	3.183
평균의 차이	.113**	.143**	-.16*	.137*

**: 0≦p〈0.01 **: 0.01≦p〈0.05
출전: 2003년 한국일반사회조사(KGSS)

새로운 정치문화적 지향과의 관계를 살펴보기 위해 새로운 정치문화와 관련된 변수와 일반시민의 인구학적 특성에 대한 상관관계 분석을 실시했다. 표 9-6은 일반시민의 인구학적 특성과 새로운 정치문화와 관련된 변수와의 상관관계를 나타낸 것이다.

표 9-6을 보면, 교육과 연령의 영향력은 강하지만, 새로운 정치문화의 국제적인 경향과는 상당히 다르다는 점을 알 수 있다. 예를 들자면 교육수준이 높고 연령이 낮을수록 재정지출을 선호하는 경향이 있다는 점은 국제적인 경향과는 반대의 결과이다. 이를 이해하기 위해서는 한국의 386세대의 특성을 고찰할 필요가 있다. 386세대란 1960년대에 태어나 반독재투쟁 시기였던 80년대에 대학에 다녔던 사람들을 말한다. 이 개념은 5, 6년 전에 등장한 것으로 이 세대는 현재 34-44세이다. 그리고 이 세대는 혁신적인 가치관을 가짐과 동시에 경제적으로 사회복지정책을 지지하는 경향이 있다. 위 결과는 바로 이러한 386세대의 영향 때문인 것으로 보인다.

국제적인 경향에서는 새로운 정치문화를 지향하는 시민은 재정지출 선호와 어메니티 지향이 역의 상관관계를 보이는 것이 일반적이다. 즉, 재정지출은 반대하지만 어메니티에 관한 지출에는 찬성하는 것이다.

그러나 한국의 경우, 두 변수의 상관관계는 피어슨 계수가 +.601이 될 만큼 높은 정의 상관관계를 나타낸다. 앞서 논의했지만, 이는 한국은 아직 복지국가의 수준이 낮기 때문에 보다 많은 국가지출이 필요하다는 일반시민의 생각을 반영하고 있는 것으로 보인다.

사회적 리버럴 경향과 인구학적 특성 간의 관계는 본 논문의 가설을 지지하고 있다. 즉, 교육수준이 높을수록, 또한 연령이 낮을수록 사회적 리버럴 경향이 강하다. 참고로 더불어 살펴본 국방지출에 대한 평가의 경우, 교육수준이 높을수록, 또는 연령이 낮을수록 국방지출을 삭감하는 정책을 선호하고 있다. 이러한 결과는 탈냉전세대의 가치관을 그대로 반영한 것으로 이해할 수 있다.

이어서 지방자치단체의 인구학적 특성 중 일반시민이 종사하고 있는 직업과 새로운 정치문화적 지향과의 관계를 분석했다. 이것은 일반시민 중에서도 특히 전문가 집단의 경우 새로운 정치문화에 대한 선호가 강하다는 가설을 검증하기 위한 목적으로 실시된 것이다. 따라서 시민집 단을 전문가 집단과 그 외의 집단으로 나눈 뒤, 두 집단의 새로운 정치문화 적 선호에 관한 평균의 차이를 검증하는 t-검정(t-test)을 실시했다. 그 결과를 표시하는 것이 표 9-7이다.

표 9-7로부터 가설 3이 예상된 결과와 그렇지 않은 결과가 혼재되어 있다는 점을 알 수 있다. 예를 들자면, 전문가 집단이 그 이외의 집단보다 사회적으로 리버럴한 경향을 가지고 있으며, 어메니티 지출을 보다 강하 게 선호한다는 점은 가설 3을 지지하는 결과라고 말할 수 있다. 그러나 정부의 일반적인 지출의 경우, 전문가 집단이 비전문가 집단보다도 많은 지출을 선호하고 있는데, 이는 가설 3의 예상과는 반대되는 결과이다. 단, 일반적인 지출과 어메니티와 관련된 지출을 비교하는 경우, 전문가

집단이 어메니티 지출을 더욱 선호하고 있는 것은 새로운 정치문화와 관련된 국제적 경향과 일치하는 결과라고 볼 수 있다.

IV 포스트 386세대

위에서 본 바와 같이 한국의 이른바 386세대는 반독재 민주화 운동의 시기에 대학에 다니고 있었던 코호트(cohort) 집단으로서 민주화를 강하게 선호하는 등 이데올로기적인 특징을 지니고 있다. 그들은 새로운 정치문화 경향과 일치함과 동시에 사회복지도 강조한다. 바로 이 점이 한국의 386세대의 정치 엘리트가 새로운 정치문화 지향적인 정치가로 성장하기 어려운 이유의 하나가 되고 있다. 이에 반해 386세대 이후의 세대(포스트 386세대)는 이미 민주화된 환경에서 사회화의 과정을 경험한 세대이다. 따라서 이 세대는 새로운 정치문화의 다이너미즘에 의해 더욱 많은 영향을 받고 있다고 예상할 수 있다. 이러한 관점에서 한국의 새로운 정치문화의 가능성을 예상하기 위해, 포스트 386세대와 386세대를 비교하는 것은 큰 의미를 지닌다고 말할 수 있다. 따라서 이하에서는 포스트 386세대와 386세대의 차이, 특히 새로운 정치문화적 지향의 차이를 상세히 살펴보는 것을 통해 한국사회의 새로운 정치문화적 확장 가능성을 예상해 보겠다. 최근 한국의 어느 주요한 일간지는 386세대와 포스트 386세대의 가치관의 차이를 다룬 기사를 통해 사람들의 주목을 끈 적이 있다. 이 기사를 자세히 살펴보는 것을 통해 포스트 386세대의 일반적인 특징을 이해해보자. 먼저 9-2를 보게 되면, 386세대와 포스트 386세대의 가치관의 차이가 잘 드러난다. 포스트 386세대는 386세대

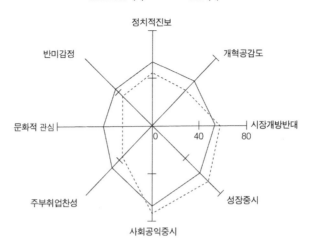

그림 9-2 386세대와 포스트 386세대의 가치관 비교

보다도 시장지향적이고 문화적인 관심이 높으며 여성의 사회참가를 적극적으로 지지하는 등 정치적으로 개혁지향적인 성격을 보이고 있다. 또한 그들은 386세대보다도 개인주의적인 경향이 강하다. 포스트 386세대가 보이는 이와 같은 경향의 대부분은 새로운 정치문화의 특성과 일치한다. 따라서 포스트 386세대는 다양한 측면에서 386세대보다도 새로운 정치문화적 지향이 강하다고 말할 수 있다.

이어서 386세대의 특성을 파악하기 위해 한국일반사회조사(KGSS)의 자료를 이용해 20대 이하의 집단과 30대 이상의 집단의 차이를 t검정(t-test)을 이용해서 분석했다. 그 분석 결과를 표시한 것이 표 9-8이다.

이 표로부터 알 수 있는 바와 같이 20대 이하의 포스트 386세대는 30대 이상의 세대보다 이민자에 대해 개방적인 성향이 강하다는 것을

표 9-8 20대의 새로운 정치문화 경향

	FISAVG (재정지출 선호)	AMENITY (어메니티 선호)	IMGFAVOR (이민자 개방도)
20대 이하 (N=302)	2.567	2.639	3.352
30대 이상 (N=1013)	2.551	2.529	3.146
평균의 차이	.016	.110**	.206***

**: $0 \leq p < 0.001$ **: $0.001 \leq p < 0.01$
출전: 2003년 한국일반사회조사(KGSS)

알 수 있다. 이는 가설 3을 지지하는 결과라고 말할 수 있다. 한편 흥미로운 결과는 포스트 386세대는 그 이전의 세대보다 일반지출에 대해서는 별다른 차이를 보이지 않지만, 어메니티와 관련된 지출을 강하게 선호하고 있다는 점이다. 이 결과는 새로운 정치문화 가설이 예측한 것과 완전히 일치한다. 이로부터 한국의 새로운 정치문화의 중심이 되고 있는 것은 다름 아닌 현재 30세 이하의 포스트 386세대라는 점을 짐작해 볼 수 있다.

글을 마치며

이 연구를 통해 우리들은 새로운 정치문화라는 개념에 기초해서 한국의 정치엘리트와 일반시민의 새로운 정치문화 지향을 중점적으로 살펴봤다. 그 결과, 한국의 정치적 상황은 새로운 정치문화적 상황보다도 복지국가로서의 길을 걷고 있는 도중임을 알수 있었다. 또한 지역주의와 행정 제도 등이 한국에 새로운 정치문화가 발달하는 가능성을 지체지키는 요인이 되고 있다는 점도 알게 되었다. 그러나 이러한 결과만을 놓고 한국을 새로운 정치문화의 가설로 설명하는 것이 전혀 의미없다고 단정할 수는 없다. 왜냐하면 이 논문의 중요한 목적은 한국에서 새로운 정치문화가 나타나고 있는가 하는 현상적인 문제만이 아니라 만약 새로운 정치문화가 한국에서 등장하고 있지 않다면, 그 이유가 무엇인가 하는 점을 고찰하는 것에 초점을 두었기 때문이다. 전세계적 규모로 실시되고 있는 FAUI 프로젝트도 사실은 위와 같은 목적으로 비교연구되고 있다. 이 연구를 통해 도출된 의미있는 성과로서는 한국의 20대 이상의 젊은 세대는 그 윗세대와는 단절적으로 새로운 정치문화적 지향을 강하게 지니고 있다는 점을 들 수 있다. 사회변화가 급속한 한국사회에서 젊은 세대를 중심으로 드러나고 있는 새로운 정치문화적 지향은 전에 없을 만큼 빠른 속도로 전파할 가능성이 높다고 예상할 수 있다. 본 연구에서 인용한 정치 엘리트의 조사자료가 1998년의 것이었다는 점을 고려한다면, 앞으로는 한국의 정치상황을 정확히 판단할 수 있는 정치 엘리트 조사의 새로운 틀이 필요할 것이다. 또한 앞으로 조사되는 자료를 종래의 자료와 비교하는 가운데 변화의 추이를 살펴보는 것은 FAUI 조사가 짊어져야 할 연구과제라고 말할 수 있을 것이다.

참고문헌

池田謙一(1997), 『転変する政治のリアリティ』, 木鐸社.
蒲島郁夫(1998), 『政権交代と有権者の態度変容』, 木鐸社.
クラーク, T.N・小林良彰(2001), 『地方自治の国際比較: 台頭する新しい政治文化』, 慶応
　　　義塾大学出版会.
小林良彰(1997), 『現代日本の政治過程』, 東京大学出版会.
小林良彰(2000), 『選挙・投票行動』, 東京大学出版会.
小林良彰編(1998), 『地方自治の実証分析』, 慶応義塾大学出版会.
三宅一郎(1995), 『日本の政治と選挙』, 東京大学出版会.
Clark, Terry Nichols ed.(1994), *Urban Innovation: Creative Strategies in Turbulent*

Times, London: Sage.

Clark, Terry Nichols and Laura Ferguson(1983), *City Money*, Beverly Hills, CA: Sage.

Clark, Terry Nichols and Vincent Hoffman-Martinot eds.(1998), *The New Political Culture, Boulder*, Colo: Westview Press.

Clark, Terry Nichols and Mike Rempel eds.(1997), *Citizen Politics in Post-Industrial Societies, Boulder*, Colo: Westview Press.

Inglehart, Ronald(1990), *Culture Shift*, Princeton: Princeton University Press.

Jang, Wonho(1997), "The New Political Culture, Changing Policy Preference of Mayors, and Changes of Urban Politics in Japan, *Korea Journal of Population and Development*, 27-2, pp.55-78.

Jang, Wonho(1999), "Three-Nation Comparason on Mayors' Policy Preferences: Korea, Japan and the USA," *International Journal of urban Studies*, 3-2, pp.168-178.

Lee, Seung-Jong and Wonho Jang(2004), "Factors Influencing mayoral Leardership in Korea," *International Journal of Urban Sciences*, 8-1, pp.1-12.

10장

한국의 행정서비스와 새로운 정치문화

가나모토 아유미($金本亜弓$)

시작하며

현재 한국의 지방자치단체는 그 역할을 수정하지 않을 수 없는 기로에 서 있다. 1990년대 말에 발생한 통화위기를 기점으로, 정부는 공무원의 30% 삭감을 목표로 공무원의 수를 정리하였다. 동일한 시기에 지방분권 정책에 입각해 지방자치단체에 대한 사무이양을 실시해 공무원의 대폭 삭감과 더불어 직원 한 사람당의 부담을 큰 폭으로 증가시켰다. 또한 저출산·고령화의 진행과 더불어 지방 수준에서의 사회복지의 확충도 기대되고 있는 실정이다. 그 결과, 앞으로 지방자치단체의 부담과 책임은 증가하는 한편 효율적인 행재정의 운영을 실현하기 위한 독자적인 정책이 불가결하게 되었다.

나아가 지방자치의 부활로부터 약 10년을 경과한 현재, 경제발전뿐 아니라 교육과 환경 등 새로운 형태의 쟁점이 나타나고 있다. 종래에는 학교를 선택하는 권리가 주어지지 않았던 표준화정책을 실시하고 있었지만, 현재는 기업유치뿐 아니라 인구의 증가를 목적으로 특수목적 고등학교의 유치가 활발히 이뤄지고 있다.[1] 의왕시, 부천시, 울산시 등에서는 과학고, 외국어고, 예술고의 설립이 이뤄졌으며, 전주시나 군산시에서는 특수목적고의 유치가 선거의 당락에 영향을 미치고 있을 정도이다. 이와 같은 배경에는 최근 학력경쟁의 격화와 더불어 주민이 공교육의 충실을 거주 지역의 선택 이유로 삼게 된 것을 들 수 있다. 또한 지역에서는 환경보호운동도 활성화하고 있는 중이다. 예컨대, 용인시에서는 그린벨트(개발제한구역)의 해제와 동시에 난개발을 걱정한 시민들이 환경보전을 위해 그린벨트의 재지정을 신청하는 운동이 일어나는 등 지방자치단체의 개발계획에 주민이 의의를 제기하는 움직임도 보이고 있다.

지방자치단체가 본격적으로 부활한 1990년 후반에서 2000년대에 걸쳐, 한국사회 전체를 통해 새로운 가치관, 쟁점, 정치참가의 형태 등이 나타나고 있다. 주요한 예를 들자면, 재벌개혁, 산업구조의 변화에 따른 업적주의로의 이행, 개인주의의 발달, 시민운동의 쟁점 및 활동양식의 변화가 그것이다. 이와 같은 한국사회의 변화는 특히 젊은 연령층의 가치관이나 정치참가 형태의 변화를 반영하고 있는 것으로 보인다.

이러한 사회ㆍ생활환경의 변화는 사람들에게 가장 가까운 존재인 지방자치단체의 정책에도 영향을 미치고 있다. 지방분권은 주민의 요망과 생활환경에 대해 지방자치단체가 독자적으로 정책을 전개하는 것을 가능하게 만들고 있으며, 예산의 용도나 정책의 선택을 지방자치단체의 자주성에 위임하는 것을 가능하게 만들었다. 한편 지방분권은 행정 서비스의 수준이나 재정의 건전성, 그리고 주민의 요구에 대한 응답성 등의

---

1) 조선일보 2002년 10월 13일.

측면에서 지역 간의 격차를 확대할 가능성을 내포하고 있다.

이 논문에서는 한국의 지방자치단체 수준에 존재하는 정치문화를 자치단체장의 선호(구체적으로는 사회적 쟁점 및 경제적 쟁점에 관한 선호)를 측정하는 것을 통해 살펴보고, 정책을 결정할 때 영향을 끼치고 있는 요인이 무엇인가를 검토할 것이다. 지금까지의 한국정치에 관한 연구는 연고관계에 의존한 파벌주의나 지역주의에 기초한 사회적 균열 등 그 특수성에 초점이 두어졌지만, 본 논문에서는 세 번의 통일지방선거를 경험한 한국의 지방정치를 국제비교가 가능한 분석모델을 이용해 한국의 특수한 문화적 측면뿐 아니라 보편적인 측면을 발견하는 데 중점을 둘 것이다.

이하 본 논문에서는 먼저 정치문화의 변천 혹은 한국사회의 변용을 설명한다. 이어서 새로운 정치문화의 국제비교 모델을 이용해 한국의 지방자치단체 수준의 정치문화를 분석할 것이다. 마지막으로 한국 정치문화의 특수성과 보편성을 국제비교 모델을 통해 실증적으로 검토할 것이다.

I 정치문화와 한국사회의 변화

1. 정치문화

아몬드와 버바에 따르면,[2] 정치문화는 가치관의 분포 패턴으로서 정의되고 있다. 그들의 정치문화 연구는 미국의 민주화를 기준으로 하고 있다는 등 다양한 비판을 받았지만, 정치에 대한 문화의 영향을 최초로

---

2) Almond and Verba(1963)

다룬 연구였다는 점에서 획기적인 것이었다. 예컨대, 잉글하트는 아몬드와 버바의 정치문화 연구에 의해, 정치문화에 관한 연구가 인상을 기초로 한 연구분야로부터 경험적 데이터에 기초해 국제비교가 가능한 연구분야로 발전하게 되었다[3]고 높게 평가하고 있다.

아몬드와 버바 이후에도 정치참가 연구는 다양한 연구자들에 의해서 이뤄졌다. 제닝그스와 니에미는 파넬 조사를 통해 가치관을 형성하는 다양한 요인 중에서 시대가 정치의식에 미치는 영향과 가령효과를 측정했다. 그들은 각 세대에 따라서 사춘기 혹은 청년기에 상이한 정치적 사건을 경험하게 되기 때문에 세대 간에 정치적 태도의 차이가 생긴다는 논리를 이용해 가치관의 변화를 설명하고 있다.[4]

또한 잉글하트는 구미제국에서는 탈공업화 전후의 세대 간의 가치관에 차이가 나타나고 있으며, 이는 물질적으로 풍부한 환경에서 자라난 세대와 그 이전의 세대 간의 차이에 의해 설명할 수 있다고 본다. 그는 투표, 선거, 대중운동 등 기성 정당이나 정치단체가 주장하는 정치이익을 추구하는 형태를 구정치로 정의하고, 그것에 대항해 탈공업화 사회 시대 이후의 새로운 가치관에 기초한 정치참가의 형태를 새로운 정치로서 정의하고 있다. 또한 잉글하트는 고도공업화가 이뤄진 나라의 젊은 연령층과 연장자 간에는 가치의 우선순위에 차이가 있다는 점을 증명하고, '물질주의 혹은 탈물질주의적 가치관'에 의해 구정치와 새로운 정치가 구별될 수 있다고 보았다. 여기서 탈물질주의란 물질적으로 만족한 사람들에 의해 개인주의가 발달하고, 사람들이 자기표현을 추구하는 것을 지칭하며, 정치참가의 분야에서도 엘리트 도전적인 정치참가의 형태가

---

3) Inglehart(1990) (村山 · 富沢 · 武重訳 1993, pp.18-19)

4) Jennings and Niemi(1975), pp.1316-1335.

활성화되고, 새로운 형태의 사회운동 및 기성정당의 역할이 저하되는 것에 의한 정당재편성 등의 현상을 가리킨다.

클라크와 호프만은 잉글하트의 탈물질주의론을 기반으로 새로운 정치문화론(New Political Culture)[5]을 주창하였다. 그들은 계급정치에서는 경제적 쟁점과 사회적 쟁점이 상호 간에 밀접한 관련을 맺고 있었지만, 계급정치에서 쟁점정치로 정치사회의 변화가 이뤄짐에 따라 사회적인 쟁점과 경제적인 쟁점에서 각각 상이한 선호를 표현하는 세대가 등장하고 있다는 점에 주목했다. 그들에 따르면, 새로운 정치문화적인 사람들은 사회적 쟁점에서는 리버럴한 선호를 가지고 있지만, 재정적으로 보수적인 선호를 가지고 있으며, 그 때문에 다양한 사회적 문제에 관해서 관용적인 대처를 선호하는 한편 동시에 효율적이고 시장주의적인 경제정책을 선호한다는 특징을 보인다는 것이다.

그러한 일례로서 그들은 90년 구미의 좌파정당과 그 지지자들을 들고 있다. 영국의 좌파정당은 전통적인 좌파와는 달리 사회적으로는 리버럴한 입장을 견지하면서도 경제적 쟁점에 관해서는 우파정당의 시장개인주의에 입각한 '중도·제3의 길'을 추구했다. 예컨대, 블레어 수상을 중심으로 하는 영국의 노동당은 신중산계급의 가치의식과 전통적인 노동당과의 정책 사이에 괴리가 있다는 점을 인식하고, 보수당의 능력주의(Meritocracy) 지향을 도입했다. 새로운 노동당은 개인주의 지향이 높아진 유권자의 가치관의 변화에 대응해 만인평등으로부터 기회의 평등으로 정책의 기본 원리를 전환했다.[6] 그 결과 새로운 중산계급, 즉 출신계급이 아니라 교육이나 직업에 의해서 상승하게 된 사람들의 지지를 획득할

---

5) Clark and Hoffman(1998).

6) 砂田(1999), p.431.

수 있었다. 또한 클린턴 정권하에서 미국 민주당의 정책도 새로운 정치문화적 현상을 대표한다. 미국의 민주당 정권은 시장경제의 중시, 효율적인 정부, 규칙완화를 추구하는 한편, 교육에 대한 투자와 의료에 대한 규제 등 사회의 장기적인 이익의 추구에 필요하다고 판단되는 분야에서는 적극적인 개입을 시도했다.[7]

정치사회에서도 사회적 쟁점에 관해서는 진보적인 입장을 유지하면서도 보수적인 경제정책의 흐름을 반영하는 새로운 가치관이 등장하게 된 것이다.

2. 한국 사회의 변용

가치관의 형성기에 체험하는 생활경험의 차이가 크면 클수록 세대 간의 가치관의 격차도 보다 커질 것이다. 예컨대, 신수진과 최준식은 한국에서도 국민을 둘러싼 생활환경이 급속하게 변화한 결과 각 세대 간의 가치관에 질적으로 커다란 차이가 나타나고 있다고 본다.[8]

아래의 그림 10-1은 1945년부터 2000년에 이르기까지의 한국사회의 대표적인 역사적 사건과 세대별로 역사적 경험의 차이를 정리한 것이다.

현재의 10대와 20대의 청소년들은 경제성과 민주화가 달성된 시기에 아동기를 보내고, 나아가 정보화 시대의 급속한 변화 속에서 컴퓨터나 인터넷이 생활 속에 정착하게 된 세대이다. 한편 그들의 부모 세대인 40대와 50대는 한국전쟁 이후의 경제적인 궁핍을 경험하고 군사 쿠데타 등 정치적인 격변기를 경험했다는 특징을 지닌다. 또한 60대 이상의 세대는 민주화의 이상과 권위주의적 정치문화의 괴리 속에서 갈등을

---

7) 吉瀨(1997), pp.107-108.
8) 신수진 · 최준식(2002), pp.49-52.

						역사적 사건(1945~2000)
					65세	역사적 사건(1945~2000)
				55세	아동기	45 2차 대전 종언 · 독립
			45세	아동기	소년기	48 대한민국 수립 50 한국전쟁 53 휴전협정
		35세	아동기	소년기	청년기	61 군사쿠테타 발생 65 베트남전쟁 파병
	25세	아동기	소년기	청년기	성인 전기	72 유신헌법 탄생 · 3차 경제개발
15세	아동기	소년기	청년기	성인 전기	성인 중기	80 광주민주행쟁
아동기	소년기	청년기	성인 전기	성인 중기	성인 후기	87 6 · 29 선언 88 서울올림픽 95 GNP 1만 달러 시대
소년기	청년기	성인 전기	성인 중기	성인 후기	노년기	97 IMF 통화위기 98 정권교체 2000 6 · 15 남북정상회담

출전: 신수진 · 최준식(2002), 51쪽에서 발췌

그림 10-1 세대 집단별 경험의 차이

체험했던 세대이며, 그 때문에 한편으로는 민주주의 의식을 내면화하고 있지만, 다른 한편으로 권위주의적이며 전통적인 가치관을 동시에 지닌다는 특징을 보인다.

현재의 한국의 젊은 세대의 가치관은 냉전시대의 종언과 더불어 진행된 세계화 현상과 탈산업주의에 의해 영향을 받고 있는 한편, 기존세대가 경험한 이념적 갈등과 경제적 빈곤을 체험하지 않았기에 개발도상국으로서의 열등의식과 같은 것은 지니고 있지 않다. 따라서 기존세대가 사회생활에서 수직적인 서열 관계를 중시하는 것에 반해 청소년 세대는 개인주의적이고 평등주의적이다. 신수진과 최준식은 이러한 세대 간의 가치관의 차이가 행동양식의 차이에도 반영되어 있으며, 그 결과 한국사회의 다양한 장면에서 세대 간의 차이가 쉽게 발견될 수 있다고 지적하고 있다.

통화위기 이후의 한국사회는 전통적인 가치관과 새로운 가치관의 차이가 사회구조적인 차원에서도 드러나게 되었다. 대표적인 예로서 재벌개혁에 의한 정치와 재계 간의 연대체제의 붕괴, 노동시장에 경쟁원리가 급격하게 침투하게 된 것, 그리고 개인주의 발달과 새로운 정치참가 형태가 출현하게 된 것을 들 수 있다.

1970년대부터 한국경제의 중심적 역할을 수행하였던 재벌은 정부로부터 특혜적 융자를 받는 대가로서 정부에 정치자금을 제공해 기업규모를 확대해 왔다. 80년대에는 정부와의 유착에 의한 이익표출에 그치지 않고 국회의원을 직접 배출하고 대통령 선거에 출마하는 등 정계진출까지도 적극적으로 추구하기에 이를 정도였다.

그러나 90년대 후반, 한국은 통화위기라는 위기적인 경제상황을 맞이한 이후 등장한 김대중 정권이 행정개혁 및 고용구조의 개혁과 더불어 재벌개혁에 착수하여, 5대 재벌의 계열기업의 통폐합과 분리와 사업교환을 강력하게 추진하였다.[9] 이러한 구조개혁은 빅딜이라고 불려져, 주력업종을 3-5개로 한정해 계열기업을 재편성해 과잉투자와 중복투자를 해소하는 것을 목표로 한 것이었다. 이들 개혁은 한국경제에 글로벌 스탠더드나 시장원리를 키워드로 하는 경영시스템의 도입과 종신고용제, 연공서열제 시스템의 붕괴, 격렬한 경쟁, 인원합리화, 경영간부의 인사쇄신 등을 가져 왔다.[10]

한국 기업은 국제시장에서 경쟁력을 강화하기 위해 종래의 대량생산으로부터 부가가치가 높은 상품의 생산으로 목표를 전환하였고 인사제도도 개혁했다. 행정부문에서도 공무원과 행정조직의 개혁이 이뤄졌다. 예전에는 조직에 연공서열제도뿐 아니라 혈연, 지연, 학연이 중시되는 문화가 지배적이었다.[11] 이 같은 인간관계 네트워크는 장기간에 걸쳐서

---

9) 森山(1998), p.133.

10) 玉置(2003).

연고관계에 의존한 파벌주의나 정치 · 경제적 균열을 낳았고, 사회의 계층화를 조장해 왔던 것이 사실이다. 그러나 경제위기 이후에는, 민간기업의 경우 '5% 규칙'이 도입되어 업적주의가 급속하게 확대하는 현상이 벌어지고 있다. 또한 90년대에는 정보통신산업 등의 하이테크 서비스 산업이 발달해 통신 서비스에 종사하는 사람들의 비율이 1991년부터 3년 간 2배 이상 증가하였고, 94년에 정점을 맞이하는 것과 같이 산업구조의 변화[12] 등도 업적주의의 이행에 박차를 가하고 있는 중이다.

또한 1990년 이후의 한국에서는 시민단체가 급속히 성장한 것도 주목할 만한 현상이라고 하겠다. 시민사회의 발전과 다원화에 의해서 국가와 시장으로는 대응할 수 없는 다양한 요구가 등장함으로써 시민단체의 역할이 중시되기 시작한 것이다. 시민사회에 등장하는 정치사회적인 쟁점도, 80년대의 민주화 및 이념적 변혁으로부터 환경, 여성, 지역, 소비, 문화운동 등 개인의 생활과 밀접히 관련된 것으로 변화 · 이행하고 있다.[13] 또한 시민단체에 의한 행정감시의 기능도 높아져, 2000년 4월의 총선거에서는 낙선운동이 유권자의 커다란 관심을 집중시켰다. 나아가 김영삼 정권하에서는 경제정의실천시민연합에서 일하던 시민단체 인사들이 등용되어 정부에 대한 견제활동에서 뿐 아니라 경제활동 및 실무에서도 능력을 발휘하여 개혁과제에 관한 책임을 직접적으로 짊어지는 형태로 시민운동가들의 위상이 변화하게 되었다.

---

11) 服部(1992).

12) 「통신산업의 발달정보, 산업종사 인구의 증가」, 한국통계청(2002).

13) 조선일보 2001년 8월 8일. 服部(1992).

3. 지방자치에 대한 요구의 변화

한국에서는 1987년의 민주화 선언 이후, 약 30년간 정지되었던 지방자치가 부활해 1991년 6월 20일에 광역의회의원 선거가 실시되었고, 1995년 6월 27일에는 자치단체장의 선거를 포함한 제1회 통일 지방선거가 실시됐다. 한국전쟁 후 군사정권이 지속되었고, 지방자치가 중지되었기 때문에, 그 사이에는 지방자치단체의 도지사나 시장 및 군수가 내무부(현재의 행정자치부) 등에 의해 임명되는 공무원에 의해 충원되었다. 또한 당시의 지방자치 제도는 일본과 유사하게 중앙집권적이며, 자치단체에게 부여된 재량도 매우 제한되어 있는 편이었다. 도시의 개발사업은 국가의 방침에 입각해 이뤄지며, 그린벨트의 설정 등으로 인해 자치단체가 자주적으로 지역개발을 착수하기 곤란한 요인도 적지 않았다.

그러나 1998년과 2002년 제2회, 3회의 통일지방선거가 실시되이 자치단체도 발전하게 된다. 특히 김대중 정권 이후에 지방분권정책이 적극적으로 추진되고, 노무현 정권 아래서는 법제화의 차원에서도 지방분권이 추진되기에 이른다. 이와 같은 흐름 속에서 새로운 문제가 부각되고 있다. 즉, 지금까지 중앙정부 의존형이었던 한국의 지방자치단체가 재원의 이양과 지방재정의 확충 등의 문제점을 정치적 과제로서 안게 된 것이다. 지방자치단체에 권한이 이양되면서 지방자치단체가 독자적으로 정책을 전개하고 개성을 창출하는 것에 대한 기대가 높아지는 한편, 지방자치단체 간의 경쟁이 발생해 격차가 확대하는 것이 아닌가 하는 논쟁이 발생하고 있을 만큼 지방자치단체를 둘러싼 실정이 크게 변화하고 있다.

지방자치단체에 대한 주민의 기대나 관심의 내용도 변화하고 있다. 갤럽 코리아가 제3회 통일지방선거 이후에 실시한 여론조사에 따르면,

1998년의 선거 시기와 비교해 유권자들의 의식이 적지 않게 변화했음을 알 수 있다.[14] 예를 들자면 광역단체장의 선거에서는 후보자의 지지 이유로서 '인물ㆍ경험ㆍ신념' 등의 후보자 요인을 투표기준으로 들고

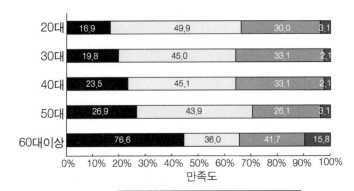

출전: 한국통계청(1999)

그림 10-2 행정서비스에 대한 만족도

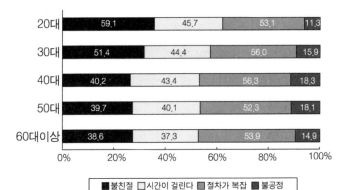

출전: 한국통계청(1999)

그림 10-3 행정서비스에 대한 불만 이유

---

14) Gallup Korea(2003) p.153.

있는 유권자가 많았지만, 98년과 비교해 후보자 유인이 감소한 반면 (57.9% → 44.4%) '정당요인'(17.0% → 24.2%)과 '공약·정책'(6.4% → 13.4%)을 기준으로 투표하겠다는 회답의 비율이 증가하고 있다. 또한 지역발전에 대한 기대가 후보자를 지지하는 이유로서 새롭게 부각되고 있다. 유권자들이 지방선거를 지역발전의 수단으로 간주하게 된 것이다.

또한 흥미로운 점은 지방자치단체가 제공하는 행정서비스에 대한 만족 이유가 연령대별로 차이를 보이고 있다는 점이다. 지방자치단체가 공급하는 행정서비스(여기서는 행정창구에서 직원의 대응을 대상)에 대해 만족 혹은 불만이라고 응답한 사람들의 이유를 연령대별로 살펴보면 (그림 10-2), 연령이 낮을수록 지방자치단체에 대한 대응에 관한 만족도가 낮고, 연령이 높을수록 만족하는 사람들의 비율이 높아지고 있다. 또한 불만 이유를 보게 되면, 20대와 30대는 불친절, 혹은 시간이 걸리는 것이 불만의 주요한 이유가 되고 있다. 이와 같은 결과로부터 젊은 세대일 수록 지방자치단체도 민간기업과 같은 고객의식을 가져야 한다는 지향이 강하다는 점을 추측할 수 있다. 나아가 지방선거를 경험하는 가운데 지방자치단체 및 행정서비스에 대한 주민의 의식에 변화가 보이고 있다는 점을 확인할 수 있으며, 특히 젊은 세대는 지방자치단체의 효율성과 응답성을 추구하는 경향이 강하다는 점을 알 수 있다.

Ⅱ 한국의 지방자치단체의 정치문화에 관한 분석

1. 새로운 정치문화에 관한 분석틀

(1) 계급정치와 새로운 정치문화

종래의 정치문화, 즉 전통적인 계급정치에서는 계급에 의해 사회적 균열이 설명되었다. 계급정치 패러다임의 경우, 전통적인 우파는 경제적으로는 작은 정부를 지향하며, 지지자들의 소득 및 학력이 높고, 사회적인 쟁점에 관해서는 보수적인 성향을 지닌다고 이해되었다. 반대로 전통적인 좌파는 경제적으로는 큰 정부를 지향하기 때문에 복지국가의 확대를 주장하며, 지지자들의 소득과 학력이 낮고, 재분배에 의한 평등을 주창하는 사람들에 의해서 지지된다고 간주되었다.

계급정치의 모델에서 정치적 쟁점으로서 상정되었던 것은 국가에 의한 부의 재분배, 노동과 직장 조건의 개선 등이며, 사회적 쟁점에 관한 선호는 재정적인 쟁점과 지지자들의 경제적인 속성에 의해서 영향을 받는 것으로 이해되었다. 그리고 계급정치 모델에서는 세습, 즉 출생이나 가족의 속성 등에 의해서 전통적인 우파와 좌파의 입장이 세대 간에 계승되는 것으로서 이해되었다.

한편 새로운 정치문화론은 전통적인 정치에 대항하는 새로운 가치관의 출현에 주목한다. 산업구조의 변화에 의해서 계층 간의 이동이 촉진되고, 계급을 기반으로 한 조직활동이 쇠퇴하고 있다는 것이다. 그 결과 쟁점별로 사회적 균열이 발생하게 되고, 이들 쟁점에 대한 선호나 태도는 사회적 속성보다도 각 세대별로 경험한 역사적 사건의 영향을 보다 강하게 받는다고 본다.

새로운 정치문화론에 따르면, 젊은 세대는 구세대와 비교해서 사회적

· 문화적 관심이 높으며, 종래의 경제적 쟁점보다는 소비, 라이프 스타일, 개인적인 충족 등의 사회적 쟁점에 관한 관심이 높다고 본다. 또한 젊은 세대는 사회적 쟁점에 대해 관용적인 태도를 보이며, 다른 한편 경제적 쟁점에 관해서는 세금의 부담 및 세출의 확대에 관해 반대하는 태도를 나타내는 등 보수적인 선호를 표명한다는 것이다. 또한 젊은 세대는 중앙정부보다도 지방정부에 많은 관심을 기울이고 있으며, 효율적인 재정운영과 응답성이 높은 정책의 실시를 주장하며, 자신들과 비슷한 선호를 가진 정치가들을 지지하는 경향이 있다고 가정한다.

(2) 가설 및 변수의 설명

가설 1: (경제 · 사회적 특성이 통치과정에 미치는 영향) 연령이 젊고 전문직에 종사하는 주민의 비율이 높은 지역에서는 효율성 및 응답성이 높은 행정 서비스가 요구되기 때문에 젊고 학력이 높은 자치단체장과 여성의원이 당선될 가능성이 높다.

가설 2: (통치과정 및 사회경제적 특성이 정치 리더의 사회적 쟁점에 관한 선호에 미치는 영향) 젊고 학력이 높은 단체장은 사회적 쟁점에 대해 리버럴한 선호를 표명하는 경향이 있다.

가설 3: (통치과정 및 경제 · 사회적 특성이 정치 리더의 재정적 선호에 미치는 영향) 젊고 학력이 높은 단체장은 재정적 쟁점에 관해서 보수적인 선호를 표명하는 경향이 있다.

이하에서는 새로운 정치문화의 국제비교 분석모델에 입각해서 한국 자치단체장의 재정선호에 관한 분석을 실시할 것이다. 먼저 경제적 특성 및 사회적 특성과 통치과정과의 관계를 집계 데이터를 이용해 분석할 것이다. 이어서 서베이 데이터를 이용해 단체장의 사회적 쟁점에

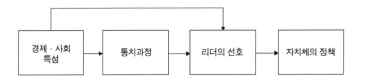

경제 · 사회 특성 → 통치과정 → 리더의 선호 → 자치체의 정책

그림 10-4 NPC의 글로벌 모델 및 정책 표준

관한 선호를 설명하는 요인이 무엇인가를 검토할 것이며, 마지막으로 자치단체장의 재정적 선호를 결정하는 요인이 무엇인지를 살펴볼 것이다. 나아가 일본과 한국의 조사결과를 이용해 자치단체장의 재정적 선호를 비교분석할 것이다. 분석에 사용되는 서베이 데이터는 클라크 등이 조사주체가 되어 2002년 한국의 지방자치단체를 대상으로 실시된 의식조사의 결과이다. 클라크 등은 FAUI(긴축재정과 도시혁신, Fiscal Austerity and Urban Innovation) 프로젝트에 의해서 20개국의 7,000시의 데이터(의식조사, 사례연구, 각국의 통계 등)을 집약해 1970년대 이후에 세계 각지에서 대두하고 있는 새로운 정치문화의 국제비교를 실시하고 있다.15)

조사대상은 한국의 모든 도시, 군 및 광역시구(248자치단체, 2002년 12월 말 현재)의 자치단체장, 지방의회 의장, 기획실장(재정담당), 총무과장의 4명이다. 그러나 이 논문에서는 자치단체장의 회답만을 이용한다.

---

15) Clark and Hoffman(1998).

변수16)

* 경제적 특성에 관한 변수

  블루 칼라 노동자의 비율(광공업종사자의 인구/전노동자의 인구)

  전문직 노동자의 비율(통신, 금융, 보험업 종사자의 인구/전노동자의 인구)

  일인당 지방세

  재정자립도

* 사회적 특성에 관한 변수

  인구규모

  노령화 지수(65세 이상의 인구/15세 이하의 인구)

* 통치과정에 관한 변수

  자치단체장의 소속정당(1-여당, 0-야당)

  자치단체장의 학력(1-초등학교, 2-중졸, 3-고졸, 4-전문대졸, 5-대졸, 6-대학원졸)

  자치단체장의 연령(단체장이 실제 연령)

  자치단체장의 당선회수(1-신인, 2-현직 1기, 3-현직 2기)

  자치단체장의 득표율

  여성의원의 비율(각지방의회의 여성의원수/전의원수)

---

16) 한국도시행정연구소(2001)를 참조했다. 재정자립도에 관해서는 한국행정자치부 홈페이지 (2004년 10월 말 현재)(http://www.mogaha.kr/warp/webapp/board/notice/view?id= 152922「2001년도 재정자립도」를 참조. 단체장의 속성 등에 관해서는 선거관리위원회 홈페이지(2004년 10월 말 현재)(http://home.go.kr:7070/sinfo.htm「제3회 통일지방선거의 당선자 명부」를 참조.

2. 경제·사회적 특성과 통치과정과의 관계

경제·사회적 특성과 통치과정을 나타내는 변수들 간의 상관관계를 분석한 결과, 한국 지방자치단체의 경제·사회적 특성은 통치과정과 아래와 같은 관계를 가지고 있다는 점을 알게 되었다. 먼저 가설 1에서 상정했던 단체장의 학력, 득표율, 여성의원의 비율 등 통치과정과 관련된 변수의 영향력을 살펴보면, 여성의원의 비율이 높은 지역일수록 일인당 지방세의 부담이 높고, 재정자립도가 높다는 경향을 보이고 있다. 한편 고령화율이 높은 지역은 여성의원이 선출되는 비율이 낮고 단체장의 득표율이 높다는 경향을 나타내고 있다.

한편 자치단체장의 연령 및 학력은 가설 1이 상정한 것과는 다른 결과를 나타냈다. 즉, 블루칼라 노동자의 비율이 높은 지역일수록 젊은 단체장이 선출되고, 전문직 종사자의 비율이 높은 지역일수록 계급정

표 10-1 경제·사회적 특성과 통치과정의 관계

	통치과정					
	수장의 연령	수장의 학력	수장의 정당	당선 회수	투표율	여성의원 비율
경제적 특성						
블루컬러의 비율	-.176*	-.261**	-.032	-.050	-.040	-2.46**
전문직 종사자 비율	.172*	.072	.065	-.038	.004	-.046
1인당 지방세	-.087	.085	-.011	.006	-.045	.295**
재정자립도	-.075	.037	-.037	-.001	-.075	.370**
사회적 특성						
인구 규모	.032	.032	-.040	.064	-.085	.248**
고령화율	.153	-.057	.009	-.009	.225**	-.295**

**: $0 \leq p < 0.01$ *: $0.01 \leq p < 0.05$

치의 영향을 반영하는 구스타일의 자치단체장이 선출되는 경향을 보이고 있다. 또한 블루칼라 노동자가 많은 지역일수록 학력이 높은 단체장이 선출되는 경향을 보였다.

3. 자치단체장의 사회적 쟁점에 관한 선호의 분석

다음으로 자치단체장의 사회적 쟁점에 관한 선호를 검토하도록 하자. 사회적 쟁점에 관한 선호를 묻는 질문은 다음과 같다.

젠더(여성의 라이프 스타일의 다양화)

(A) 싱글마더(Songle Mother)도 용인해야 한다

(B) 될 수 있는 한 양친이 양육해야 한다

세계화

(A) 초등학교에 영어교육을 도입해야 한다

(B) 국어교육을 중시해야 한다

교육의 다양화

(A) 등교거부 아동을 위해 프리 스쿨(자유학교)을 용인해야 한다

(B) 의무교육이 바람직하다

과학기술의 발달에 관한 윤리

(A) 유전자 조작은 과학기술에 공헌하고 있다

(B) 자연의 섭리에 반하는 행위는 금지해야 한다

한편 회답은 4점 척도(「1: A에 찬성한다」, 「2: 굳이 말하자면 A에 찬성한다」, 「굳이 말하자면 B에 찬성한다」, 「B에 찬성한다」)로 측정했다. A에 가까울수록 사회적 리버럴, B에 가까울수록 보수적인 선호를

표 10-2 자치단체장의 사회적 쟁점에 대한 선호와 인구 특성과의 관계

사회적 쟁점	자치단체장의 연령	자치단체장의 학력
젠더	.195*	.127
글로벌라이제이션	.162	-.103
교육의 다양화	.066	.019
과학의 발전과 논리	.083	.016

*: $p \leq 0.05$　　　　　　　　　　　　　　　　　　(N=136)

가지고 있는 것으로 해석할 수 있다.

　먼저 단체장의 사회적 쟁점에 관한 선호와 인구 변수 간의 관계에 관한 상관분석을 실시했다. 젠더에 관한 쟁점과 자치단체장의 연령 사이에는 통계적으로 유의한 상관관계가 보이고 있다(표 10-2). 즉, 연령이 높은 자치단체장일수록 여성의 라이프 스타일에 관해서 보수적이며, 젊은 자치단체장일수록 리버럴한 경향이 있다.

　한국의 가족제도의 특성으로서 가족주의 이데올로기와 남녀유별의 전통을 들 수 있다. 한국에서는 가족은 모든 사회생활의 근본이라는 가족중심적 가치관이 유교를 통치이념으로 삼는 조선왕조시대를 거쳐 강화되었고, 부계혈통중심의 가족단위는 사회생활의 절대적 단위로서 정착되었다. 그러나 과거 30여 년간의 급속한 도시화는 핵가족화의 진행을 촉구하여 개인주의적 사회로 급속히 변화하고 있는 중이다. 예컨대, 한 조사에 따르면, '여성의 취업에 관한 의식'(그림 10-5)을 연령대 별로 보면, 구세대일수록 '가사에 전념해야 한다'는 회답 비율이 높고, 젊은 세대일수록 '가정의 상황과는 관계없이 취업해야 한다'고 생각하는 경향을 보인다. 이는 여성의 취업의식에서도 개인주의적인 성향이 강화되고 있다는 점을 시사한다.

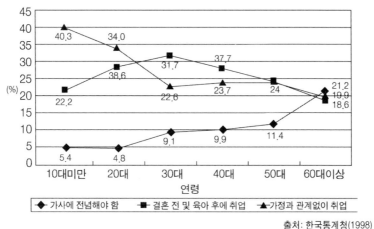

출처: 한국통계청(1998)

그림 10-5 여성의 취업에 관한 인식

본 논문의 분석 결과에서는 젠더 이외의 항목에서 세대 간의 차이를 발견할 수 없었다. 지방자치단체의 경제 · 사회변수와 자치단체상의 사회적 선호 사이에서도 상관관계가 나타나지 않았다. 또한 자치단체장의 학력과도 지방자치단체의 경제 · 사회변수는 관련성을 보이지 않고 있다. 후자의 결과는 한국의 자치단체장의 학력수준이 전체적으로 매우 높다는 점이 영향을 미치고 있는 것으로 보인다.

4. 자치단체장의 재정적 쟁점에 관한 선호의 분석

(1) 자치단체장의 재정적 선호를 결정하는 요인

여기서는 자치단체장의 재정적 선호와 사회경제적 특성 및 통치과정과 관련된 변수와의 관계에 관해 분석하도록 하자. 지방자치단체장의 재정선호를 나타내는 변수는 다음과 같이 만들었다. 즉, 지방자치단체가 제공하는 서비스 비용의 지출을 12개의 정책분야별로 분류한 뒤, 각

표 10-3 자치단체장의 재정선호에 대한 결정요인

독립변수	표준화 계수
정당이데올로기	-.153
단체장의 연령	-.029
단체장의 학력	-.002
득표율	.125
여성의원의 역할	-.129
전문직율	.134
재정자립도	.149

조정 후의 결정계수 .021　　　　　　　(N=136)

분야의 항목에 관해서 '상당히 증액한다', '약간 증액한다', '현재와 동액',
'약간 삭감한다', '상당히 삭감한다', '잘 모른다', '어느 쪽에도 해당되지
않는다'의 6단계로 평가하여 회답을 구한 것을 지방자치단체장의 재정선
호라는 변수로 사용한다. 동일한 방식으로 '공공서비스에 걸리는 비용의
지출에 관해서 대부분의 유권자가 어떻게 생각하고 있는가'에 관한 항목
을 자치단체장에게 질문해, 그 회답을 분석에 사용하였다.

　　자치단체장의 재정선호를 종속변수로 하는 중회귀분석의 결과, 자치
단체장의 연령을 비롯해 학력 등의 변수는 그 어느 것도 통계적으로
유의미한 결과를 나타내지 않았다.

(2) 단체장의 재정선호에 관한 일한 비교

　　여기서는 일한 비교를 통해 한국 자치단체장의 재정적 선호를 살펴보
겠다.

　　그림 10-6과 그림 10-7은 일본과 한국의 자치단체장들이 가지는
재정적 선호를 나타낸 것이다(단, 일본은 시장에 한정). 두 그림은 재정적

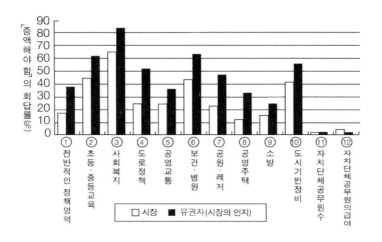

출전: 小林(2002), p.96

그림 10-6 시장과 유권자(시장의 인지수준)의 재정선호(일본)

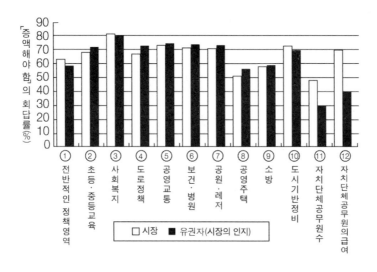

그림 10-7 시장과 유권자(시장의 인지수준)의 재정선호(한국)

으로 리버럴한 선호, 즉 세출의 증액 지향('상당히 증액한다'와 '약간 증액한다'의 합)을 그래프로 표시한 것이다. 그림 10-6으로부터, 일본의 경우에는 세출 항목별로 증액지향을 보이는 분야와 그렇지 않은 분야가 존재하고 있다는 점을 알 수 있다. 증액지향을 보이고 있는 항목은 교육, 복지, 의료 등의 서비스 분야이다. 이어서 대부분의 유권자가 증액을 바라고 있다고 시장이 인식하는 분야를 살펴보게 되면, 시장 자신이 증액해야 한다고 생각하는 교육·복지의 분야에서는 일치하고 있다는 점을 알 수 있다. 그러나 시장이 인식하는 유권자의 선호는 도로건설이나 공원 등 공공사업의 영역에서 증액의 지향을 보이고 있다. 시장의 재정선호와 시장이 인식하는 유권자의 재정선호를 비교하면, 시장은 거의 모든 정책분야에서 보수적인 선호를 나타내고 있는 것에 반해 유권자는 리버럴한 재정적 선호를 가진다고 인식하는 경향이 있었다. 단, 시장은 유권자의 선호와 달라도 도로나 주택의 개발 분야에 관한 분야에서 증액해야 한다는 입장을 나타내고 있다.

한편 한국의 자치단체장의 60%는 모든 영역에서 증액의 지향을 보이고 있다. 분야별로 보게 되면, 증액지향이 가장 강한 분야는 사회복지이다. 개발 및 대규모 사업과 관련된 정책에서도 증액지향이 강하다. 또한 자치단체 공무원의 급여에 관한 분야에서도 약 70% 이상의 단체장이 증액 지향을 표명하고 있다. 이것은 공무원 전체의 30% 삭감을 목표로 인원 정리가 실시된 결과, 지방자치단체의 공무원 수가 감소해 공무원 일인당의 노동량이 증가한 것으로 인한 반동적인 현상으로 보인다. 한국 사회 전체에 만연된 업적주의의 풍조는 지방자치단체에도 행정평가의 도입을 촉구하여, 세수증가를 위해 공무원에 의한 기업유치의 인센티브로서 상여금을 부여하는 것과 같은 경향을 보이고 있는데, 바로 이 점

또한 자치단체장이 공무원들의 급여에 관해 증액의 선호를 보이는 이유가 되고 있는 것으로 보인다. 한편 그림 10-7로부터, 지방자치단체 직원의 수나 급여에 관한 선호의 경우, 자치단체장보다도 유권자가 증액에 소극적이라는 점을 알 수 있다. 그 외의 분야에서는 자치단체장이 유권자가 증액을 바라고 있다고 인식하는 분야와 자치단체장 자신이 증액해야 한다고 생각하는 분야가 일치했다.

5. 한국의 새로운 정치문화적 특징

먼저 **가설** 1, 즉 연령이 젊고 전문직에 종사하는 주민 비율이 높은 지역일수록 효율성 및 응답성이 높은 행정 서비스가 요구되기에 젊고 학력이 높은 단체장이 선출되고, 여성의원의 비율이 높다는 가설은 부분적으로만 지지되었다. 즉, 지방자치딘체의 경제·사회적 특성은 자치단체장의 사회경제적 특성에 영향을 미치고 있지 않았다. 단, 젊은 주민들이 많고 재정자립도가 높은 지역에서는 여성의원의 비율이 높았다. 이어서 **가설** 2, 즉 젊고 학력이 높은 자치단체장일수록 사회적 쟁점에 관해 리버럴한 경향을 보인다는 가설을 분석한 결과, 연령만이 사회적 쟁점에 관해 부분적으로 통계적으로 유의한 영향을 끼쳤다. 그러나 **가설** 3, 즉 젊고 학력이 높은 단체장일수록 재정적 쟁점에 관해 보수적인 성향을 보이는 경향이 있다는 가설은 지지되지 않았다. 이상의 결과로부터 한국의 자치단체장은 사회적 쟁점에 관해서는 세대별로 상이한 선호를 표명하고 있지만, 재정적 쟁점에 관해서는 그렇지 않다는 점을 확인할 수 있다.

한국의 자치단체장들이 세출에 관해서 전체적으로 증액 지향성을 표명하고 있는 이유로는 두 가지 가설을 생각할 수 있다. 그 하나는 한국의 자치단체장은 아직까지도 자치단체의 재정규모 및 서비스의 공급이 현상태로는 불충분하다고 느끼고 있으며, 따라서 향후 전체적으로 더 확대해야 한다는 관점을 지니고 있다는 가설이다. 자치단체의 재정악화가 문제가 되고 있는 일본과 비교해 한국은 지방채의 발행이 중앙정부에 의해서 엄격하게 제한되어 왔다. 또한 세입과 세출의 비율이 일본과는 역전된 상태이다. 따라서 중앙정부의 재정규모에 비해 지방의 재정규모는 일본보다 상대적으로 작다. 앞으로 지방분권이 추진되어 재원이양이나 자주재원의 확충이 실현되는 것에 의해서 자치단체장의 재정선호도 차이를 보일 것으로 예상된다.

다른 가설로는 주민참가의 메커니즘이 충분히 정비되어 있지 않다는 것이다. 한국의 시민단체는 행정에 대한 발언권을 강화시키고 있지만, 그러한 영향력을 행사할 수 있는 곳은 중앙에 본부를 둔 대규모의 시민단체일 뿐이다. 운동 리더는 사회적으로 지도력과 영향력이 있는 인물이며, 엘리트 대 카운트 엘리트라는 대립구도를 보이고 있다. 그러나 지방의 경우, 시민운동 그룹의 정치적 영향력은 강하지 않다. 지역의 환경문제 등 특정 쟁점을 둘러싼 운동으로부터 시작되는 주민운동이라고 할지라도 정책 결정 과정에 참가하는 것이 곤란하며, 따라서 주민운동의 쟁점이 자치단체장에 대한 불만으로 이행하는 것이 일반적이다. 여기서 다음과 같은 가설을 생각해 볼 수 있다. 즉, 재선을 저지하기 위한 운동으로 시민활동이 발전할 것을 염려한 자치단체장은 주민들의 요구에 관해 민감해지기 쉬우며, 그 결과 세출을 확대하려는 경향을 보일 것이라는 가설이다. 그러나 이는 단지 추측에 지나지 않다.

글을 마치며

이 논문에서는 한국의 지방자치단체 수준에 존재하는 정치문화를 새로운 정치문화의 국제비교 분석모델을 이용해서 검토하였다. 분석 결과는 다음과 같이 요약할 수 있다. 한국사회에서도 새로운 가치관이 대두되고 있으며, 지방정치에서도 새로운 정치문화적 현상이 나타나고 있지만, 이와 같은 새로운 정치문화적 현상이 지방자치단체장의 정책선호에 영향을 끼칠 만큼 확대된 것으로는 보이지 않는다. 사회적 쟁점에 관해서는 세대 간의 차이가 자치단체장의 선호에 영향을 미치고 있지만, 자치단체장의 재정적 선호는 새로운 정치문화론에 의해서 설명되지 않고 있기 때문이다.

2000년대에 들어와 중앙정부와 지방자치단체 모두가 지방자치를 둘러싼 개혁에 적극적인 자세를 보이고 있다. 각 지방자치단체의 개혁에 주목하는 경우, 효율적인 행정서비스를 공급하고자 하는 자치단체와 자주재원을 늘리기 위해 노력하는 자치단체들이 서서히 증가하고 있다. 지방정치에 영향을 미치게 될 세대의 인구가 증가함에 따라 한국에서도 주민의 수익과 부담에 걸맞는 행정서비스가 요구되게 될 것으로 예상된다.

앞으로는 시계열적인 분석을 통해서 주민의 선호가 자치단체장의 선호에 미치는 영향력의 변화를 분석하는 것이 필요할 것이다. 또한 선거를 거듭하는 가운데 자치단체장의 선호가 변화하는 것에 의해 정책 퍼포먼스에 어떠한 영향이 나타날 것인가를 분석하는 것도 필요할 것이다.

참고문헌

Gallup Korea(2003), 『02第3回 地方選擧投票形態』.
韓国統計庁, 『社会統計調査報告書(1998年版 · 1999年版).
韓国統計庁(2002), 『韓国の社会指標2002』.
韓国都市行政研究所(2001), 『2001年全国統計年鑑(上 · 中 · 下)』.

吉瀬征輔(1997), 『英国労働堂―社会民主主義を超えて』, 窓社.

小林良彰・名取良太・金宗郁・中谷美穂(2002)「選挙別自治体財政需要 2001年度日米韓国際FAUIプロジェクト. 報告書(三)」『地方財務2002年5月号』.

佐桑徹(2001), 『韓国財閥解体』, 日刊工業新聞社.

辛殊珍・崔俊植(2002), 『現代韓国社会の二重構価値体系(韓国語)』, 集文堂.

砂田一郎(1999), 『新版現代アメリカ政治』, 芦書房.

玉置直司(2003), 『韓国はなぜ改革できたのか』, 日本経済新聞社.

服部民夫(1992), 『韓国ネットワークと政治文化』, 東京大学出版会.

森山茂徳(1998), 『韓国現代政治』, 東京大学出版会.

Almond, Gabriel A. and Sidney Verba(1963), *The Civic Culture: Political Attitudes and Democracy in Five nations*, Princeton, N. J.: Princeton University Press.

Ingelhart, Ronald(1990), *Culture shift in advanced industrial society.*(R, イングルハード著, 村山皓・富沢克・武重雅文訳(1993)『カルチャーシフトと政治変動』, 東京経済新報社.

Jennings, M. Kent and Richard G. Niemi(1975), "Continuity and Change in Political Orientations: A Longitudinal Study of Two Generations," *American Political Science Review*, Vol.69, pp.1316-1335.

Clark, Terry Nichols and Hoffmann-Martinot Vincent(1998), *The New Political Culture*, Westview Press.

11장

한일 양국의 시민의식의 비교

이치시마 무네노리(市島宗典)

시작하며

세계의 많은 국가들이 민주화를 이뤄내고 있다. 민주화란 민주주의적 과정이 진행되는 것을 일컫지만, 그것이 곧 민주주의라는 제도를 획득하는 것과 동일한 것은 아닐 것이다. 물론 민주적인 사회가 아닌 것보다 민주적인 사회인 편이 좋은 것은 확실하다. 그러나 민주주의 제도의 영향 아래 살고 있는 주민이 그 제도에 대해서 충분히 만족하고 있는가 하면, 결코 그렇다고는 말할 수 없는 사회도 적지 않은 것 같다. 민주주의란 자신의 것은 자신이 결정하는 제도라고 말할 수 있지만, 그 상징이라고도 말할 수 있는 투표율은 저하하는 경향을 보이고 있다. 이는 민주주의의 주역인 주민이 민주주의라는 제도로부터 괴리되고 있음을 보여준다.

문부과학성의 21세기 COE프로그램인 '다문화 다세대의 교차세계의 정치사회질서의 형성-다문화 세계의 시민의식 동태'(21COE-CCC)는 2004년도에 일본 및 한국에서 '사회의식에 관한 여론조사'[1]를 실시했다.

이 논문에서는 이 조사결과의 데이터를 '세계가치관 조사'의 데이터와 비교하는 것을 통해 일본 및 한국의 주민의식의 동태를 살펴보는 것으로 일한 양국의 민주주의의 과제, 즉 일본 및 한국에서 어떻게 하면 주민의 주민에 의한 주민을 위한 민주주의를 회복할 수 있을 것인가의 문제에 관해서 고찰하도록 하겠다.[2]

I 민주주의의 정의

민주주의에 관해서는 지금까지 많은 연구의 축적이 있다. 여기서는 민주주의에 관한 대표적인 정의에 초점을 맞추어 민주주의에 관한 논의를 개괄해본다.

슘페터는 민주주의적 방법이란 정치결정에 도달하기 위해 각 개인이 인민의 투표를 획득하기 위한 경쟁적인 투쟁을 실시하는 것에 의해 결정권한을 얻는 것과 같은 제도적 장치[3]라고 정의하였다. 또한 로버트 달은 민주주의를 완전한 혹은 거의 완전한 형태로 모든 시민에 대해 책임감을 가지고 응답하는 특성을 지닌 정치체계[4]라고 정의하였고, 헌팅

---

1) 2004년도에 실시된 '사회의식에 관한 여론조사'에 관한 개요는 다음과 같다.

	일본 조사	한국 조사
조사 지역	전국	전국
조사 대상	20세 이상 남녀	20세 이상 남녀
표본 수	3,000명	
회답자 수	1,751명(회수율:58.4%)	1,018명
추출 방법	2단계 무작위	모집단의 성별 연령표
조사 방법	개별 면접	개별 면접
조사 시기	2004.8.21~9.7	2004.8.5~23

2) 분석에 사용된 데이터는 게이오기주쿠 대학 21COE-CCC '다문화세계에서의 시민의식의 동태' 시민의식 데이터 아카이브로부터 제공을 받은 것이다.

3) 슘페터(1962), p.6.

4) 달(1981), p.6.

톤은 민주주의를 슘페터의 정의에 입각해 후보자가 자유롭게 표를 획득하기 위해 경쟁하며, 나아가 실제로 모든 성인이 투표하는 자격을 가지는 공평하고 공정한 선거에 의해서 가장 유력한 의사결정의 집단이 선출되는 20세기의 정치시스템[5]이라고 정의하고 있다.

민주주의에 관한 대표적 논객들은 모두 제도적 장치, 정치체계, 정치시스템 등 민주주의를 제도적인 차원에서 정의하고 있다는 점을 알 수 있다. 제도적 관점에서 이뤄지는 민주주의의 정의는 비민주주의 사회의 민주화, 즉 비민주적인 사회로부터 민주주의 사회로 이행하는 과정을 문제로 삼을 때는 유용할 것이다. 제도적 측면을 강조하는 민주주의에 관한 정의는 민주주의의 기회(민주주의라는 이름 아래 보장되는 권리)를 보증하는 것을 강조하는 정의라고 말할 수 있다.

위와 같은 민주주의에 관한 정의에 입각한 연구들에서는 비민주주의 사회로부터 민주주의 사회로의 이행, 즉 제도화 과정이 주목되어 왔다. 그러나 민주주의가 제도화되었다고 할지라도 그것이 민주적으로 잘 기능하는 사회와 그렇지 않은 사회가 존재할 것이다. 그 결과, 다음과 같은 문제가 논점으로 부각될 수 있다. 그것은 민주주의의 정착 혹은 강화는 무엇에 의해 설명할 수 있는 것인가 하는 점이다. 즉, 어떻게 하면 민주주의를 보장할 수 있는 것일까. 바꿔 말하자면 어떻게 하면 사회 속에 민주주의 제도의 뿌리를 내리게 하여 민주주의를 잘 기능하게 만들 수 있는가 하는 것이다. 제도로서의 형식적인 민주주의를 실현한 이후에 고려하지 않으면 안 되는 것은 민주주의의 내실, 즉 실질적인 민주주의이며, 오늘날 그것은 한일 양국에 커다란 문제가 되고 있다. 민주주의를

---

5) 헌팅톤(1995), p.7.

정치체계로서 간주하였던 로버트 달도 말년에서는 구성원 전원이 정책결정에 참가하는 자격을 평등하게 가지는 조건으로서 다섯 가지 조건을 강조하였다. 즉, 실질적인 참가, 평등한 투표, 정책과 그것을 대체하는 정책을 이해하는 가능성, 아젠더의 최종적 조정의 실시, 전시민의 참가라는 다섯 가지 조건을 들고, 실질적인 민주주의를 실현하기 위한 규준을 제시하고 있다.[6]

오늘날 민주주의 제도를 확립한 사회에서 민주주의가 사회적 문제들을 해결하는 데 유효하게 기능하고 있는가 하면 결코 그렇지 못하다. 민주주의 제도를 채용하고 있는 사회 속에서 논의되어야 할 것은 민주주의 제도를 채용하고 있는가의 여부가 아니라 민주주의 제도가 정착되었는가 혹은 제도를 채용할 때 지향하고 있었던 민주주의가 잘 기능하고 있는가 하는 것이다. 즉, 형식적인 민주주의가 아니라 민주주의 제도가 그 이상을 실질적으로 구현하고 있는가의 여부를 묻는 것이다.[7]

이상적인 민주주의를 실현하는 데 제도가 필수적이라는 점은 더 말할 나위도 없다. 단, 제도는 이상적인 민주주의를 실현하기 위한 필요조건의 하나이지 충분조건은 아니다. 민주주의의 본질을 추구하는 것이란 이상적인 민주주의를 실현하기 위한 필요조건과 충분조건을 모두 추구하는 것으로서 간주할 수 있을 것이다. 민주주의 제도의 채용은 그러한 의미에서 목적이 아니라 수단에 지나지 않으며, 최종적인 목적은 앞서 지적한 바와 같이 '주민의 주민에 의한 주민을 위한 민주주의'의 확립이라고 말할 수 있을 것이다.

---

6) 달 (2001), pp.50-52.
7) 달도 민주주의에는 목표·이념을 지향하는 민주주의와 목표가 부분적으로밖에 실현되는 현실을 가리키는 민주주의가 존재하며, 그러한 구별이 중요한 의미를 지니고 있다고 지적하고 있다. 달(2001), pp.113.

II 일본 및 한국에서의 시민의식의 국제 비교

본장의 목적은 일본 및 한국에서 주민의 주민에 의한 주민을 위한 민주주의를 확립하기 위해 어떠한 방책이 요구되고 있는가에 관해서 양국에서 실시한 사회의식에 관한 여론조사의 결과를 기초로 살펴보는 것이다.

민주주의 제도에는 다양한 종류가 있다. 일본이나 영국이 채용하고 있는 의원내각제도 민주주의의 한 형태이지만, 한국이나 미국의 대통령제도 민주주의의 한 형태이다. 각 나라에 적절한 민주주의 제도는 상이할지도 모른다. 그 사회에 어떠한 민주주의 제도가 바람직한가의 문제는 민주주의 제도의 주역인 주민들이 어떻게 생각하고 있는가에 따라 답이 달라질 수도 있기 때문이다.

따라서 이 장에서는 일본 및 한국에서 주민이 민주주의를 비롯한 제도에 대해 어떠한 의식을 지니고 있는가에 관해서 먼저 살펴보도록 하겠다. 민주주의와 그 주역인 주민과의 관계를 살피는 것은 그 나라의 민주주의 제도의 실제적 모습을 평가하는 것과 관련될 것이다.

먼저 일본 및 한국의 주민의식을 전체적으로 개괄해 보자. 이 고찰에서는 2000년 세계 60개국에서 실시된 세계가치관 조사의 결과[8]를 이용한다.

민주주의에 대한 만족도[9]의 경우, 일본은 60개국 중 30위로 46.4%가, 한국은 36위로 42.7%가 만족도를 표시하고 있다. 양국 모두 중간 정도의 순위이다. 이 결과는 일본도 한국도 민주주의가 보장되고 있지만, 주민의 감각에서 보자면 민주주의의 보장은 아직도 만족스럽지 못하다는 점을

---

8) 電通總研・日本리서치센터 편(2004), pp.65~237.
9) '일본(한국)의 민주주의에 관해서 어느 정도 만족하고 있습니까'라는 질문에 대해 '상당히 만족하고 있다' 및 '어느 정도 만족하고 있다'라고 응답한 사람들의 비율이다.

표 11-1 일본과 한국의 민주주의·정치지표 순위(60개국 중)

	일본	한국
민주주의 만족도	30	36
정치 관심	5	16
정치적 회화	59	45
정치의 중요성	4	18
정치제도 평가	51	45

의미한다. 물론 일본과 한국의 주민들은 자신들의 사회가 민주주의 사회이며, 민주주의를 실현하기 위한 제도상의 보장도 이뤄져 있다고 생각하고 있을 것이다. 그러나 민주주의 제도에 만족하고 있는 주민이 과반수에도 미치지 않는 것이다. 이는 우려할 상황이라고 말하지 않을 수 없다. 주민들은 형식적인 민주주의는 보장되어 있지만 실질적인 민주주의의 보장은 아직도 먼 상태라고 생각하고 있기 때문이다.

또한 그 밖의 정치의식에 관한 지표에 관한 결과를 보도록 하자. 먼저 정치관심[10]이다. 일본에서는 68.5%가, 한국에서는 52.1%의 주민이 정치에 관심이 있다고 회답하고 있다. 양국 모두 세계적으로 비교해보아도 높은 순위에 위치해 있는 편이다. 일본은 베트남, 체코, 탄자니아 이스라엘에 이어서 5위이며, 한국은 16위이다. 또한 정치관심과 밀접한 관련을 가진 행동지표인 정치적 대화의 빈도[11]에 관해서 살펴보면, 정치에 관해 대화를 한다고 대답한 주민은 비율이 일본은 44.3%이며, 한국은 57.0%로 일본보다는 높지만, 세계적으로 살펴보게 되면 낮은 결과를

10) '당신은 정치에 얼마나 관심을 가지고 있습니까'라는 질문에 대해 '상당한 정도로 관심을 가지고 있다'와 '어느 정도 관심을 가지고 있다'라고 응답한 사람들의 비율이다.
11) '당신은 친구 등과 함께 있을 때, 정치에 관한 얘기를 주고 받으십니까'라는 질문에 대해 '빈번하다' 및 '가끔한다'라고 응답한 사람들의 비율이다.

보이고 있다. 정치관심이 일본보다도 상위에 있는 다른 나라들의 경우,
정치적 대화도 상위에 위치해있다는 점으로부터 추론하자면, 일본과
한국은 의식은 높지만 행동은 수반되지 않는 특징이 있다고 말할 수
있다.

나아가 주민이 정치를 중요하다고 느끼고 있는가[12]에 관해 살펴보면,
일본은 베트남, 중국, 탄자니아에 이어서 높으며, 58.1%의 주민이 정치를
중요하다고 인식하고 있다. 한국도 41.2%로 비교적 높은 순위를 차지하
고 있다. 그러나 정치제도에 대한 평가[13]의 경우, 일본은 41.3%로 51위,
한국은 43.1%로 45위를 차지하고 있으며, 이는 세계적으로 낮은 수준이
라고 말하지 않을 수 없다. 위와 같은 결과로부터 일본과 한국의 주민은
정치를 중요하다고 인식하고 있지만, 정치제도의 기능에 관해서는 부정적
인 평가를 하고 있다는 점을 알 수 있다.

III 가설

이와 같이 일본과 한국의 주민은 정치에 관한 관심이 높고 정치의
중요성에 관한 인식수준도 높지만, 정치제도의 기능에 대한 평가는 낮으
며, 정치와 관련된 행동의 수준이 낮다는 특징을 보이고 있다. 주민의
정치의식은 높은 반면 민주주의에 대한 만족 수준이 높지 않은 데는
그 사이에 개재하는 주민의 정치제도에 대한 평가나 의식이 관계가

---

12) '정치는 당신의 생활에서 얼마나 중요합니까'라는 질문에 대해 '상당히 중요하다'와 어느
    정도 중요하다'라고 응답한 사람들의 비율
13) '현재, 당신의 국가의 정치제도에 관해서 어떻게 평가하고 있습니다'라는 질문에 대해 10
    단계로 회답을 얻고 있다. 평가의 각 수치를 응답자의 비율로 곱한 뒤, 그 합을 10으로
    나눈 값을 변수로 사용한다.

있는 것으로 보인다. 따라서 본장에서는 다음과 같은 가설에 기초해서 주민의 민주주의에 대한 평가를 규정하는 요인에 관해서 살펴보도록 하겠다.

가설: 민주주의에 대한 평가는 민주주의 제도에 대한 신뢰감이나 평가와 같은 인식에 의해 구성된다.

IV 분석 결과

앞서 살펴본 것처럼 일본과 한국의 주민은 과반수 미만의 사람들만이 민주주의에 대해 만족하고 있을 뿐이다. 이는 일한 양국이 공통의 과제를 짊어지고 있다는 점을 시사한다.

먼저 일본 및 한국에서 민주주의에 대한 만족도는 무엇에 의해서 규정되고 있는가를 살펴보도록 하자. 민주주의에 대한 만족도[14] 를 피설명변수로 하고, 제도(정부·국호·정당·행정)에 대한 신뢰도,[15] 정치제도에 대한 평가,[16] 정치의 중요성,[17] 정치관심,[18] 정치적 회화,[19]

---

14) '일본(한국)의 민주주의에 관해서 어느 정도 만족하고 있습니까'라는 질문에 대한 회답을 '상당히 만족하고 있다'를 4, '약간 만족하는 정도이다'를 3, '약간 불만이다'를 2, '상당히 불만이다'를 1로 코딩하고 있다.

15) '정부(국회, 정당, 행정)를 당신은 얼마나 신뢰합니까'라는 질문에 대한 회답을 '상당히 신뢰한다'를 4, '약간 신뢰한다'를 3, '그다지 신뢰하지 않는다'를 2, '결코 신뢰하지 않는다'를 1로 코딩하고 있다.

16) '현재, 당신이 속한 국가의 정치제도를 얼마나 평가하고 있습니까'라는 질문에 대한 10단계의 회답(1의 '매우 나쁘다'부터 10의 '매우 양호하다'까지)을 이용하고 있다.

17) '정치는 당신의 생활에서 얼마나 중요합니까'라는 질문에 대한 회답을 4의 '상당히 중요하다'로 부터 1의 '전혀 중요하지 않다'까지로 코딩하고 있다.

18) '당신은 정치에 얼마나 관심을 가지고 있습니까'라는 질문에 대한 회답을 '상당한 관심을

정치적 유효성 감각,[20] 정부의 영향력,[21] 정치지식(정치[22]·행정[23]), 사회적 속성(성별,[24] 연령,[25] 학력[26])을 설명변수로 하는 중회귀 분석을 실시했다.

　　그 결과 일본에서 통계적인 유의 수준을 만족시키는 것은 정부에 대한 신뢰도 및 정치제도에 대한 평가의 두 변수뿐이었고, 전자의 영향이 상대적으로 더 컸다. 즉, 정부에 대한 신뢰의 정도가 높고, 정치제도에 대한 평가가 높은 주민일수록 민주주의에 대한 만족도가 높다고 말할 수 있다. 제도 중에서도 민주주의에 대한 만족의 경우, 정부의 신뢰성이 매우 중요하다는 점, 혹은 정치제도에 대한 평가가 영향을 미치고 있다는 점이 확인되었다.

가지고 있다'를 4, '약간 관심을 가지고 있다'를 3, '그다지 관심을 가지고 있지 않다'를 2, '전혀 관심이 없다'를 1로 코딩하고 있다.

19) '당신은 친구 등과 함께 있을 때 정치에 대한 얘기를 얼마나 하고 있습니까'라는 질문에 대한 회답을 '빈번한 편이다'를 4, '때때로 하고 있다'를 3, '그다지 하고 있지 않다'를 2, '전혀 하지 않는다'를 1로 코딩하고 있다.

20) '당신에게 이익이 되지 않는 국가의 결정을 변화시킬 수 있다고 생각합니까'라는 질문에 대한 회답을 '상당히 변화시킬 수 있다'를 4, '약간은 변화시킬 수 있다'를 3, '변화시킬 가능성은 그다지 없다'를 2, '변화시킬 가능성은 거의 없다'를 1로 코딩하고 있다.

21) '정부의 활동은 당신의 일상생활에 어느 정도의 영향을 미치고 있다고 생각합니까'라는 질문에 대한 회답을 '상당히 중대한 영향을 미치고 있다'를 4, '약간은 영향을 미치고 있다'를 3, '영향을 그다지 미치고 있지 않다'를 2, '영향을 거의 미치고 있지 않다'를 1로 코딩하고 있다.

22) '일본(한국)의 정당에는 각각 총재와 당수, 대표 등으로 불려지는 리더가 한 사람 있습니다. ○○당의 리더는 누구입니까'라는 질문에 대한 회답중 정답의 수이다.

23) '당신이 알고 있는 성청의 이름을 모두 말해주십시오'라는 질문에 대한 회답중 정답의 수이다.

24) 남성을 1, 여성을 0으로 코딩하고 있다.

25) 연령을 카테고리로 분류하고 있다.

26) 신중학, 구초등, 구중소학교를 1, 신고교, 구중학을 2, 고등전문, 단과대학, 전문학교를 3, 대학, 대학원을 4로 코딩하고 있다.

표 11-2 민주주의에 대한 만족도의 규정 요인

	한국	일본
정부 신뢰도	.0233***	0.303***
국회 신뢰도	-0.116	0.056
정당 신뢰도	0.099	-0.015
행정 신뢰도	0.079	-0.004
정치제도 평가	0.183***	0.185***
장치관심	0.086	0.021
정치 중요성	0.107**	-0.008
정치적 대화	-0.062	0.002
정치적 유효성 감각	-0.007	-0.007
정부 영향도	-0.067	-0.043
정치 지식	-0.175***	-0.042
행정 지식	0.041	0.001
성별	0.044	0.001
연령	0.002	-0.004
학력	0.002	-0.012
조정된 결정계수 R2 자승	0.177	0.196
N	611	992

한편 한국에서는 일본과 마찬가지로 정부에 대한 신뢰도의 영향이 가장 컸고, 이어서 정치제도에 대한 평가의 영향이 확인되었다. 이와 더불어 정치지식 및 정치의 중요성이 통계적으로 유의한 영향을 끼치고 있다. 즉, 정부에 대한 신뢰의 수준이 높고, 정치제도에 대한 평가가 높은 주민일수록, 또한 정치에 대한 지식이 부족하고 정치의 중요성을 인식하는 주민일수록, 민주주의에 대한 만족도가 높다고 말할 수 있다.

일본과 한국 모두 민주주의에 대한 만족도의 경우 제도, 특히 정부에 대한 신뢰도 및 정치제도에 대한 평가가 크게 영향을 미치고 있다는 점이 확인되었다.

1. 정부에 대한 신뢰

이어서 일본 및 한국에서 민주주의에 대한 만족감에 영향을 미치고 있는 변수인 정부에 대한 신뢰감 및 정치제도에 대한 평가가 무엇에 의해서 규정되고 있는가에 관해서 각각 공분산구조분석(Analysis of Convariance Structures)을 실시해 보았다.

일본의 결과에 관해서 먼저 살펴보면, 정부에 대한 신뢰에 가장 많은 영향을 미치고 있는 것은 정치제도에 대한 평가였다. 정치제도에 대한 평가가 높은 주민일수록 정부에 대한 신뢰가 높은 경향을 보였다. 한편 정치제도에 대한 평가를 규정하는 요소는 정치의 중요성도, 나아가 정치의 중요도를 규정하고 있는 것은 정치에 대한 관심이었다. 위 결과로부터 정치관심으로부터 정치의 중요도, 정치제도에 대한 평가를 경유해서

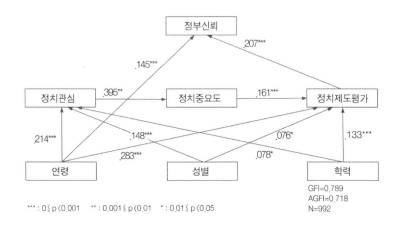

*** : 0≦p〈0.001   ** : 0.001≦p〈0.01   * : 0.01≦p〈0.05

그림 11-1 정부에 대한 신뢰의 규정요인(일본)

정부에 대한 신뢰로 연결되는 경로를 확인할 수 있다. 그러나 일본에서는 정부를 신뢰하고 있는 비율[27]이 41.4%에 지나지 않는다는 점을 환기할 필요가 있다. 그럼에도 불구하고 정치적 관심과 정치의 중요성에 관한 인식수준이 상대적으로 높다는 점에 비춰본다면, 일본에서는 정치제도에 대한 평가가 정부에 대한 신뢰를 낮추는 주요한 원인이 되고 있다고 해석할 수 있다.

한편 한국도 일본과 비슷한 결과를 나타내고 있다. 즉, 정치관심으로부터 정치의 중요도, 그리고 정치제도에 대한 평가를 경유해서 정부에 대한 신뢰로 연결되는 경로가 성립하고 있다. 또한 한국에서는 정치관심이 직접 정치제도에 대한 평가를 규정하고 있으며, 정치의 중요도가 직접 정부에 대한 신뢰를 규정하고 있다는 특징을 보이고 있다. 한국의

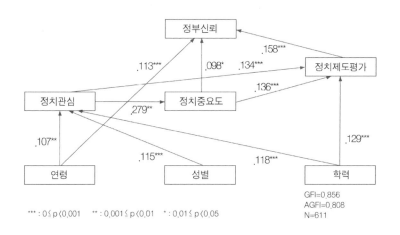

그림 11-2 정부에 대한 신뢰의 규정요인(한국)

---

27) '당신은 정부를 어느 정도 신뢰하고 있습니까'라는 질문에 대한 회답중 '상당히 신뢰한다' 및 '어느 정도 신뢰한다'라고 응답한 비율의 합이다.

경우, 정치에 대한 관심이 높고 정치의 중요성을 인식하는 사람들은 적지 않지만 정치제도에 대한 평가는 낮은 편이다. 이는 일본과 마찬가지로, 한국에서도 정치에 대한 의식과 정부에 대한 신뢰 사이에 개재하는 정치제도에 대한 평가라고 하는 요소가 정부에 대한 신뢰감의 향상에 장애요인이 되고 있다는 점을 뜻하는 것으로 볼 수 있다.

한일 양국의 분석 결과에서 공통적으로 말할 수 있는 것은 민주주의에 대한 만족감에 대해 가장 많은 영향을 미치고 있는 변수가 정부에 대한 신뢰감이며. 정부에 대한 신뢰감에 영향을 미치고 있는 요인은 정치제도에 대한 평가, 정치의 중요성, 정치관심이며 이중에서도 특히 정치제도에 대한 평가가 가장 큰 규정요인이 되고 있다는 점이다.

2. 정치제도에 대한 평가

이어서 민주주의에 대한 만족감에 영향을 미치고 있는 요인이었던 정치제도에 대한 평가가 무엇에 의해서 규정되고 있는가를 살펴보도록 하자.

먼저 일본의 결과를 살펴보도록 하자. 정치제도에 대한 평가에 대해 가장 큰 영향을 끼치고 있는 것은 제도(국회 · 정당 · 행정)에 대한 신뢰이다. 국회, 정당, 행정의 순으로 정치제도에 대한 평가에 영향을 미치고 있다. 국회를 신뢰하고 있는 주민의 비율은 34.6%이며, 정당이 30.9%, 가장 높은 신뢰수준을 보이고 있는 행정조차도 45.3%에 지나지 않다는 결과를 보이고 있다.[28] 이로부터 주민의 정치제도에 대한 평가가 41.3 포인트라는 낮은 수준을 보이고 있다는 점을 이해할 수 있다.

---

28) '당신은 국회(정당, 행정)를 얼마나 신뢰하고 있습니까'라는 질문에 대한 회답 중, '상당히 신뢰한다' 및 '어느 정도 신뢰한다'라고 응답한 비율의 합이다.

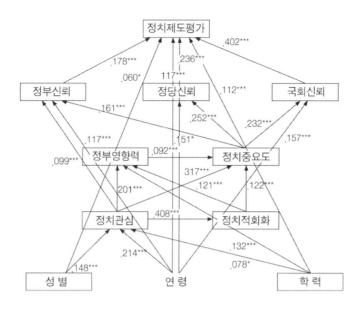

그림 11-3 정치제도에 대한 평가의 규정요인(일본)

또한 위와 같은 정치제도에 대한 신뢰를 규정하고 있는 요인은 정치의 중요성이며, 정치의 중요성을 가장 크게 규정하는 요인은 정치관심이다. 그 밖에 정부의 영향력이나 정치에 관한 대화의 빈도가 간접적으로 각종 정치제도에 대한 평가에 영향을 미치고 있다.

일본에서는 주민의 정치관심의 수준이 높고, 정치를 중요하다고 인식하는 사람들의 비율이 높다는 점을 고려하는 경우, 정치제도에 대한 평가를 규정하는 핵심적 요인이 되고 있는 것은 국회, 정당, 행정과 같은 정치제도에 대한 신뢰라고 말할 수 있을 것이다. 이상의 결과로부터 주민들이 정치에 대한 관심이 높고, 정치를 중요하다고 인식하는 주민들이 많다고 할지라도, 정치제도에 대한 평가의 내용에 영향을 미치는 정치제도에 대한 신뢰가 낮은 상태에서는 주민들의 민주주의에 대한 만족도가 높아질 수 없다는 점을 알 수 있다.

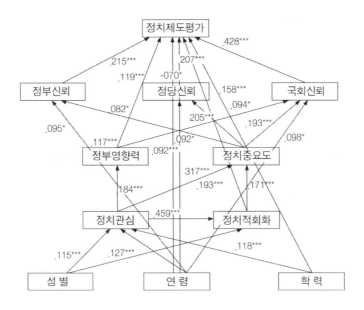

그림 11-4 정치제도에 대한 평가의 규정요인(한국)

한편 한국의 분석 결과에 관해서 말하자면 일본의 분석 결과와 크게 다르지 않다.

먼저 정치제도에 대한 평가를 규정하는 것은 역시 제도(국회·정당·행정)에 대한 신뢰이며, 그 규정 정도를 보게 되면 국회가 가장 높고, 이어서 행정, 정당의 순서를 나타내고 있다. 정치제도에 대해 신뢰감을 표시한 주민들의 비율은 일본보다 약간 낮은 수준을 보이고 있다. 국회가 16.3%, 정당이 18.9%, 그리고 행정이 51.3%이다. 일본과 마찬가지로 정치제도에 대한 신뢰가 낮다는 점이 정치제도에 대한 평가(43.1포인트)의 낮은 수준에 영향을 미치고 있다고 해석할 수 있다.

또한 정치제도에 대한 신뢰를 가장 크게 규정하고 있는 것은 정치의 중요성이며, 정치의 중요성을 가장 크게 규정하는 것은 정치관심이다. 나아가 정부의 영향력과 정치에 관한 대화의 빈도는 정치제도에 내한 평가에 직접 영향을 미치고 있다.

이상의 분석 결과로부터 한국에서도 국회, 행정, 정당과 같은 정치제도에 대한 신뢰가 정치제도에 대한 평가에 대해 중요한 규정요인이 되고 있다는 점을 알 수 있다. 제도에 대한 신뢰에 의해 정치제도에 대한 평가가 좌우되고 있다는 점을 고려하는 경우, 정치제도에 대한 평가를 개선하는데 열쇠가 되는 것은 정치제도에 대한 신뢰를 향상시키는 것에 있으며, 정치제도에 대한 신뢰가 민주주의에 대한 만족도를 높이는 데도 영향을 끼치게 될 것이라는 점을 예상해볼 수 있다.

지금까지의 분석 결과를 요약하자면, 정치제도에 대한 평가는 일본이나 한국이나 정치제도에 대한 신뢰에 의해 크게 영향을 받고 있다는 점이다.

3. 민주주의에 대한 만족감

지금까지의 분석 결과로부터 민주주의에 대한 만족감을 규정하는 것은 정부에 대한 신뢰와 정치제도에 대한 평가라고 하는 점이 확인되었다. 한편 정부에 대한 신뢰에 대해서는 정치제도에 대한 평가가 크게 영향을 끼치고 있다는 점, 또한 정치제도에 대한 평가에 대해서는 정치제도(국회 · 정당 · 행정)에 대한 신뢰가 크게 영향을 미치고 있으며, 그중에서도 국회에 대한 신뢰가 중요하다는 점을 확인할 수 있다. 이는 일본과 한국에서 공통적으로 나타나는 현상이다. 이와 같은 분석 결과를 재확인하기 위해 민주주의에 대한 만족감을 피설명변수로 하는 공분산구조분석을 실시해 보았다.

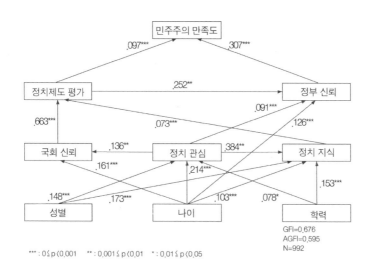

GFI=0.676
AGFI=0.595
N=992

*** : 0≦p〈0.001   ** : 0.001≦p〈0.01   * : 0.01≦p〈0.05

그림 11-5 민주주의에 대한 만족도의 규정요인(일본)

먼저 일본의 결과에 관해서 살펴보면, 민주주의에 대한 만족감을 규정하고 있는 것은 정부에 대한 신뢰 및 정치제도에 대한 평가이며, 전자가 후자보다 영향력이 크다는 점을 알 수 있다. 한편 정부에 대한 신뢰를 규정하고 있는 것은 정치제도에 대한 평가와 정치관심, 그리고 연령이다. 이중 정치제도에 대한 평가가 가장 큰 영향을 미치고 있다. 또한 정치제도에 대한 평가를 규정하고 있는 것은 국회에 대한 신뢰와 정치에 대한 지식이며, 전자의 영향이 후자의 영향보다 크다.

지금까지의 분석으로부터 민주주의에 대한 만족감을 저해하는 것은 정치제도에 대한 신뢰이며, 그중에서도 국회에 대한 신뢰가 민주주의에 대한 만족감을 저해하는 가장 큰 요인이라는 점을 알 수 있다. 즉, 주민의 정치에 대한 의식이 높다고 할지라도 정치제도에 대한 신뢰가 낮다면 정치제도 전체에 대한 평가도 낮으며, 더 나아가 정부에 대한 신뢰도 낮아지고, 최종적으로는 민주주의에 대한 만족감도 낮아신다는 점을

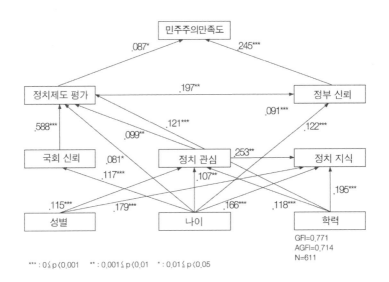

*** : 0≤p〈0.001   ** : 0.001≤p〈0.01   * : 0.01≤p〈0.05

그림 11-5 민주주의에 대한 만족도의 규정요인(한국)

확인할 수 있다.

한국에 관한 분석 결과에서도 일본과 비슷한 결과가 보인다. 한국에서는 정치에 대한 관심이 직접 정치제도에 대한 평가에 영향을 미치고 있지만, 국회에 대한 신뢰가 정치제도에 대한 평가를 규정하고 정치제도에 대한 평가는 다시 정부에 대한 신뢰에 영향을 끼치고 있으며, 최종적으로는 민주주의에 대한 만족감에 이르는 경로가 성립하고 있기 때문이다.

한국은 주민의 정치에 대한 의식이 세계적으로도 높은 순위에 위치해 있다. 그러나 정치제도에 대한 신뢰가 낮기 때문에 정치제도에 대한 평가도 낮으며, 그것이 또한 정부에 대한 신뢰를 낮게 만드는 요인이 되고 있는 것으로 보이며, 주민의 민주주의에 대한 만족감도 저하시키고 있다고 말할 수 있다.

일본과 한국의 분석 결과는 민주주의에 대한 만족감을 높이기 위해서는 정치제도에 대한 신뢰감을 회복하는 것이 요구된다는 점을 시사한다.

글을 마치며

본 논문에서는 「사회의식에 관한 여론조사」의 결과로부터 일본과 한국의 주민의식이 세계적으로 어떠한 수준에 있는지를 먼저 살펴본 뒤, 주민의 민주주의에 대한 만족감에 영향을 미치는 요인을 확인해 보았다.

그 결과, 한일 양국 모두 비슷한 결과가 얻어졌다. 즉, 민주주의에 대한 만족감에 가장 큰 영향을 미치고 있는 요인은 정부에 대한 신뢰감과 정치제도에 대한 평가였으며, 정치제도에 대한 평가에 대해서는 국회, 정당, 행정과 같은 정치제도에 대한 신뢰의 영향이 크다는 점을 확인할 수 있었다.

한일 양국에서 공통적인 것은 정치에 대한 관심과 정치의 중요성에 관한 인식이 높은 반면, 정치제도에 대한 신뢰와 정치제도에 대한 평가가 낮다는 점이다. 이러한 분석 결과는 한일 양국 모두 공통의 과제에 직면하고 있다는 점을 시사한다.

한일 양국 모두 주민의 민주주의에 대한 만족감을 높이기 위한 열쇠가 되고 있는 것은 정치제도에 대한 신뢰이다. 본 논문은 특히 국회에 대한 신뢰가 중요하다는 점을 보여주고 있다. 국회의원에 대한 감정 온도를 물어본 결과[29]에 의하면 일본이 41.9도, 한국이 31.8도였다. 이는 그 어떤 정치적 행위자보다도 낮은 결과였다.[30] 이러한 상황을 개선하는

---

29) '일본(한국)의 국회의원 전체'에 대한 감정 온도를 질문한 것에 대한 회답의 평균치이다.

30) 그 밖의 결과는 다음과 같다. 일본: 일본의 전체 평균 61.8도, 도도부현 61.2도, 시구정촌 61.6도, 정부 52.6도, 수상 49.9도, 관료 40.7도, 도두부현 지사 54.0도, 도도부현의 의원 50.0도, 도도부현의 관료 49.6도, 시구정촌의 단체장 54.0도, 시구정촌의 의원 51.1도, 시구정 촌의 관료 53.0도.

한국: 광역시 및 도 58.2도, 구·동·시 58.5도, 정부 49.0도, 대통령 48.1도, 관료 47.7도, 광역시, 도시자 52.2도, 광역시와 도의회의 의원 49.6도, 광역시와 도의 관료 52.3도, 구

것은 주민의 정치제도에 대한 평가나 민주주의에 대한 만족도를 높이는 것에도 영향을 미칠 것이다.

국회에 대한 신뢰나 국회의원 전체에 대한 호의적인 감정의 수준 낮다는 것은 대의제 민주주의에 대한 경종을 울리는 징후라고 말하지 않을 수 없다. 주민의 의식 속에는 대의민주주의의 근간이라고 할 수 있는 국회-정치-민주주의라고 하는 인과 패턴이 존재하고 있는 것으로 보인다. 본 논문의 분석 결과는 일본과 한국의 주민들은 그러한 근간에 관해서 심각한 의문을 지니고 있다는 점을 보여주고 있다.

마지막으로 앞으로의 과제에 관해 두 가지를 지적하겠다.

이 논문에서는 일본과 한국의 주민의식에 주목하고, 일한 양국의 민주주의가 직면한 과제에 관해서 검토해왔다. 앞으로는 분석대상을 더 확장해 횡단적인 비교분석을 실시하는 것에 의해 분석대상인 각 나라의 민주주의에 장애가 되고 있는 요인이 무엇인지를 확인하고, 주민의 주민에 의한 주민을 위한 민주주의를 확립하기 위한 제도적 제언도 적극적으로 모색해야 할 것이다.

또 하나의 분석과제는 본 논문에서 시도된 모델의 타당성을 재검증하는 일이다. 본 논문에서 이용하고 있는 서베이 데이터를 포함해 각 나라의 정치제도와 관련된 변수 및 정부의 퍼포먼스에 관한 변수를 설명변수에 추가할 필요가 있다. 또한 이와 같이 늘어난 설명변수 간의 관계를 고려하는 가운데 새로운 모델을 구축하고, 모델 간의 설명력을 비교하는 작업을 통해 설명력이 더 높은 모델을 제시할 필요가 있을 것이다.

· 동 · 시의 단체장 52.1도, 구 · 동 · 시의 의원 49.6도, 구 · 동 · 시의 관료 53.5도(다음 쪽 부표 참조).

부표

	민주주의 만족도	정치관심	정치참여	정치중요도	정치제도평가
90-100	이집트 94.8 베트남 91.4				
80-90			체코 87.4 슬로베니아 86.1 이스라엘 85.9 리투아니아 85.6 독일 82.6 크로아티아 82.5 스웨덴 80.3 네덜란드 80.3		베트남 83.0
70-80	방글라데시 76.0 몰타 74.7 포르투갈 74.6 중국 74.4 네덜란드 72.9 독일 72.2 룩셈부르크 71.9 오스트리아 71.6 탄자니아 71.5	베트남 78.0 체코 70.4 탄자니아 70.0	덴마크 79.9 에스토니아 79.6 우간다 79.3 벨로루시 78.5 아이슬랜드 78.0 그리스 77.9 페루 76.7 필리핀 76.5 탄자니아 76.3 라트비아 76.0 우크라이나 75.8 세르비아·몬테네그로 74.5 폴란드 74.4 오스트리아 74.1 나이지리아 73.8 베트남 73.6 미국 73.6 불가리아 73.4 러시아 73.2 필리핀 72.2 슬로베니아 72.0 방글라데시 71.7	베트남 75.7	이집트 73.2
60-70	스페인 69.4 요르단 66.8 우간다 64.3 미국 62.8 캐나다 62.4 덴마크 62.1 베네스웰라 61.8 아일랜드 60.1	이스라엘 69.8 일본 68.5 중국 67.5 네덜란드 67.0 오스트리아 65.2 미국 64.7 독일 60.2	중국 67.4 이탈리아 67.2 인도네시아 66.9 이란 65.3 북아일랜드 64.8 룩셈부르크 64.7 프랑스 64.3 벨기에 64.1 몰타 63.0 아일랜드 61.2 루마니아 60.9 캐나다 60.6 프에르토리코 60.0	중국 62.8 탄자니아 61.1	중국 66.9 몰타 62.1 탄자니아 61.5
50-60	아이슬란드 59.5 나이지리아 58.9 칠레 57.8 스웨덴 56.1 핀란드 54.9 그리스 53.9 프에리토리코 52.8 인도 50.7	덴마크 59.9 이란 54.0 불가리아 53.5 나이지리아 52.6 우간다 52.3 한국 52.1 리투아니아 52.1	이집트 57.4 한국 57.0 헝가리 56.3 스페인 56.2 멕시코 56.0 베네스웰라 55.9 칠레 55.7 포르투갈 54.4 인도 54.3	일본 58.1 미국 57.1 네덜란드 56.7 스웨덴 55.7 우간다 55.6 필리핀 55.4 나이지리아 51.3	미국 56.0 요르단 55.2 네덜란드 55.0 러시아 54.9 독일 54.7 이집트 54.6 짐바브웨 54.0 페루 53.8 오스트리아 53.3

	국가	값	국가	값	국가	값	국가	값	국가	값
					터키	53.6			스페인	52.7
					남아프리카	52.9			필리핀	52.6
					아르헨티나	50.1			프에르토리코	51.3
									모로코	50.7
									방글라데시	50.3
									헝가리	
40-50	이란	49.7	필리핀	49.9	요르단	48.0	방글라데시	49.0	슬로바키아	49.6
	남아프리카	46.5	아이슬란드	49.7	싱가포르	47.1	이집트	48.7	핀란드	49.3
	일본	46.4	요르단	47.5	영국	45.3	멕시코	47.5	스웨덴	48.9
	프랑스	45.5	페루	47.4	일본	44.3	요르단	44.3	인도네시아	48.7
	필리핀	45.2	캐나다	47.0			리투아니아	44.0	캐나다	48.5
	벨기에	44.7	벨로루시	45.8			페루	43.7	칠레	48.2
	영국	44.3	아일랜드	45.5			덴마크	41.3	우간다	47.9
	슬로베니아	43.2	폴란드	42.6			한국	41.2	덴마크	47.7
	한국	42.7	이집트	42.4			이란	40.9	아일랜드	46.2
	아르헨티나	41.4	슬로베니아	42.1			오스트리아	40.8	프랑스	46.2
	세르비아-몬테네그로	40.3	프에르토리코	41.9			짐바브웨	40.5	포르투갈	45.8
			터키	41.7			캐나다	40.0	그리스	45.5
			인도	41.4					아르헨티나	45.3
			그리스	41.0					우크라이나	45.1
			룩셈부르크	40.9					이란	45.0
			남아프리카	40.8					리투아니아	44.9
			우크라이나	40.5					영국	44.8
									벨기에	44.7
									슬로베니아	44.2
									벨로루시	44.1
									인도	44.0
									아이슬란드	43.6
									북아일랜드	43.4
									베네스웰라	43.2
									멕시코	43.2
									한국	43.1
									폴란드	42.3
									루마니아	42.0
									불가리아	42.0
									룩셈부르크	41.9
									이탈리아	41.5
									일본	41.3
30-40	폴란드	38.9	러시아	39.1	모로코	37.1	터키	39.8	남아프리카	39.2
	멕시코	37.2	벨기에	39.0			프에르토리코	39.4	라트비아	38.7
	체코	36.9	방글라데시	38.9			몰타	38.4	에스토니아	37.3
	모로코	34.5	북아일랜드	38.8			러시아	38.0	크로아티아	36.3
	이탈리아	34.5	세르비아 · 몬테네그로	38.4			독일	37.9	체코	34.7
	페루	34.2	프랑스	35.8			룩셈부르크	37.7	터키	30.6
	에스토니아	32.7	인도네시아	35.6			인도	37.6		
	헝가리	30.2	멕시코	35.6			그리스	36.1		
			영국	35.3			인도네시아	36.0		
			포르투갈	32.2			아이슬란드	35.8		
			이탈리아	32.0			우크라이나	35.5		
			짐바브웨	30.9			남아프리카	35.2		
							프랑스	34.5		
							베네스웰라	34.4		
							아일랜드	34.0		
							북아일랜드	33.9		
							영국	33.7		
							이탈리아	33.5		
							불가리아	33.1		
							벨기에	32.8		

					체코	32.7	
					폴란드	30.9	
					크로아티아	30.7	
20-30	라트비아	28.2	스페인	29.3	칠레	29.7	세르비아·몬테네그로 28.1
	인도네시아	27.3	핀란드	26.7	슬로베니아	29.3	
	짐바브웨	27.2	칠레	24.8	베로루시	28.9	
	불가리아	27.1	모로코	24.4	모로코	28.6	
	북아일랜드	25.9		22.9	포르투갈	28.2	
	벨로루시	25.4			루마니아	24.8	
	리투아니아	22.5			세르비아·몬테네그로 24.6		
	슬로바키아	22.4			스페인	24.0	
					아르헨티나	23.8	
					라트비아	23.3	
					에스토니아	20.2	
10-20	루마니아	19.7	아르헨티나	18.0	헝가리	18.9	
	크로아티아	17.6			핀란드	18.7	
	우크라이나	13.9			슬로베니아	14.4	
0-10	러시아	6.2					

참고문헌

シュムペーター. J.A著, 中山伊知郎・東畑精一郎(1962),『資本主義・社会主義・民主主義 (中)』, 東洋経済新報社.

ダール, R著. 前田脩・高畠通敏訳(1981),『ポリアーキー』, 三一書房.

ダール, R著. 中村孝文訳(2001),『デモクラシーとは何か』, 岩波書店.

電通総研・日本リサーチセンター編(2004),『世界60カ国価値観データブック』, 同文館.

ハンチントン, S.P著. 坪郷寛・中道寿一・藪野祐三訳(1995), 20世紀後半の民主化』, 三嶺書房.

역자 후기

나일경(주쿄대학 종합정책학부 전임강사)

이 책은 지방자치단체를 둘러싼 시민사회의 변화와 정치사회의 변화를 '새로운 정치문화'(New Political Culture)의 관점에서 실증적으로 고찰한 연구서이다. 새로운 정치문화란 젠더, 소수자의 권리 등 사회적 쟁점에 관해서는 진보적인 입장인 반면, 복지예산의 지출 및 정부의 재정과 같은 경제적 쟁점에 관해서는 보수적인 시민들 및 정치엘리트들의 정치적 선호를 가리키는 개념이다(이 책의 9장과 10장 참조). '새로운 정치문화'라는 분석틀을 통해 한국과 일본의 시민사회와 정치사회의 변동 현상을 실증적으로 고찰한다는 점은 이 책의 중요한 학문적 기여의 하나라고 볼 수 있다.

일본에서 관료화 되어버린 노동운동과는 다른 형태의 '신사회운동'(New Social Movement)이 시작된 것은 일반적으로 1965년이라고 말해진다. 미국과 소련으로 대표되는 냉전체제와 자민당과 사회당의 대립으로 특징지어지는 이데올로기적 대립구도로는 포착되지 않는 새로운 정치사회적 쟁점과 탈관료적인 사회운동조직이 1965년에 등장하는 것인데, '베트남에 평화를! 시민연합'과 '생활클럽 생협운동'은 그 전형이라고 말할 수 있다.

　지식인들을 중심으로 창립된 '베트남에 평화를! 시민연합'이라는 NGO는 "오는 사람 거부하지 않고, 가는 사람 막지 않는다"는 자유의지에 기초한 참여를 조직 활동의 원칙으로 삼았으며, 그 결과 학생에서 일반인 및 주부에 이르기까지 직업이나 사회적 지위, 정치적 성향을 불문하고 많은 참가자들에 의해서 탈계급적인 조직활동을 전개하였다. 또한 종래의 노동운동에 회의를 느낀 젊은 운동가들과 주부들이 중심이 되어 만든 '생활클럽 생협운동'은 생활자/시민이라는 사회변동의 새로운 주체를 주창함과 동시에 지역사회에 묻혀 있는 사회변동의 에너지를 주부들 자신의 힘으로 일궈내는 풀뿌리 운동 형태와 조직 형태를 고수하였다. '생활클럽 생협운동'은 새로운 '사회' 만들기를 통해 국가(혹은 정치사회)와 시민사회의 경계를 재편성하고 지역사회에 새로운 형태의 공공권역의 형성을 시도하였던 풀뿌리 신사회 운동이었다. 즉, '시민을 위한, 시민의 운동'을 프로가 아니라 '생활자/시민에 의해' 전개하였던 아마추어들에 의한 풀뿌리 사회운동이 생활클럽 생협운동이었다(생활클럽 생협운동에 관해서는 요코다 가쓰미 지음/나일경 옮김, 『어리석은 나라의 부드러우면서도 강한 시민』 논형, 2004년, 이 책의 4장 참조). 생활클럽 생협운동은 먹을거리의 안전성, 환경문제, 젠더문제, 복지문제, 교육문제 등 새로운 사회운동의 쟁점이라고 불리는 것들을 운동 과제로 삼고, 지역사회를 거점으로 대안적인 단서를 제시하는 일을 운동의 본령으로 삼았다는 점에서 신사회 운동의 전형이라고 할 수 있다.

　그러나 유럽사회와는 달리, 일본의 신사회 운동이 정치사회의 문화 및 정당시스템의 대립구도에 영향을 끼치기까지는 많은 시간이 필요했다. 유럽의 신사회 운동이 70년대에 지역사회 수준에서 번성하기 시작하여 80년대에 들어 녹색정당 등의 형태로 중앙의 정치사회에서까지도 일정한 정치적 영향력을 발휘했던 것과는 달리 일본의 신사회 운동은 아직도 중앙의 정치사회에서는 미미한 영향력밖에 발휘하지 못하고 있다. 일본의 신사회 운동이 정치사회 혹은 선거에서 커다란 영향력을 발휘하기 시작한 것은 90년대 중반의 지역사회에서이며, 무당과 자치단체장의 연속적인 등장과 주민투표운동의 전국적인 확산 현상, 그리고 지방자치단체와 NGO 간의 협동사업의 급증 등이 그 예라고 볼 수 있다.

이 책은 신사회 운동으로 대표되는 새로운 정치문화가 일본 및 한국의 지역사회에 존재하는 정치사회에도 침투하고 있는가의 여부를 실증적으로 고찰한 비교 정치학적인 연구서라고 볼 수 있다. 그러한 관점에서 보면, 이 책의 특징 및 장점은 다음의 세 가지로 요약될 수 있다.

첫째, 신사회 운동의 저변에 흐르는 사회문화적인 변동현상이 2000년대 일본의 지역사회 수준에 존재하는 정치사회의 변동에도 일정한 영향력을 끼치고 있다는 공통의 문제의식 하에서 각 연구가 실증적인 연구수법을 통해 이뤄지고 있다는 점이다(이 책의 5장, 6장, 7장 참조). 예컨대, 5장은 도시부를 중심으로 확산되는 새로운 정치문화적인 시민의식과 그 정치적 산물인 지방자치단체장의 선호가 정보공개제도의 성립과 특성에 커다란 영향을 끼치고 있다는 점을 서베이 데이터와 어그리게이트 데이터를 이용해 검증한다. 또한 6장과 7장은 새로운 정치문화적인 지방자치단체장의 선호와 NPO섹터의 활성화가 지방자치단체의 고령자 복지정책과 관료들의 조직규범의 변화에도 일정한 영향력을 끼치고 있다는 것을 서베이 데이터와 어그리게이트 데이터를 이용해 검증한다.

둘째, 앞서 지적한 이 책의 공통된 문제의식의 근거가 되는 것으로, 일본의 새로운 정치문화적인 현상이 시민들의 사회의식과 정치의식 및 정치행동 수준에서도 확산되고 있다는 점을 검증한다는 것이다. 예를 들면, 이 책의 5장 「사회관계자본과 주민의식」은 생활클럽 생협의 사례를 통해 주민들의 새로운 정치문화적인 사회의식 및 정치의식이 복지활동과 관련된 주민조직의 존재방식 및 주민들의 정치참가의 방식에 영향을 끼친다는 점을 사회관계자본(social capital)이라는 키워드를 중심으로 검증한다. 또한 4장 「일본의 사회참가와 주민의식」은 1990년대 중반 이후에 번성하기 시작한 'NPO섹터'가 정책지향적인 정치참가의 자원을 제공하는 에너지의 저수지로 기능하고 있다는 점을 서베이 데이터를 이용해 검증한다. 나아가 3장 「일본의 주민의식의 규정요인」은 주민의식의 변화가 지방자치단체의 권한, 정책, 정치적 경쟁 방식에 근본적인 전환을 촉구하는 주요한 요인이 되고 있다는 점을 시사한다.

셋째, 새로운 정치문화의 관점에 입각한 공통의 분석틀에 의해 한일 간의 비교 정치사회학적인 고찰을 가능하게 하는 연구들이 소개된다는 점이다. 이 책은 일본과는 달리, 한국에서는 새로운 정치문화적 현상이 지역사회 수준에 존재하는 시민사회와 정치사회에서 명료한 형태로 드러나고 있지 않다는 점을 실증적으로 보여준다(이 책의 9장과 10장 참조). 그 원인이 무엇인지 살펴보는 일은 한국의 정치사회와 시민사회 간의 관계를 돌이켜 보는 데 중요한 실마리를 제공해줄 수 있을 것이다. 이와 관련해서 주목할 만한 논문이 한국의 지방자치단체 수준에서의 행정개혁을 논의하고 있는 8장 「한국의 행정개혁과 주민의식」이다. 이 논문의 결론을 역자의 관점에서 해석해 보면, 한국의 지방자치단체 수준에서의 행정개혁이 표면적으로는 진일보한 것으로 여겨질 수 있지만, 그것이 아직까지는 새로운 정치문화적인 시민의식에 뿌리를 내리고 있지 못하기에 지방분권이 주민자치로 발전할 가능성은 미지수라고 하는 점이다.

한편 11장 「일한 양국의 주민의식의 비교연구」는 한일 양국의 시민들이 모두 정치적 관심과 정치의 역할에 관해서는 높은 평가를 하고 있음에도 불구하고, 정치제도에 대한 평가 및 신뢰가 상대적으로 낮다는 분석결과를 제시한다. 양국 간의 정치사회적 상황과 경제적 상황, 그리고 역사적 발전의 차이를 고려하는 가운데 정치제도의 기능마비 현상의 원인이 무엇인가를 비교정치학적인 관점에서 해명하는 작업은 양국의 시민사회와 정치사회 간의 관계를 이해하는 데 도움을 줄 수 있을 것이다.

이 책은 11명의 연구자들이 쓴 논문을 엮은 것이다. 논문들은 모두 2004년 「제2회 게이오대학 21COE-CCC 국제 심포지엄: 다문화세계에서의 시민의식의 동태」에서 발표된 보고들이며, 그 중에서 지방자치단체 수준에서 일어나고 있는 정치사회와 시민사회의 변화를 실증적으로 다루고 있는 발표들을 책으로 묶어 낸 것이다. 역자는 이 책의 중심적인 필진을 이루고 있는 한일 양국의 젊은 연구자들의 연구 활동이 한일 간의 비교 정치사회학적인 연구의 발전에 기여할 것을 기대해 본다. 연구에 걸리는 막대한 비용에 비해 그 편익은 매우 미미한 실증적인 연구서이지만 그런 만큼 독자들에게는 한일 간의 비교 정치사회학적인 연구의 발전을 위해 발판이 될 수 있는 작지만 소중한 정보를 제공해줄 수 있을 것이다. 그러한 의미에서 이 책이 한국의 연구자들에게도 한일 간의 비교정치학적인 연구를 발전시키는 데 자극이 되고 도움이 되었으면 하는 마음이다.

출판을 맡아준 논형 출판사의 소재두 사장님과 편집진 여러분께 감사를 드리며, 한일 간의 정치, 경제, 사회, 문화의 비교연구에 도움이 될 수 있는 연구서의 출판에 진력을 기울이고 있는 논형 출판사의 사회운동적인 열정에 경의를 표한다. 끝으로 역자의 능력과 주의력이 부족해

일어난 오역이나 읽기 쉽지 않은 문장에 관해서는 독자 여러분들의
질책과 양해를 바란다.

2007년 2월 6일
나일경

찾아보기

지은이 소개

고바야시 요시아키(小林良彰)

1982년 게이오대학대학원 법학연구과 박사과정 수료(법학박사)
현재 게이오대학 법학부 교수
『公共選択』(東京大学出版会, 1988), 『現代日本の選挙』(東京大学出版会, 1991), 『政治過程の計量分析』(編著, 芦書房, 1991), 『選挙制度』(丸善, 1994), 『現代日本の政治過程』(東京大学出版会, 1997), 『日本人の投票行動と政治意識』(編著, 木鐸社, 1997), 『日本政治の過去・現在・未来』(編, 慶應義塾大学出版会, 1999), 『選挙・投票行動』(東京大学出版会, 2000), 『地方自治の国際比較』(編著, 慶應義塾大学出版会, 2001), 『地方分権と高齢者福祉』(共著, 慶應義塾大学版会, 2004), 『リーダーシップから考える公共性』(共著, 東京大学出版会, 2004), 『日本と韓国における政治とガバナンス』(共編, 慶應義塾大学出版会, 2004) 등

나토리 료타(名取良太)

간사이대학(関西大学) 종합정보학부 조교수
2000년 게이오대학대학원 법학연구과 박사과정 단위취득 퇴학
『地方政治の国際比較』, 『地方分権と高齢者福祉』, 「補助金改革と地方の政治過程」
『レヴァイアサン』33号(2003), 「選挙制度改革と利益誘導政治」『選挙研究』17号(2002) 등.

미후네 쓰요시(三船 毅)

아이치가쿠센대학(愛知学泉大学) 커뮤니티 정책학부 조교수. 박사(법학)
1998년, 게이오대학대학원 법학연구과 박사과정 단위취득 퇴학
「政治参加とコミュニティ」山崎丈士編『コミュニティ 政策を学ぶ』(愛知学泉
大学出版会, 2001), 「有権者の投票時間帯の変化 ― 1998年 の制度 改正の与えた影
響」『都市問題』93巻9号(2002).

나일경(羅一慶)

주쿄대학(中京大学) 종합정책학부 전임강사
연세대학교 정치외교학과 및 동대학원 졸업
2003년, 게이오대학대학원 법학연구과 박사과정 단위취득 퇴학
「組織加入の政治動員効果に関する研究」『法学政治学論究』40号(1999), 「集合的政治
参加の意志決定過程に関する実証研究」『法学政治学論究』50号(2001), 「일본의 직접
민주주의 제도의 정치사회적 의미와 시민사회(운동)의 과제」『시민 사회와 NGO』제4권
제2호 (2006 가을/겨울), 「相互 信頼システムとしての住民参加型の相互扶助組織」
『総合政策フォーラム』2号(2007), 「信頼, 信頼性, そして政治活動における協力類型」
『選挙学会紀要』8号(2007年), 『어리 석은 나라의 부드러우면서도 강한 시민: 생활클럽
운동그룹과 풀뿌리 민주주의 운동의 모델 만들기』(역서, 논형, 2003년) 등

나카타니 미호(中谷美穂)

메이지가쿠인대학(明治学院大学) 법학부 유기(有期)·전임강사, 박사(법학)
2004년, 게이오대학대학원 법학연구과 박사과정 수료
『日本における新しい市民意識―ニュー・ポリティカル・カルチャーの台頭』(慶応
義塾大学出版会,2005), 「欧米諸国における国民投票制度に関する実証分析」『法学政
治学論究』51号(2001), 「日本の自治体のNPC(New Political Culture)に関する研究」『法
学政治学論究』54号(2002), 「事業別自治体財政需要 2001年度日米韓国際 FAUI プロェ
報告書(1) 住民参加と情報公開」『地方財務』2002年1月号, 「事業別自治体財政需要
2001年度日米韓国際FAUIプロジェクト報告(1) 政改革と市町村合併」『地方財務』
2002年 3 月号 등.

414

사사키 도시미(佐々木寿美)

헤이세이국제대학(平成国際大学) 법학부 전임강사. 박사(법학)
2003년, 게이오대학법학연구과 박사과정 수료.
『現代日本の政策形成と住民意識―高齢者福祉の展開過程』(慶応 義塾大学出版会, 2005)

김종욱(金宗郁)

게이오대학(慶應義塾大学) 대학원 법학연구과 「다문화 시민의식 센터」 연구·전임강사.
2003년, 게이오대학대학원 법학연구과 박사과정 단위취득 퇴학
「地方政治における官僚行動の公式的·非公式的制約」『法学政治学論究』58号 (2003),
「組織規範, 住民意識」『選挙研究』NO. 21(2006),「政策形成過程における官僚の民主的
統制としての組織規範」『年報政治学2005-Ⅱ』(2006) 등.

장은주(張殷珠)

게이오대학 법학부연구과 정치학전공 후기박사과정, 박사(행정학)
국민대학교대학원 박사과정 수료
『지역 간 정보의 격차해소를 위한 정보화 확산방안』(공저, 한국 지방행정연구원, 2002),
『민선지방자치 5년에 대한 주민의식조사』(공저, 행정자치부, 2000), 「일본의 분권개혁에
의한 지방자치 제도의 새로운 전개」『지방자치』180호(2003), "Past, Present, and Future
of Local Autonomy in Korea," *Journal of Political Science and Sociology*, No. 2(2004) 등.

장원호(張元皓)

한국 서울시립대학교 도시사회학과 부교수. 박사(사회학)
1996년 시카고대학대학원 사회학과 수료
『도시의 사회적 자본』(공저, 삼우사, 1999), 『서울의 소비 공간』(공저, 삼우사, 2002),
"Can the Tiger its Stripes? Bridging the Information- Channeling Gap Between the United
States and Korea," Development and Society, Vol. 29 (1), 「서울: 강남과 강북의 두
소도시의 이야기」『아시아 유학』27권 (2001), "Factors Influencing Mayoral Leadership
in Korea," Interational Urban Studies, Vol. 8 (1), (2004) 등.

가나모토 아유미(金本亜弓)

게이오대학대학원 법학연구과 박사과정
2004년, 게이오대학대학원 법학연구과 석사과정 수료
「New Political Cultureに関する日韓比較研究」(修士論文, 2003)

오와다 무네노리(大和田宗典)

주쿄대학(中京大学) 전임강사
2004년, 게이오대학대학원 법학연구과 박사과정 단위취득 퇴학
「中央省庁の予算に対する国政選挙の影響に関する分析」『法学政治学論究』54号(20
02),「補助金配分における国政選挙の影響に関する分析」『法学政治学論究』58号(20
03),「国政選挙における業績評価東京に関する実証分析」『日本政治研究』1巻 2号 (2004)